中国社会科学院学部委员专题文集

ZHONGGUOSHEHUIKEXUEYUAN XUEBUWEIYUAN ZHUANTI WENJI

# 管理与改革

## 中国企业问题研究

吴家骏◎著

中国社会科学出版社

**图书在版编目(CIP)数据**

管理与改革：中国企业问题研究／吴家骏著 . —北京：中国社会科学出版社，2013.1

（中国社会科学院学部委员专题文集）

ISBN 978 - 7 - 5161 - 1712 - 5

Ⅰ.①管… Ⅱ.①吴… Ⅲ.①企业管理—研究—中国②企业发展—研究—中国 Ⅳ.①F279 - 2

中国版本图书馆 CIP 数据核字（2012）第 263552 号

| | | |
|---|---|---|
| 出 版 人 | 赵剑英 |
| 出版策划 | 曹宏举 |
| 责任编辑 | 卢小生 |
| 责任校对 | 林福国 |
| 责任印制 | 戴 宽 |

| | | |
|---|---|---|
| 出 版 | 中国社会科学出版社 |
| 社 址 | 北京鼓楼西大街甲 158 号（邮编 100720） |
| 网 址 | http://www.csspw.cn |
| | 中文域名:中国社科网 010 - 64070619 |
| 发 行 部 | 010 - 84083685 |
| 门 市 部 | 010 - 84029450 |
| 经 销 | 新华书店及其他书店 |

| | | |
|---|---|---|
| 印刷装订 | 环球印刷(北京)有限公司 |
| 版 次 | 2013 年 1 月第 1 版 |
| 印 次 | 2013 年 1 月第 1 次印刷 |

| | | |
|---|---|---|
| 开 本 | 710×1000 1/16 |
| 印 张 | 28 |
| 插 页 | 2 |
| 字 数 | 445 千字 |
| 定 价 | 86.00 元 |

# 前　　言

　　哲学社会科学是人们认识世界、改造世界的重要工具，是推动历史发展和社会进步的重要力量。哲学社会科学的研究能力和成果是综合国力的重要组成部分。在全面建设小康社会、开创中国特色社会主义事业新局面、实现中华民族伟大复兴的历史进程中，哲学社会科学具有不可替代的作用。繁荣发展哲学社会科学事关党和国家事业发展的全局，对建设和形成有中国特色、中国风格、中国气派的哲学社会科学事业，具有重大的现实意义和深远的历史意义。

　　中国社会科学院在贯彻落实党中央《关于进一步繁荣发展哲学社会科学的意见》的进程中，根据党中央关于把中国社会科学院建设成为马克思主义的坚强阵地、中国哲学社会科学最高殿堂、党中央和国务院重要的思想库和智囊团的职能定位，努力推进学术研究制度、科研管理体制的改革和创新，2006 年建立的中国社会科学院学部即是践行"三个定位"、改革创新的产物。

　　中国社会科学院学部是一项学术制度，是在中国社会科学院党组领导下依据《中国社会科学院学部章程》运行的高端学术组织，常设领导机构为学部主席团，设立文哲、历史、经济、国际研究、社会政法、马克思主义研究学部。学部委员是中国社会科学院的最高学术称号，为终生荣誉。2010 年中国社会科学院学部主席团主持进行了学部委员增选、荣誉学部委员增补，现有学部委员 57 名（含已故）、荣誉学部委员 133 名（含已故），均为中国社会科学院学养深厚、贡献突出、成就卓著的学者。编辑出版《中国社会科学院学部委员专题文集》，即是从一个侧面展示这些学者治学之道的重要举措。

　　《中国社会科学院学部委员专题文集》（下称《专题文集》），是中国社会科学院学部主席团主持编辑的学术论著汇集，作者均为中国社会科学院学部委员、荣誉学部委员，内容集中反映学部委员、荣誉学部委员在相关学科、专业方向中的专题性研究成果。《专题文集》体现了著作者在科学研究实践中长期关注的某一专业方向或研究主题，历时动态地展现了著作者在这一专题中不断深化的研究路径和学术心得，从中不难体味治学道路之铢积寸累、循序渐进、与时俱进、未有穷期的孜孜以求，感知学问有道之修养理论、注重实证、坚持真理、服务社会的学者责任。

2011 年，中国社会科学院启动了哲学社会科学创新工程，中国社会科学院学部作为实施创新工程的重要学术平台，需要在聚集高端人才、发挥精英才智、推出优质成果、引领学术风尚等方面起到强化创新意识、激发创新动力、推进创新实践的作用。因此，中国社会科学院学部主席团编辑出版这套《专题文集》，不仅在于展示"过去"，更重要的是面对现实和展望未来。

这套《专题文集》列为中国社会科学院创新工程学术出版资助项目，体现了中国社会科学院对学部工作的高度重视和对这套《专题文集》给予的学术评价。在这套《专题文集》付梓之际，我们感谢各位学部委员、荣誉学部委员对《专题文集》征集给予的支持，感谢学部工作局及相关同志为此所做的组织协调工作，特别要感谢中国社会科学出版社为这套《专题文集》的面世做出的努力。

《中国社会科学院学部委员专题文集》编辑委员会

2012 年 8 月

# 目　　录

# 第四篇　探寻企业活力的源泉

# 第五篇　剖析现代企业制度的本质特征

# 第六篇　论健全和完善公司治理结构

# 第七篇　厘清国有企业民营化与私有化的异同

# 代序言*

## 马　洪

吴家骏同志跟我一起工作已经整整四十年了。1960 年，他从中国人民大学工业经济系毕业后，就参加了我主持的企业调查和《中国社会主义国营工业企业管理》一书的写作。"文化大革命"以后，领导上要我在经济研究所工业组的基础上筹建工业经济研究所，他和工业组组长陆斐文同志一起，协助我进行了创建工业经济研究所的工作。这本文集收入的第一篇文章《充分发挥企业的主动性》①，就是他在那时同我一起合写的。此后，他长期担任了这个研究所的副所长，虽然多有升迁的机会，但他始终坚持留在工业经济研究所，并且一直围绕着企业和企业管理开展他的研究工作。

1978 年党的十一届三中全会前夕，他和我一起参加了袁宝华同志率领的企业管理考察团，访问了日本，后来他又协助我主持编写了《现代中日经济事典》，组织了历次的"中日经济学术讨论会"，并多次出访日本，对日本企业做了比较系统的考察。因此，在他的文章中比较多地涉及了日本企业和企业管理的经验，并且也比较早、比较系统地介绍了日本股份有制企业的第一手资料。

1990—1991 年，他到日本亚洲经济研究所做了 10 个月的客座研究员，回国后发表了"访日归来话改革"的系列文章，比较早地提出了在国有企业公司化改造过程中，通过企业法人相互持股实现股权多元化、分散化的主张，进而在此基础上提出了：利用多元法人相互持股的"架空机制"，实现企业自主经营；建立合理的利益结构，构筑"利益防线"，实现企业自负

---

* 这是马洪生前为经济管理出版社 2001 年出版的《吴家骏文集》写的序言。

① 该文收集在本专集第三篇第一篇文章。

盈亏；增加企业凝聚力，通过企业内部"适度竞争"，提高企业对外竞争力，使企业成为"自主经营、自负盈亏、有竞争力的经济实体"的改革思路。

1993 年年底，党的十四届三中全会提出"转换国有企业经营机制，建立现代企业制度"的任务后，他在各种报刊上发表文章，反复强调，不能把现代企业制度等同于公司法人制度，指出：我国改革中出现的各种非规范化的行政性翻牌公司和国际上客观存在着的无限责任公司，都是公司法人但并不具备现代企业制度的本质；现代企业制度的本质不在于公司的名义和法人的地位，而在于有限责任。无限责任的公司法人，由于出资者要承担无限连带责任，企业经营好坏会累及所有者的身家性命，所有者必然要亲自掌握经营大权，所有权和经营权必然是合一的，不可能出现两权分离；有限责任制度出现后，所有者在出资额的范围内，企业以其拥有的法人财产承担有限责任，风险被限定了，企业的经营对所有者来说不再是无底洞，这时所有者才有可能超脱出来，把经营大权交给专门的经营者去掌握，这时才会出现两权分离，才会有经营者阶层的出现，公司治理结构等现代企业的一系列制度特征才会产生。他认为："我国的国有企业，在旧体制下实际上是无限责任制的企业。一般所说的无限责任，集中地表现在企业的债权、债务关系上，但我国国有企业的无限责任却是双重的，它不仅仅表现在债权、债务关系上，同时还表现在无限的社会责任上。这种状况在提出建立现代企业制度的任务以后已有所改变，但是，为了社会的稳定，企业冗员问题仍然没有解决，企业无限的社会责任远远没有解脱。""国有企业承担的本应由政府承担的社会责任不解除，它的债权、债务关系也就必然是一种软约束。这是因为，它的债权人多为以政府为背景的银行和企业，而企业背的债务又同承担应由政府承担的社会责任有关，这就变成了一笔糊涂账，责任难以扯清。正因为责任扯不清，就使事情走向了反面，企业的无限责任反倒变成了无责任，企业家反而变成了可以不负责任。为了使企业经营者能够认真负责地搞好企业，就不能不把希望寄予政治觉悟高、责任心强的，好的领导班子特别是一把手，政府就不得不把注意力放在领导班子的选拔和监管上。这又进一步固化了政企不分。因此，国有企业的改革要在有限责任上下工夫，特别是要尽快地解决企业人浮于事的问题，把国有企业由养人单位变成用人单位。这是真正实现有限责任的关键。解决了这个问题，才能使企业按照规范的有限责任的体制来运转。在此前提下，才能建立起产权明晰、政企分开、责权明确、管理科学的现代企业制度。"我认为，这个问题对当前国有企业的改革，具有特别重要的意义。

1994—1995 年，他在日本东京大学做客座研究员，调查研究了日本社会保障制度；1997—1998 年，他又受聘担任东京大学客座教授，重点研究了民营化问题和金融危机问题，回国后发表了相应的文章。在《国有企业的民营化与民营企业的发展》一文中，他针对在民营化问题上容易产生的误解，运用企业形态分类的理论阐明了民营化与私有化的联系和区别，提出了国有企业民营化不等于私有化的观点，指出：在研究民营经济问题的时候，至少要涉及三个方面企业形态的划分：一是企业的经济形态，这是按出资主体来划分的，实际上就是我们通常所说的所有制形式；二是企业的经营形态，这是按经营主体来划分的，实际上就是我们通常所说的经营方式；三是企业的法律形态，这是按法人主体来划分的，实际上就是我们通常所说的法人类别。这三种形态是从三个不同的侧面对企业进行的类别划分，它们之间既有联系又有区别，在研究不同问题时，可以使用不同的企业形态分类，但一般不能混淆。把这三种企业形态区分开来之后，就可以清楚地看出国有企业民营化同私有化的联系与区别，民营化是经营形态范畴的问题，而私有化是经济形态范畴的问题，两者并不是一回事情。从国际经验来看，国有企业民营化的形式也是多种多样的，有的可以伴随所有权的改变，但多数情况下和所有制的变化是无关的。上述这些观点，我觉得也是很重要的。

1997 年年初，他针对当时社会消费不振、市场销售不畅给企业生产带来的困难，提出"抓消费、促生产"，"向低收入者倾斜加大资金投入"的主张。他指出："这次的比例失调同改革初期那次失调不同，不是中间产品大量积压，而是更多地表现为最终产品的过剩积压。因此，急需通过市场把这些最终产品分到需要者手中，使物尽其用。"他认为："根据消费品积压和物价涨幅回落的状况分析判断，近期内拿出数百亿甚至上千亿资金来启动市场是可行的。但资金的投向十分重要。投向高收入者，只会增加银行存款，不能形成现实购买力，如果能够确保投向低收入者，就可以扩大有支付能力的需求，从而启动市场。"进而他提出了五条具体措施："提高最低生活保障线；给建立养老保险基金以资金支持；给建立医疗保险基金以资金支持；给建立再就业基金以资金支持；给住房困难户购房以资金支持。"现在回过头来看，这些主张是可行的，而且提得也是比较早的。所有这些，在这本文集中都有所反映。

这部文集的特点是主题比较集中，而且紧紧结合我国企业改革的实际，提出了自己独到的见解，较有深度，对于我国企业改革和企业管理的理论与实践，较有参考价值，故特为之作序，并向读者推荐。

2000 年 9 月

# 第一篇

## 研究企业的本质

# 一个既简单又难缠的问题：
# 什么是企业

## 一　问题的提出

1985 年 5 月 11—14 日，"第二次中日经济学术讨论会"在日本最南端的冲绳举行。这个讨论会由中国社会科学院院长马洪和日本综合研究开发机构理事长下河边淳牵头，由我（时任中国社会科学院工业经济研究所副所长）和日本综合研究所理事长菅家茂分别代表中日双方出面组织，从 1983 年到 2001 年共开了七次。在 1985 年的这次讨论会上，东京大学小宫隆太郎教授提交的论文《竞争的市场机制和企业的作用——日中比较研究》，给我们留下了极为深刻的印象。论文就日本企业和中国企业的形态作了详细的对比分析，得出结论说："我的印象是，中国不存在企业，或者几乎不存在企业。"他指出："我认为，对于中国的经济发展和为此而进行的经济体制的改革来说，面临的中心课题之一，就是在全民所有制工业中，创立具有活力的真正的企业。"

这句话虽然刺激性很大，但我们认为是一针见血，触到了问题的实质。会后出版的论文集《经济理论与经济政策》，在国内引起很大反响。当然，对小宫先生的说法也有人不以为然："搞了几十年企业，怎么会不存在企业！"

为什么会有截然不同的反映呢？这里涉及企业观的基本问题——什么是真正的企业。这个问题现在看起来非常简单，但我们却用了多年时间也没有把它廓清。究其原因，一个是观念问题，另一个是体制问题。

# 二 观念的障碍

在日本，企业的定义是很清楚的。按照当时日本《商法》的规定，企业具有三个主要特征：法人性、社团性和营利性，一般把企业定义为：以营利为目的的社团法人。

在中国，如何为企业下定义，是在相当长的一段时间里没有解决的问题，其焦点集中在企业的营利性。

改革开放以前，"以阶级斗争为纲"的思想居于统治地位，孙冶方的"利润挂帅"一直遭受严厉的批判，经济法制建设也尚未起步，还没有建立起企业法人制度。在这种情况下，正确定义企业是根本不可能的。那时，经济学者对企业的目的和本质，一般采取了回避的态度。最为典型的是笔者参加撰写的《中国社会主义国营工业企业管理》一书（马洪主编，1964年人民出版社出版）。这部著作被认为是系统地总结文化大革命以前中国企业管理传统经验的代表性的著作，但是，对于什么是企业这个根本问题，却未直接触及，当时是有意做了回避。

这部著作从1960年开始酝酿并下厂调查，1964年出版，这段时间我国的政治形势变化非常微妙。

1960年，正值五八年"大跃进"之后全国经济处于极端困难时期，全党都在认真总结经验教训，思考着如何找到一条适合我国情况的社会主义建设道路。为此，党中央号召大兴调查研究之风，当时中央书记处主持经济工作的李富春亲自领导了对北京十多个企业的系统调查，马洪时任国家经济委员会政策研究室负责人，负责组织和主持了这次调查。我当时大学刚刚毕业，有幸参与了这次大规模的调研，被马洪派到京西城子煤矿下井蹲点半年多。在这次广泛、深入的企业调查基础上，中央决定起草《国营工业企业工作条例（草案）》即著名的《工业七十条》。这是中国国营工业企业的第一个总章程，这个《条例》（草案）的出台对于贯彻执行"调整、巩固、充实、提高"的八字方针，纠正"左"的思想影响，提高企业管理水平，起了重要作用。

马洪在起草完这个《条例》（草案）后，紧接着又主持编写了当时被誉为《工业七十条》理论说明书的《中国社会主义国营工业企业管理》一书。那时,马洪就在深思着到底什么是真正的企业?可是,当时在我国政治上又开始强调起了"以阶级斗争为纲","四清"运动已拉开序幕。这是"文化大革命"的前奏。企业被说成是"培养共产主义新人的大学校",如果把企业看成是生产单位、经济组织已开始犯忌,至于追求利润就更成了"修正主义货色"。记得在编写组的会议上,马洪不止一次提出疑问:企业同学校到底有没有区别?企业是"大学校",那我们还办学校干什么?企业当然要出人才,但是如果企业不出产品、不盈利,我们还办企业干什么?他向我们强调,写企业管理首先要搞清楚什么是企业,要求我们研究历史、研究外国,搞清楚企业是怎样发展起来的,古人是怎样说的、国外又是怎样看的,把古今中外关于什么是企业的说法切切实实搞清楚。

我们查了很多资料,看了很多书,做了比较深入的研究。美国经济学家凡勃伦在《企业论》一书中说:"企业的动机是金钱上的利益……它的目的和通常的结果是财富的积累。谁要是目的并不在于增加财产,它就不会参加企业,更不会在独立的基础上经营企业。"但受政治环境所限,明知是大实话,也只能束之高阁。企业这个在当时极为敏感的问题难以正面定义,只好绕过。在这部六十多万字的《中国社会主义国营工业企业管理》中竟然不提什么是企业,上来就讲现代工业企业生产的基本特点和社会性质,然后按照《工业七十条》的调子阐明了国营工业企业的根本任务:"首先是按照国家计划规定,增加社会产品,满足社会需要。"而且还"必须在国家的统一计划下认真讲求盈利,努力完成和超额完成国家规定的上交利润任务,扩人社会主义积累"。(《中国社会主义国营工业企业管理》,人民出版社1964年出版)即使这样,在随后掀起的"四清"和"文化大革命"中还是受到冲击,《工业七十条》被批判为"复辟资本主义的黑纲领",《中国社会主义国营工业企业管理》被批判为"修正主义大毒草",马洪也因此而被揪斗。

改革开放以后,随着思想的解放,人们才能敞开思想,实事求是地探讨这个问题。1978年10月,在党的十一届三中全会召开前不久,马洪牵头建立了"中国工业经济管理研究会"(现已更名为"中国工业经济学会"),组织高校的同行们共同编写《中国工业经济管理》教材和《中国工业经济问题研究》专著。此时，马洪又重提过去的话题，他说："工业离不开企业，写工业经济管理一定要从企业入手，首先要把什么是企业搞清楚。"过去收集的资料、形成的观点，我们这时又把它拾了起来，在《中国工业经济问题研究》中指出，"企业并不是社会主义制度下特有的经济组织"，"要说明什么是企业，首先要分析什么是资本主义企业。关于这个问题，资产阶级学者曾经有过很多论述。他们为企业下的定义是：以营利为目的、有独立会计的经济单位就是企业。"在这部著作里，我们正面回答了什么是企业，但又不能原封照搬西方的定义，于是换了个说法，把企业定义为："实行独立核算的生产经济单位。"

在此之前，我国一些经济学著作中也讲"独立核算"，但其主要含义是指独立会计，即区别于车间的成本核算，企业作为独立会计单位，必须独立计算盈亏。然而，无论是盈还是亏都由国家承担，与企业无关。那时根本没有把盈或亏放在重要的位置，更没有把营利作为企业的目的。在《中国工业经济问题研究》中，明确指出，所谓实行独立经济核算，包含着具有独立会计和以营利为目的的双重含义。显然，这是一个前进，但也只是问题的初步解决。

## 三　体制的弊端

观念问题的解决并不等于真正企业的建立。什么是企业，绝不是简单定义或者法律条文问题，更重要的是，如何正确理解和发挥企业的作用、功能和行为机制。这就涉及体制问题。

在商品经济条件下，作为企业，它的功能和机制最基本的特征至少有以下三点：

第一，企业最基本的功能，是筹划新的事业。

正如小宫隆太郎先生在前述论文中所说："所谓企业，在日本的词义中是'筹划事业'的意思。也就是说，对于生产活动某种筹划新的尝试、提出新的方案并付诸实施的主体就称之为'企业'。在英语 entekprcse 这个词中，也有筹划、雄心勃勃的计划、进取和兴办新事业的含义。筹划任何新的事业就是企业。像现在中国的工厂那样，只参与反复循环的定型的生产活动和只着眼于产量扩大的组织体很难称之为'企业'。"

现在我们已经可以看得很清楚,在竞争的环境中,企业必须不断地研究新技术、开发新产品,以自己优质的新产品、新服务,开拓新市场。这是企业生存和发展的基本条件。具有这样功能的经济主体,才能算是企业,如果年复一年地、几十年一贯制地生产同样的产品,提供同样的服务,这样的经济主体很难称之为企业,在市场竞争中很难维持下去。

第二,企业最基本的自主权,是独立制定和实施经营战略。

企业并不是在静止和稳定状态下从事经营活动的,而是要在不断发展和变化的环境中生存与发展。企业要筹划和推进新的事业,就必须通过制订长期计划,明确自己的经营战略,并且能够自主地贯彻实施这个经营战略,这样的经济主体才能算是企业。如果既没有这种责任,也没有这种权力,它也就难以称之为企业。

第三,企业自我发展的基本保证,是盈利的增加和有效使用。

企业必须有追求盈利的动力机制,并且应当有权合理地运用企业的利润来改造企业,发展企业。否则这样的经济主体也不可能成为真正的企业。

上述三点是相互联系的,同时具有上述功能和机制的经济主体,才能称之为真正的企业。

我国企业是否具有上述功能呢?只要看一看改革前旧体制下中国企业的基本特征,这个问题就清楚了。

1. 全部实行指令性计划。

企业产品方向、生产能力在建厂设计文件中已经定死,生产什么产品、每年生产多少数量,全部由指令性计划控制。

当时的企业,分为由中央政府各工业部管辖的中央企业和由地方政府管辖的地方企业两个系统。中央企业的计划由中央各主管部汇总,地方企业的计划由地方(省、自治区、直辖市)计委汇总,分别报送国家计划委员会;由计委进行综合平衡,制订统一的国家计划;经国务院批准后,再按中央和地方两个系统下达所属企业。企业只负责按计划组织生产,既不存在自己的发展战略,也没有生产经营决策权。

2. 财政统收统支。

企业的利润和固定资产基本折旧,全部上交国库(只是大修理折旧基金留归企业使用）。企业需要增加固定资产和流动资金，再编制基本建设投资计划和增拨流动资金计划，分别按中央企业和地方企业两个系统上报、纳入国家统一计划，由财政拨款，无偿使用。企业如果发生亏损，也全部由政府财政补贴。

3. 产品统购包销。

企业按计划生产的产品，属于生产资料的部分，按照政府物资管理部门批准的调拨计划，以统一规定的价格卖给指定的用户；属于消费品的部分，由商业部门按计划收购，通过商业部门的批发和零售机构卖给消费者。企业无权自销本企业的产品，也没有定价权。与此相对应，企业生产所需要的设备和原材料，也由物资管理部门按计划供应。

4. 人员统一调配。

企业的职工由政府的劳动管理部门按照社会劳动力就业的要求统一分配。企业无权直接向社会招工，也无权择优录用或拒绝劳动管理部门分配来的新职工。

总之，企业的人、财、物和供、产、销全部是由政府统死的，这就决定了企业实际上只是政府机关的附属物。它不具有筹划新事业的创新能力，只是按计划组织生产的生产单位。它没有经营职能，因而也就没有经营战略的决策问题。它不具有自我发展的机制，添置新设备、改进技术十分困难，就连企业自己提留的大修理折旧基金，在使用时也必须按照有关大修理的规章制度的规定，只能在恢复设备原有性能的限度内进行修理，不能结合大修理进行技术改造，难怪著名经济学家孙冶方说，中国的企业不是在发展技术而是在"复制古董"。这种体制下，企业技术和设备没有进步，产品"三十年一贯制"就是必然的了。显然，用前边说的企业应当具备的功能来衡量，这样的企业确实不能说它是真正的企业。

# 四　改革的探索

对于这种体制，马洪早在"文化大革命"前起草《工业七十条》和领导我们撰写《中国社会主义国营工业企业管理》一书时就试图突破，但没有成功。粉碎"四人帮"后，才有可能放手研究探索这个问题。

1977 年，中国社会科学院成立，马洪受命在原经济研究所工业组的基础上筹建工业经济研究所，企业改革从一开始就成为他关注的主要问题之一。当时工业组只有六个人：组长陆斐文，还有曾延伟、韩岫岚、刘其昌、王绍珍和我。陆斐文负责"招兵买马"，很快就调进了一批批富有经济工作经验的干部；我协助马洪抓学术组织。

马洪在学术组织方面给我印象最深的是从三方面的基础工作入手：一是摸清被"四人帮"搞乱了的工业部门的情况，先是每月一次（记得一般是在每月的 4 号）分别邀请各工业部、计划司、研究室的负责同志来汇报，后来频率增加，逐步形成了"双周座谈会"；二是摸清国外经济发展和企业管理的情况，为此在工业经济研究所专门成立了国外研究室；三是摸清企业的情况。

记得在 1978 年夏天他对我说，乔木同志在准备一个向中央的报告，主题是用经济办法管理经济，需要我们在这方面作些研究。7 月 21 日，马洪带我到北京东郊考察了一个"红星养鸡场"，写了一篇《北京红星养鸡场调查》，通过工业经济研究所内部刊物《经济管理通讯》上报中央。这次调查了解到红星养鸡场解决人员过多问题的经验，认为当时企业普遍存在的"小而全"的问题是能够解决的，报告最后落脚到必须用经济办法管理经济，指出："各部门和企业，应举一反三，不能等中央一个个指点。因此，如何用经济办法促使每个企业自觉改进管理，是需要认真研究解决的问题。"（《经济管理通讯》1978 年第 3 期）。

那段时间里，马洪多次和我谈到企业体制改革，强调一定要改变对企业行政控制过多的现状，用经济办法推动企业发展，因此必须处理好国家和企业的经济关系，尽快解决企业自主经营问题。党的十一届三中全会召开之前不久，马洪指导我执笔写了一篇《充分发挥企业的主动性》的文章，我们一起用"马中骏"的笔名于 1978 年 9 月 9 日在《光明日报》发表，比较早地提出：

（1）"解决经济管理体制问题，应当把充分发挥企业的主动性作为基本的出发点"。针对当时解决经济管理体制问题主要在中央和地方条块分工上变来变去，反复出现"一统就死，一死就叫，一叫就放，一放就乱，一乱又统……"的团团转的现象，指出："无论企业归谁管，无论国家机关的条、块怎样分工，都需要按照客观规律的要求，处理好国家和企业的经济关系，尤其要承认企业在客观上所具有的独立性，赋予企业一定的自主权。"

（2）"正确处理国家和企业的关系是实现国家、企业和劳动者个人三者利益统一的关键"。针对当时企业只是行政机关附属物的状况，指出："在社会主义经济中，国家和企业之间，应当建立严格的经济核算关系。企业要有独立的资金，要对自己经营的成果负责。""不把国家和企业的关系处理好，企业之间的关系、企业和劳动者个人之间的关系也都不可能处理好。"

（3）"明确国家和企业双方的经济责任，才能更好地发挥企业的主动性"。针对当时国家只下达指令性计划任务而不能提供原材料、能源等物质保证的混乱局面，指出："企业为完成计划任务所需要的条件，国家也应当给予保证。在经济上必须明确国家和企业双方的责任。这种责任应当落实到人，真正把企业经营好坏同每个人的经济利益挂起钩来。"

这是一篇比较早地提出承认企业独立性、扩大企业自主权、强调把企业经营好坏和职工个人物质利益紧密挂钩的文章。

在党的十一届三中全会即将召开之际，马洪带我参加了袁宝华同志率领的我国第一个企业管理大型考察团访问日本，自 1978 年 10 月底到 12 月初，用了一个多月时间，分头深入到企业进行调查研究，回国后专门写了考察报告，上报中央，邓力群、马洪、孙尚清、吴家骏还合著了《访日归来的思索》一书，该书由中国社会科学出版社出版。

此后不久，于 1982 年我又协助马洪主编了《现代中日经济事典》，1983 年开始组织了"中日经济学术讨论会"。就这样，在马洪多年的引导下使我进入了研究企业改革、进行中日企业比较研究的轨道。1990 年，我到日本亚洲经济研究所做了将近一年的客座研究员，专门进行中日企业比较研究，回国后发表了《访日归来话改革》的系列文章，比较早地提出了在国有企业公司化改造过程中，通过企业法人相互持股实现股权多元化、分散化的主张，进而在此基础上提出了利用多元法人相互持股的"架空机制"，实现企业自主经营；建立合理的利益结构，构筑"利益防线"，实现企业自负盈亏；增强企业凝聚力，通过企业内部"适度竞争"，提高企业对外竞争力，使企业成为"自主经营、自负盈亏、有竞争力的经济实体"的改革思路,连续刊登了多期《中国社会科学院要报》、《人民日报内部参阅》上报中央,文章公开发表后,在学术界也引起了很大关注。

前面所说的 1985 年的冲绳会议,正处在我国企业改革经过了扩大企业自主权(1979—1980)、实行多种形式的经济责任制(1981—1982)、第一步利改税(1983—1984 年 9 月),向第二步利改税转变的阶段,仍然是企业改革初步探索的时期,改革任务还远远没有完成。小宫隆太郎先生说我国没有企业,深化企业改革的主要任务是必须建立真正的企业,确实正中时弊。值得欣慰的是,经过三十年的改革实践,我们已经建立起了现代企业制度,充满活力的企业正推动着我国经济大步奔向小康。

写于 2008 年 3 月 18 日

(原载《我在现场——亲历改革开放三十年》,社会科学文献出版社 2009 年版)

# 改革开放初期我国社会主义企业的实态

## 一 工业企业及其经济类型

工业是国民经济中的主要物质生产部门。工业的生产，是由工业的基本经济单位——工业企业来进行的。研究工业的发展，研究工业经济及其管理问题，就必须从分析工业企业开始。因此，在论述了社会主义工业的建立和发展之后，在这一章里就集中地谈一谈工业企业。

企业并不是社会主义制度下特有的经济组织。它是随着资本主义经济关系的产生而出现的。在奴隶制度和封建制度之下，有些场合，奴隶主和封建主也把农奴和农民组织在一个生产单位里进行生产，直接为奴隶主或封建主提供生活消费品，但这基本上是一种自给自足的自然经济，这样的生产单位并非企业。当资本主义商品生产和商品交换出现及发展起来之后，企业也就随之产生了。所以，要说明什么是企业，必须首先分析什么是资本主义企业。关于这个问题，资产阶级学者曾经有过很多论述。他们为企业下的最基本的定义是：以营利为目的，有独立会计的经济单位就是企业。这个定义包括下面两个基本内容。

第一，企业是以营利为目的的经济单位。

企业是经济单位，但并非一切经济单位都是企业。有些经济单位虽然从事生产，从事其他经济活动，但不以营利为目的，这样的经济单位就不能构成企业。构成企业的根本标志是营利，以营利为目的的经济单位才是企业。美国学者凡勃仑在《企业论》一书中说："企业的动机是金钱上的利益，它的方法实质上是买和卖，它的目的和通常的结果是财富的积累。谁要是目的并不在于增加财产，他就不会参加企业，更不会在独立的基础上经营企业。"凡勃仑在这里掩盖了资本主义企业榨取工人剩余劳动的实质，没有说通过"买和卖"的方法怎么会带来"财富的积累"，然而对于什么是资本主义企业，对于怎样从目的和动机上判断什么是企业，他还是讲得比较清楚的。

第二，企业是有独立会计的经济单位。

企业的目的是营利，但并非一切为了营利而建立的经济单位都是企业，必须是具有独立会计的经济单位才是企业。在资本主义制度下，有一些工厂，同样有资金的运动，同样以营利为目的，但它没有独立的会计，只是公司的一个组成部分，这样的工厂并不是企业。

总之，必须同时具备上述两个条件才成为企业。

在社会主义条件下，生产目的发生了根本的变化，企业不是为了追逐利润而是为了满足人民物质和文化生活的需要。以营利为目的这个资本主义企业的标志不复存在了，但是社会主义经济事业是不是就可以不要利润，就可以不讲究经济效果了呢？当然不是。马克思说过："在一切社会状态下，人们对生产生活资料所耗费的劳动时间必然是关心的，虽然在不同发展阶段上关心的程度不同。"[①] 社会主义经济要最大限度地满足人民的需要，讲究经济效果，关心劳动时间的节约，比过去任何社会都更加重要。这就决定了在社会主义条件下，开办企业和实现利润的要求仍然是不可分的。社会主义企业必须以收抵支，对盈亏负责，也就是说，必须实行经济核算。因此，实行独立的经济核算就成了社会主义企业的标志，在社会主义经济中，实行独立经济核算的经济单位就是企业。

社会主义企业的上述定义同前边所说的资本主义企业的定义，在表述上和性质上都完全不同，但作为区分企业与其他事业的标志和方法还是一致的。实行独立核算这个构成企业的标志，实际上包含了获得利润和建立独立会计的双重含义，在社会主义条件下，不同时具备这两个方面特征的经济单位就不是独立核算单位，就仍然不能成为企业。例如：一个设计院，它从事的是一种特定的生产活动，它需要一定的费用，也可以说有它自己

---

① 《资本论》第一卷，人民出版社 1975 年版，第 88 页。

的资金运动方式，但是，它的生产活动以为某项工程服务为直接目的，对它没有上缴利润的要求，它的经费由国家拨款，作为事业费支出，这样它就成为一个事业单位而不是具有独立资金、实行独立核算的企业。一个机关食堂，为职工生活服务，不获取利润，不独立核算，它就不成为企业，如果它面向社会去经营，以自己的收入弥补自己的支出，并且要获取一定的利润，这样它就成为实行独立经济核算的企业。又如一个工厂，如果不独立核算，只作为统一核算的公司或总厂的一个局部，实际上带有车间的性质，这样的工厂虽然也进行相对独立的生产经济活动，也要为国家创造财富、提供积累，但它的成果统一体现到公司或总厂的利润之中，本身也不成为企业。

从上边的分析我们可以得出以下结论：社会主义工业企业就是建立在公有制基础上、实行独立核算的从事工业生产活动的经济单位。

我国社会主义经济制度的基础是生产资料的社会主义公有制，即全民所有制和劳动群众集体所有制。在法律规定范围内的城乡劳动者个体经济，是社会主义公有制经济的必要的补充。我国允许外国的企业和其他经济组织或者个人依照我国法律的规定在中国投资，同中国的企业或者其他经济组织进行各种形式的经济合作。这就决定了目前我国的工业存在着多种经济成分，具有多种不同的经济类型。有全民所有制的国营工业企业、集体所有制工业企业、全民与集体联合举办的工业企业、中外合资经营工业企业，此外，还有个体手工业，等等。这些不同类型的工业，在国民经济发展中处于不同地位，具有不同作用。各种经济成分的企业在经营管理上各有不同的特点，其经济活动也各有自身的规律性。其中，社会主义国营工业和集体所有制工业居统治地位。下面分成两节，分别探讨这两种不同类型的工业企业。

# 二　国营工业企业

国营工业企业是全民所有制的经济组织。目前，我国国营工业企业已有8万多个，固定资产原值4000亿元，占全部工业固定资产的75%；职工人数3200万人，占工业职工总数的72%；产值近4000亿元，占全部工业总产值的81％。全国大中型企业基本上都是国营企业。国营工业在全部工业中处于主导地位。国营工业企业工作做得好坏，对于工业以至整个国民经济的发展，具有决定性的影响。

### （一）社会主义国营工业企业的基本经济特征

要把国营工业企业的工作做好，就必须从以下两个方面正确认识社会主义国营工业企业的基本经济特征。

第一，具有国家性和统一性，是社会主义国营工业企业的一个基本经济特征。

这是由生产资料所有制的性质决定的。我国生产资料的社会主义公有制，包括全民所有制和劳动群众集体所有制。全民所有制经济采取国家所有制形式，这就决定了国营企业本身具有国家性；与这种国家性相适应，在管理上也就具有统一性。在资本主义制度下，私人资本主义企业是主体，各个企业都是具有独立所有权的、完全独立的经济单位，政府对宏观经济的控制也只能是对一个个独立所有者进行一定程度的协调，这些企业不可能具有国家性和统一性。

社会主义全民所有制经济是一个统一的整体，国营企业是这个统一体的一个个的局部，是同一所有者的一个个的经营管理单位。绝不能颠倒过来，把社会主义全民所有制经济看成是一个个独立企业的联合。国营工业企业的生产资料是全体人民共有的财产而不是归本企业的职工所有，国家代表全国人民的共同利益管理这些企业，这就有可能进行有计划的、统一的管理，企业要服从国家这个统一所有者的意志，特别是关系国计民生的骨干企业从制订计划到经营管理以至于生产成果的处置，都必须服从统一计划和统一政策。否定了这种统一，国营企业的全民所有制的性质就会动摇，就会受到损害。

社会主义国营工业企业的国家性、统一性包括哪些基本点呢？就主要的来说，有以下几点：

1. 国营工业企业的生产资料包括机器、设备、建筑物、原料、材料等等，都属于国家所有。企业要管好用好这些生产资料，对多余的固定资产和各种物资，只能按照国家统一规定去处理，不允许化公为私，使国家的财产受到损害。各个企业的设备条件差别是很大的，生产技术水平、生产效率也必然会有差距，在社会主义条件下，这也会造成不同企业之间的级差收入。生产资料是全民的财产，因此，由于设备和资源条件优越而带来的级差收益，应归全民所有而不能归本企业职工所有。

2. 国营工业企业的生产经济活动服从国家统一计划。列宁说：只有按照一个总的大计划进行建设，才配称为社会主义的建设①。社会主义全民所有制经济的主导地位、国营企业的国家性和统一性，保证了整个国民经济能够有计划、按比例地发展。当然，国家统一计划并不是不要灵活性，一切都用计划卡得死死的。要正确执行计划经济为主、市场调节为辅的原则。哪些实行指令性计划，哪些实行指导性计划，哪些产品不作计划，由市场调节，也要按国家的统一规定进行，不能各行其是。这也是统一性的体现。要使计划的统一性和灵活性正确地结合起来，但这并不改变国营企业的国家性、统一性的基本特征。

3. 国营工业企业的经营管理服从国家统一政策，企业由中央或地方经济部门直接领导，或通过各种经济组织去掌握。人民民主专政的政权，具有经济方面的职能，政府直接控制或者通过经济组织掌握骨干企业，是国家对国民经济实行统一领导的基本保证，是实现人民民主专政经济职能的物质基础。每一个国营企业都必须贯彻执行国家制定的统一政策、统一制度、统一纪律。为保证统一政策的贯彻实施，国营企业的主要领导人要由国家委派，代表国家经营管理国营工业企业。

4. 企业的产品，属于国家所有。国家掌握国营工业企业产品的支配权，哪些产品由国家统一分配、统一调拨，哪些产品可以自行销售，都要按照国家的统一政策、统一制度办理。企业不能以"福利产品"和任何其他名义化公为私，私分企业的产品。既然产品归国家所有，企业的销售收入自然也归国家所有。这当然不是说，必须实行统收统支的供给制的办法。销售收入中的利润，要按照国家规定的制度、办法、比例分成，其余部分要上缴国家统一支配和使用。但企业留存利润的必要性，并不是由于本企业职工对企业生产资料具有所有权而引起的，实际上是经营管理上的分权和

---

① 参见《列宁全集》第 28 卷，第 18 页。

财务上的分级管理。企业分得的利润可以用来进行技术改造，扩大再生产，但形成的固定资产仍然归国家所有而不归企业职工集体所有。因此，利润留成也不改变国营企业的国家性、统一性的基本特征。

5. 国营工业企业职工的增减，要有计划地进行，职工的基本工资标准、基本工资制度，由国家根据各尽所能、按劳分配的原则统一规定。

这些基本点是必须坚持的。这几年的经济体制改革，是在贯彻执行计划经济为主、市场调节为辅的原则下进行的，突破了过去国家对企业控制过死的格局，经营管理自主权扩大了，经济搞活了，取得了可喜的成绩。但在改革过程中，也有人把过去经济管理中的弊病说成是国家所有制造成的。认为要改变这些弊病，必须放弃国有制，退到集体所有制。这种认识对不对呢？历史的经验告诉我们，社会主义国家不掌握国民经济命脉，没有国营企业的主导作用，农业、资本主义工商业和个体手工业的社会主义改造是不可能实现的；在社会主义改造完成以后，没有国营企业的主导作用，集体所有制经济也是不可能巩固和发展的。不巩固和发展国营工业企业，就不能保证国民经济有计划地发展，就不能坚持社会主义方向。因此，忘记了国营企业具有的国家性、统一性的特征，离开了这个前提，甚至认为只有全部退到集体所有制才能把经济搞活，这种认识是不正确的。

第二，具有相对的独立性，是社会主义国营工业企业的另一个基本经济特征。

前边指出了国营工业企业具有国家性、统一性，这只是问题的一个方面；同时还有另一方面，就是相对的独立性。一般来说，越是分散的、小型的企业，相对独立的一面也就越突出，独立自主性也就越大。与国计民生关系重大的大型企业，统一性就更突出一些，独立自主性就相对地少一些。由于大型企业资金多，产量大，即使独立自主性少一些，但它们掌握的机动物力和财力也是很大的。总之，无论大型企业或者小型企业，都具有相对的独立性，这是由以下因素决定的。

首先，现代工业是社会化的大生产，而企业则是它的基本生产单位，具有以一定产品为对象或者以一定工艺为对象的独立生产过程，这就决定了企业必须有相对的独立性。

社会主义工业生产，同一切社会化的大生产一样，是由整个的专业化分工协作体系共同完成的。虽然从所有制关系来说，社会主义的国营工业归全民所有，劳动者和生产资料已不处于分离状态，但是，要进行工业生产，同样需要按照分工协作的原则，分别在一个个生产单位里进行，也同样需要使劳动者和生产资料在一个个生产单位里具体地结合起来。企业正是这样的生产单位。每个企业由一定的劳动者组成，拥有机器设备等劳动手段和原料、材料等劳动对象，生产活动在这里进行，每个企业都有其自己的生产资料与劳动者的结合方式，独立地完成着产品的生产过程，从而使它成为社会分工协作体系中的一个基本环节，使它在社会生产过程中具有相对的独立性。

其次，社会主义经济要求在生产经济活动中以尽可能少的劳动消耗，取得尽可能多的劳动成果，要求核算生产活动的投入和产出，而企业正是社会主义经济活动中的基本核算单位，这也决定了企业必须有相对的独立性。

前边已经讲过，人们进行生产活动，从来都不能不注意经济效果。社会主义经济为了更好地满足人民的需要，尤其需要努力用尽可能少的劳动消耗，取得尽可能多的劳动成果。讲究经济效果，就必须实行经济核算。但是，可能有人会问：既然在社会主义条件下，国营工业企业具有国家性和统一性，生产资料归国家所有，那么，是不是整个国民经济统一算大账就行了呢？是不是可以吃"大锅饭"，每个企业不必进行单独核算了呢？这显然是不行的。

生产资料公有制和各尽所能、按劳分配制度，是社会主义社会的基本经济制度。工业生产活动，分别在一个个企业里进行，每个企业工作得好坏，需要和本单位劳动者的切身利益挂起钩来，使经营好的企业的职工得到更多的经济利益。这是按劳分配制度的体现，这就要求整个国民经济必须有分级核算，使每一个基层企业成为一个独立的核算单位。只有这样，才能彻底考察一个企业的经营是否是有利的。作为独立经营的社会主义企业，拥有国家拨给的一定数量的资金，运用这些资金在国家统一计划下组织自己的供、产、销活动。在今后一个相当长的历史时期内，需要大力发展商品生产和商品交换，企业必须经常研究市场供需状况的变化，自觉利用价值规律，在企业之间按等价交换的原则进行经济往来，用自己的收入抵偿自己的支出，并保证按计划向国家上缴利润。企业要对自己的经营成果向国家负责，国家要按计划对企业的经营活动进行考核。因此，企业在社会经济活动中必须具有相对的独立性，这样才能保证企业的人力、物力得到充分有效的利用，使企业的核算真正成为整个国民经济核算的基础。

既然社会主义国营工业企业是独立完成工业产品特定生产过程、独立进行经济核算的基本生产单位和基本核算单位，那么，企业也就必然具有一定的独立性。这种独立性是在全民所有制基础上的独立性，是在国家性、统一性前提下的独立性，因此，只是相对的独立性。然而必须看到，这种相对的独立性是客观存在的，是绝不能取消的。毛泽东同志曾经讲过："从原则上说，统一性和独立性是对立的统一，要有统一性，也要有独立性。""各生产单位都要有一个与统一性相联系的独立性，才会发展得更加活泼。"应当尊重企业的相对独立性，赋予企业应当具有的权力，使每个企业都能适应自身独立生产过程的技术经济要求去进行工作和组织生产，这样，才能够调动企业和职工的积极性，把工业生产搞好，把工业经济搞活。

与国营工业企业相对独立的客观经济地位相适应，应当赋予它哪些权力呢？主要有以下几点：

1. 企业对国家拨给的固定资产、流动资金具有使用权，可以按照统一计划和统一政策进行企业本身的经营决策，独立运用企业的资金。

2. 企业有权按国家统一规定的计划体制，根据国家计划的要求和市场供求的情况，购进各种生产物资和销售各种工业产品。对于实行非指令性计划的产品，企业可以按市场的需要，制订产、销计划；对于实行指令性计划的产品，在完成国家计划任务以后，企业也可以根据市场需要和原材料供应情况，制订补充计划。

3. 企业应有利润留成权，根据企业经营的好坏，给企业一定的机动财力，使企业能够进行技术改造，不断发展生产、革新技术，改善职工的劳动条件和生活条件，并对职工进行物质奖励。

4. 企业应有权择优录用职工，有权根据企业职工劳动的好坏进行奖励和惩处。

正确认识社会主义国营工业企业的国家性、统一性和相对独立性这两个方面的基本经济特征，在工业经济管理工作中充分体现这两方面经济特征的要求，才能够做到既坚持社会主义方向，又把工业经济搞活。如果只强调国家性、统一性的一面，而忽视相对独立性的一面，就不能发挥企业的积极性、主动性，不利于工业经济的发展；相反，如果只强调相对独立性的一面，而忽视国家性、统一性的一面，甚至否定统一性，把企业看成是脱离国家控制的完全独立的经济单位，就会偏离社会主义计划经济的轨道，同样不利于工业经济的发展。上述两种倾向都是应当防止的。

### （二）扩大企业自主权，推行工业经济责任制

长期以来，在我国经济管理的理论和实践中，强调国家性、统一性忽视企业相对独立性的倾向，成为一种主要的倾向。管理体制不能适应社会主义国营工业企业作为相对独立的社会主义经济单位的客观要求，严重地束缚了企业的积极性。这表现在：（1）否定了企业必须拥有一定的微观决策权；（2）否定了企业必须具有相对独立的经济利益；（3）窒息了企业之间的社会主义竞争。这样就使企业既无一定的经营权力，又缺乏经济上的内在动力和外在压力，成了国家各级行政机关的附属物，企业的活力和积极性就被严重地束缚住了。因此，如何把企业从行政机构过分集中的控制和束缚之下，从条条块块的分割之中解放出来，如何体现企业相对独立的客观经济地位，就成了经济体制改革要解决的中心问题，成了促进生产发展、把国民经济搞活的关键。

1978年年底召开的党的十一届三中全会指出："现在我国经济管理体制的一个严重缺点是权力过于集中。应该有领导地大胆下放，让地方和工农业企业在国家统一计划指导下有更多的经营管理自主权。"1979年4月党的中央工作会议提出了"调整、改革、整顿、提高"的方针。

在党中央的号召下，我国经济管理体制改革的试点工作在1978年年底就开始了。经过两年的努力，扩大企业自主权的试点工作不断发展并已具有相当大的规模。1980年，参加试点的国营工业企业已达到了6000多个，占全国4.2万个预算内工业企业的15%，产值占60%，利润占70%。按照国家规定，试点企业扩大了以下几个方面的权力：

（1）一定的计划权。即在国家计划指导下，有权自订补充生产计划，有权根据市场需要申请调整国家的部分计划。

（2）一定的产品销售权。即除少数关系国计民生的产品、短线产品仍由统购统配外，包括大部分生产资料在内的企业产品都可进入流通领域，按商品分类的原则买卖。用统购、选购、议购、自销等多种购销形式代替单一的统购统销体制。

（3）一定的利润留成权。即在保证国家利益的前提下，承认企业的相对独立的经济利益，按经营好坏提留部分利润作为企业基金，并由企业掌握，有计划地用于扩大生产、集体福利和增发奖金。

（4）一定的扩大再生产权。即企业有权使用自留资金（利润留成，折旧费及大修理费用）进行更新、改造等内涵性的扩大再生产。

（5）一定的劳动人事权。即有权民主选举干部并报上级批准，有权择优录取，招收工人，有权按国家政策规定处分直至开除极少数违反纪律的工人。

总之，试点企业在利润留成、生产计划、产品销售、新产品试制、奖金使用、奖励办法、机构设置以及人事等方面，不同程度地都有了一些自主权。

此外，1980 年以来，一些省、市、自治区还选择了少数企业进行了在国家计划指导下以税代利、独立核算、盈亏责任制的试点。据不完全统计，到 1980 年年底，进行这种试点的有一个市（柳州市）、一个公司（上海市轻工机械公司）和 80 多个企业。扩权试点工作开展以来，虽然由于进行国民经济的调拨，相当一部分扩权企业生产任务不足，再加上原材料涨价、能源紧张等不利因素，给企业完成生产计划和上缴财政收入任务带来了一定的困难。但是，由于扩权在某种程度上把企业的责、权、利结合起来了，把企业的经济利益和生产经营成果结合起来了，把国家利益和企业利益结合起来了，使企业获得了充沛的内在经济动力；伴随着竞争的展开，又给企业增加了外在压力。这就比较充分地调动了企业的积极性，促使绝大多数企业实现了增产增收。根据对 28 个省、市、自治区地方工业 5777 个扩权试点企业（不包括盈亏责任制的试点企业）的统计，1980 年完成工业产值 1653.5 亿元，比上年增长 6.8%；实现利润 333.6 亿元，增长 11.8%；上缴利润 290 亿元，增长 7.4%。在增产增收的基础上，实现了国家利益和企业利益的结合。在上述扩权试点企业实现的 333.6 亿元利润中，上交国家 290 亿元，占全部实现利润的 87%；企业利润留成 33.3 亿元，占实现利润的

10%；其余 3% 属于归还贷款、政策性补贴等。同非试点企业提取企业基金的办法相比较，试点企业实际多得 12.4 亿元，占增长利润 35.2 亿元的 35.2%；增长利润的大部分也归了国家。这表明，扩大企业自主权，实现了增产增收，国家和企业都增加了收入。

在扩大企业自主权的工作已经达到相当大的规模的基础上，我国经济管理体制改革的工作又有了进一步的发展，这就是 1981 年上半年开始在全国普遍推行工业生产经济责任制，至今全国大部分社会主义国营工业企业都开始在不向程度上实行了这种责任制。

工业生产经济责任制，就它本来的全面的含义来说，是在国家计划指导下，以提高经济效益为目的，责、权、利紧密结合的生产经营管理制度。它要求企业的主管部门、企业、车间、班组和职工，都要层层明确各自在经济上对国家应负的责任，建立健全企业的生产、技术、经营管理各项专责制和岗位责任制，为国家提供优质适销的产品和更多的积累；它要求正确处理国家、企业和职工三者利益关系，把企业、职工的经济责任和经济效果同经济利益联系起来，认真贯彻按劳分配原则，多劳多得，少劳少得，有奖有罚；它要求进一步扩大企业经营管理自主权，保证企业生产、经营所必需的条件。

因此，实行经济责任制的工业企业，必须保证全面完成国家计划，按社会需要组织生产，不能利大大干，利小不干，造成产需脱节，特别是要保证市场紧缺的微利产品和小商品的生产。国家对企业也必须相应地进行全面考核，不仅要考核利润上交指标，同时还要考核产量、质量、品种、成本等项指标。实行经济责任制的企业还必须保证财政上交任务的完成。每年增收部分的分配，要坚持首先国家多得，其次是企业多留的原则，企业利润留成的增长幅度不能超过生产或利润的增长幅度，以保证国家财政收入能够逐年有所增长。职工收入的总水平，只能在生产发展的基础上稳定增长，要低于劳动生产率提高的幅度。企业的奖金水平，应当随着生产和利润的增长或减少、产品质量的提高或降低、生产成本的降低或提高，有升有降，做到有奖有罚，奖惩分明。

实行经济责任制，必须抓好两个环节：一个环节是国家对企业实行的经济责任制，处理好国家和企业的关系，解决企业生产经营好坏一个样的问题；另一个环节是建立企业内部的经济责任制，处理好企业内部的关系，解决好职工干好干坏一个样的问题。前者是前提，后者是基础，二者互相依存，互相促进。

1. 企业实行的经济责任制，目前在分配方面基本上可以归纳为三种类型：一是利润留成；二是盈亏包干；三是以税代利的盈亏责任制。具体形式主要有以下几种：

第一，基数利润留成加增长利润留成。企业利润留成由两部分组成，一部分是以上年实现利润为基数，按一定比例分成；另一部分是超过上年实现利润的部分，按较高的比例分成。这种办法适用于增产增收潜力比较大的企业。但确定每年利润基数时矛盾比较多，特别突出的矛盾是当年实现利润越多，下年度超额越困难。所以，有的企业将原来的"环比"办法改为按前三年平均利润数来计算的办法。

第二，全额利润留成。即按企业实现利润的全额，以一定比例留给企业。这种办法适用于生产正常、任务饱满、利润比较稳定的企业。留成比例一般按照前三年企业实际所得（包括基数利润留成和增长利润留成）占利润总额的比重来确定。

第三，超计划利润留成。这种办法适用于调整期间任务严重不足、利润大幅度下降的企业。

第四，利润包干。具体做法有："基数包干，增长分成"；"基数包干，增长分档分成"；"基数递增包干，增长留用或分成"；等等。这些办法一般适用于潜力比较大的微利企业。有些增收潜力不大的微利企业，可实行"基数包干、超收留用、短收自负"的办法。

第五，亏损包干。具体做法有：对亏损企业实行"定额补贴、超亏不补、减亏留用或分成"；"亏损递减包干、减亏留用成分成"。

第六，以税代利的盈亏责任制，即把上缴利润改为缴纳各种税款和固定资产、流动资金占用费，企业盈利在按规定向国家纳税（费）后，其余部分全部留归企业。这种办法适用于领导班子比较强、管理水平比较高、生产比较稳定、有盈利的大中型企业，但须经财政部门批准后试行。有些小型的国有企业，还仿效集体所有制企业纳税的办法，改上缴利润为上缴所得税和固定资金、流动资金占用费，实行盈亏责任制。

2. 企业内部实行的经济责任制，要把每个岗位的责任、经济效果同职工的收入挂起钩来，实行全面的经济核算。目前，在分配方面，大体有以下几种形式：第一，指标分解，计分计奖；第二，计件工资，包括超额计件和小集体超额计件；第三，超产奖；第四，定包奖；第五，浮动工资，等等。

实行经济责任制的工业企业，在分配方面，究竟采取哪种形式，要从实际情况出发，实事求是地加以确定，不能搞"一刀切"，也不能急于定型，要在实践的基础上不断总结经验，继续改进和完善。

总的说来，推行工业生产的经济责任制，调动了企业和职工的积极性，提高了企业的经营管理水平，加强了企业内部的各个职能部门的协作关系，从而提高了经济效益。

推进工业生产经济责任制，是我国经济管理体制改革的一个新的突破。以前扩大企业自主权，还是局限在盈利企业的范围内；现在推行工业生产经济责任制，不仅包括了盈利企业，而且扩及微利企业，以至亏损企业。以前扩大企业自主权，主要是涉及国家和企业的关系，涉及企业的责、权、利的结合；现在推行工业生产经济责任制，则不仅涉及这一方面，还涉及企业内部的关系及其责、权、利的结合。所以，无论从广度上说，或者从深度上说，推行工业生产经济责任制，都是我国经济管理体制改革的进一步发展。

上述的经济管理体制改革已经取得的成就表明：通过逐步地扩大企业自主权，推行并完善经济责任制，把企业的责、权、利正确地结合起来，使得企业逐步成为相对独立的社会主义经济单位，进一步调动了企业和劳动者的主动性和积极性。

当然，我国经济管理体制的改革还处在探索和试验的过程中，改革是局部的、不完善的，还存在这样或那样的问题。扩大企业自主权的试点，实际上主要是实行了利润留成；推行经济责任制开始也是从分配入手的，对企业实行利润留成和盈亏包干等办法，对职工实行超产奖、计件工资和浮动工资等办法。但对企业和职工的责任缺乏全面的、具体的规定，也缺乏全面的、严格的考核。在实行经济责任制的过程中，只是突出了利润指标的考核，而忽略了对产品的质量、品种和成本等方面的全面考核。即使在分配方面，如在确定利润留成的基数、比例和使用方向以及奖金的提取、发放等，也缺乏明确的规定和有效的控制。特别是没有充分注意随着微观经济的搞活，相应地从宏观方面加强管理，忽视了充分运用国家计划、经济杠杆、经济立法以及必要的行政手段。这样，就在一段时间内助长了有些企业单纯追求利润，利大大干，利小不干，造成了新的产需脱节，生产上、建设上的盲目性有所发展。有些企业甚至扩大利润留成的基数和比例，不惜违反国家财经纪律，任意截留上缴国家的税收和利润，并滥发奖金、补贴和"福利产品"，以损害国家的利益。

赵紫阳同志在第五届全国人民代表大会第四次会议上指出："经济体制的改革，是国民经济从管理制度到管理方法的大变动，是各方面经济权益的大调整，在理论上、实践上都有许多问题需要研究解决。在这方面，我们还缺乏经验，因此态度要积极，步骤要稳妥。每项改革都要认真调查研究，进行可行性分析，制定周密的方案，经过试点，逐步推广。要不断探索，不断总结，不断前进，稳步地完成这个重大的历史任务。"① 这个指示是很及时的，是完全正确的。

## 三　集体所有制工业企业

劳动群众的集体所有制，是我国生产资料社会主义公有制的另一种基本所有制形式。集体所有制工业企业在国民经济中起着非常重要的作用。

我国集体所有制工业企业包括城镇集体所有制工业企业和农村社队工业企业两个部分。农村社队工业又分为社办工业和队办工业两个部分。按我国现行的统计口径，全国工业企业数和工业总产值只包括全民所有制工业企业、城镇集体所有制工业企业和人民公社社办工业，不包括生产大队办的工业。队办工业企业列为农副业，其产值计入农业总产值。1980 年，我国工业企业数目及其工业总产值的构成如下表：

---

① 赵紫阳：《当前的经济形势和今后经济建设的方针》，人民出版社 1981 年版，第 42 页。

| 企业类别 | 工业企业个数（万个） | | 工业总产值（亿元） | |
|---|---|---|---|---|
| | 按现行统计口径 | 实际数 | 按现行统计口径 | 实际数 |
| 全民所有制工业企业 | 8.3 | 8.3 | 3928.4 | 3928.4 |
| 城镇集体所有制工业企业 | 10.6 | 10.6 | 751.6 | 751.6 |
| 人民公社社办工业企业 | 18.7 | 18.7 | 282.8 | 282.8 |
| 队办工业企业 | | 55.8 | | 236.4 |
| 总计 | 37.6 | 93.4 | 4962.8 | 5199.2 |

**（一）城镇集体所有制工业企业**

1. 城镇集体所有制工业在我国整个工业中占有相当大的比重，在社会主义建设中具有突出的作用。

（1）城镇集体所有制工业是现代大工业的必要助手。我国工业的发展，必须实行大中小企业相结合、先进技术和一般技术并举的方针。国营大工业越是向现代化、专业化发展，就越需要大量的小型企业为它们生产零件、部件，或整理和包装产品，等等，这是一种合理的分工协作。现在，很多国营大工厂生产的机械、仪表等产品，都需要城镇集体所有制工业企业为其协作配套。

（2）城镇集体所有制工业，是发展日用工业品，满足人民不断增长的物质和文化生活需要的一支重要力量。我国有十亿人口，对日用工业品的需要不仅数量大，而且品种繁多，单靠国营大工业很难满足需要。目前，人们需要的轻工产品，特别是日用工业品和工艺美术品，相当大的部分是城镇集体所有制企业生产的。据 1979 年统计，轻工业部系统中，城镇集体所有制工业总产值 360 亿元，占全国城镇集体所有制工业总产值的 56.5%，占轻工业部系统总产值的 42.85%。

（3）城镇集体所有制工业是积累的一个来源。集体所有制工业主要靠自己投资，国家基本不给投资，它所创造的积累一部分通过税收集中到国家手中，其余部分虽主要由自己支配，但也是社会的积累。据统计，1979 年全国城镇集体所有制工业提供的税收和利润就达 85 亿元，占全国工业税收和利润总额的 8.6%。

（4）发展城镇集体所有制工业是增加出口、多创外汇的一个较重要的途径。集体所有制工业产品很多是手工业品，我国丰富多彩的手工业品在国际市场上久负盛誉，是我国出口产品中的重要组成部分。集体所有制为主的二轻工业 1979 年出口换汇 24.78 亿美元，占全国出口换汇额的 18%。手工业品的出口换汇率很高，特别是工艺美术品，一向以具有独特的民族风格和地方色彩而闻名世界。发展工艺美术品，生产有能力，原料有来源，出口有市场，换汇率很高，是多创外汇的重要途径之一。此外，城镇集体所有制工业，还可以通过补偿贸易、来料加工、来件装配等形式，充分利用我国的人力资源，为国家创汇。

（5）发展城镇集体所有制工业是安排城镇就业的重要方向。我国城镇每年都有一批新增劳动力需要安排就业，如果仅仅依靠国营企业招工，难以解决城镇的劳动就业问题，还必须同时依靠集体经济的发展，开"两扇门"，组织待业人员从事各种集体性经济事业。集体所有制工业行业多、门路广、投资少，举办较易，能容纳较多的劳动力。二轻系统的集体所有制工业，大都是劳动密集型行业。据统计，工艺美术、服装、日用五金、皮革皮毛等行业，每百万元固定资产可容纳劳动力 800 人，而重工业行业平均只能容纳 94 人。大力发展城镇集体所有制工业，是今后长时期内安排城镇劳动力就业的一个十分重要的方向。

2. 城镇集体所有制工业的几种形式。现有的城镇集体所有制工业主要有三种形式：合作组织；街道生产厂（组）；1979 年以来，为安排城镇待业青年新办的城镇集体生产组织。

（1）合作组织。合作组织包括通常称为大集体的合作工厂和原来的手工业合作社。所谓大集体和小集体，是就公有化程度的高低而言的，是按生产资料和产品归谁所有来确定的。目前，合作工厂归各市、区（县）工业局或所属专业公司管理。生产资料由主管局（或专业公司）在集体范围内统一支配、统一调度；在主管局（公司）范围内统负盈亏。企业的盈利除缴纳所得税外，净利润全部上缴主管局（公司）；生产由主管局安排计划，工资、劳保福利待遇基本上按国营企业的规定实行。基于上述情况，许多同志认为，合作工厂已失去或改变了集体所有制的性质，认为大集体实际上是一种"地方国营经济"、"地方政权经济"或"近似地方国营经济"。我们认为，尽管在管理上存在上述情况，但合作工厂仍然是集体所有制性质的。合作工厂的资金来自集体的积累，而不是来自国家投资；合作工厂的生产资料和产品，以及上缴的利润虽然由主管局（公司）统一调度或统一支配和使用，但仍然只在大集体范围之内，并没有超越这个集体的范围。主管局（公司）举办的新的合作工厂，投资也是来自原有合作工厂集体的积累，而不是国家的投资。这些都表明，这些合作工厂的生产资料和积累仍然是集体所有，而并非属于全民所有。主管局（公司）统一调度、统一支配和使用，实质上只是代行了这些合作工厂的联合管理组织——联社的职权。要辨别一个企业的性质是属于全民还是属于集体，要看这个企业的生产资料归谁所有，这是最本质的。从这一条来说，合作工厂的集体所有制性质并没有改变。

集体所有制经济总是随着生产力的发展而发展的。从原来较小规模的集体所有发展到较大规模的集体所有，这是生产力发展的客观要求。因为，在生产力发展的情况下，集体所有制规模不扩大，许多需要办的事，由于单个企业的能力不够就办不成。集体所有制工业在发展中，往往需要建设原料基地，新建或扩建技术后方，或建设工艺协作中心，兴建较大的集体福利设施，等等，一般都不是单个集体所有制企业力所能及的。这就需要突破一个企业占有和支配生产资料的界限，在较大范围内统一调剂和使用人力、物力、财力。

当然，集体所有制企业公有化范围的扩大，必须遵循生产关系一定要适应生产力发展要求这个基本规律，我们反对过去在"左"的错误指导思想下，不顾客观条件，不根据自愿互利原则，而由政权机关凭主观意愿，采取行政手段将企业上收、合并的那种不适当的"升级过渡"，并不是反对适应生产力发展需要而实行的集体所有制企业规模的扩大。同时，集体所有制规模的扩大，是否一定要实行统负盈亏，各地情况条件不同，也不能强求一律。一般来说，今后联社范围内，各个集体企业应逐步改为独立核算，自负盈亏；联社可以通过提取适当基金的途径来集中需要的资金，作为联社范围内发展生产和举办福利事业之用。

（2）街道工业。街道工业是1958年以家庭妇女为主体，由街道组织起来，并由街道领导和管理的。过去的街道工业虽然有相当一部分改变为大集体的合作工厂，被上收归市、区（县）主管局管理，但街道也用集中的积累兴办了一些新的生产厂（组）。据统计，1979年全国街道工业企业仍有33412个，占城镇集体工业企业总数的33.6%；职工286.83万人，占城镇集体所有制工业职工总数的21.5%；产值78.68亿元，占城镇集体所有制工业总产值的12.3%。

街道工业为大工厂加工协作，修旧利废，为居民生活和工矿企业服务；拾遗补缺，为市场提供一些紧俏商品；组织闲散劳动力，安排就业，等等，在社会主义建设中，发挥了相当大的作用。

街道工业在初建时，大多实行街道统负盈亏。三年调整时期虽一度改为自负盈亏，但"文化大革命"中又重新改回为统负盈亏。通常称街道工业为"小集体"。有的同志把街道工业看做"街道政权所有制"。我们认为，虽然街道基层行政组织与街道工业有十分密切的经济关系和组织关系，但街道工业基本上是属于街道范围内企业职工集体所有。职工的工资、福利、退休金等均来自街道企业的收入，分配水平的高低也受企业收入的影响。目前的问题是街道向企业收缴的利润和摊派的费用过多。街道企业与街道关系密切，对街道建设承担一部分经济责任是可以的。问题是拿多了就成了平调。平调当然会影响集体所有制的性质，这个问题要解决，但不能因此就认为它本来就不是集体所有制。

（3）城镇青年集体生产组织。1979年以来，为了广开就业门路，安排城镇待业青年，新办了一些集体生产组织，主要有两种情况：一种是一些待业人员在街道居民组织的指导下建立起来的生产合作社（组）。这些生产合作社（组）是自愿结合，自筹资金，自负盈亏，因而是名副其实的"小集体"。它们是"民办"，不是"官办"，不是"铁饭碗"，不吃"大锅饭"，实行按劳分配，分配形式灵活多样。所以，这类合作社（组）能够发挥集体所有制的许多长处，一般都办得有生气。但不要看到办得好，有利可图，就收上来或排挤掉。另一种是全民所有制工厂或事业单位为安排本系统或本单位职工待业子女新办的集体工厂（或合作社）。这类集体厂（社）初办时，一般都由主办单位借给资金、厂房、设备等，因此，办这样的集体企业要注意严格划分全民所有制与集体所有制的界限，要把集体厂（社）

办成独立核算、自负盈亏的集体经济单位，让它们自立门户。相互之间的往来，要坚持等价交换、平等互利的原则，防止把全民所有制企业或事业的资产、利润转化为集体厂（社）所有。集体厂（社）在生产上可以为主办单位服务，但要防止主办单位把集体厂（社）当作自己的附属物。

目前，这些新办的集体生产组织，从生产能力来说，还不很大，但它们生产经营灵活，行业很多，为社会和人民生活所需要，有广阔的发展领域，特别对于安排待业青年，实现政治安定有重要意义，应当受到重视。

3. 对城镇集体所有制工业的政策和管理。

根据我国生产力的现实状况和现代化建设的要求，在今后相当长的历史时期，必须在巩固和发展全民所有制工业的同时，积极发展集体所有制工业。

积极发展城镇集体所有制工业，要从我国的实际出发，按照城镇集体经济的特点，制定正确的政策，切实解决好工作中存在的问题。

第一，继续肃清"左"的错误影响。对待集体所有制工业要政治上一视同仁，经济上合理待遇。目前，在对待集体所有制问题上的"左"的错误影响还很深，"重全民、轻集体"的思想和做法仍然不同程度地存在，还有待继续肃清。对集体所有制工业必须采取大力扶植、统筹安排、积极发展的方针。过去，在"左"的错误指导思想影响下形成的有些不合理的规定，严重影响集体企业和职工的积极性，这种状况必须改变。政治上要一视同仁，经济上要合理待遇。对集体企业职工的工资福利待遇，应作出合理规定，必须打破集体所有制企业职工的待遇一定要低于全民所有制的框框。

第二，切实保障集体所有制工业的生产资料所有权，尊重企业的经营管理自主权。过去，集体所有制工业的生产资料所有权常常受到侵犯，除随意收厂，盲目过渡外，主要是采取各种形式平调、摊派、挪用集体的资财和劳动力。据二十个省、市、自治区二轻工业部门统计，十几年来不少集体企业的资金都有不同程度的平调和挪用。

集体所有制工业企业的经营管理权也很小，在生产上，生产什么、生产多少，都由上级主管部门（公司）规定，企业很少有机动余地；在产品销售上，商业部门统购包销范围太大；财务上，实行统收统支；在劳动力分配上，由劳动部门统一分配，企业招工缺少机动权力；职工工资福利也由地方劳动部门统一规定，使职工的工资福利同企业经营成果没有联系，等等。巩固和发展集体所有制工业，必须采取正确的政策措施，包括制定关于城镇集体经济的专门法规，切实保障集体企业的财产所有权和经营管理自主权，任何单位和个人不得随意借调集体企业的资财，不得无偿调用集体企业的劳动力。

第三，在国家计划指导下，明确发展方向，解决供产销衔接问题。集体所有制工业的社会主义性质，决定了它的生产目的和全民所有制一样，是为社会需要服务。城镇集体所有制工业是地方性的工业，并以小型工业为主体，因此，集体所有制工业应该坚持为农业生产服务，为人民生活服务，为大工业服务和为出口贸易服务的方针。集体所有制工业一定要坚持这个正确的发展方向，克服生产上的盲目性。

为保证集体所有制工业有正确的发展方向，地方政府要加强对发展集体工业的指导，搞好全面规划，综合平衡，合理布局，防止盲目发展，避免重复建设。集体工业所需要的计划分配物资，要纳入计划，统筹兼顾。它的生产经营活动，要在国家计划的指导下，更多地发挥市场调节的作用，广开生产和经营门路，销售方式可以灵活多样。

第四，国家应在资金上和技术上加以扶持。集体所有制工业发展所需要的资金，主要靠自己的积累，但国家也应加以扶持。尤其对安置待业青年新办的生产合作组织等，国家在一定时期内减、免所得税，予以扶持更是必要的。目前，集体所有制工业技术力量薄弱，技术水平和劳动生产率都比较低，国家在技术设备和技术力量上应予必要的支援。最近，国家规定大专毕业生要分配给集体所有制经济单位，银行也根据择优扶持的原则，在资金上支持集体所有制工业进行技术改造，这些都是十分必要的。

第五，改进管理体制和管理机构，加强对集体企业的领导。集体所有制工业行业多、单位多、队伍大，而且企业形式多样，隶属关系复杂。但社会主义改造基本完成以后二十多年来，由于"左"的错误的影响，对集体所有制经济的重要意义认识不足，管理紊乱，管理机构也变动频繁，时而撤销，时而合并，影响了集体所有制工业的发展。今后，集体所有制工业还要有很大的发展。因此，国家要加强对城镇集体所有制工业企业的领导，实行按行业归口管理，认真研究和贯彻执行有关城镇集体所有制工业的政策、法令。同时，还可以考虑恢复各级手工业合作社联社，以加强对城镇集体所有制手工业的统一领导和管理。

城镇集体所有制企业的各级归口部门还应当从本地区、本行业的特点出发，根据发挥优势、保护竞争、推动联合的方针，提倡集体所有制企业之间、行业之间、地区之间，不同经济成分之间的联合，扬长避短，开展竞争，把集体所有制工业搞活、办好。

对城镇集体所有制工业企业要抓紧进行全面整顿，并进行必要的调整和改组。整顿的基本要求大体上和国营企业相同，尤其要注意加强政治思想工作，整顿财经纪律，反对一切歪门邪道，端正经营作风；同时，要尽快恢复集体所有制工业多年形成的民主办社和勤俭办社的一套好的传统做法，大力加强企业管理，提高经济效益。

### （二）农村社队工业企业

农村社队工业是 1958 年随着人民公社化运动而建立和发展起来的。到 1958 年年底，全国农村人民公社的工业企业劳动者达 1800 万人，产值 60 多亿元。但是，当时举办社队工业有相当部分采取的是对生产队财物和人力平调的办法，严重损害了群众的利益。1960 年，为了纠正"一平二调"的"左"的错误，公社工业纷纷下马。到 1961 年，公社工业产值减少到 19.8 亿元，到 1963 年，公社工业产值进一步降低到 4.1 亿元。1966 年以后，社队工业又逐步发展起来。1976 年，我国农村社队工业产值已达到 243 亿元。

党的十一届三中全会作出了关于加快农业发展的决定，不仅促进了农业生产的发展，也促进了农村社队工业的发展。1979 年，国务院制定颁发了关于发展社队企业的规定，进一步调动了社队办工业的积极性。1980 年，社队工业企业已有 74.5 万个，总产值达 519.2 亿元。比 1977 年增长 63.6%，平均每年增长 17.8%。

1. 农村社队工业的作用。

农村社队工业和农村集体经济有直接的紧密的联系，并已成为其中的一个重要组成部分，它的发展与农业生产和农民的收益关系很大，因此具有深厚的群众基础。社队工业企业规模小，设备简单，投资少，灵活性大，在国民经济特别是农村经济的发展中起着重要作用。

（1）农村社队工业在整个国民经济中已占有相当重要的地位。1980年，社队工业产值519.2亿元，约占全国工业总产值的10.2%[①]，比1953年全国工业总产值的345亿元还多出一半以上。目前，社队工业生产的地方建材（砖瓦砂石）占全国的80%，黄金占30%，原煤占17%，丝占15%，原盐占11%，工艺美术、编织、刺绣产品的绝大多数是社队工业和社员加工的。1980年，社队工业为国内市场提供了大量短缺商品，产值占全国轻工业产值的10%；同时，1980年，社队工业为外贸出口提供了22.7亿元产品。

（2）社队工业已成为农村经济的重要组成部分。1980年，全国农业总产值为1627亿元（其中包括队办工业总产值227亿元），社队工业产值已相当于农业总产值的1/3强；1980年，社队企业（包括工业、交通运输、建筑、商业服务及种养企业）总收入为614亿元，占人民公社三级经济总收入的34%多。其中，社队工业收入为474亿元，占社队企业总收入的77%。

（3）促进了农村经济结构的改善。1980年，在农、林、牧、副、渔、工六业中，社队工业产值已占28%，在农村经济结构从单一经营、单一种植向多种经营和向农工商综合经营发展中，发挥着重大作用。

（4）支援了农业生产。社队工业除了担负农村大部分中小农具制造和农机修配，提供大量其他农业生产资料外，还为发展农业生产提供了大量的资金。要实现农业机械化、现代化，需要大量的资金。资金从何处来？国家投资是一个方面，但是，国家财力有限，对农业的投资距离农业的实际需要相差很远。农业投资的来源，在很大程度上还得依靠社队集体本身的积累。如果人民公社只搞单一农业经营，机械化、现代化是很难实现的。这是因为，我国农业生产力水平很低，农业劳动生产率和商品率都不高，农业生产本身的积累很少。社队工业的积累率要比农业高得多，能为发展农业提供购买机械和进行农业基本建设所需的资金。1979年，全国社队企

---

① 1980年，国家统计局公布的全国工业总产值为4962亿元，其中不包括队办工业总产值236.4亿元（统计在农业总产值中的副业产值内）；如包括队办工业总产值，则应为5199.2亿元。1980年，社队工业总产值为519.2亿元，占5199.2亿元的10%。

业盈利提供的支农资金，相当国家用于农业基本建设投资的47.2%。据调查，江苏省一些社队工业发达的地区，社队工业提供的支农资金，相当于该地区国家投资的好几倍。发展社队工业，是解决农业建设资金的重要途径。

（5）为农村剩余劳动力提供了一条出路。我国农村存在着劳动力多，耕地少的矛盾。随着农业机械化、现代化的进展，矛盾将更为突出。1952年，农村有劳动力1.8亿个，各种农业机械动力仅有25万马力；1979年，各种农业机械动力增加到1.8亿马力，而农村劳动力不但未减少，还增加了1.3亿个，每个劳动力负担的耕地，从1952年的9亩，减少到4.8亩。有些地区出现"机械多了，劳力窝了"的现象。近几年，由于农村普遍推行了各项生产责任制，调动了农民的积极性，劳动效率提高，劳动力大量节余。如果不能及时妥善安排，就会影响农业机械的进一步使用和推广，就会影响农业生产的进一步发展和提高。利用农林资源，发展社队企业，实行多种经营是解决农村剩余劳动力出路的一个重要方面。

（6）为城市工厂协作配套，拾遗补缺，成为大工业的助手和补充。大工业实行专业化生产，需要很多小工厂来协作配套，为它提供原材料、半成品、零配件。现在，北京、上海的社队工业为大工业协作配套的收入已占总收入的80%，天津占60%，成为大工业的助手。同时，社队工业拾遗补缺，生产大工业不生产的、市场需要的日用商品，成为大工业的必要补充。

（7）发展了农村小集镇，促进了工农结合、城乡结合。随着社队工业的发展，农村小集镇大量地兴起。小集镇成为农村经济、文化中心。社队工业的利润是小集镇建设资金的重要来源。据江苏省无锡县对35个农村小集镇的调查，共用建设资金1.5亿元，其中70%来自社队工业。社队工业的发展，能够促进农业生产力水平和农民科学文化水平不断提高，使几千年来从事手工劳动的农民，逐步成为操纵机器、掌握科学知识的农业工人和工业工人，逐步改变旧的社会分工。

（8）增加了社员的分配收入。1980年，社队企业用于劳动报酬的资金共119亿元。相当于每个社员平均增加收入15元，占社员集体分配收入的18%。许多社队工业发达的地区，社员来自社队工业的分配收入在分配总收入中占的比重还要更大一些，如江苏省常熟县，社员平均收入为 182.8 元，其中来自农业的占 40%，来自副业的占 17.3%，来自工业的占 42.7%。

2. 农村社队工业的发展方向。

农村社队工业要发展，但必须坚持主要为农业生产服务，为人民生活服务，为大工业服务和为出口服务的正确发展方向。

农村社队的情况，千差万别，有城市郊区，有偏僻地带，有平原，有山区，有水乡，有林地，等等。因此，发展社队工业的条件各不相同。但不论什么地方，发展社队工业，都要坚持社会主义方向，要有利于实现四个现代化，有利于国民经济的整体利益，有利于巩固集体经济，有利于发展农业生产和改善农民生活。发展社队工业，要根据当地资源条件和社会需要，因地制宜，由小到大，由低级到高级，逐步发展。各地的社队工业不能千篇一律，也不能搞"无米之炊"，不要办生产能力已经过剩的加工工业，不要跟先进的大工业争原料和动力，不要破坏国家资源。在当前国民经济调整过程中，对于那些生产能力过剩，与先进大工业争原料、动力，破坏国家资源的社队工业，要坚决进行调整和整顿。一般来说，社队的机械工业要控制发展。前些年，有些地区偏重发展机械工业，与农业生产不是有机地结合，造成生产能力大量过剩。近两年虽然初步调整了产品结构和服务方向，但仍须加以控制。社队机械工业首先是要抓好中小农机具的修理制造，满足农业生产的需要。随着农业生产责任制的实施，中小农具需要日益增加，而这两年中小农具生产逐年下降，供需矛盾非常突出。社队工业有责任努力增产中小农具，满足需要。与大工业争原料的社队工业，如小烟厂，应停止发展。小酒厂应该整顿，要与发展饲料加工工业结合起来，促进饲养业的发展。目前，有些社队小矿业与国营大矿争资源，滥采乱挖，情况比较严重，应该进行整顿、改造。有些地方在整顿中，创造条件，组织国营和社队联营，合理利用资源，提高了资源回收率。这说明只要认真调整和整顿，矛盾是可以解决的。

发展农村社队工业，在人民公社内部要正确处理好工业生产与农业生产的关系。除了明确社队工业的生产方向要立足于农业、为农业生产服务外，在劳动力安排、资金和物资的筹集、使用以及土地的利用等方面都不能削弱农业，特别是农业生产第一线的力量。

第一，社队工业不能与农业生产争劳动力。社队工业的劳动力绝大部分是来自生产队。有计划地、逐步地把农业生产上腾出来的劳动力转到社队工业上来，是农村经济发展的必然趋势，但各地情况不同，必须从实际出发，在优先保证农业第一线劳动力需要的基础上，安排社队工业所需要的劳动力。解决社队工业跟农业争劳动力的矛盾，应推广亦工亦农的制度，务工社员平时务工，农忙时务农，这也是解决农业生产本身劳动力忙闲不均的矛盾的一个途径。

第二，不能和农业生产争资金和物资，要把资金、物资优先用于农业生产，更不允许违反政策，向生产队搞平调。

第三，不能和农业生产争土地。土地是农业的基本生产资料，我国耕地很不足，随着人口的增长，这个矛盾越来越尖锐。十分珍惜每寸土地，合理利用每寸土地是我们的国策。发展社队工业不能和农业争地，要尽可能不占或少占耕地，更不要占用好地，要尽量利用荒地建厂。

3. 农村社队工业的管理。

农村社队工业要发展，一方面，是发展农村经济的需要，国家要大力扶持，各行各业都应该大力支持。另一方面，农村社队工业是集体所有制经济，点多面广，非常分散，生产经营受市场影响很大，要使社队工业能够沿着社会主义方向健康发展，必须加强国家对它的领导、管理和监督。

第一，要建立、加强各级社队工业的管理机构。过去社队工业的领导机构很薄弱，1979 年 3 月，国务院关于发展社队企业的规定颁发之后，普遍加强了领导机构，有的省、地、县也成立了社队企业领导小组。这些组织形式有利于加强综合平衡，加强对社队工业的领导。

第二，社队工业的发展要有统一的规划，克服生产上的盲目性。发展社队工业要因地制宜，规划工作应以县为单位。对资源及其开发利用进行调查研究，在此基础上，结合农村集镇的建设，对地方国营、城镇集体、农村集体工业以及社员家庭手工业统筹兼顾，全面安排，做到合理布局、合理利用社会资源。

第三，对社队工业的生产经营要加强计划指导。社队工业企业的生产大多是根据市场变化进行安排的，必须加强计划指导。社队工业生产的产品除一部分产品纳入省、市、自治区计划统一安排以外，有的县按年度或分季组织工、商、社队企业部门进行计划衔接，签订合同，统一安排供产销，加强了社队工业生产的计划性。有的地方，为加强社队工业的供销，建立了供销公司，也起到统一安排供产销的作用。这些都是切实有效的办法。

第四，对社队工业的管理除了必要的行政手段外，主要靠运用税收、价格、信贷等经济杠杆。

国家为扶持社队工业的发展，规定了一定范围的减税，免税的政策，但不能随意放宽。照章纳税，是社队工业应尽的义务，不允许巧立名目，弄虚作假，偷税漏税。

国家运用税收，对该扶持的社队工业要加以扶持，对该限制的就要加以限制，不能"一刀切"。对价低利小，纳税有困难的，应当减免；对价高利大，有丰厚利润，纳税并无困难的，不应减免。税收减免照顾多，对社队企业本身非但无利而且有害，企业内部经营管理上的种种弊端，往往被减免税收所掩盖。对一般社队工业应逐步缩小减免税范围，实行同等税负或略有差别的原则。对价高、质次、消耗高的产品，以及与先进的大工业争原料、争市场的企业，税收尤应从严。这样，有利于不同经济性质的企业在同等条件下开展竞争，也有利于社队工业努力改善经营管理。

银行信贷也是一个重要的经济杠杆，要妥善运用。目前，农村社队企业基建规模过大，战线过长。对社队企业的基本建设贷款要大力压缩，主要贷给流动资金。银行贷款要坚持区别对待，择优扶植的原则。

第五，调整社队工业利润分配比例。社队工业利润的分配、使用，要兼顾国家、集体和社员个人的利益。社队工业除了照章纳税保证国家财政收入外，在集体内部、集体与社员之间要进行合理分配，积累与消费比例要适当。

近几年来，社队工业盈利返回生产队增加社员分配的不多，社员得到的实惠少，影响社员的积极性。因此，有必要适当降低积累水平。减少社队工业基本建设的投资，增加返回生产队的部分，增加用于农业的投资和用于社员的分配。

第六，进行社队工业管理体制改革。要通过试点，逐步改革社队工业体制。1979 年 3 月，国务院《关于发展社队企业若干问题的规定》提出：

"工业企业，今后一般以公社为主兴办；或由县组织各公社联办，由县派干部领导，以县厂的形式进行经济活动。也可以试办县社联营企业，盈利按议定的比例分成。"[1] 这样做比较符合实际，有利于社队工业的健康发展。公社兴办企业，大队、生产队可以投资，分享盈利，并非只限于公社一级所有，而是联合所有，这样才不损害大队、生产队的利益。由公社牵头搞联办，可保证企业有一定合理的规模，便于采用适宜技术，便于组织专业化协作，便于经营管理，也便于国家的领导和监督。小企业有优点，但绝不是越小越好。应该提倡把公社、大队、生产队的力量联合起来办工业。当然，这并不否定条件好的大队、生产队，也可在经济合理的原则下，自己兴办某些企业。今后，社队办工业要严格遵守国家规定的设厂标准，并办理登记手续。

现在社队企业已经发展到跨地区联办，如江苏省苏州地区和上海市以及江西省上饶县的社队企业联合办木制品加工企业。这种跨地区联办企业，扩大了资源的利用，调整了工业布局，扩大了供销渠道，也起了先进地区以技术、资金、设备支援内地的作用。

第七，社队工业要进行整顿，加强企业管理。社队工业发展很快，企业管理工作一般都较薄弱，特别是财务制度不严，资金管理混乱，许多社队企业铺张浪费，请客送礼等不正之风盛行，行贿受贿等违法行径，也相当严重。整顿社队工业，对保证社队工业健康发展是必要的。社队工业企业整顿要按照经济调整的要求进行，对那些应该关停并转的企业，要坚决关停并转。

第八，加强经济立法。1979 年 7 月国务院颁发的《关于发展社队企业若干问题的规定（试行草案）》试行到现在已有三年了，似可着手研究制订《社队企业法》，把社队企业的发展方针、经营范围、开办与关闭、权利与义务、领导制度、管理体制，等等，用法律的形式规定下来。

（原载《中国工业经济问题研究》，中国社会科学出版社 1983 年版）

---

[1] 《中国经济年鉴》（1981），第 II—97 页。

# 第二篇

## 探索我国企业管理现代化的道路

# 探索我国企业管理现代化的道路

实现四个现代化，必须努力掌握现代化的、科学的管理，加速实现管理的现代化。正像我国的四个现代化建设必须走自己的道路一样，实现管理现代化，也必须从我国的实际出发，走我们自己的道路。这就需要研究管理科学的发展，分析各国现代企业管理的特点，探索适合我国国情的企业管理现代化的道路。

一

现代管理是经过很长的历史过程逐步形成和发展起来的。有共同劳动就要有管理，但是，有管理实践还不等于有管理科学。管理科学是随着资本主义生产的发展逐步形成的。

资本主义企业管理理论在发展过程中，有不同的发展阶段。怎样划分它的发展阶段，目前国内外理论界的认识还不一致。比如，有的说是从泰罗开始的，有的说是在泰罗以前，从亚当·斯密、大卫·李嘉图开始的。但是，不论看法多么分歧，大家都认为，管理理论的大发展，是在泰罗以后。

在泰罗以后的几十年间，出现了许多学派，国外有人用"热带的丛林"来形容学派之多。对于这些不同的学派，如果从管理思想史的角度进行研究，当然可以作细致的划分，但如果从应用的角度，从便于我们借鉴的要求出发，我觉得不妨分成两个大的流派来理解，这就是"技术组织学派"和"行为学派"。从这两大学派的特点分析它们的差别，可以看出管理理论的两种不同的思路和两个不同的理论体系。

技术组织学派，强调管的作用，强调在技术上、组织上、制度上下工夫，强调用技术的方法和手段建立科学的、严格的管理制度和管理办法来促进生产效率的提高。这个学派形成得比较早，泰罗制就具有早期的技术组织学派的特征。它的主要内容是搞作业研究，从工人的操作上研究工时的合理利用，实际上是把人看做机器，要求每个人都被动地按事先规定的办法去做。随着生产的发展，管理理论也在泰罗制的基础上进一步发展，从操作方法、作业水平的研究向科学组织的研究方面扩展，研究采用科学的合理的劳动组织、生产组织、企业组织、供产销衔接组织，等等。近二三十年来，随着现代自然科学、工程技术学的发展和电子计算机在管理上的应用，使作业研究、生产组织和劳动组织的研究，同现代技术方法、技术手段结合起来，形成为新的"现代组织管理科学"。从泰罗制到现代组织管理科学，可以看做是一个大的流派，属于同一个理论体系。

行为学派，强调人的能动作用，强调从社会学、心理学的角度来研究管理，注意发挥和调动人的内在动力来促进生产效率的提高。这个学派把行为科学的理论应用于企业管理，认为人们的一定的行为产生于一定的动机，而一定的动机又产生于一定的需要，产生于满足一定需要的欲望。因此，行为学派反对把什么都规定得死死的，强调从社会学、心理学角度研究人们的不同需要。有的学者把人们的各种需要归结为生理、安全、社交、心理和自我成就五大类，认为这是不同等级、不同层次的需要，当初级的、最基本的需要得到满足之后，它的刺激作用就会减弱或消失，人们就会关心进一步的更高一级的需要。因此，他们认为，现代企业管理应当研究和体察职工在不同条件下的各种各样的需要，并巧妙地引导，把职工的需要和企业的目标统一起来、结合起来，做到在使职工的需要得到一定满足的同时，使企业的目标得到实现。这和技术组织学派具有完全不同的思路，可以看做另一个理论体系。

从一些工业发达国家的企业管理中，可以看出一个共同的特点：注意吸收技术组织学派和行为学派的优点，既强调科学的组织和严格的规章制度，又下工夫研究人的心理，发挥人的主动性。有些国家还把技术组织学和行为学理论与民族习惯、民族传统结合起来应用，形成具有民族特色的管理体系。这些，可以说是现代管理的最基本的特点。

当然，社会主义企业的管理同资本主义企业的管理具有不同的社会性质。马克思说：作为一种"监督劳动和指挥劳动"，"资本家的管理不仅是一种由社会劳动过程的性质产生并属于社会劳动过程的特殊职能，它同时也是剥削社会劳动过程的职能，因而也是由剥削者和他所剥削的原料之间不可避免的对抗决定的。"[①] 这种剥削和对抗的性质在社会主义企业管理中已经不存在了。但是，社会主义制度是在资本主义发展起来的巨大的生产力的基础上经过无产阶级革命建立起来的。社会化的大生产决定了社会主义企业的管理必然同资本主义企业的管理有一定的联系，有一定的继承性，有一定的共同点。因此，正确认识现代管理的上述特点，对于探索我国实现企业管理现代化的道路，改进我国工业企业的管理工作，还是很有意义的。

## 二

过去常常碰到一种误解，认为现代管理只是采用电子计算机等管理手段。一讲现代管理，想到的只是高深的管理技术、复杂的计算技术和计算手段，而不是从技术组织学派和行为学派的结合上去考察现代管理。这实际上是把管理现代化同电子计算机化等同起来，把大量引进和采用电子计算机看做是我国实现管理现代化的根本出路。这种认识是值得商榷的。我们知道，电子计算机在现代工业企业管理中具有非常重要的作用，但它毕竟不是企业管理现代化的全部内容，而只是一种技术手段。企业管理是对企业的生产、技术、经济活动进行组织、计划、指挥、核算、监督和调节，它所要解决的问题涉及生产力、生产关系、上层建筑等各个方面，决不是单纯的技术问题。现代企业管理科学就是把当代自然科学和社会科学成就运用于现代企业管理而形成的一门经济管理科学，人们通常把它看做跨自然科学和社会科学的边缘科学。因此，仅仅从技术上、电子计算机的应用上去考虑管理现代化问题显然是不妥的。我们可以看到，即使是生产力发展水平比较高、工业技术比较先进的国家，搞管理现代化也不是光靠电子计算机。像日本的企业管理，虽然也广泛采用电子计算机，但其基本特点并不在于采用电子计算机，而在于集中了各种管理理论流派的长处，把它

---

① 《资本论》第一卷，人民出版社1975年版，第368页。

同日本的"家族主义"的民族传统和习惯巧妙地结合起来，形成了一种管理现代工业企业的具有独特风格的有效方法。目前，我国技术和经济条件都很有限，不能把注意力集中在采用电子计算机上。这样说，并不是要否定或低估电子计算机等现代管理手段的作用，而是要脚踏实地、从我国的实际出发去实现管理现代化。

我国的企业管理，过去不用行为科学之类的术语，但在实践中，既强调严密的组织和严格的规章制度，又强调调动人的积极性。在社会主义条件下，由于消灭了剥削，所有劳动者的根本利益是一致的，因此，在推行合理的组织制度和调动人的积极性方面，我们具有资本主义企业无法比拟的优势。我们在这方面有自己的理论，而且已经积累了许多很好的经验。今后，还是应当发挥优势，继续沿着这个方向，走出一条适合我国国情的实现企业管理现代化的道路。

当前，我们应当怎样从我国实际出发，实现企业管理现代化呢？我觉得需要特别注意的问题有以下几个：

1. 发扬我国企业管理工作的优良传统，把过去行之有效的办法恢复起来，并在新的条件下加以发展，使它更加系统化。

管理现代化，不能忽视传统经验。必须继承和发扬传统的优点，把民族的、革命的好传统同现代工业生产的实际很好地结合起来，同现代管理技术很好地结合起来。这是我国企业管理现代化的一个带有根本性的问题。

从我们在老革命根据地开始办企业算起，已有半个多世纪了，我们从正反两个方面积累了十分丰富的经验。过去，我们的工业建设是同革命军队和革命根据地的建设和发展联系在一起的，因此具有优良的革命传统。新中国成立以后，这些好传统得到了发扬，同现代工业生产的实际结合起来，进一步取得了搞好各项管理工作的系统经验，如在工业企业工作中坚持计划性、经济核算、分工负责制、政治教育和物质鼓励相结合、群众路线等各项基本管理原则的经验；坚持党的领导，实行职工代表大会制、厂长负责制等各项基本制度的经验；有效地组织企业的供产销各个环节工作的经验；在工业企业搞好各项基础工作的经验，等等。由于"四人帮"的干扰，这些传统经验遭到严重破坏。要提高企业管理水平，首先必须拨乱反正，把过去行之有效的办法恢复起来。当然，在过去的经验中，也有一些早已不适应生产力发展的要求了，如企业管理受供给制、小生产经营习惯、自给自足自然经济思想的影响很深，这些都应该彻底改变，否则也会阻碍企业管理现代化的实现。

2. 加强管理教育，从现有水平出发，努力提高企业领导人和管理人员的技术、业务水平。

现在，我国企业领导人和管理人员的文化、技术和业务水平一般比较低，在实现管理现代化过程中，管理人才的培养应当放在十分突出的地位。应当加强高等院校现代管理专业的建设，迅速培养掌握现代管理理论、管理技术、管理手段的专门人才；对在职管理人员的训练，也应当尽可能多地灌输现代管理技术知识。不这样做，就不能适应四个现代化建设的需要。但是，对在职干部的培训，一定要从实际出发，循序渐进，从他们熟悉的问题入手，在总结我们自己的传统经验的基础上提高。如果离开现实的管理基础和干部条件去学一些暂时还不能普遍应用的管理技术和理论，对改进管理工作不会有多大直接帮助。

固然，管理人员水平的提高要靠培训，只有经过专门训练，才能打好牢固的基础，便于攀登高峰；但对多数人来说，更为经常的是靠在实践中提高。因此，建立能够促进领导干部和管理人员水平不断提高的责任制度非常重要。列宁在十月革命以后，通过推行以"一长制"为中心的责任制度，把工作担子压在各级领导者和管理干部身上，既消除了无人负责的混乱现象，又在实践中造就了大批管理人才，迅速解决了管理落后的问题。我们也应当加强厂长负责制，严格各项责任制度，这应当成为促进管理干部成长的经常的重要因素。

3. 从实际出发，积极改进企业的经营管理工作，不可消极等待。

管理现代化的内容极为广泛，除了正确的理论指导外，至少包括三个方面的内容：

第一，管理组织的现代化，即采用科学的、合理的组织形式和组织方法，如合理的企业组织、劳动组织、生产过程组织、供产销衔接的组织，等等。

第二，管理方法的现代化，既包括采用经济方法，也包括采用行政方法；既包括经济数学方法、统计分析方法、系统分析方法和基础管理工作中的科学方法的运用，也包括政治教育、群众路线、社会心理学方法的运用，等等。

第三，管理手段的现代化，即采用电子计算机和自动控制装置，等等。

如果全面地从这些方面下工夫，即使在不能普遍采用电子计算机的条件下，实现管理科学化、现代化，也是有大量事情可做的。目前，我国企业管理方面的潜力很大。管理基础工作还很薄弱；在用数学方法、系统分析方法对经济管理进行定量分析方面，还有不少新东西可以学习和运用；过去行之有效的管理方法，许多已被荒废，也有待于恢复和进一步发扬。所有这些，都是实现管理现代化过程中需要解决的问题。那种认为管理现代化可望而不可即，没有电子计算机就无能为力的思想是不正确的。我们相信，只要有明确的科学化、现代化的目标，又能实事求是、脚踏实地地前进，我们就一定能够实现我国企业管理的现代化。

（原载《红旗》1980 年第 20 期）

# 现代管理的三个基本特点

中国著名经济学家吴家骏在《管理科学的发展和现代管理的特点》一文中认为：管理科学理论从产生至今经历了四个发展阶段。

一是早期管理理论；二是传统管理理论；三是现代管理理论，主要特征是采用行为学原理；四是最新管理理论，主要特征是采用系统原理。

吴家骏认为，我们研究管理理论的发展阶段是为了认识过去管理理论发展的一般规律，但应用时并不是按部就班，从头走起。而是跨越阶段，综合运用。现在很难说我国管理发展到哪个阶段，实际上是各个发展阶段的有用的东西都可以吸收和运用。

他认为，通过对各国有效的、成功的管理经验，进行分析、比较和研究，可以发现，现代管理有三个基本特点：

## 第一个特点，是技术组织学原理和行为学原理的结合

管理理论出现的学派很多，如果从应用的角度，从便于我们借鉴的要求出发，可以分成两个大的流派来理解，这样会更有助于从根本上了解和把握现代管理科学的特点。

这两个大的流派，一个是"技术与组织学派"，另一个是"行为学派"。它们的根本差别在于：

技术组织学派强调管的作用，强调在技术上、组织上、制度上下工夫，强调用技术方法和手段，建立科学的、严格的管理制度和管理办法来促进生产效率的提高。

行为学派强调人的作用，强调人的能动性，强调从社会学、心理学的角度来研究管理，强调发挥和调动人的内在动力来促进生产效率的

提高。

现代管理科学注意吸收组织学派的优点，既强调科学的组织和严格的规章制度，又强调动人的内在动力，同时还和采用现代管理技术和管理手段结合起来。这些可以说是现代管理科学的最基本的特点。正确地认识现代管理的特点，对于我国实现管理现代化，特别是对于我国工业企业的广大管理干部有效地改进管理工作，向管理现代化的方向前进，具有非常大的实际意义。

## 第二个特点，就是注意民族传统和民族习惯

民族的东西、传统的东西各国都是有的。搞现代化管理把传统的东西和现代的东西结合起来，对我们管理水平的提高，是大有潜力可挖的。在现代化的日本，民族传统的东西却保留很多。日本的民族传统习惯中的很多东西，有些并不是管理上的，但是他们把它用到管理上去，给资本家带来了很多好处。比如，忘年会在日本很流行。意思是把过去一年中发生的不愉快的事情都忘掉。忘掉不愉快的事情并不是一个号召、开一个会，就能做到的，它有长期的民族习惯。他们觉得在管理上有用，就有意加以引导，在管理中普遍地使用。每到年底搞一个忘年会，在这个忘年会上，大家喝得醉醺醺的，无话不说，搞得很融洽。不需要具体地讲，今年我那件事对不起你，开了这么个会，大家心照不宣，一风吹了。这个东西不是规定的，是一个习惯，开个忘年会，大家互相谅解，在新的一年里，团结起来好好干。把这个东西用到管理上，是很有意的。另外，用"小红包"，这也是利用民族习惯的一种方式。这东西，资本家是钻了个空子，得到了好处。到年终分红，一级管一级，上级对他的部下，一个一个地谈话。完全是表扬，没有批评，都给你说好听的。听了心里非常高兴。讲了一大堆好话，最后给一个小红包。拿回家打开看吧，里面无论是什么，在心里都觉得我是一等奖。因为你给我谈的贡献那样大，你给我的奖那还不是最高的奖赏吗？实际上，给每个人的小红包里边装的东西差别很大，但每个人在心理上都觉得是一等奖。日本有个习惯，就是对别人的收入情况不打听，认为打听收入是对别人的侮辱。这样，资本家就可以钻这个空子，他知道，

职工在下边不通气，就利用个别发奖的办法来调动群众的积极性。很明显，这是利用民族的习惯进行管理的很突出的典型事例。

我们有些企业，听说日本企业用小红包的办法很有效，也图省事，模仿去做。找工人谈话时，鼓励一番，听了很高兴，拿了小红包以为自己是一等奖，但见了面一通气就露了底，结果适得其反，人为地制造了矛盾，很多人骂厂长两面派，说得好听，发的奖比别人少。这正是只学皮毛不分析本质造成的不良后果。简单地照搬别人的做法，没有不失败的。日本企业用这种方法有效，同他们的传统习惯有关。我们没有这个习惯，硬要照搬当然不会成功。还有的企业，为了搬用这套办法，人为地规定保密制度，每人包里装多少奖金不许告诉别人，这样反而使人互相猜疑，本来他得的最多，但总猜想别人得到比自己还多，结果也不满足。日本企业用小红包的办法使人人都有头等奖的感觉，我们有些企业人为地保密，使人人都有末等奖的感觉。因此，绝不能简单照抄。要看到核心问题在于如何运用本民族的传统和习惯，这是现代管理的特点，我们要下工夫研究我们自己的情况，从本国国情出发，巧妙地运用本民族的传统和习惯。这样才能发挥自己的优势，形成有效的管理。

# 第三个特点，是采用先进的管理
# 方法、管理技术和管理手段

我们强调前述两个特点，并不是否定管理手段，只是要说明，管理手段的现代化只是企业管理现代化的一个方面，不是全部。实现管理现代化，当然离不开先进的管理技术、方法和手段。现代化科学技术的发展使企业管理组织日益渗透、扩展到生产工艺技术过程当中去，技术管理在整个经营管理中的地位和作用越来越突出，特别是在新技术革命到来的时候，我们面临着新的挑战。我们应当抓住时机，迎接挑战，从我国的实际出发，采用现代技术手段，加速实现企业管理现代化。

把技术组织学原理和行为学原理结合起来应用，注意吸收这两大流派的优点；重视民族传统和民族习惯，把传统的东西和现代的东西结合起来，形成有效的管理；运用现代化的管理方法、管理技术、管理手段，包括在电子计算机的运用、数学方式，等等。全面认识现代管理这三个方面的特点，对我们实现管理现代化有很大的实际意义。

（原载《发展战略报》1985 年 11 月 19 日）

# 访日归来的思索

## ——"改革开放初期工业领域和 科学管理领域的开山之作"

## 一　高层的出访

党的十一届三中全会前夕，为研究借鉴国外经验，中央决定派高层代表团出国考察。最早出访的大型专业考察团，就是由国家经济委员会主任袁宝华任团长、中国社会科学院副院长邓力群为顾问的"日本工业企业管理考察团"。这个团由 23 人组成，省、部级和大企业领导占很大比重，中国社会科学院（简称"社科院"）除邓力群外，还有马洪、孙尚清和我参加。1978 年 10 月底出发，12 月初返回，在日本各地考察企业时间长达一个多月。这次考察，是在中日和平友好条约生效、邓小平访日圆满成功、日本掀起"中国热"之际进行的，日方对这次考察高度重视，各大企业也做了充分准备，详细介绍了企业经营管理的情况和日本经济高速发展的经验。考察团回国后，向中央作了详细汇报，反映了大量日本社会和企业的第一手材料。经过考察，研究分析了日本高速发展的经验，结合我国实际，代表团的全体同志有一个共同的感觉：我国加速实现四个现代化大有希望，但是要花大力气。

社科院的四个人作为经济学界人士，回国后都写了专题报告，由邓力群带头，每人在社科院做了一场报告。邓力群讲的题目是"访日归来的思索"，从宏观经济和日本社会做了总体的观察和分析；马洪和我主要讲日本的工业和企业管理；孙尚清主要讲日本的技术引进。当时闭关锁国已有多年，人们对外面世界的情况知之甚少，我们讲的很多见闻、故事，样样都很新鲜，场场爆满。四场报告下来，反应强烈，中国社会科学出版社要求出版这些报告，向社会广泛宣传，于是就以邓力群的报告为题，出版了《访日归来的思索》一书。这本书篇幅并不长，但引起了很大反响，报刊评介很多，被舆论界誉为"改革开放初期工业领域和科学管理领域的开山之作"。

## 二　出访的背景

"文化大革命"结束后，全党都在思考着如何加快实现四个现代化，当时对科学技术的重要性已经有所认识，但对管理的重要性认识却很迟缓，肯花钱引进成套设备，却舍不得花钱引进管理和技术诀窍，结果先进设备的作用不能充分发挥，企业的技术面貌也难以改变。例如，20 世纪 70 年代，先后引进了 13 套大化肥厂的成套设备，按国外设计，年产 30 万吨合成氨、48 万吨尿素的大化肥厂定员是 240 人，为我国设计时，考虑到"工厂办社会"的现状，同样的设备条件，定员加到 800 人，而建成投产后，实际人员却高达 1513 人，比国外高出 6 倍多，管理人员更是高出 16 倍多。成套设备的引进，动不动就是几套、十几套，但不肯花钱购买技术专利和设计图纸，设备有了但自己不能维修更不能制造，不得不受制于人。

当时，我们的许多企业，设备条件、厂房条件并不比国外差，但技术止步不前，生产效率比国外差得多。在旧体制下，企业资金实行统收统支制度，企业利润乃至设备折旧基金都要全部上缴，只有设备大修理基金留给企业，但使用时又只允许通过大修恢复设备原样，不允许结合大修进行技术改造，正像孙冶方所说，我们的企业是在复制古董，根本谈不上技术进步。日本著名经济学家向坂正男教授参观了长春汽车厂感到非常惊讶，他说：你们 1956 年就建成了这样的汽车厂，比日本当时的水平高得多，丰田汽车公司在 1960 年才建成相当于长春汽车厂那样水平的汽车制造厂，但是，丰田早已成为世界一流大公司，而长春汽车厂却二十年如一日。

显然，这种落后与其说是技术问题，倒不如说是管理问题。这个考察团就是在这样的背景下，带着如何改变管理落后面貌的问题出访日本的。

# 三 观念的突破

这次考察主要是了解日本企业管理的经验，同时对日本的社会以及市场经济的运行情况、人们的精神风貌，也给予了极大的关注。考察团的感受颇多，在观念上有了重要的突破。

**第一个突破："资本主义市场经济"并不像原来想的那样可怕。**

原来的观念，市场经济是和资本主义联系在一起的，是处于竞争与无政府状态的，生产的盲目性必然造成生产力的破坏。考察团在日本看到的情况，完全不是这样。例如：

1. 市场繁荣，商品充裕，花色品种极多，和我们的短缺经济形成鲜明的对比。

东京的百货公司、超级市场比比皆是，商品琳琅满目，购物条件非常好。这些现在看起来并不稀奇，但我们当时根本没有超市的概念，大白菜连帮带土整车拉进城里，然后再把大批烂白菜帮子运出城去，根本不懂得什么叫精细分装；百货商场、副食商店的货架空空荡荡，柜台破破烂烂，简直无法与人相比。问了东京的一家大百货公司，他们经营的商品有 50 多万种，而我们最大的百货公司——王府井百货大楼当时只有 2.2 万多种，差距可想而知。

在日本各地，超市 24 小时店遍布社区，购物便利，实用的小商品种类繁多，有很好的创意。当时我们的罐头要用锤子和凿子开盖，有时瓶子打碎了，盖子还牢牢地卡在上边，在东京见到开各种罐头的扳手觉得格外新鲜，还有像捣蒜的夹子、封裤口边的胶带、带套的指甲刀，等等，数不胜数。这些东西现在已不算什么，但当时我们不但没有，连想都没想过。记得在那次访问归来之后，我专门组织了一批企业家访问日本，任务就是逛商场，长见识，从人家的创意中吸取营养，回来后开发新产品。结果商场逛了，样品也买了，眼界是开了，但一件新产品也没开发出来。归根结底，还是机制问题、体制问题、管理问题。

这里，我联想到一个问题：改变观念，可以拓宽思路，发现很多商机。20 世纪 80 年代，我在云南认识了一个姓王的小伙子，是个个体户，当时他发现沿海一带批发服装很火，每件衣服都需要一个简易衣架，他就专门生产经营塑料衣架，每个只赚一分钱，很快就发了。但很多人没有这样的观念和思路。三十年前，我们从日本买回来的带套的指甲刀，直到现在，我们这里也很少见有谁生产，人家的套是为防止指甲乱飞，做得既紧凑又方便、实用，我们有的企业嫌利小看不上眼，在指甲刀上装个放大镜，追求增加值，但既笨又蠢，很少有人问津。

再从衣着上看市场，当时我们的服装很单调，一片灰、一片蓝，分不出男女。在日本看到的完全不是这种景象。邓力群在报告中说："包括农民在内，一般都穿毛料子，服装样式很多。我们星期天到一条热闹的街上去，所看到的妇女，没有穿同样衣服的。接待我们的女工作人员，也是每天换衣服。衣服式样朴素大方，倒也不是什么奇装异服。"谈起服装，还有一些小插曲：我们当时工资很低，出国要发置装费，做一套西服，一套中山服。中山服做起来还顺手，西服就困难了，有经验的裁缝师傅很少。我们到红都服装店去订做，邓力群的西服是自己出的样子，把中山服的领子改为西服小翻领，能系上领带就不会失礼，再把扣子改成四个，中山服的框架西服的领子，我和孙尚清私下开玩笑，说老邓要搞发明创造，中不中、西不西，可别弄出洋相来。出去一看，恰恰相反，外国人的西服各式各样，邓式西服一点也不显奇特，我那套西服反倒人吸眼球，又肥又短，袖子几乎没过了手指，比衣身还长，有位日本朋友开玩笑说我的西服像中式棉袄罩衣，弄得我哭笑不得。当时听说外国人用的领带很花哨，红都卖的有一种大红大紫牡丹花的绸缎领带，我们有的人买了，到日本一看，根本戴不出去，像是用结婚被面改的。原来人家不是这种花法。

2. 企业以销定产，产销衔接好，和我们产销脱节、停工待料与库存积压并存形成鲜明的对比。

日本企业安排生产要确切地掌握两方面的依据，一是订单；二是市场预测资料。他们按订单组织生产，大型设备和专用设备、有特殊要求的产品以及固定协作的产品，通常是按订货单编制计划；没有订单直接在市场推销的产品，根据市场预测，安排生产。企业之间既有专业化分工，又有稳定的协作关系，市场预测网络又很发达，所以产销衔接非常紧密，使经济能够按比例协调发展。听日本朋友介绍说，各大商社都有非常现代化的世界性的情报网，如三井物产，在五分钟之内就可以把世界各地的商情收集起来。当时我们是无法想象的。

我们实行的计划经济，企业只负责按计划规定的指标生产，生产的产品属于生产资料的部分，按照政府物资管理部门批准的调拨计划以统一规定的价格卖给指定的用户；属于消费品的部分，由商业部门按计划收购，通过商业部门的批发和零售机构卖给消费者。与此相对应，企业生产所需要的设备和原材料，也由物资管理部门按计划供应。企业之间产销不见面。这种计划方式，在我国第一个五年计划时期（1952—1957），我认为还是成功的，实现了有计划按比例发展。但当时的经济规模毕竟有限，国家重点建设项目只有156项，计划的综合平衡相对比较容易，出现缺口政府及时调度也是能起作用的。后来，随着经济规模的扩大，数十万企业产销计划根本无法衔接。计划本身就留有很多缺口，执行过程中又有很多预想不到的变化，临时调度无法奏效，经济领导机关成了"救火队"，出现很多让人哭笑不得的事情。比如说，企业每年都要编报物资供应计划，计划一旦定下来，就按计划调拨，不管情况发生什么变化，计划里没有的，你想要也搞不到；计划里有的，你不要也得要，造成一边停工待料，一边库存积压。更可笑的是乱点鸳鸯谱，山西有个煤矿，隔壁就有个发电厂，煤矿产的煤，按调拨计划运走，电厂发电需要的煤，又按调拨计划从别处运来，只一墙之隔，却不能就近供应。说起来是有计划按比例，实际上反复出现比例失调，不断进行调整但实效很少。

3. 人民生活明显改善，社会风气良好，和我们被"四人帮"搞乱了的社会秩序形成鲜明对比。

计划和市场问题，从实践来考察，主要无非是看市场是否繁荣、商品是否丰富、生产过程能否按比例地衔接好。除此之外，当时，在我们头脑里还有一个疑问：资本主义市场经济条件下，工农大众的生活状况怎么样？人们道德水平怎么样？

通过考察，我们看到日本社会安定，人民生活水平提高很快。20世纪50年代初期，日本人民生活非常困难，50年代中期以后，逐步进入高度成长时期，从1955—1976年，国民生产总值增长4.8倍，平均每年增长8.7%，工业生产增长8.4倍，平均每年增长11.3%，职工实际收入增长

2.1 倍，平均每年增长 5.6%。日本人民经过二十年的奋斗，实现了现代化，那时的城乡差别已经不大，无论是工人或是农民，生活水平都很高。农村青年也有不安于农村的问题，但主要不是经济收入问题而是因为农村的文化生活不如城市。在接待人员中，有一位翻译，他是 1958 年从中国回去的日本孤儿，他说刚回去时日本人的生活水平和中国差不多，时隔二十年，日本人的生活大为改观，而我们尚处在短缺经济之中。

邓力群在报告中用了很大篇幅讨论了日本社会风气和精神风貌，认为"日本国民的精神状态值得我们注意。他们的事业心很强，尽管遇到石油危机，困难不小，国民还是精神振作，奋发向上，努力使它的商品成为世界第一流的商品，具有很大的竞争力"。当时，我们正在拨乱反正，被"四人帮"搅乱了的社会秩序、治安状况、道德观念尚未理顺，被"四人帮"推向崩溃边缘的国民经济尚待调整，看到日本社会秩序良好，颇有感触。邓力群在报告中说，解决社会问题，归根结底要靠发展生产力。"日本国民公共道德水平的提高，不是靠说教而是靠生产力的发展、生活的改善取得的。"

总之，通过考察，使我们觉得市场经济确实并不像原来想象的那样可怕。我们越来越感到，我国经济体制上有很多弊端，不改革不行。那时关于计划和市场关系问题的讨论尚未提上日程，但在考察团的思想上已经产生了很大冲击，观念上已经有了很大的突破。在袁宝华团长主持完成的考察报告中专门有一节说："通过这次考察，我们深深感到，要加快社会主义现代化建设，在指导经济工作的理论上，必须打掉一些框框，突破一些禁区；在管理体制上，必须作重大的改革。"其中有一条专门讲"计划经济与市场"，指出："我们认为今后全部生产资料都应当作为商品来生产和交换"，"我们的社会主义市场，没有资本家参加，并且在国家管理之下，是没有什么可怕的。"当时能明确提出这样的观点，也是难能可贵的。

**第二个突破：资本主义企业管理的经验，并不是不可以学习借鉴的。**

原来的观念，企业管理是生产关系，社会主义的生产关系与资本主义截然不同，因此，资本主义企业的管理是不能借鉴的。考察团在日本企业看到的管理理念、管理方法是科学的，对企业的发展起着很好的作用。其实，企业管理既涉及处理经济关系问题，也涉及生产力的合理组织问题，在这两个方面，都有很多管理和组织的理念和方法可以学习借鉴。

在生产力的合理组织方面，最关键的是生产要素在时间和空间上的合理安排，衔接得好，生产过程才能顺畅进行。日本企业在这方面做得很好。例如，丰田汽车公司当时不到一分钟就生产一辆汽车，问他们那么多零部件，生产储备量是多少，仓库有多大。他们说根本不用仓库，各种材料、零件、配件只需半天到一天的周转量，而且都放在工作现场，随用随补充。能达到这么高的水平，原因是他们专业化协作组织得好。围绕丰田汽车的十个主体工厂，有 1240 多家协作厂，事先把计划安排好，签订了合同，每天都能按规定的时间到货，既不会停工待料，又不会造成库存积压。听到这种介绍，真觉得不可思议。当时，我们企业的原材料、零配件、燃料等生产所需物资的供应，号称"三八式"，企业上报的物资需求计划，由于总量短缺，批复的计划被砍一刀，只能满足 80%；拿到批复的指标到号称"骡马大会"的订货会议上去订货，能签上合同的又只有 80%；订了合同能到货的最多也只有 80%。三个八折打下来，连一半都没有了，这样的计划经济怎能使生产持续发展呢？资本主义企业合理有效的生产力组织方法为什么不能学习借鉴呢？通过这次考察，这么多高层经济领导干部和企业家在观念上的确有了很大的突破，这对日后的改革，显然会有重要的促进作用。

上述这种组织管理方法，不只是用在生产管理上，而且渗透在各个方面的工作中。比如说这次考察团的接待，效率之高、节奏之快，也是我们事先没有想到的，颇有不适应的感觉。全团 23 人，访问了好几个城市，43 家企业，有时集中行动，有时分组行动，时间长达一个多月，组织工作量非常大，但时间安排很紧凑，有条不紊。访问每个单位，什么时间到达、什么时间离开、宾主致词，都是按分钟控制的。有时一个上午要去几个企业，这家谈完了，陪同人员宣布，下个企业路途要 50 分钟，中间不能停，现在请上卫生间，于是大队人马上厕所。人家办事一路小跑，我们若是慢腾腾地"迈方步"，显然是不行了。整个访问过程，就像是被放到一条生产流水线上，一环扣一环，这样的节奏，一天下来感到很累，但大家都有一种清新的感觉。有一次，到一个企业访问，因怕途中堵车，时间留了余地，提前了十几分钟到达，车队在企业大门不远处停了下来，接待人员解释说，今天贵宾来访，有夹道欢迎，欢迎队伍提前 3 分钟集合，如果我们提前进入，就会乱了节拍。人家接待外宾，客人来了摇旗呐喊欢迎口号，客人进入，欢迎队伍散开，各回各的岗位继续工作，前后用不了 5 分钟。这种时间和空间的组织合理到了极致。这些看似小事，但都关系到工作秩序和效率，都反映了他们的组织管理水平。显然，这都是可以和应该学习借鉴的。

在处理生产关系方面，同样有很多可以学习借鉴的地方。日本的企业非常关心人，充分调动人的积极性，想尽办法化解矛盾，构建命运共同体。日本企业的家族主义理念，以及号称日本企业管理的三大支柱：终身雇佣制、年功序列工资制和以企业为单位组织工会，都是处理企业内部经济关系的有效办法。在考察中，我们还了解到日本企业非常重视把民族传统、民族习惯中良好的东西用于管理，有效地调动员工的积极性。对职工的思想教育，很少见千篇一律的形式主义的东西，例如，我在松下电器的一个干电池厂，参观了一个"健康管理室"，是进行思想健康教育的场所。在职工之间发生冲突的情况下，就组织双方到这里来，沿着规定的路径走一遍，领导在终点等候。先是一间很大的房间，墙上挂一面大镜子，一般闹纠纷都很激动，面部表情很难看，但只能看到对方看不到自己，一照镜子就会发现自己失态，先使双方冷静下来，有了自责的感觉；然后进入第二间房子，墙上挂满各种变形的"哈哈镜"，启发双方都不要把自己看得很英俊、高大，把别人看得很丑陋、矮小，而要正确看待自己和别人；第三间房子是"弹力球室"，从屋顶到地面，紧绷着一条松紧带，中间拴一个皮球，每人站在球前用力打三下，球弹回来打到自己脸上，启发对人要和，不要打击别人，否则自己倒霉；第四间房子是"傲慢相室"，中间摆放一个表情傲慢的人形，每人用木棒敲打人形三下，表示互致歉意，以后不用这种态度对人；然后进入一个走廊，墙上挂满青年人对待生活和工作正反两方面的照片，对照进行反省；走廊通向一间很雅致的小客厅，整个过程一句话不说，但能使吵架双方面红脖粗地进去，心平气和地出来。这时领导才和双方谈话，批评和鼓励一番，消除矛盾，好好工作。看了这样的事例，我的感触很深。思想工作号称是我们的看家本领，但日本企业能做得如此之细，我是万万没有想到的。他们通过这套办法，能够有效地增强企业的凝聚力，使企业充满生机，为什么我们不能学习借鉴呢？

# 四　深远的影响

总之，通过这次考察，学习借鉴日本的经验，对我国企业管理水平的提高产生了深远的影响。

这次访日归来后，代表团向国务院上报了《日本工业企业管理考察报告》，非常概括地介绍了日本的经验，同时附有《日本企业的组织、计划、专业化协作》、《日本的质量管理》、《日本企业的职工培训工作》、《日本企业刺激职工积极性的制度、办法和职工生活水平》和《日本政府在经济发展中的作用》五个专题报告，对促进我国企业管理水平的提高起了积极的作用。

考察报告还提出建议：由有关工业部门、厂矿企业、研究单位、高等院校等组织成立企业管理协会。协会主要研究国内外企业管理制度、方法和经验；协助有关部门交流、推广企业管理经验；组织有学者、教授参加的专家团，举办各种管理讲座，帮助企业运用科学方法改进管理和质量，培训企业管理干部；出席有关国际会议，进行国际交流；收集有关情报资料，出版有关杂志、书籍。报告很快得到批准，中国企业管理协会于1979年3月3日在北京成立。经过广泛的协商酝酿，产生了第一届理事会，推选袁宝华同志担任协会会长，邓力群同志担任协会顾问，张彦宁同志任秘书长。

根据中央领导同志的指示和国家经委党组的决定，为了贯彻党的十一届三中全会精神，适应全党把工作重点转移到社会主义现代化建设上来，提高经济管理干部的管理水平，切实改变企业管理的落后状态，协会成立后，首先抓的就是干部培训，协助国家经委在北京举办企业管理研究班。第一期企业管理研究班开学典礼与协会成立大会同时举行，时任国务院副总理康世恩同志出席会议并讲话，提出了"解放思想、独立思考、研究问题、总结经验"的十六字办学方针。参加第一期研究班的学员110名，其中省、自治区、直辖市和主要工业城市经委（工交办公室）主任、副主任27名。此后又举办了多期这样的培训班，培养了大批管理干部，为推进企业改革、提高企业管理水平作出了突出贡献。

在1978年到日本去考察后，紧接着于1979年又组织到美国去考察，

1980 年到联邦德国、瑞士、奥地利去考察。1983 年，袁宝华会长提出学习外国经验的十六字方针："以我为主，博采众长，融合提炼，自成一家。"这是改革开放以后，我们进行国际交流的经验总结，也是我们学习外国先进经验的经验总结。多年来的实践证明，这个方针是正确的。

中国企业管理协会成立至今已满三十周年。这是光辉灿烂的三十年、成绩卓著的三十年，为我国企业改革与发展创造的丰功伟绩，将载入史册。袁宝华会长已过九十高龄，至今还活跃在我国企业管理战线，健康的身影经常出现在中企协（联）重要活动现场，继续贡献力量，成为我们的楷模。

我想用袁老的诗句作为本文的结语：

人生九十古来稀，而今百岁亦可期。
步履蹒跚身犹健，耳目昏聩志不移。
思路常新免痴呆，实事求是勿自欺。
喜见神州正崛起，再披彩霞作征衣。
（《九十自嘲》袁宝华，2005 年元月）。

（原载《人民共和国是一切胜利之源》，世界知识出版社 2009 年版）

# 关于日本工业管理和企业管理的几个问题

不久前，和邓力群、马洪、孙尚清同志一起，参加国家经委访日代表团，去日本考察工业和企业管理。在日本停留一个多月，因参观的厂子比较多，时间很紧，考察不深。只能汇报一些粗浅的印象。许多问题其他同志已经谈过了，我准备换个角度，谈三个问题。

## 一　日本管理的一般情况和基本特点

这次考察的中心是管理问题。通过考察，深深感到日本从政府到民间普遍重视管理，从上到下，肯在管理上花工夫。他们很讲效率，有一套行之有效的办法，给我们留下的印象很深。

关于生产管理方面的问题，后边要详细谈，这里先谈谈日常生活中经常看到的一些事情。有些虽是小事情，但都涉及管理问题、效率问题、经济效果问题。例如：

东京的汽车很多，很拥挤，有时遇到高峰，坐汽车也是"望山跑死马"，看着饭店大楼就在眼前，但几十分钟也跑不到。然而在多数情况下，交通还是畅通的，运输效率是很高的。那么，他们是用什么办法解决车辆拥挤问题的呢？一是自行车和行人一起走便道，和汽车严格分开，汽车丝毫不受干扰，可以调速行驶，大大提高效率；一是人行横道严格用红绿灯控制，高速行驶的汽车完全不受横穿马路行人的干扰；一是主要路口有自动显示拥挤程度的装置，告诉司机这条路当时最大车速每小时多少公里，供司机选择最快的路线，用此来调节车辆；还有一条是高速公路多，在市区，高速公路交叉有三、四层之多，不妨碍。这些都是减少拥挤、提高运输效率的有效方法。

在东京我们还多次看到在闹市区施工的情况。由于地皮很贵，他们施工时占地很少，根本没有像我们这里经常看到的"马路仓库"。建一座高楼，只占用地基那么大的地方，四周用篷布围起来在里边干，各种建筑材料需要多少购进多少，连混凝土也是随填随要，供货单位用混凝土搅拌车沿途搅拌，运到工地即可使用。有的建筑物，下边几层盖好后就投入使用，同时再接着往上盖，建设速度非常快。

这些看起来好像是小事，但都涉及管理问题，说明日本非常重视管理，而且也非常善于管理。不仅交通、施工这些方面管理得好，工业生产的管理也搞得很好。这对日本经济高速发展，起了很重要的作用。

战后日本工业发展很快，特别是在 1955—1976 年这段时间里，工业生产增长八倍半，只用了 20 年的时间就实现了国民经济的现代化，成为世界有名的经济大国。

日本工业发展速度快，原因很多。其中特别重要的，有两条：大量采用先进技术和实行先进的管理方法。

没有先进的技术，现代工业就不可能有高速度的发展。这个道理，比较容易被人们所认识。但是，有了先进技术，如果没有先进的管理，技术力量也不能发挥，同样不可能实现高速度。这个道理，却往往容易被人们所忽视。日本从 50 年代起，就从美国不断引进先进的技术，也从美国引进一些先进的管理方法，但是，管理问题并没有引起整个工业界的普遍重视，更没有像重视先进技术那样来重视科学管理，从上到下缺乏一套适应现代技术发展的科学管理方法。结果虽然从美国引进了先进的设备，而产品质量、劳动生产率和成本都大大落后于美国。这种状况同我们现在的情形极其相似。但是从 50 年代后期，他们总结了经验，吸取了教训，普遍学习外国先进的管理方法，并结合本国的传统加以消化，创造了一套以提高产品质量和服务质量为中心，使管理工作全面现代化的，适合日本情况的管理方法。这对于 60 年代和 70 年代日本工业高速发展，起了非常重要的作用。

日本人从自己切身体会中认识到管理的重要，他们把先进的生产技术和先进的管理方法称为经济"高度成长"的两个车轮，缺一不可。这个经验极为重要。现在我们正在为实现四个现代化进行新的长征，我们要坚持自力更生，同时也要引进国外的先进技术。在技术引进工作中，从一开始，就应当实行引进先进技术与引进先进管理方法同时并举的方针，并逐步创造出一套适合我国情况的科学的管理方法。

我们看了日本的一些工厂以后，觉得我国有些工厂的厂房和设备并不比日本差，而生产效率却比日本低得多。我们引进的一些先进技术装备的生产能力，也远远没有充分发挥出来。这主要是因为管理落后。我们参观了日本很有名的手表厂，它的生产线是自动流水线和非自动流水线并用，并非都是自动化设备。我们看了松下电器公司的一个协作厂，这是一个金属加工厂，只有120人，专门生产电容器的外壳，供给松下公司。这个厂的设备并不比我国一些金属加工厂先进，厂房相当拥挤，但管理得井井有条，生产效率高，能够适应松下这样的第一流大公司的需要。我们觉得，我国同经济比较发达的国家相比，科学技术方面的差距固然很大，管理方面的差距更大。因此，我们在引进先进技术的同时，必须强调引进先进管理方法。引进管理方法并不要花什么钱，却可以在经济上得到很大的效益。这个问题，应当引起我们极大的重视。

现在大家都在谈论管理现代化，但有时候对管理现代化问题理解得很窄，一讲管理现代化，就只认为是大量使用电子计算机。如果这样，当然要用很多钱。现在就有很多同志对引进电子计算机兴趣特别大，不管实际需要不需要，一个劲地要进口。

本来电子计算机是工业高速度发展的需要。工业发展了，人力不够用或者用人力不经济，需要采用电子计算机；工业发燕尾服了，所需数据人力无法完成，需要采用电子计算机。然而这些情况，我们还都不普遍，所以根本没有必要大量进口电子计算机。如果盲目引进，利用率不可能高，反而会造成很大浪费。

通过考察，我更加深了一种看法：管理现代化绝不只是使用电子计算机的问题，它至少应当包括三个方面的内容：

1. 管理组织的现代化，即采用现代化的、合理的组织方法；
2. 管理方法的现代化，特别是数学方法、统计方法、分析方法的运用；
3. 管理手段的现代化，包括自动控制设备和电子计算机的运用。

电子计算机只是管理现代化中的一个方面的问题。电子计算机要搞，但在管理组织及管理方法的改进上，我们同样有大量的事情可做，这根本不需要什么钱。

在这些方面，日本下了很大的工夫，有很多值得借鉴的地方。他们在使用电子计算机的同时，十分重视管理组织和管理方法的改进。例如：

事业部的组织体制就是战后从美国引进的。这是日本工业管理组织的很重要的改革。什么叫事业部制呢？就是在总公司下边按产品分成许多事业部，以事业部为单位，独立经营、独立核算。这实际上是一种经营管理上的分权制。我们考察的松下电器公司和东芝电器公司，都分成几十个事业部，每个事业部管一种或少数几种产品，如电视机事业部、半导体事业部、干电池事业部、发电机事业部，等等。

过去日本的大公司不分事业部，全公司统一经营、统一核算。战后随生产的发展，公司规模越来越大，总公司管理不便，就引进了美国的事业部体制，把总公司的管理权分散到事业部，每个事业部独立经营、独立核算。这种组织体制的改变，使管理更加灵活、机动，更能适应市场的变化情况。对经营管理的改善，起了很好的作用。像这样的引进，是非常经济的，可以不用花钱。

日本还很注意引进管理方法。最突出的是用数学的方法、统计的方法进行质量管理，取得了很大的成效。美国质量管理专家戴明在日本的名望很高。日本科技联盟请戴明到日本讲课，广泛传授和推行全面质量管理。戴明用他的讲课费和发展文章、出书的稿费作为基金，搞了戴明奖。现在戴明奖在日本已成为质量管理方面的最高荣誉奖。各工厂普遍建立了质量管理小组，每年还开展一次全国性的质量月活动。这套办法对提高日本产品质量，增强竞争能力作用很大。然而这套办法，主要不是大量采用电子计算机，而是运用数理统计方法进行的群众性的质量分析。通过对不良品的统计分析，找出工艺过程中的问题，动员群众想办法解决这些问题，保证制造出的产品符合标准。

运用这套办法，需要对产品进行检验，但检验的目的不是简单地挑出废品，而是用来分析工艺过程的稳定性。这种检验，不是一般的质量检验，而是工艺验证。例如，发现某种零件的质量不稳定，通过对一定数量的零件进行检验和分析，确定问题发生在哪个加工部位，然后发动群众讨论，大家找原因，把所有的意见都用图表画出来，然后逐个分析，把不准确的或次要的原因排除，找出影响质量的主要原因，针对这些主要问题采取措施，使零件质量稳定。

这种分析，一个回合往往不行，通过一次分析，解决一批问题，还会留下一批问题需要继续解决。经过一次又一次的分析，一批又一批地解决问题，每一个回合都向前跨进一步。这些都是群众分析的方法，大有文章可做，但并不需要投资，不需要很多技术设备，可以取得非常好的经济效果。

正因为日本人把现代管理看得非常广泛，他们不是两眼只盯着电子计算机，所以他们学得很广泛。不仅学习美国的管理方法，对我国管理上的特色，他们也很注意。我们过去在管理上曾经实行过的一些好的做法，十几年来没有认真地总结和提高，而且大部分荒废了，像群众路线、工人参加管理、加强思想教育、质量第一、安全第一等等口号，我们早就提出了，但真正坚持的却不多。然而在日本看到很多类似的做法，他们却搞得很好。

在日本，质量管理是群众性的，搞得很活跃。同时，思想工作也抓得很紧。我们在松下公司看了松下纪念馆，规模很大，从最早的土设备、很差的工作条件、初期的老产品，一直展览到高度现代化的现状。这是讲厂史，讲松下幸之助的"奋斗史"，用此对职工进行"爱社"教育。在一个干电池厂看了"健康管理室"，这是进行思想健康教育的场所。它是一座非常漂亮的房子，里边挂了很多镜子，有正常镜和多种多样的哈哈镜。如果职工之间闹意见或发生冲突，就组织双方到这里来，先去照镜子，启发各自都能正确看待自己、正确看待别人，不要像哈哈镜那样，把自己看得很高大，把别人看得很矮小。在"健康管理室"里还有"弹力球"、"傲慢像"、正反两面照片展览、谈话室等等。双方走到"弹力球"前，每人用力击一下球，球是用松紧带系着的，弹回来正好打在自己脸上，体验一下反作用力，告诫人们待人要和，如果打击别人定会得到报复；走到"傲慢像"前，每人用棒子猛力敲打几下用帆布和稻草制成的"傲慢像"，表示对傲慢态度的否定；然后仔细观看照片展览，照片告诉人们应当提倡或反对什么样的作风、工作态度、生活方式等等；最后到谈话室交换意见。通过"健康管理室"的一系列活动，使冲突双方消了气，心平气和地交换意见、消除对立。当然，他们这样做的目的是为了使工人能更好地为资方效劳，和我们的思想工作本质不同，但这种细致的作法，也是很有启发的。

我们搞管理现代化，应当把我们自己的革命传统和现代生产条件很好地结合起来，发扬我们自己的优点和特长，学习外国的东西也要分析，要和我国的具体情况相结合。不能两眼光盯着外国，认为外国的一切都好。无论对外国的东西或者对我们自己的东西，都不要把落后的东西误当成先进的东西来提倡。在日本的企业里，有时也把落后的东西当成先进的经验向我们介绍，如他们向我们介绍的禀议制，办一件事，从拟稿到会签、批准，手续繁多，实际上是一种相当繁琐的文牍主义的东西。

前边介绍了许多日本工业企业管理的一般情况，那么，日本的管理到底有哪些特点呢？

日本的学者、企业家向我们介绍情况的时候，经常谈到日本管理的"三大支柱"，这就是：终身雇佣制、"年功序列工资制"和以企业为单位组织工会。他们把这三个"支柱"看作是日本管理的特点。

也有的学者把这三个"支柱"的产生归结为"家族主义"，把"家族主义"看作日本管理的根本特点。我认为这种说法是对的，抓住了本质特点。日本工业和企业管理的许多特色、许多独到之处，根源都在于"家族主义"，即把企业整体看做一个家族，经理就是家长。这种观念牢固地树立在人们的头脑之中，渗透在管理制度、管理办法、管理习惯当中，处处有所表现。即使是"三大支柱"本身，根子也是"家族主义"。例如，终身雇佣制，并不是由社会、由国家保证不失业，而是企业内部的终身雇佣制，只要企业不倒闭，一般不轻易解雇，原因正是"家族主义"；"年功序列工资制"是按工龄长短计算工资，而这种工龄仅仅是指在本企业的工龄，如果跳厂，工龄要从头另算，这也是把企业看成一个家族，按照每个人对本家族做贡献时间的长短来计算工资；至于分别按企业组织工会，更是这样，劳资双方的交涉限制在企业内部，这也是"家族主义"的表现。因此，日本工业企业管理的根本特点，应当说是"家族主义"。

日本管理的许多优点来源于"家族主义"，许多弱点也是来源于"家族主义"。这种事实本身也证明了"家族主义"确实是日本管理的基本特点。例如：从"家族主义"出发，企业全体人员结成"命运共同体"，拧成一股劲地干，这就形成一种集体力，使企业的战斗力、竞争力很强，而且企业内各级组织也都成为一个个的"家族"，各级负责人都像是家长，有相当的权威，形成一级对一级的有效控制。这些都是对企业经营有利的方面。相反，它也有许多弱点，前边说的文牍主义的一套东西就和"家族主义"有关，尤其明显的是事业部制从美国引入日本以后，在很大程度上，已经走了样子，和美国的事业部制有了很大的差别。在美国，按事业部分别核算是为了更好地经营有利的行业，哪一个事业部的产品销路不好、盈利少，就把它关闭，集中力量经营获利多的事业，而日本由于需要维持它的"家族主义"，对盈利少的事业部要尽量维持，这就降低了经营水平。这些都说明"家族主义"在日本工业管理中起着很重要的作用。

## 二 日本政府对经济的组织和管理

像日本这样发达的资本主义国家，经济的发展到底有没有计划，它的计划对经济的发展控制到什么程度，这是人们比较关心的问题。

日本的经济是资本主义的市场经济，经常受社会生产无政府状态的困扰。日本政府，对经济的组织和管理，主要是用经济手段。发展什么、限制什么，提倡什么、反对什么，都是通过税收、利润、价格、利息等经济手段来实现的。但是，日本政府作为资产阶级利益的代表者，也力图通过对国民经济的"计划指导"，来缓和企业生产有计划和社会生产无政府状态之间的矛盾，求得经济的发展。

通过这次考察，我们感到，日本政府的"计划指导"虽然不能解决资本主义因有的矛盾，但对于促进经济的发展，还是收到了比较明显的效果。

日本政府对经济进行"计划指导"的方式很多，例如：

第一，直接用立法的形式，制定各种计划，规定主要发展目标和达到目标的基本方针和政策。如1960年池田内阁提出的《国民所得倍增计划》，从提高国民所得、改善国民生活的角度提出计划目标，广泛调动了各界人士的积极性，取得了良好的效果。

除此之外，还有《国土综合开发计划》，等等。

第二，政府还用"行政指引"的方法，有计划地协调经济的发展。主要是用"劝说"的办法使资本家对投资过多的部门减少或停止投资，调节过分激烈的竞争。如1966—1970年日本各大钢铁公司竞相扩大投资，竞争激烈，通产省就出面建议八幡、富士两家最大的公司合并，成立了日本制铁公司。

政府还设有公正交易委员会，专门协调各大企业之间的关系，如哪家工厂要建大高炉，必须经过批准，以防止盲目发展。

第三，通过半官方的或民间的团体进行协调。如这次负责接待我国家经委代表团的日中经济协会，就是一个重要的经济团体，它以通产省为背景，由日本经济界头面人物组成。对于同我国贸易和技术合作问题，日中经济协会出面进行统筹安排，协调各大公司的关系。

各家公司现在都分别和我国洽谈贸易。小项目私人资本可以干，但大的项目必须有政府协助，这就需要通盘进行项目和资金平衡。日中经济协会代表通产省进行这种平衡和协调工作。由它出面组织有关公司的经理开联席会议，进行协商。

通过上述这些办法，政府对经济的发展进行控制和调节，力图使各部门能够协调地发展。

关于日本政府的"计划指导"，在我们这个代表团的考察报告里介绍了《国民所得倍增计划》，除此之外，还有《国土综合开发计划》。这个计划很能说明日本政府在经济发展中的作用。

所谓《国土综合开发计划》，实际上也就是工业基地建设和城市建设计划。它既体现了政府不同时期的产业政策，又统筹安排了工业的配置，进行合理布局，促使各个地区、各种产业能够协调地发展。

战后日本一共实行了三次《国土综合开发计划》。这三次计划在时间上是交叉的。

第一次《国土综合开发计划》从1960—1970年，为期十年，是和《国民所得倍增计划》同时提出的。由于《国民所得倍增计划》提前实现，这个十年计划执行了五年。在1965年又制定了第二次《国土综合开发计划》，计划期二十年，从1965—1985年。执行过程中，在1975年又制订了新的第三次《国土综合开发计划》，从1975—1990年。现在执行的正是这个第三次《国土综合开发计划》。

第一次《国土综合开发计划》，中心的问题是要有计划地建立新的工业基地。在这个计划开始之前，即 1960 年以前，日本各地新建了许多工业企业，但问题很多，分布很不合理。由于日本的工业生产建设由一个个私人企业进行，在建厂时，每个企业都考虑怎样做更便于自己的经营，没有通盘的计划。

在战前，建厂一般靠近原料产地，当时这样做对经营有利，所以都这么干。第二次世界大战后随着经济的发展，建厂时重点考虑原料进口和产品出口，所以工业的布局有了很大改变，在东京、大阪、名古屋等大城市新建企业很多，结果使大城市周围的工业过于集中。许多政治家和居民提出反对，认为这样发展下去会拉大地区之间经济上的差距，使人口流入少数几个大城市。这在当时成了重要的社会问题、政治问题，要求政府采取对策，加以解决。第一次《国土综合开发计划》就是在这种背景下制定的。

为了解决这个问题，政府在 1961 年制定了新产业都市法，从财政、税收上采取措施，有计划、有重点地扶植新建工业城市。这个法生效后，各地方政府机构都争先恐后要求政府开发，建立新的产业都市。当时提出开发要求的有 44 处，政府根据需要和可能，照顾到各个地方的利益，进行合理布局，确定十个地方进行有计划的开发。在建设新的工业基地时，县知事（相当于我们的省长）作为主要领导，得到市、町、村的合作和国家的支持，吸引私人资本进行投资，共同进行工业基地的建设。按照第一次《国土综合开发计划》，新的工业基地一个个建立起来。

由于私人资本的力量强，政府的计划只能是引导，所以不可能通过一次开发计划把工业布局问题解决掉，1965 年，随着《国民所得倍增计划》提前实现，又重新研究了工业配置情况，提出了 1965—1985 的第二次《国土综合开发计划》。

第二次《国土综合开发计划》的特点是建立更大规模的工业基地。这个计划执行十年以后，在 1975 年有人提出日本缺少资源，要把高速成长变为稳定成长。按照这个方针又制定了 1975—1990 年为期十五年的第三次《国土综合开发计划》。

据日本政府国土厅向我们介绍，第三次《国土综合开发计划》和前两次不同。前两次计划以技术设备的建设为主，第三次计划则以改进工业基地的生活环境为主，对新建工业基地进行整顿。目的是通过对新开发的工业基地的建设，使地方经济迅速发展，生活条件迅速改善，来防止人口向大城市流动，使人们在地方扎下来，日本称之为"定住"计划。国土厅有一个设想，要用二十年左右时间，把过于集中的东京的工业迁到地方，带动地方工业发展，改善生活条件，改善文化、医疗设施，首都只留高、精、尖的工业和生活需要的工业。

上述几次《国土综合开发计划》，实际上是有计划地建设大型工业基地，建立工业体系。这些计划搞得详细、周密，对日本的经济发展起了很重要的作用。

我们参观的鹿岛工业基地，就是按照《国土综合开发计划》建立起来的。这个基地已建成三座大高炉，如果全部开动，可相应产钢1150万吨，现在鹿岛每年的工业产值1.2万亿日元，等于茨城县全县（相当于我们的省）工业产值的1/3。现在规模只是计划规模的80%，全部建成后，工业产值将达4.8万亿日元，大大超过全县原有工业的产值。这个工业基地面积205平方公里，人口十多万人，计划建设钢铁、石油加工、化工、食品、建材、电力等大企业60多家。政府出面搞规划、征购土地、组织搬迁，对被征购土地的农户，按40%面积付地价，60%面积选择适当地点造地交还土地，并负责帮助改良土壤、改进技术，使60%土地面积的收入超过原有全部土地收入，并且组织造房和搬迁。然后把鹿岛征得的土地卖给各有关公司，按统一规划和厂区布局进行建设。在建设过程中，政府负责统一组织道路，上下水道、公园、住宅、商店，学校和各种生活福利设施的建设，并用法律形式为企业规定废气、废水、绿化面积标准，既保证了各企业集中力量进行生产建设，又使生产、生活和环保设施配套。

日本企业的组织和计划日本工业公司的组织，有许多优点值得借鉴。给我们印象最深的是他们非常讲究经济效果，注意根据生产特点和生产发展的实际需要，采取灵活多样的组织形式。他们不拘一格，怎样做经济合理，对企业经营有利，就怎样做。我们在日本看到的企业，可以说组织形式没有完全相同的。当然，如果按大的类别划分，我认为也可以大体分为两种类型：

一种是全公司统一经营、统一核算，经营管理权限比较集中。

这种类型的企业，全公司统一组织供产销，统一核算盈亏，公司所属的工厂，不独立经营，只核算成本，不自负盈亏。与此相适应，经营管理权集中，全公司的计划、人事、设备、资金、供销、技术开发等等，都由公司实行统一领导；在组织机构上，加强公司一级的职能部门，统一组织全公司的经营管理工作。

这次考察的新日铁、丰田和小松，基本上属于这种类型。以新日铁为例，全公司7.6万多人，年产3000多万吨钢，下设十个钢铁厂，分布在全国许多地方，钢铁厂下又设有许多工厂。但供产销由公司统一组织，核算由公司统一进行。在公司一级，设有由3000人组成的庞大的职能部门，负责计划、工程技术、供销业务等工作。各钢铁厂也设职能机构，但规模不大，负责日常生产组织工作，具体地为生产第一线服务。各工厂只设技术课，具体解决生产第一线的技术和设备方面的问题，不设经营管理方面的机构。丰田汽车公司的情况略有不同，产销是分开的，和丰田汽车工业公司平行设有丰田汽车销售公司，分别核算。但单就丰田汽车工业公司来看，同样是全公司统一核算的体制。

另一种是实行事业部制，以事业部为单位独立核算，经营管理权限比较分散。

这种类型的企业，在总公司下，按产品组织事业部，一个事业部相当一个独立的公司，自己组织生产和销售，实行独立核算，自负盈亏。与此相适应，经营管理权比较多地放给事业部，有的公司还在此基础上进一步实行权限委让，把事业部长的权限委让给事业部下属的各部、课长和工厂长。在组织机构上，总公司、事业部和工厂，都有比较完整的职能机构，实行统一领导、分级管理。

这次考察的东芝和松下，基本上属于这种类型。以东芝公司为例，全公司6.4万人，分成20个事业部，各事业部有独立的资金，事业部之间是买卖关系，在制订计划和预算时，先分别由各事业部长提出方案，并在事业部长会议上平衡、调整，在此基础上产生全公司的计划和预算，最后由社长研究审定。

上述两种组织体制是怎样运用的呢？在什么情况下采用统一核算的体制，在什么情况下采用事业部体制呢？从我们接触到的情况看，产品种类比较多、各种产品之间差异比较大的企业，特别是在经济高涨时期，为了适应生产高速度发展的需要，一般采用事业部制。产品种类比较少、大量生产、连续生产的企业，为了便于在不同工厂机动灵活地分配获利水平不同的生产任务，全面地调动各工厂的积极性，则往往不建事业部而采取统一核算的方式。

上述两种类型的企业，在组织和经营管理体制上，有许多值得注意的特点：

### （一）组织形式灵活多样，不拘一格，因此适应性强，随市场情况的变化能够及时调整生产

日本企业的经营者有一个明确的观念，就是组织机构是为了更好地经营为设置的，要因时、因地制宜，从本企业原有基础和历史情况出发，根据实际需要设置组织系统。因此，日本企业的组织形式不强调统一格式，不"一刀切"，不僵化，注意根据实际需要适时调整和改变。

我们从日本现行的组织体制中看到：

同样是实行事业部制的公司，事业部和组织方法各不相同。例如，东芝公司在事业部下设营业部和制造部，全面管理生产和销售，而松下公司则由总公司统一组织销售，各事业部只管生产不管销售，和生产事业部平行设立三个独立核算的营业本部，统一管理设在国内外的销售网点。

在同一个公司内，各事业部和工厂的组织形式、领导关系差别也很大，如东芝公司，有的事业部只管一个工厂，有的事业部管几个工厂，也有几个事业部分别管理一个工厂的几个车间。差异虽大，但是便于经营的原则是不变的。

同样是实行全公司统一核算的企业，集权和分权的程度也各不相同。我们觉得，小松和丰田公司权限集中的程度比新日铁要高，电力公司集中管理的程度更高。但总的原则是统一领导和分级管理相结合，这一点是共同的。

在生产线的组织方面，情况也是一样，一般采取混合方式，一条生产线同时可以生产几个品种的产品，便于随市场供求情况的变化及时转产，机床的排列也不追求形式，充分照顾到操作的方便和原有的厂房条件。与此相适应，人员的使用和培养也强调多面手，除科研人员外，不十分强调

专业。新职工入社，在头一两年内，要到生产和销售的各个主要环节实习，以后，也要几年换一次岗位，使每个人都能适应各个方面的工作。

从多样化的组织形式上，我们可以得到什么启发呢？我觉得：

1. 日本的企业不论采取哪种组织形式，公司内部各生产单位的专业化程度都很高，整个企业都是由许多专业化的车间、工厂联合组成的。这些联合企业不是大轰隆搞起来的，每个联合企业都有自己形成和发展的过程，是在反复摸索、不断总结经验的基础上形成的。

这一点很有启发。我们在改组工业的时候，也应当从实际出发，既要加强专业化，也要注意联合化，不应一哄而起，不应把统一的工厂一概称为"大而全"并加以反对，硬把它分割为许多专业化的厂子，然后再去组织协作，联合在一个企业内的各生产单位，同样可以实行专业化生产，没有必要硬把它们分开。

2. 日本的联合企业，许多是跨地区的，甚至是全国性的。说它具有全国性，只是说它下属的工厂分布在全国各地，它的销售网点遍布全国，而不是把全国同类工厂都网罗在一个人公司之内。全国性的同一行业的大公司可以有许多个，他们相互竞争，竞相发展。

我们在组织全国性的专业公司或联合公司的时候，也不要把全国同一行业包罗在一个大公司之内，搞"只此一家，别无分号"，如果这样，就没有比较，没有竞争，就容易把这种公司搞成一个全国性的行政领导机构，使各部的专业局摇身一变成为专业公司，有名无实，缺乏经济活力。

我们应当根据实际需要，既有联合公司，又有专业公司，既有全国性的公司，又有地区性的公司。怎样对经营管理有利，就怎样干。

**（二）日本企业各级的职责、权限和分工明确，实行各级首脑负责制**

总公司、事业部、工厂以及各部、课都有明确的分工和职责，并且有相应的权限。全公司带战略性的决策，经营方针的制定、产销计划和总的预算由总公司决定、经理负责；各级机构的部、课长以及工厂厂长，要负责在自己管辖的范围内贯彻实行公司的经营方针。

日本企业经营者认为，职责问题的中心是经济责任，最终表现为利润的实现。社长要对企业的经营成果负总责；实行事业部制的企业，事业部长要对本事业部的经营成果负总责。在日本，一般把经营成果分解为三个主要指标：销售量、销售损益、制造损益。销售量越多、实际销售价越高，销售利润也就越多，这方面的成果由营业部长对事业部长负责；实际成本和计划成本对比，得出制造损益，这方面的成果由制造部长和工厂厂长对事业部长负责。

要承担责任，就必须有相应的权限。日本企业各级的权限有明确的规定，他们认为我国企业的职责和权限分界模糊，弄不清谁是企业的经营者，书记、厂长、车间主任到底听谁的。自己负什么责任，很不明确。日本企业强调各级首脑负责制，有的学者也称为各级一长制。公司的职能部门可以对事业部对口的业务部门实行横向的业务指导，有时也发布一些指示；事业部的职能部门对工厂的职能部门也是如此。但是，事业部长、工厂厂长有权否定这些指示，决定权属于经理、事业部长、工厂厂长。日本企业的各级领导都是一批精通技术、业务的专家，富有领导工作经验。他们的责任，是在自己管辖的范围内，贯彻执行公司的总方针。

由于职责和权限明确，各级领导都可以在自己职权范围内放手地工作，该自己决定的事情，自己必须拿出主意来；用不着到处请示，没有谁能代替他决断，也没有谁能代替他承担责任。这样才能有效地促使每个人努力掌握并力图胜任自己的工作，不断提高效率，否则在领导岗位上就坐不住了。这种体制很值得我们效仿。

### （三）充分发挥协作工厂和协作单位的作用

协作工厂组织得好，重视固定协作关系，强调信用，不仅仅采取合同方式，还注意对协作厂进行技术指导和质量控制。在日本，协作双方只要建立起协作关系，一般能够维持下去，不易受到什么上级机关的影响。而我们的企业，由于多头领导，婆婆太多，协作关系往往搞不好。即使协作双方谈妥了，上边一个命令就可以全盘打乱。我们的企业非常需要实行一元化领导，每个企业应当只有一个主管部门，而且应当尽快把"五定"问题解决好。

日本各企业在组织协作时，非常注意把主要产品和决定主要产品技术水平的关键部分抓住不放，其他部分如辅助生产、生活福利设施、环境整理等等方面的工作尽量外包，从而保证企业的精力集中于出产，而且集中在生产的主要环节上，同时也促进了辅助生产和服务工作专业化。例如新日铁的君津钢铁厂，把由高炉到转炉的铁水运输也包给运输公司；鹿岛合成橡胶广的成品库，库内倒运自动控制，出库后的装车搬运包给运输公司，使六千箱容量的仓库每班只用一个人管理。

承包服务和运输工作的公司，可以是很大的企业，它们不只为一个生产企此服务而是同时为许多企业服务，能充分发挥专业化的效益。

### （四）企业建立庞大的销售网，供产销衔接得好

日本企业强调以高质量、高标准、合乎需要的产品供给用户，把制订和执行供给计划（即销售和生产计划），作为生产管理的基本问题。

计划的原则，是以销定产。

首先按照公司的基本经营方针和市场情况制订销售计划。销售计划有两个方面的依据：一个是订货单、大型产品、专用设备，有特定要求的产品，以及需要量大和有协作关系的用户，通常采用这种方式，另一个是市场预测，通过销售和服务网点了解市场情况和用户要求，由销售情报中心综合分析，提出各种产品的需要量预测，对大量零星用户，特别是种类繁多的生活用品，通常采用这种方式。

然后进行产销平衡，提出生产计划，由公司（或事业部）领导机构的生产会议讨论确定。根据生产计划确定其他计划如零部件、原材料供应计划和劳动力、新产品试制等计划。

日本企业的产销计划比较严密，要求也严格，很重视按期交货，相互供应要求恰好及时，既不能短产、拖期交货，也不盲目超产，强调按预定的计划均衡生产。

制订计划长短结合。供产销计划一年分为上下两期，按季、月安排两次，执行过程中按月调整。较长期的计划一般安排两三年。劳动力需要计划按年安排，每年定期招工一次。设备需要量有 3—5 年的中、长期计划并逐年安排，一般不按季、月安排短期计划。计划期长短不同，计划方法和依据的资料也不同。一般来说，中期计划更多地依靠预测。短期计划则更多地依靠订货单。计划期越短，内容越具体，中期计划体现公司在一个时

期总的经营方针和发展目标；年度计划要规定当年生产和销售的具体目标，包括存在的问题和拟采取的措施；季度计划要把年度计划具体化，根据市场情况的变化，对年度计划提出的任务做重新估价，进行必要的调整；月度计划则是基层生产单位的实施计划，即按最新商情和扩大了的订货单组织生产，确保既不短产拖期交货，也不盲目超产造成积压。

总之，日本企业原材料、零部件供货有保证，一般有固定协作关系，虽有合同，但更主要的是靠信誉。各公司有自成体系的、庞大的销售网和情报系统，市场情况摸得比较清楚和及时，各种产品通过本公司的销售机构，直接和用户见面。由于各企业都是以销定产，相互间又有密切的协作关系，这就使各企业的供、产、销能够比较好地结合起来，准时地相互提供各自需要的产品，组织均衡生产，避免停工待料、产销脱节。

上边讲的日本工业管理和企业管理的一些情况，确实有许多值得借鉴的、符合科学的东西，我们应当认真地去研究、去学习。但是，也应当看到，资本主义无论如何不能摆脱剥削和被剥削的关系和由此而产生的一系列社会矛盾。这是资本主义制度本身所固有的。尽管资产阶级的政府也在实行"计划指导"，力图减少社会生产的盲目性，但是，日本的五十万个企业每年总还是有将近二万个企业倒闭，失业人口不断增加。日本科学技术高度发达，然而迷信活动却又很多，在文化生活中颓废的东西也大量存在，这也反映出精神的空虚。我们考察和学习的是他们管理中的科学的东西，因此，对这方面的内容讲得比较多，但这绝不是说要学习资本主义社会制度。

现在我们的技术和经济都不如发达的资本主义国家先进，这是事实，但这并不是社会主义制度造成的；往远处说，这是帝国主义、封建主义长期统治造成的，往近处讲，这也是林彪、"四人帮"的破坏造成的。当然和我们经验不足，工作中的缺点错误也有关系。但是，只要我们认真总结经验，认真学习别人的长处，充分发挥社会主义制度的优越性，我们就一定能把管理搞得更好，使我们的国民经济高速度地向前发展。

（原载《访日归来的思索》，中国社会科学出版社 1979 年版）

# 企业管理漫谈[*]

—— 我国企业管理理论与实践的若干问题

## 一 企业管理的必要性

实现四个现代化，多快好省地建设现代化的社会主义强国，是我国人民在新的历史时期的总任务。实现这个任务，就必须努力掌握现代科学技术，同时，还必须掌握现代化的、科学的管理。国内外的经验告诉我们，没有现代化的、科学的管理，要使国民经济高速度地发展，是根本不可能的。从国际上一些工业比较发达的国家来看，它们都把管理放在非常突出的位置，认为现代管理和现代技术是同等重要的。它们把现代管理和现代技术比作一辆车子的两个车轮，缺一不可。我们觉得这种比喻是很有启发的。事实也正是这样，如果没有现代化的技术装备，当然就没有办法实现四个现代化；但是，有了现代化的技术装备，如果管理非常落后，那么这些现代化的技术装备，也不可能真正发挥作用，同样没有办法实现四个现代化。因此，我们应当充分认识管好企业的重要性，高度重视管理，努力实现管理的现代化。只有这样，才能取得更好的经济效果，为社会主义现代化建设作出贡献。

正像我国的社会主义现代化建设必须走我们自己的道路一样，实现管理现代化，也必须从我国的实际出发，走我们自己的道路。这就需要研究管理科学的发展，分析各国现代企业管理的特点，探索适合我国国情的企

---

[*] 《企业管理漫谈》是作者 1980 年在北京和辽宁一些单位举办的报告会上的讲稿，收入本文集时又将在沈阳做的《我国企业管理理论与实践的若干问题的报告》中的部分内容收入其中。

业管理现代化的道路。

既然企业管理非常重要，既然要探索我国企业管理现代化的道路，那么我们首先就要搞清什么是企业管理，为什么必须进行管理，企业管理作为一门科学到底应当研究什么问题，解决什么问题？

1. 什么是企业管理

社会主义工业企业，是进行工业生产的基本单位。每个企业都由一定的劳动者组成，拥有一定的机器设备、工具和原料、材料。企业的劳动者，运用各种机器设备和工具，作用在原料、材料这些劳动对象上，形成生产力，为社会创造出物质财富。

社会主义工业企业，同时也是社会经济的基本单位，是独立的经济核算单位。它进行生产活动，要有一定的资金，要用尽可能少的耗费，生产尽可能多、尽可能好的产品，还要及时销售出去，尽可能多地为国家提供利润和税金。

这也就是说，社会主义工业企业必须努力增加社会产品、扩大社会主义积累。这正是社会主义工业企业的基本任务。为了有效地完成这个基本任务，工业企业的生产经济活动必须有组织地进行。对工业企业的生产、技术、经济活动进行组织、计划、指挥、核算、监督和调节，就是工业企业的管理。

企业管理包括的内容是非常广泛的。从人财物到供产销，从生产到生活，都存在怎样进行组织、计划、指挥、核算、监督、调节的问题，而这些方面的问题，都是企业管理应当研究解决的问题。

企业管理的内容虽多，但是，概括起来说，无非是生产力、生产关系和上层建筑三个方面的问题。

比如说，企业要进行生产，就必须有人、有材料、有设备和工具。也就是说，必须有劳动力、劳动对象、劳动手段。这些都是生产力的要素，必须把这些要素结合起来，才能进行生产。光有人，没有设备，生产不能进行。有人，有设备，物资搞得一塌糊涂，生产也不能进行。这就是说，要进行生产，就必须把这几个要素结合好，马克思讲过："不论生产的社会形式如何，劳动者和生产资料始终是生产的因素，但是，二者在彼此分离的情况下只在可能性上是生产的因素。凡要进行生产，就必须使它们结合起来。"① 在社会主义条件下，劳动者和生产资料在公有制企业里结合在一起，怎样把它们组织好，这是生产力的合理组织问题，主要是解决人和自然之间的关系问题，属于生产力方面的问题。这是企业管理需要解决的一个方面的问题。

又比如说，企业要进行生产，不光要发生人和自然之间的关系，而且人和人之间也要发生一定的联系，因此，必须处理好人与人之间的关系。像领导与群众的关系，工人和技术人员、管理人员的关系，工人群众之间的关系，等等，都必须处理好。不处理好这些关系，就不能调动各个方面的积极性，生产力也组织不好。这里有很多是属于生产关系方面的问题，是企业管理需要解决的第二个方面的问题。

再比如说，企业要进行生产，必须制订计划；企业在生产中处理人与自然的关系以及人与人的关系，需要通过一定的规章制度去组织、去调节、去把各个方面的活动协调起来，还要有一定的纪律去约束人们的行动，等等。这些又是属于上层建筑方面的问题，是企业管理需要解决的第三个方面的问题。

所以，企业管理是涉及生产力、生产关系、上层建筑各方面的、内容非常广泛的一门科学。这也正是企业管理这门科学区别于一般经济科学、一般工程技术科学的一个重要特点。我们知道，经济科学，主要是研究生产关系，解决人与人的经济关系问题，它的对象很明显，是生产关系；工程技术科学，主要解决人与自然的关系问题，如何开矿、如何制造机器、如何生产出服装，有很多的技术问题，这些技术问题属于人与自然的关系，属于生产力方面的问题。这样一比较，就可以看出，企业管理这门科学有很大的不同，它既要研究生产力方面的问题，又要研究生产关系方面的问题，同时还要研究上层建筑方面的问题，因而企业管理的复杂性也就非常清楚了。人们常常把企业管理看成是一门跨技术科学和经济科学的边缘科学，强调它既有很强的技术性，又有很强的理论性和思想性。所以，对管理干部的要求非常高，需要我们花大力气，下大工夫学习和研究，才能很好地掌握企业管理这门学问。

---

① 《资本论》第二卷，人民出版社 1975 年版，第 44 页。

2. 为什么必须进行管理

"四人帮"一伙为了破坏社会主义经济建设，硬把企业管理说成是资本主义、修正主义的东西。好像无产阶级可以不要企业管理，企业管理是资本家的事。他们不但不去研究管理，而且鼓吹取消管理，要创造什么"不要管理而把企业办好的典型"，胡说什么："规章制度都姓修，彻底砸烂不保留。"他们的这些论调，在实践上是十分有害的，在理论上也是十分荒谬的。

从实践上看，问题已经很清楚。"四人帮"一伙倒行逆施，否定和破坏企业管理，把我国国民经济弄到了崩溃的边缘。这个事实本身就已经充分说明了社会主义企业必须有管理，必须有严格的、科学的管理，否则就不可能把企业办好，国民经济就得不到发展。

那么，从理论上我们又应当怎样认识企业管理的必要性呢？

关于这个问题，马克思早就给我们解决了。马克思在《资本论》里讲：管理"是一种生产劳动，是每一种结合的生产方式中必须进行的劳动"。[①] 这就是说，管理的必要性是由共同劳动所决定的，凡是许多人在一起相互配合共同劳动，就必须有管理，因为许多人在一起配合，进行共同性的劳动，就需要协调每一个人的活动。这样就必须有计划、有组织、有监督、有指挥、有调节，不然的话，这种共同的劳动就没有办法进行。马克思在说明这个问题的时候曾经做过一个比喻，他说："一个单独的提琴手是自己指挥自己，一个乐队就需要有一个乐队指挥。"[②] 这非常能够说明问题，如果"一人一把号，各吹各的调"，企业当然是搞不好的。共同劳动就得有管理，这不光对资本主义是这样，对社会主义和共产主义也是一样。所以，这是理解企业管理必要性最根本的一点，也是最重要的一点。

但是，我们现在研究的是社会主义的管理，是现代工业企业的管理，仅仅从上边说的这一点去理解，就不够了。这里还必须从现代化企业的特点出发，再从另外两个角度去理解，才能领会现代企业管理必要性。这两个角度是：

第一，共同劳动的规模越大，技术越复杂，管理也就越重要、越复杂。

---

① 《资本论》第三卷，人民出版社 1975 年版，第 431 页。
② 《资本论》第一卷，人民出版社 1975 年版，第 367 页。

很明显，几个人、几十个人的小厂和成千上万人的大厂，在管理上复杂程度是大不一样的，管理方法也有很大差别。在少数几个人一起进行共同劳动的场合，有些事情随时商量一下就解决了，但是成千上万人的大厂用小作坊的办法去管就不行。在大厂里碰到一些事情，光靠个人的经验、靠临时应付是不行的，必须事先有明确的规定，有一定的、科学的规范，大家按规定办事，整个企业就运转起来了。再从技术的复杂程度来看，在手工劳动的条件下，更多的是要解决人与人之间的协调、配合问题，而现代化企业，运用机器体系进行生产，不但要协调每个劳动者之间的配合关系，而且要协调人和机器与机器设备之间的配合关系。在生产过程中，各个加工阶段和生产环节在时间上和空间上必须配合好、衔接好，否则就不能保证机器体系的正常运转和高效率地进行生产活动。这就使企业管理更加重要、更加复杂。

第二，共同劳动的分工越精细，社会经济联系越广泛，管理也就越重要、越复杂。现代工业生产，不仅企业内部的分工精细，企业外部的协作关系也很复杂。一个产品往往由成千上万个零件组成，由几十家、几百家企业共同完成。这种复杂的社会分工协作关系、广泛的社会经济联系，对管理也就提出了更高的要求。

把上面所说的内容概括起来，就可以看出，现代化企业管理的必要性应当从三个方面来理解：第一，它是由共同劳动决定的。第二，它是由技术的复杂性决定的。第三，它是由经济联系的广泛性决定的，无论在资本主义条件下或是在社会主义条件下，这种必要性都是存在的。当然，社会主义企业的管理同资本主义企业的管理具有不同的社会性质。但是，社会主义制度是在资本主义发展起来的巨大的生产力的基础上经过无产阶级革命建立起来的。社会化大生产决定了社会主义企业的管理必然同资本主义企业的管理有一定的联系。"四人帮"把企业管理说成是资本主义特有的，在社会主义企业可以取消，这种说法根本站不住。恩格斯在《论权威》一文中说过："我们假定，社会革命推翻了现在以自己的权威支配财富的生产和流通的资本家。我们再完全按照反权威主义者的观点来假定，土地和劳动工具都成了那些使用它们的工人的集体财产。在这种情况下，权威将会消失呢，还是只会改变自己的形式？"① 恩格斯用纺纱厂做例子进行分析，得出结论说：在这种情况下，"劳动者们首先必须商定劳动时间；而劳动时间一经确定，大家就要毫无例外地一律遵守"②。"个别人的意志总是要表示服从，这就是说，问题是靠权威来解决的"③。因此恩格斯说："这样，我们看到，一方面是一定的权威，不管它是怎样造成的，另一方面是一定的服从，这两者，不管社会组织怎样，在产品的生产和流通赖以进行的物质条件下，都是我们所必需的。"④ 总之，企业管理的必要性是由生产、技术和经济三个方面的因素决定的，它不因社会主义经济制度的建立而消失。这就给我们提出了一个任务：要搞好企业管理，就必须努力钻研和掌握生产、技术和经济规律，要学习生产组织，学习技术和经济，真正按照生产、技术和经济的客观规律的要求办事，否则就会出现瞎指挥，不能把企业办好。

## 二 现代管理的特点

现代化企业的管理，已经成为世界各国都在认真研究的一门学问。现代管理科学的研究，为各国经济的发展带来了很大好处。许多国家的经验证明，没有管理的现代化就不可能实现生产的现代化。这是管理和生产的关系，前面已讲过，不再多说。

那么，到底什么是现代管理科学呢？这对我们来说，可以算是一个新的问题。对这个问题的认识，现在还不很一致，不很明确。这里谈谈我个人的看法，前面已经说过，企业管理要研究解决生产力、生产关系、上层建筑各个方面的问题，是跨社会科学和自然科学的边缘科学。反复说这个问题，为的是在研究管理科学的时候，要考虑这些因素，要考虑到企业管理这门学问的这些特点。这样，才能对现代管理科学有一个明确的认识。按照上述这样的一个思路，我个人认为，现代企业管理科学就是把当代自然科学和社会科学运用于现代企业管理而形成的一门经济管理科学。或者

① 《资本论》第二卷，人民出版社1972年版，第552页。
② 同上。
③ 同上。
④ 同上书，第553页。

说，企业管理科学就是把当代一些自然科学和社会科学的成果应用到管理上。它综合地应用政治经济学、社会心理学、法学、数学、信息学、系统工程学以及计算技术等一系列的科学成果来进行企业管理。

1. 管理科学的形成和发展

管理作为一种社会实践活动来考察和作为一种科学理论来考察，是不一样的。作为一种实践活动来说，管理自古就有。我们古代修长城、挖运河、盖宫殿，这里都有管理，没有一定的成熟的管理经验，干不成这些事情。这是从管理的实践活动来说的。但是，有管理的实践活动并不等于就有了管理科学。这是两个概念。管理科学是在一定的历史条件下形成和发展起来的。

关于管理科学理论的形成和发展，在国内外理论界有许多争论。比如说，管理科学到底从什么时间产生的？看法就很不一样。比较多的人认为是从泰罗开始的，在他以前是没有的，是他把经验变成了系统的理论。按这种观点来看管理科学，它的历史并不长。我们知道，泰罗的代表作发表的时间是1911年，到现在只不过70多年的时间。因此，研究管理科学并不难，它的时间长度是有限的。

还有一种观点认为，管理科学理论不是从泰罗制开始的，在泰罗之前就有，是从英国古典经济观学家亚当·斯密开始的。亚当·斯密所处的时代比泰罗早一个世纪。按照这个观点，管理科学理论形成的时间距今也不过二百年左右。

在上述两种观点当中，我个人的看法是主张后一种。我认为是从亚当·斯密开始的。从亚当·斯密算起到现在，它是怎么走过来的呢？我认为，管理科学理论经历了四个发展阶段。

（1）早期管理理论，代表人物是亚当·斯密（1723—1790）（英国）。

（2）传统管理理论，代表人物是泰罗（1856—1915）（美国）。

（3）现代管理理论，产生于本世纪40年代，本质特征是采用行为学原理。

（4）最新管理理论，这是从70年代后形成的管理理论主要特征是把系统学原理应用于管理。

关键是第一个阶段，现在有人赞成，有些人不赞成。亚当·斯密是研究政治经济学的，他的主要成就是政治经济学。但是，他提出的劳动分工论也是管理上的一个很重要的原理。劳动分工理论，运用到企业管理，带来了一系列新的局面。比如说，他分析劳动分工，生产工人在不进行分工的情况下，他要完成所有的工序，比如，从头到尾生产一个零件，在这种情况下，他的熟练程度不容易提高，培训时间要长，花费要大，熟练过程当中付出的劳动要多。如果实行劳动分工，每人只完成一个单工序，这样，工人培训的时间就可以缩短，这方面花费就可以减少，这实际上已经深入到了管理上的问题。同时，按工序分工，操作上就可节省时间。一个人从头干到尾，生产工具、卡具要经常更换，如果按工序分工，就可以节省换工具、卡具的时间，效率就可以提高。不仅如此，按工序分工还可以把生产操作简单化，分解到最简单程度，这是机械化的一个起点。我们现在复杂的机器都是在从简单的操作开始，用机械代替手工，然后，再把它连接起来，形成一个复杂的机器。现代化的机器设备，不可能一下了就形成，都有一个从简单到复杂的过程。这是生产发展过程中必不可缺少的阶段。这也是一个管理上的问题。从这些方面看，劳动分工论可以说是标志着管理理论的初步形成。另外，在亚当·斯密以后，在泰罗之前，还有一些人在劳动分工论的基础上进一步研究，把工序的分工和成本核算联系起来，这显然是管理问题，而不是一般的政治经济学理论问题。举一个例子来说：过去的手工制针，在早期没有劳动分工理论做指导，一个工人要从头做到尾，铁丝要把它调直，按一定的尺寸把它切断，把它磨光，尾部要砸扁，做一个鼻，再镀上点什么东西，最后再包装。从头到尾一个人干，许多工人坐在一起，但都干同样的工作。工人的工资标准要按复杂工序计算，因为各个工序有的简单，有的复杂，但是，一个人能够从头干到尾，所有工序的复杂程度都要掌握，他的工资标准就比较高。如果把它分解到若干个工序，根据每个工序的复杂程度配备不同的劳动力，有的工序可以用一般工人，有的工序可以用女工，有的可以用技术比较高的熟练工人。不同工序的工资标准可以相差很多。这样，总平均起来，同样制针生产操作，它的工资支出就可以大幅度下降。这就使它深入到经济核算、成本核算中来了。它是从理论上来指导的，这个内容不能不承认它是管理理论。所以，它是管理理论最早期的成果。当然，也应当承认，在亚当·斯密以后和泰罗以前这上百年时间里，管理理论的发展比较缓慢。

管理理论的大发展，确实是在泰罗以后，这是大家一致的认识。泰罗的管理理论的特点不同于亚当·斯密的劳动分工论。泰罗搞的是操作研究，也叫作业研究，研究生产工人的具体操作。研究工人的操作怎么样做才合理，哪个动作是多余的，把它去掉。把科学的操作方法纳入操作规程，把它制度化。一系列规章制度产生了。定了规章制度、操作规程，就要求每个工人必须严格按照操作规程办事，一点也不准走样，走样受罚。管、卡、压这套东西就是从泰罗制中逐渐形成的。最初，泰罗在钢铁企业中进行实验，研究装卸工的操作。在研究实验中，他发现资本家的管理凭经验，总觉得铁锨越大，工人干得越多，资本家赚钱也就越多，所以铁锨越搞越大。泰罗分析：这个经验实际上是不科学的，铁锨越大，不见得效率越高。因为一个人的体力是有限的，一天干十几个小时，开始的时候，效率很高，到下午就没劲了，半天扔不起一锨，算总账，效率不见得高。但是，铁锨太小了也不行，锨小扔起来省力，但一锨装不了多少东西，总的效率也不高。因此他认为，必须找一个最佳值。经验是，原先资本家用的铁锨，铲铁矿石是38磅，铲煤时变为35磅，因为比重不一样。测定的结果证明，按人的体力一天操作下来使用21磅的锨最好。他定了这个最佳值，然后设计铁锨，不管干什么活，铁锨下去就是21磅。铲沙子设计用平锨，铲铁矿石设计用尖锨，派活时用工票，张三今天干什么活、到什么地点、用几号工具，都规定好。以后，又进一步研究机床的操作动作。后来又利用电影机，把动作拍下来，进行分析，哪个动作不合理就去掉，这样，研究出一个科学的规程，把它制度化。这是泰罗制最基本的特征。

再前进一步，到第三阶段，行为学把哲学的一些思想、理论运用到管理上，研究管理问题，这就开辟了一个新思路。这就标志着进入了一个新的阶段。关于行为科学，新的东西很多，学校里设有专门的课程，在这里就不多谈了。我只想说一点，就是它与泰罗制相比，有一个根本的突破，集中表现在对人的评价上。按泰罗的观点，是把人看做机械的一部分、机器上的一个零件，当成一个死的东西。我的科学成果都体现在操作规程里，你照办就行了。他是这么一种思路，按照这个思路，越算越细，越算越烦琐，规章制度越搞越多。行为科学就不一样了，它把人看成能动的，觉得人是一个活的因素，它有内在的动力，研究他内在的动力，调动他的积极性。这个思路同泰罗的思路就完全不一同了。所以，我们说它开辟了管理理论上的一个新阶段、新领域。这个理论上的突破，是通过一个实验取得的。这就是著名的霍桑实验。

在霍桑工厂里做的这个实验，是要想分析劳动条件的变化、物质待遇的变化对生产效率的影响。这个实验的指导思想是按照泰罗制那套思路去做的，把人当做"经济人"，即认为工人是从经济利益上考虑问题的，如此而已。他研究，劳动过程中，一般劳动十几个小时，我给你减少几小时，按十个小时、八个小时，为工人缩短劳动时间。另外，在工间增加一次休息，还有一份茶点，物质待遇上加强，然后过一段时间又把这些待遇撤掉。这些条件来回变化，一会得增加，一会得减少。这样，他想工人的劳动积极性就要受到影响，想从中摸到一些规律。结果实验了很长时间，从这里找不到规律，条件不管怎样变化，怎么折腾，实验班组的生产效率仍直线上升。用传统管理理论解释不了这个现象。为什么会这样？物质条件增加了，也是这样，你给他去掉了，仍然是这样，研究了好长时间，找不到原因。最后有一位管理学家，用哲学、行为学理论和思路进行分析，认为人不仅仅是"经济人"，同时，还是"社会人"。所以引出了一个概念："社会人"。也就是说，人有一定的社会关系、社会地位。把他摆到一定的位置，他可以在一定条件下起重要作用。物质待遇的变化可以变为第二位的因素。为什么呢？因为，实验班组变成了一个特殊的社会组织，成员事先知道要搞社会实验，他参加实验，认为是一件有意义的事情。工人的脑子里装着这个东西，社会地位的变化带来了心理的变化，物质条件怎么变化，被他放到第二位了。这个心理与此实验的最终要求背道而驰。你把劳动条件变坏，如照明度下降，通常会使工作效率下降。可是，在实验班组，你条件越变，工人们越想尽办法克服困难，使生产效率不下降。他这个劲是从哪个地方来的？不是从照明度来的，是从他的社会地位中来的。这就引出一个新的思路。所以，行为学就从这个事物上去研究，怎么调动人的内在动力，研究人的心理、人的需要。这里又引起行为科学的一般所讲的一个重要的理论——需要等级论。这种理论，把人们的需要划分若干个层次、等级。在一定时期，哪个等级的需要是主要矛盾，你抓住这个主要矛盾去满足他的需要，他的积极性就能得到一定的发挥。比如说，第一层次讲的是生理上的需要，人首先要吃饭；第二层是安全上的需要；第三层是社交上的需要；第四层是心理上的需要，也就是自尊心的需要；第五层是实现抱负、成就的需要。在没有吃饱肚子的时候，自尊心这个东西就突出不出来。在生理上的需要得到满足后，安全上的问题就突出了，然后才提到社交上的一些交往问题。一个企业在安全生产上没有保证的情况下，你不抓安全生产，而去组织青年男女去跳舞，搞社交活动，那就没有抓住主要矛盾。从一定的意义讲，抓住一定时期的主要需要，采取措施满足这些需要，就可以进一步调动群众的积极性。行为学研究这些东西，开辟了一个新的思路，在管理科学理论上成为一个新的阶段。

第四个阶段，是把系统理论运用到管理。从系统理论来看，它比较复杂，这是一门专门的学问，我也没有专门学过，但是，听系统学工作者讲过一些基本道理，感到系统理论不光解决宇宙航行、阿波罗等大系统的问题，也可以运用到我们身边的一些实际工作中去。据我理解，系统理论有两个最基本的观点：一是把所要研究的事物作为一个整体，从事物的全局而不是局部考虑问题。不是孤立地研究一件事情，而是把周围的事情作为一个整体，作为一个系统联系起来通盘研究。二是选择最佳方案。要解决问题，可设想很多方案，从这些方案中选择最佳方案去推广、去执行，这就是系统理论要解决的问题。当然，你要选择方案进行比较的时候，一些大的复杂的系统，要用电子计算机测算，你要测算很多数据，比较哪个方案是最好的。但是，有些事情不需计算，只凭直观就能判断哪种方案最好，就可应用。比如说，我国古代宋真宗时宫殿着了火，派一个大臣去修复。大臣不是就这个宫殿本身来考虑，他把周围环境通盘来考虑，先把宫殿前的路挖成沟，变成一条河，把外面的河水引到工地形成一个码头。这样外面的石料、木料都直接运到工地。把挖出的土就地烧成砖，建成后，用废砖烂瓦把沟填平，把路面一修，整个工程就完成了。这个施工方案是最佳方案，这是朴素的系统思路的运用。系统理论就是从整体出发而不是从局部出发去研究事物的一种理论。它把同某一事物有关的全部组成要素的总体看成一个系统。系统可大可小，我们可以把我们整个企业看做一个系统，也可以把一个车间看做一个系统，结合一个班组，也可以把班组看做一个系统。在设定的系统中，物和人以及人们所处的环境等都是这个系统的构成要素，进行系统分析就是要对这些要素进行全面分析研究，求得计划、方案、设计、办法的最优化。

以上说的是管理科学理论发展的几个阶段。对这个问题常常碰到一种误解，总想用这几个阶段来套我们现在的管理，说我们的管理落后，还处于传统管理的阶段。我认为，这个问题值得商榷。我们研究管理理论的发展阶段是为了认识过去管理理论发展的一般规律。但应用时并不是按部就班、从头走起，并不是从亚当·斯密到泰罗的传统管理，再走到行为管理、系统管理……不是这样，而是跨越阶段、综合运用的。现在是很难说我国管理发展到哪个阶段，实际上是各个发展阶段的有用的东西都可以吸收和运用。

2. 现代管理的基本特点

对各国有效的、成功的管理经验，我们进行分析、比较和研究，可以发现，现代管理有三个基本特点：（1）把技术组织原理和行为学原理结合起来应用，注意吸收这两大流派的优点。这是现代企业管理很重要的一个特点，凡是管理搞得好的国家，研究它的管理都会发现这个特点。（2）重视民族传统和民族习惯。（3）运用现代化的管理方法、管理技术、管理手段，包括电子计算机的运用、数学方法，等等。

全面认识这三个方面的特点，对我们实现管理现代化有很大的实际意义。过去，我们常遇到这样的观点，把管理现代化的特点仅仅归结到管理技术，认为搞管理现代化就仅仅是搞计算机，搞一些技术方法。这些要不要搞？要搞。但这些只是一个方面，并非全部。由于过去常常忽视前两个特点，所以，今天我想着重讲一讲前两个特点。

第一个特点是技术组织学原理和行为学原理的结合。

这要回过头从我前面讲的管理科学发展来看。可以看出，从泰罗以后，管理科学有了很大的发展，学派很多，西方形容最近几十年，管理学派就像"热带丛林"一样茂盛。对这些名目繁多的学派，可以有两种方法去研究：一是专门研究管理思想，这就要求进行细致的研究，搞清楚哪个国家、哪个管理学派，提出什么观点。一个学派、一个学派地去研究，找出各个学派的特征。这是一个专门的学科，就是研究管理理论的发展，或者叫做管理思想史。对我们搞实际工作来说，我认为没有必要从事这样的研究。这很烦琐，没必要。有很多学派，实际上是大同小异的。他出一本书，题目很新，标新立异，可是内容大同小异。能不能找一个方法，把"热带丛林"修理一下呢？我曾经实验过这样一种做法，把所有这些学派按其最本质的特征分出两大类。一类我们称之为技术组织学派，另一类我们叫它行为学派。在管理的"丛林"中，对每一个学派不管它是叫什么名字，都可以归于上述两大类中的这一类或那一类。因为行为学派和技术组织学派是属于两个根本不同的思路。这两个思路关键差别在于对人的看法。技术组织学派提高生产效果的方法是，我给你设计科学的操作方法，你就按这个去做，保你能够提高效率，不用你去发挥什么创造性。这种理论把人看成一种被动的东西。行为科学则强调要调动人的内在动力，发挥他们的创造性。这两个是完全不同的思路。按泰罗的那套办法，要使人"个别化"，工人能够单个分开的，尽量分开，一个一个的，尽量不让四个人以上在一起干活。为什么这样：他有个理论，认为人多在一起就要互相聊聊天，在一起讲话，就会干扰操作规程的执行。另外，许多人在一起会发牢骚，对操作规程这个不满意那个不满意，对领导发泄不满，互相闹事，他认为这些都是消极的。而行为科学观点就不主张个别化，而主张集团化，认为人在一起，除了有消极的一面以外，还有积极的一面。人有一种竞争心理，在一起比着干，有个相互促进的作用。技术组织学派看不到这一点，行为学派却认为是很宝贵的东西。

上面说的是这两个学派的不同点。我们再来分析一下各个国家的管理，就会发现凡是搞得好的国家，都是把这两个思路结合起来，而不是对立起来。这就给管理现代化创造出一个理论前提。这里我想举一些例子，用亲眼看到的一些东西，来说一说管理搞得比较好的国家是怎样把技术组织学原理和行为学原理结合起来应用的。

比如说，现在各个国家都承认日本的管理搞得比较好，从理论上去分析能够看得出来，他有很多地方是严格按照技术组织学派一套东西在行动。1978 年 12 月，我参加了由袁宝华、邓力群、马洪等同志带队的一个访日代表团，我们的一个组去一家公司参观，按日程规定八点钟到厂，那天因为路程较远，提前出发，到厂提前了十分钟左右，按理说，提前一点是正常的嘛。但车队在离厂门很远的转角处停了下来。接待人员解释说：这个厂的接待事先已、安排好，有夹道欢迎。欢迎人群规定提前三分钟集合，车队提前到达，欢迎人群还没有集合，因此要停车等候。这样的企业，欢迎一次外宾前前后后用不了五分钟的时间。你人进去，他们欢迎，摇旗呐喊，你进去没有两分钟，他人散了。从这个小事来看，他就是按照技术组织学派那套严密的组织方法办事的。在接待上这样，在生产上也是这样。生产上每一个工序上的衔接，在时间空间上配合得也是很紧的，这个配合就是靠技术组织学原理那套东西。他硬碰硬地组织好。他现在企业里可以没有库存，工厂与工厂之间就像一条流水线，工作地可以不要半成品库存，但是，企业之间能够做到，按小时供货，这空间和时间的配合，就很紧密。这套组织工作就是技术组织学原理的具体运用。他们运用到这个程度，效果就很好。

另外，我们也看到与这完全不同的东西，就是按照行为学的一套在行动。同一个企业就看到两种东西结合在一起。比如，在一个工厂我们参观了一个"健康管理室"（进行思想健康管理教育的场所）。在工人之间吵架或领导与工人之间闹了大的纠纷，就组织双方到健康管理室，受健康管理教育。比如说，两个人吵架了，一般都很激动，脸红脖子粗，拉也拉不开。那怎么办？到这儿来受教育。一间很大的房间，一进去，对面有个落地大镜子，两个人来站着照镜子。双方在吵架的时候，感觉不出来自己的面貌变化，就知道对方今天对我怎么这么凶啊，看人家，看不到自己。一照镜子，威风马上就杀下去了，自己就提醒自己，感到今天有点失去控制。马上就有一种自己责备自己的心理。这是劝架的前提，他自己就有一种克制的感觉，使双方平静下来。然后到第二个房间，是一排哈哈镜，有的把人照得很高大，有的又把人照得很矮小，有的把人照得歪七扭八，龇牙咧嘴。最后是一面正常的穿衣镜。双方依次照镜子，通过这些镜子启发双方要正确对待自己，正确对待别人，不能像哈哈镜那样，把自己看得很高大，把别人看得很矮小。然后再向前走，还有一个厅叫弹力球室。在地板上有一个钩子，房顶上有一个钩子，两个钩子中间用松紧带紧紧拉着一个球，挂在一人多高，然后让每个人用全身的力气打三下。这个球由于弹力作用又弹了回来，正好打在自己的脸上。这东西并不是一个惩罚，只是提醒一原理，就是作用力与反作用力，人与人的关系也是这样，你打击别人，别人是要报复的。你不想让人对你那样刻薄，你首先就不能对别人那样刻薄。这是一种作用力与反作用力的原理，启发人们相互要"和"。再往下走，是傲慢像室。是用稻草做的草人，而且画得非常傲慢，旁边挂着一个棒，每人进去打三下，意思是否定这种傲慢态度，实际上是互相表态，互相检讨，求得互相谅解。再往下去，走廊两边挂着两排镜框装着许多照片，一边是青年人应该怎样生活、学习，如何正确对待别人，尊重师傅和长辈；另一边是青年人在酒吧间里鬼混、打架斗殴等日本社会的黑暗面。两边对照，启发青年要正确对待生活。最后，是一间谈话室，经过几个环节的教育，两个人坐下来谈话，交谈意见。有时领导还出面调解。问题最后解决了，两个人脸红脖子粗地进去，笑逐颜开地出来。他们用这种思想教育的办法，目的是减少阻力，消除各种不利因素，使工人团结起来，为我赚钱服务。他们安排我们看这个东西，但也不给你讲什么理论，实际上，从理论来分析，这就是行为学的运用，研究人的心理，消除一些消极因素。生产中，如果大家情绪都顶着牛，生产就搞不好。遇到这样的问题，他想办法消除，大家齐心协力，好好干。至于为什么要干，他可以不说。我们要说，可把这东西说到底，我们有四个现代化目标、共产主义远大目标。我们教育青年可往这方面引导，比他们理直气壮得多。但是，我们这方面的东西过去放松了，这是不是现代管理应解决的问题？我看是应该解决的。现代管理不能只靠计算，我们过去正确的思想工作，用计算机能够做得出来吗？技术组织原理与行为学原理结合起来，是实现管理现代化的重要方面，不抓住这一点，光靠技术手段，我们的管理水平提不高。这个特点的重要性就在这里。恰恰相反，我们过去七斗八斗，本来大家团结在一起，结果弄得四分五裂。今后，我们怎么增强群众的团结，加强这方面的工作，大有文章可做。

第二个特点，就是注意民族传统和民族习惯。

民族的东西、传统的东西各国都是有的。搞现代管理怎么把传统的东西和现代的东西结合起来，对我们管理水平的提高，也是大有潜力可挖的。日本民族的东西很多。咱们从电视上看，日本人节日穿着过去古代的服装，那一套东西他们没有扔掉。去年，我们听见马洪同志访问印度回来做报告，到印度去看，你别看印度的殖民地化那么厉害，但你看印度的民族的东西很多。咱们看电视也能看得出来，印度那些高级场面，国家领导人都穿着袍子，民族的东西保留很多。我们的国家对民族的东西也非常重视。我们民族的东西怎么样挖掘是一个重要的课题。日本的民族有很多东西，有些东西不是管理上的，但是，他们把它用到管理上去，确实也见效。比如，忘年会，意思是把过去一年中发生的不愉快的事情都忘掉。忘掉不愉快的事情并不是一个号召、开一个忘年会，就可以全部忘掉的。他们有长期的民族习惯。就像咱们春节拜年似的，这是一个习惯。他们觉得在管理上有用，他们就加以引导在管理上普遍使用。日本的管理是家长式的统治，宗族主义很厉害，上下等级森严，甚至动手打人都有，粗暴得很。但是，到年底搞一个忘年会，在这个忘年会上的气氛，和你平常看到的气氛完全不一样。他到每年十一月份、十二月份，大饭馆发广告招揽生意，欢迎各家来开忘年会，房间订得满满的。像一个科室、一个班组这样的单位都要开一个忘年会。实际上，就是搞会餐。科长请客，大家再凑点份子，这么一个活动，大家喝得醉醺醺的，无话不说，弄得很融洽。不需要具体地讲，今年我那件事对不起你，什么也不用说，开了这么个会，大家心照不宣，一风吹了。这个东西不是硬性规定的，而是一个习惯，开个忘年会，大家互相谅解。把这个东西用到管理上，是很有益的。比如说，平常大的纠纷可以到健康管理室或用其他方式去解决。有些东西是发现不了的，比如，你平常说话不小心，一下子伤了张三，张三气鼓鼓的，你自己还不知道，这事常有。这样就会结很多疙瘩，很细小的问题，但常常会影响团结。在日本，通过忘年会这个形式就一风吹了。这是民族的东西，用到管理上搞得很好、很有效。

另外，用"小红包"，这也是利用民族习惯的一种方式。我们有些地方也用，但有争论。对"小红包"我们做了一些研究。在日本有一个理论，就是绝不能因调动了一个人的积极性而伤害了一片人的积极性。认为这样做不合算。因此，在日本企业中没有评奖这一说。不评奖，怎么体现好坏差别呢？他也不搞平均主义。为解决这个问题采取了很多办法，其中之一就是"小红包"。到年终分奖金，一级管一级，上级对他的部下，一个一个地谈话。比如一个科，科长对他十几个科员，一个一个地谈话。怎么谈，就是"灌迷汤"，完全是表扬，没有批评。该批评的事平常就干了，到年终他不说这些，都给你说好的。你这一年在哪件事上给咱们公司作了什么贡献，你在哪件事上干得好，取得了什么成绩。历数了每个人的成绩、贡献，当然听了心里非常高兴。觉得我干了一件好事，顶头上司就注意到了，而且都给我讲了出来。讲了一大堆好话，最后给一个小红包。拿回家打开看吧，里面无论是什么，都觉得我是一等奖。因为你给我谈的贡献那样大，你给我的奖那还不是最高的奖赏吗？一定是一等奖。给每个人的小红包里边装的东西差别很大，但使每个人，在心理上都觉得是一等奖，他就研究这个心理。是不是都是一等奖，实际上差别大得很。有的一拿到小红包，打开一看是一张提货单，钱都替你付了，凭提货单就可以提取一辆最新型的小轿车。这样的奖励是很高的了。为什么给他这样的奖励？一方面是因为他这一年的贡献比较大，值得给他这么大的奖励；另一方面事先也了解他的需要，知道他正在盘算想买一辆新车。这样的奖励很有针对性。这是较高的奖励，但也有比较低的，如有的给一台彩电。彩电在他们那儿值不了几个钱，但他也挺高兴，因为这家只有一台彩电。两个孩子经常争频道，给他奖一台彩电，解决了这个矛盾，针对性也很强。日本有个习惯，就是对别人的收入情况不能打听，认为打听收入是对别人的侮辱。这样，就可以钻这个空子，他知道职工在下边不通气，就利用个别发奖的办法来调动群众的积极性。很明显，这是利用民族传统的习惯进行管理的很突出的典型事例。这种办法既省事，又可以避免矛盾，达到用最少的钱，最大限度地调动人们积极性的目的。

我们有些企业，听说日本企业用小红包的办法很有效，也图省事，模仿去做。找工人谈话时，鼓励一番，听了很高兴，拿到小红包也以为自己是一等奖，但第二天见了面一通气就露了底，张三多了、李四少了，结果适得其反，人为地制造了矛盾，很多人骂厂长两面派，说得好听，发的奖比别人少。这正是只学皮毛、不分析本质造成的不良后果。简单地照搬别人的做法，没有不失败的。日本企业用这种办法有效，同他们的传统习惯有关。我们没有这个习惯，硬要照搬当然不能成功。

还有的企业，为了搬用这套办法，人为地规定保密制度，每人包里装多少奖金不许告诉别人，这样一来，反而使人互相猜疑，本来他得的最多，但总猜想别人得到的比自己还多，结果谁也不满足。日本企业用小红包的办法使人人都有头等奖的感觉，我们有些企业人为地保密，使人人都有末等奖的感觉。这样一比，效果就差多了。因此，绝不能简单照抄。要看到核心问题在于如何运用民族传统的习惯，这是现代管理的特点。我们要下工夫研究我们自己的情况，从本国国情出发，巧妙地运用本民族的传统和习惯，这样才能发挥自己的优势，形成有效的管理。

第三个特点，是采用先进的管理方法、管理技术和管理手段。

我们强调前述两个特点，并不是否定管理手段。只是要说明，管理手段的现代化只是企业管理现代化的一个方面，不是全部。实现管理现代化，当然离不开先进的管理技术、方法和手段。现代科学技术的发展使企业管理从组织劳动日益渗透、扩展到生产工艺技术过程当中去，技术管理在整个经营管理中的地位和作用越来越突出。特别是在新技术革命到来的时候，我们面临着新的挑战。当然这也是一个很好的机会，我们应当抓住时机、迎接挑战，从我国的实际出发，采用现代技术手段，加速实现企业管理的现代化。

# 三　我国企业管理落后的原因

我们掌握全国现代工业，已经三十年了。工业企业总数，从解放初期的 12 万个，发展到现在的 35 万多个，技术水平也有了很大的提高。随着生产力的发展，随着生产规模的扩大和社会化程度的提高，企业管理也在不断地改善。但是，目前我国企业管理的水平还很低，与生产力发展的要求极不适应。对于我国企业管理的现状，大家都很不满意，普遍觉得我们的管理落后。

## （一）管理落后的集中表现是经济效果差

管理落后的表现是多方面的，但最终必然要反映到经济效果上。毛泽东同志说过，资本家管理企业很突出的一点是用人少、效率高、会做生意。可是我们的企业正好相反，用人多、效率低、很多企业亏本。全民所有制企业的亏损面最高时达到1/3，粉碎"四人帮"以后，情况不断好转，但至今亏损企业仍然占很大的比重。

我们有许多工厂，从设备、厂房条件来看，并不比国外差，但与国外同类工厂相比，用人多、效率低、经济效果差。这是我国企业管理落后的突出的表现。过去我们常常对资本主义企业的加速折旧有一种误解，以为很快把投资收回，购置新的设备，原有设备就报废回炉，好像资本主义企业总是使用最现代化、最新的设备。其实并非如此。资金的回收和实物的报废是根本不同的两回事情，资本主义企业为了竞争需要尽量加快折旧，尽快把投资收回，进行扩大再生产。它的折旧率的高低并不直接决定于设备的损耗情况，而在很大程度上取决于企业经营状况。企业经营好，就可以多提折旧，摊入成本，既可以积累资金，又可以少交税（一般以利润额为基数缴纳一定比例的税金，多提折旧，加大成本，就可以压低利润从而少纳税款）。有些国家的政府（如日本）为了控制税收，不使企业过多提取折旧，为各类设备规定了法定折旧年限，按规定年限提取折旧，可以进入成本，如果再想缩短年限、多提折旧，则超过法定免税折旧而多提的部分，不允许摊入成本，要先计入利润额，按规定税率完税后再提取。这是资金的回收情况，至于实物的报废，则完全可以不受这种年限的限制。提完折旧的设备，一般还要使用一个时期，大企业不再使用时，还廉价卖给中小企业使用。因此，像日本这样工业技术水平很高的国家也并不全是现代化设备，而是现代化技术与一般技术同时并存，很多企业还使用一些比较陈旧的设备，并不比我们某些企业的条件好。在日本我们参观现代化的手表厂时，就在同一车间里看到过两条技术水平差别很大的生产线同时开动。一个是全自动化，无人操作；另一个是各工序都有人操作的半自动化生产线。在参观松下电器公司时，专门看了它的一个协作厂。这是一个只有120人的金属加工厂，专门加工电容器外壳供给松下电器公司。这个厂的厂房比较拥挤，设备比较陈旧，条件并不比我国一些金属加工厂好，但它能够长期和松下电器公司维持协作关系，在质量、成本、按期交货等方面能够满足松下竞争的需要。靠什么呢？就是靠加强管理，靠对原有设备的革新和改进。

近些年来，我们先后从国外引进了一些先进设备，但一到我们手里，效率就变低了，生产能力发挥不出来。例如，这几年进口了十三套大化肥厂设备，按国外设计，像这样年产 30 万吨合成氨、48 万吨尿素的大化肥厂，定员是 240 人，为我国设计时，考虑到我国"工厂办社会"的现状，同样的设备条件，定员加到 800 人，而建成投产后，实际人员却达到 1513 人，比国外高出 6 倍多，管理人员高出 16 倍以上。国外像这样的厂，厂级领导 3 人，厂长 1 人，总工程师 1 人，化工工程师 1 人；我们搞得比较好的一个厂，书记、厂长 7 人，另外还有总工程师、各种技术人员，管理人员、政工人员等，加起来共 515 人，占全厂职工的 1/3。再举个机械工业的例子：我国像富拉尔基那样的重型机器厂有 5 个，其中一个厂的锻压设备能力就相当于罗马尼亚全国锻压能力。我国最大锻压机为 1.25 万吨。而罗马尼亚最大锻压机只有 6000 吨，我们设备条件比他们强得多，但论产量，却基本相等，1997 年，我国是 7 万吨，罗马尼亚是 6 万吨。显然，这不是设备问题，而是管理问题。主要是管理落后造成的，说明我国同工业先进国家相比，不仅科学技术方面的差距很大，管理方面的差距也是很大的。

最近，我们和日本经济学家向板正男先生座谈管理问题，他参观了我国长春汽车厂，听说这个厂是 1956 年建成的，感到十分惊奇，那个时候就有了这样的厂子，比日本当时的水平要高得多。丰田汽车公司在 1960 年才建成了相当于长春汽车厂那样水平的汽车制造工厂。但是，二十年来，丰田汽车公司生产不断翻番，品种不断增加，质量不断提高，发展成为世界第一流的大公司，而长春汽车厂却二十年如一日。这种落后，与其说是技术问题，倒不如说是管理问题。

因此，如果说我国企业管理的现状是用人多、效率低、经济效果差；如果说这种状况集中反映了我国企业管理落后的面貌。看来大家的认识是接近的，不会有太大的分歧。但是，原因何在，为什么我国的企业管理长期落后不能改变？这个问题的看法，却有很大的分歧，如果不能求得统一的认识，就容易消极等待或者怨天尤人，不利于有效地改变企业管理落后的面貌，所以下边想着重分析一下我国企业管理落后的原因。

**（二）管理手段落后不是企业管理落后的主要原因**

有一种意见认为，企业管理落后主要是因为管理手段落后，要改变落后状态，实现管理现代化，就要大量进口电子计算机等现代化的管理手段。

这种意见是值得商榷的。

电子计算机在现代工业生产的管理上重不重要呢？当然非常重要。现代科学技术的发展使企业管理从组织劳动日益渗透、扩展到生产技术工艺过程中去，技术管理在整个企业经营管理中的地位和作用越来越突出。在我国工业现代化建设的进程中，电子计算机的使用有非常广阔的前景。电子计算机是现代工业高度发展的需要，是同生产力发展水平相适应的一种管理手段。工业发展了，人力不够用或者用人力不经济，需要采用电子计算机；工业发展了，所需大量数据人力无法完成，需要采用电子计算机；工业发展了，现代技术无法用人力控制，需要采用电子计算机。然而，在我国工业发展的现阶段，上述这些情况还不普遍。因此，既无必要，也不可能大量采用电子计算机。如果把实现管理现代化仅仅看做是电子计算机化，就容易觉得无能为力，只能消极等待。

其实，即使是生产力发展水平比较高、工业技术比较先进的国家，搞管理现代化也不是两眼光盯着电子计算机。像日本这样的工业发达的国家，近一二十年来管理水平有了很大的提高，对生产的高速度发展起了非常重要的作用。但是日本的管理，就不是光靠电子计算机，而是在采用现代化管理手段的同时，非常重视改善管理组织和改进管理方法。它从美国引进的事业部制，就是适应生产力的发展和生产规模的扩大而采取的组织措施，企业内部实行权力委让，把总公司的经营管理权转移到事业部一级，以事业部为独立核算单位。这种组织体制的采用，使管理更加灵活、机动，更能适应市场情况的变化，产生了良好的效果，这在日本的企业管理上是一项重要的改革，对于加速管理科学化、现代化起了重要作用。它的全面质量管理，也不是靠大量使用电子计算机，而是用数学方法、统计方法进行群众性的质量分析。日本的质量管理搞得很活。在各个企业内，广泛开展群众质量管理小组活动，进行群众性质量分析。检查某一产品或某一零件的质量，不单纯是为了发现哪个产品、哪些零件不合格，把它检出来扔掉，而是着重检验工艺的稳定性。通过检验如发现这个部位、这道工序经常出现问题，就抽查一批产品，然后做分析。分析这个加工部位为什么有毛病，提到班组会上，发动大家七嘴八舌发议论找原因，人人有发言权，班长将大家的分析意见一个个记下来，画成一个鱼刺形图表，然后一遍遍过筛，大家逐个分析，把找得不准的或次要的原因排除，最后集中到两三个或者一个问题上，就针对这个问题，研究采取什么措施。采取措施以后，如果把这个问题解决了，产品质量问题也随之消除了，就说明原因找对了，生产也就稳定了；如果这个问题解决了，但产品质量仍无好转，就坐下来再分析，直到问题解决为止。另外，他们还经常进行质量评比，开展厂内、厂外社会性的评议活动，开展全国性质量月活动，规模相当大，全国派代表，一个小组一个小组地介绍经验。显然，这套东西主要不是靠电子计算机。

正因为日本的企业管理不受电子计算机的局限，他们非常重视电子计算机，但也把现代化的管理看得非常广泛，所以向外国学习也很广泛。前边已经说过，他们非常注意吸取资本主义管理理论各种流派的长处，把"组织学"家主张的靠严格的规章制度和严密的组织手段进行管理的理论以及"行为学"家主张的运用社会学、心理学的原理，动员职工内在的动力来进行管理的理论结合起来。对我国企业管理上的一些特色以及我们过去在企业管理上曾经提出过的一些口号和实行过的一些好的做法，比如，群众路线、质量第一、安全生产、加强思想教育工作、工人参加管理，等等，也很注意。所有这些可取的东西，都拿来同日本的"家族主义"的民族传统和习惯巧妙地结合起来，把每个企业和单位看做一个"家族"，形成一种管理现代工业的独特的、有效的方法。然而，这套方法的主要风格和特色，并不表现为电子计算机的采用。

因此，实现管理现代化，决不能仅仅看成是采用电子计算机，我认为至少应当包括三个方面的内容：

第一，管理组织的现代化，即采用科学的合理的组织形式和组织方法，如合理的企业组织、劳动组织、生产过程组织、供产销衔接的组织，等等。

第二，管理方法的现代化，特别是数学方法、统计分析方法、系统分析方法和基础管理工作中的科学方法的运用，等等。

第三，管理手段的现代化，即采用电子计算机和自动控制装置，等等。改变管理落后的面貌，应当全面地从这些方面下工夫，那种认为计算机万能的迷信思想，对于管理现代化不但无益而且有害。电子计算机可以提高管理水平，然而它首先要求必须具有一定的管理水平作为前提。如果管理水平很低，组织工作很落后，管理方法很不科学，没有全面、系统的统计和数据资料，甚至连原始记录都搞不准确，即使有了电子计算机，也不能发挥作用。这也正像有的同志说的那样：电子计算机＋官僚主义＝混乱＋灾难。因此，我们应当努力做好基础工作，必须充分认识，在不能普遍采用电子计算机的条件下，实现管理科学化、现代化还是有大量的事情可做的。认为管理现代化可望而不可即，暂时没有电子计算机就无能为力的消极等待思想是不正确的。

当然，我们这样讲，并不是要否定和低估电子计算机的作用，也不是要反对采用电子计算机。我们的目的，是要脚踏实地，从我国的实际出发，充分发挥我国的传统优势，充分发动广大群众和广大管理干部，去实现管理现代化。我们反对的是：

第一，盲目进口电子计算机。现在各部门、各地区已经签了合同的电子计算机，达几亿美元之多，其中有很多是技术新、效率高、性能强的计算机，它的价格比一般计算机高许多倍。我们有的单位不从本国实际需要出发，盲目引进高级的计算机，造成很大的资金浪费。有的单位办事拖拉，效率很低，软件人员长期配不齐，使计算机不能很快地建成投入正常使用，结果使高价买进的先进设备很快变成陈旧技术，白白浪费大量资金。类似这样的一些做法，我们是应当坚决反对的。

第二，单纯依赖电子计算机，忽视现实可行的管理方法的改进和基础工作的改善。我们应当坚决地下工夫、花力气去积极学习掌握电子计算技术，普及电子计算机知识，与此同时，我们还应当认真研究改进管理的基础工作，从我们的现实条件出发，扎扎实实地前进。那种认为电子计算技术难掌握就不去努力学习的畏难思想我们要反对的；那种认为电子计算机太费钱就根本不去搞的思想，我们也是反对的；同样，那种认为反正我们现在也没有那么多的电子计算机，等将来有了计算机自然就实现了管理现代化的消极等待思想，我们也是应当坚决反对的。

总之，电子计算机在现代企业管理中虽然具有非常重要的作用，但它毕竟不是企业管理现代化的全部内容，而只是一种技术手段。前面说过，企业管理所要解决的问题涉及生产力、生产关系、上层建筑各方面，决不是单纯的技术问题。因此，仅仅从技术上，电子计算机的应用上去考虑管理现代化问题和寻找企业管理落后的原因，显然是不妥的。我觉得，研究我国企业管理为什么落后，更主要的还是应当从指导思想上去找原因。

### （三）从指导思想上找管理落后的原因

还有一种意见认为，管理落后主要是因为解放初期我们开始管理现代工业的时候，学了苏联的一套企业管理办法，受苏联的影响把企业管得很死。

这种意见也是值得商榷的。

苏联的一套企业管理办法确实问题很多，对我国工业企业管理的影响也很大。但这也不是我国企业管理落后的根本原因。因为苏联的企业管理办法本身就是一分为二的，虽有缺陷的一面，比如：计划统得过死，不注重用经济的方法调节经济的发展和管理企业，企业管理办法也过于烦琐，等等。但它也有科学的一面，在工业发展过程中，很重视企业管理的科学化。列宁、斯大林在领导苏联社会主义工业化的过程中，在理论上和实践上做了很多努力，采取了许多措施，使企业管理适应社会化大生产的要求，对改变企业管理落后的面貌起了积极作用。十月革命胜利以后，列宁及时指出："目前时局的全部特点，全部困难，就是要了解从说服人民和用武力镇压剥削者的主要任务过渡到管理这一主要任务的特征。"[①] 并且向党的干部提出一个十分尖锐的问题，他说：任何管理工作都需要有特殊的本领。有的人可以当一个最有能力的革命家和鼓动家，但完全不适合作一个管理人员。凡是熟悉实际生活、阅历丰富的人都知道：要管理就要内行，就要精通生产的一切条件，就要懂得现代高度的生产技术，就要有一定的科学修养。这就是我们无论如何都应当具备的条件[②]。经过多年努力，反复摸索，在实践中切实加强企业生产经济活动的计划性，实行经济核算，努力降低成本，建立责任制度，实行社会主义劳动竞赛，提高劳动生产率，实行社会主义劳动保护制度，巩固劳动纪律，等等，形成了一套基本上符合客观经济规律要求的企业管理制度和办法。这种管理体系，基本上是科学的，体现了社会主义制度的优越性，反映了社会化大生产的客观要求，促

---

① 《列宁选集》第三卷，人民出版社1972年版，第496页。
② 《列宁全集》第30卷，第394页。

进了苏联工业的发展。解放初期，我们掌握了全国现代工业，但缺乏现成的管理办法。虽然在中华人民共和国成立以前，从 30 年代起我们就在农村革命根据地经营了一些公营工业，也积累了一些经营管理工业企业的经验，但那时经营的还只是一些手工业，没有管理现代工业的经验。新中国成立以后，我们接收和改造了资本主义工业，但这些工业企业不但技术落后，管理也落后，从这些企业的管理经验中，也无法形成管理社会主义现代工业所需的成套的管理办法。相对来说，苏联管理企业的办法还是比较现成的，因此，新中国成立以后我们全面地学习和采用了苏联的管理办法。就其主导方面来说，对我国大规模的经济建设不是起了阻碍作用，而是起了积极的促进作用。

这样说，并不是认为苏联的企业管理没有问题，相反，苏联企业管理中的问题很多。多年来，他们也一直在不断改革，到目前为止，也并没有突破统得过死的集中管理的格局，但也要看到，他们越来越注意了用经济办法管理经济，越来越强调把企业经营好坏同职工群众的物质利益联系起来。问题不在于苏联企业管理中的问题是不是已经解决了，而在于他们能够不断地改革，我们为什么二十年一贯制，总也改不动？这就使我们不能不从自己身上寻找原因。

怎样从我们自己身上寻找企业管理长期落后的原因呢？我认为应当从根本上找，从指导思想上找。我国企业管理落后的主要原因，既不是管理手段落后，也不是苏联那套管理办法的束缚，而关键在于企业管理的指导思想与现代工业经济的发展不相适应。

我们的企业管理思想是怎样形成的，它有哪些基本的特点呢？为了说明这个问题，需要简单地回顾一下历史。

我们党抓工业企业管理工作并不是全国解放以后才开始的，应当追溯到 30 年代。早在第二次国内革命战争时期，在江西中央苏区就开始发展工业生产。但那时的工业，只是一些农具、造纸、织布等军需民用的手工业，公营企业很少。革命根据地工业开始有了较多的发展，是在抗日战争时期。从 1938 年起，陕甘宁边区就开始强调公营工业的建设和发展。到 1942 年，已有公营企业 60 多家，职工人数达到 4000 人，取得了相当可观的成绩。对于这一点，毛主席有很高的评价，他在《财政问题与经济问题》中说："这个成绩，对于我们，对于我们民族，都是值得宝贵的，这就是说，我们建立了一个新式的国家经济的模型。"抗战胜利以后，在解放战争时期，随着一些工业城市的解放，才逐步地掌握了现代工业。

简单地回顾这段历史，我们可以清楚地看到，在整个民主革命时期，工业的发展，是同党领导的革命军队、革命根据地的建设和发展联系在一起的，这个"新式的国家经济的模型"，是在革命战争中、在农村环境中成长起来的。因此，在这个时期形成的管理思想和管理经验有以下几个方面的特点：

第一，具有优良的革命传统。革命根据地的工业是为着解决革命战争的军需和民用而发展起来的，是和党领导的革命军队和革命根据地一起建设和发展起来的，因此，在指导思想上有许多优点，这就是：在党的领导下，要把革命战争坚持下去，就必须努力发展生产，革命和生产的关系十分明确；艰苦奋斗、因陋就简、自力更生的革命精神很强；革命队伍中的官兵一致、军民一致的革命作风应用于工业建设，实行政治民主、经济民主、技术民主和管理民主。这也就是毛泽东同志后来所总结的党的领导、政治挂帅和群众路线。这些优良的革命传统，比较好地调动了群众革命和生产的积极性。

第二，实行供给制。当时的革命根据地处于被封锁的、经济条件十分困难的战争环境，军队和革命根据地的党政机关都实行供给制，所以，工厂也基本上实行供给制。虽然毛主席提出了加强计划性，实行企业化，建立经济核算制等经济工作的指导思想，但是，由于物质条件的限制，由于工业企业处于供给制的社会环境之中，这就使当时的企业管理工作缺乏必要的经济核算，不大注意经济效果。

第三，小生产的经营方式。当时革命根据地的工业主要是手工业，又处于农村环境，一家一户就是一个生产单位的个体经济的影响相当大，小生产的经营方式和管理方法极为普遍。正像马克思在《资本论》里所指出的："这种生产方式是以土地及其他生产资料的分散为前提的。它既排斥生产资料的积聚，也排斥协作，排斥同一生产过程内部的分工，排斥社会对自然的统治和支配。排斥社会生产力的自由发展。"这种小生产的经营管理思想习惯于"小而全"的经营方式，同社会化大生产的要求是极不适应的。

第四，发展自给经济。当时政府办了许多自给工业，毛主席说："军队和机关学校所发展的这种自给经济是目前这种特殊条件的特殊产物，它在其他历史条件下是不合理的和不可理解的，但在目前却是完全合理并且完全必要的。"这种自给经济帮助我们战胜了困难，但在这种自给自足的自然经济思想的影响下，商品经济观念非常薄弱，不大重视流通领域里的问题，容易忽视价值规律的作用和市场的调节作用。

长期以来形成的这些管理思想和管理习惯，一直对我们的企业管理发生着巨大的影响。如何发扬革命传统，去掉落后的、小生产的习惯势力的影响，把革命传统同现代工业的社会化的生产条件很好地结合起来，是改变我国企业管理落后面貌，提高企业管理水平需要认真解决的问题。

**（四）在几个问题上的批判阻碍了管理水平的提高**

全国解放以后，对于从敌人那里接收过来的官僚资本主义企业进行了民主改革和生产改革，迅速改变了企业的机构和经营管理制度。在所有制的社会主义改造完成以后，对所有的企业都实行了计划管理，不断发扬革命传统，适应社会化生产的需要，使企业管理制度和办法不断完善，向革命化和现代化相结合的方向迅速前进。但是，由于对资本主义企业中那些符合大生产要求的、科学的管理方法研究和吸收不够，特别是后来在几个直接同企业管理有关的问题上不适当地开展了批判运动，以致使我们的企业管理出现多次反复，没有能够比较快地把革命传统同社会化大生产的条件结合起来，形成一套适合我国情况的科学的企业管理办法。这几次企业管理问题的批判是：

1. 批判一长制，否定了专家的作用和严格的责任制度。

马克思和恩格斯多次论证过，共同劳动、社会化的生产必须服从统一意志，必须有权威，而这个统一意志可以是由一个人体现，也可以是由一个委员会来体现。恩格斯在《论权威》一文中指出：进行生产活动需要有一个起支配作用的意志，"不论体现这个意志的是一个代表，还是一个负责执行有关的大多数人的决议的委员会，都是一样"①。这里，恩格斯突出强

---

① 《马克思恩格斯选集》第二卷，人民出版社1972年版，第553页。

调了问题的实质在于必须有一个统一的意志，而不在于体现这种统一意志的形式，既可以由一个人也可以由一个委员会为代表来体现这种统一的意志，两者没有本质区别。

列宁从苏联社会主义建设的实践中更进一步得出结论，认为必须实行一长制，并把它作为一个管理的原则肯定下来。

第一，列宁认为，集体管理制是初期的萌芽的形式，一长制才是成熟的、高级的形式。列宁在 1922 年就说过：集体管理制，作为组织苏维埃管理的基本形式，是在初期即一切需要重新建设的时期所必需的一种萌芽的东西。他指出：在争论这个问题的时候，往往有人只是根据抽象的诊断来证明集体管理制优于一长制。这种论断会使我们退到我们已经结束的阶段上去，退到苏维埃政权进行初期建设的阶段上去①。他得出结论说：在组织形式已经确定、已经比较稳定的情况下，要进行实际工作，就必须采取一长制。

第二，列宁认为，一长制最能保证合理地利用人力，最能保证在实际上而不是在口头上检查工作。一长制是和责任制分不开的。列宁说过：集体管理制在最好的场合下也要浪费大量人力，不能保证集中的大工业环境所要求的工作速度和工作的精确程度。你们研究一下主张集体管理制的人，就会在他们的决议中看到一种极其抽象的说法，什么每一个委员必须独自负责完成任务。这种道理我们当然是知道的。但是，你们当中每一个有实际经验的人都知道，一百回里面只有一回才是真正这样做的。在绝大多数的场合下，这不过是一句空话②。因此，列宁认为，要提高效率，要加强责任制，就必须实行一长制。

第三，列宁认为，一长制和社会主义民主制并不矛盾。不能把一长制和民主制对立起来。按照列宁的意见，群众应当有权为自己选择负责的领导者，群众应当有权撤换他们，群众应当有权了解和检查他们活动的每一个细小的步骤，群众应当有权提拔任何工人群众担任领导职务。但是这丝毫不等于集体的劳动过程可以不要一定的领导，不要明确规定领导者的责

---

① 《马克思恩格斯选集》第二卷，人民出版社 1972 年版，第 278 页。
② 同上书，第 280 页。

任，不要由领导者的统一意志建立起来的严格制度①。因此列宁说，认为一长制同民主制势不两立的观点，真是错到了极点。

应当说，列宁的一长制是符合现代工业生产的客观要求的，对提高企业管理水平起了积极作用。

新中国成立初期我国的一些企业实行一长制，加强了责任制度，促进了领导干部业务水平的提高，逐步建立了一套适应社会化生产需要的企业管理制度。当然，在实行一长制的过程中也出现了一些缺点，比如：发扬民主不够，不注意发挥集体智慧，在一些领导同志身上表现出独断专行、不走群众路线的官僚主义作风，等等。但是，在解决这些问题的时候，没有从现代工业生产的特点出发，在加强责任制度的同时，在思想认识上和工作作风的改进上下工夫，而是根本否定和批判一长制。一长制虽然可以批掉，可是社会化大生产需要统一意志、统一指挥的客观要求是批不掉的，结果在有些场合，使厂长的一长制变成了书记的一长制，内行的一长制变成了外行的一长制；严格的责任制度变成了职权不清和无人负责，党的工作削弱了，专家的作用被忽视了，那种不发扬民主、不走群众路线的官僚主义作风并未因此而得到转变，管理水平不是提高而是降低了，管理干部的成长不是加速而是延缓了。

特别是由于这种批判和反对或加强党的领导问题联系到一起，这就使一个本来可以自由讨论和择优采用的集体管理制或个人管理制的组织形式，变成了政治问题，长期以来成了禁区。这个问题在马克思和恩格斯看来"都是一样"；在列宁看来采用个人负责制更好，认为集体制不可取。但是，列宁也是允许公开争论的，并没有认为主张集体制就是反党，就是反革命。其实，采用集体制或是个人负责制同反对或加强党的领导并不是一回事情，不应混淆起来。集体管理制并不一定就加强了党的领导，如果把党委推到第一线，事无巨细都要党委讨论决定和出面处理，一切矛盾都集中到党委，反而会降低党委的威信，这样就会使党不管党，削弱党的领导；个人管理制也不是注定要削弱党的领导，如果有健全的民主制度，有健全的群众监督制度，有健全的党的组织对党员和企业工作的监督制度，党的路线、方

---

① 《列宁全集》第27卷，第194页。

针、政策就能够得到较好的贯彻执行，这样也就不会削弱党的领导。列宁说过：实际上熟悉管理的人都懂得：我们不应当局限于对问题的一般提法，而应当成为实事求是、严肃认真的人，没有委员会也能进行管理①。在我们研究改进企业内部的领导和管理体制的时候，应当打破禁区，从现代化大生产的需要出发，对集体制和个人制进行一些认真的科学的分析和比较，经过试点采用切合企业实际的制度，这样才能不断提高企业管理水平。

2. 批判《工业七十条》，否定了科学的管理体系。

解放初期，我们全面地学习和采用了苏联管理企业的办法，对于建立正常生产秩序，恢复和发展我国国民经济起了积极的促进作用。经过一段实践，我们发现苏联的这套办法有许多弊病，不尽适合我国国情，主要问题是中央统得过多，国家对企业管得过死，有些规章制度过于烦琐，妨碍了群众积极性的发挥。

从第一个五年计划后期，我们就开始寻求一种适合我国情况的企业管理办法。在大跃进时期，想要发动群众改革不合理的规章制度，但由于对客观规律尊重不够，对计划的综合平衡注意不够，各项规章制度光破不立，结果使许多企业责任制度废弛，生产秩序混乱，在不少企业中瞎指挥、乱操作的现象严重，许多设备受到损坏，有不少企业不计工本，不计盈亏，不讲究经济核算；还有不少企业任意打乱原有合理的协作关系。这样就造成了生产上的混乱和浪费，使工业生产不能持续发展。

在大跃进以后的调整时期，我们总结正反两个方面的经验，制定了许多制度和条例，对企业管理进行了整顿，把群众的干劲引导到正确的方向，初步形成了一套比较系统的管理办法。1961 年中央发布的《国营工业企业工作条例草案》（即《工业七十条》），就是工业企业管理方面全面、系统的条例。它是针对当时企业管理存在的问题，提出的切实可行的管理办法。

第一，这个条例草案提出了"五定"和"五保"。国家对企业要实行"五定"，就是定产品方案和生产规模；定人员和机构；定主要的原料、材料、燃料、动力；工具的消耗定额和供应来源；定固定资产和流动资金；定协作关系。这是摸清和核定企业综合生产能力的有效办法，是整顿和改

---

① 《列宁全集》第 30 卷，第 394 页。

进企业管理工作的基础，只有把这些定下来，才能进行一系列的整顿工作。经过"五定"，企业的主管机关和企业本身在确定指标、提出任务的时候，也就可能更加切合实际。同时，企业对国家要实行"五保"，这就是保证产品的品种、质量、数量；保证不超过工资总额；保证完成成本计划，并且力求降低成本；保证完成上缴利润；保证主要设备的使用期限。"五定"是国家对企业规定的生产要求和提供的生产条件，"五保"是企业对国家必须承担的责任。实行"五定"并且在"五定"的基础上实行"五保"，目的是促进企业更好地依靠群众，实行计划管理，全面地完成和超额完成国家计划。

第二，这个条例草案十分重视协作问题。现代工业的生产，分工比较细，相互之间的联系错综复杂，许多产品往往是几十家甚至成百上千家企业相互配合共同完成的，每个企业都必须取得很多单位的协作，并且很好地完成自己承担的协作任务，才能保证工业生产的正常进行。在这个条例草案中，强调了凡是需要和能够固定的协作关系，都必须固定下来；固定的协作任务要纳入计划；协作双方签订的经济合同，具有法律效力，必须严格执行，不准单方面废除。

第三，这个条例草案对企业的各个方面、各个环节的责任制度作了具体规定。指出，责任制度的核心是行政管理方面的厂长负责制，还要在厂长为首的行政领导下，建立和健全技术责任制、财务责任制和其他责任制，使企业的生产、技术、财务都有专人负责，使各个岗位的职工，人人都有专职，克服和防止职责不明、无人负责的现象，把集中领导和发挥群众的积极性更好地结合起来。

第四，这个条例草案对企业中的技术管理作了具体规定。通过这些具体规定，保证设备、工具经常处于良好状态，保证产品的质量符合标准，充分发挥工人、技术人员、职员的积极性，正确地进行技术革新。在当时就已经提出，企业中的政治工作和群众运动必须同严格的技术管理工作更好地结合起来。只有这样，才能不断地加强和改进技术工作，提高企业的技术水平。

第五，这个条例草案对加强企业的经济核算和财务管理作了具体规定，强调节约是社会主义企业经营管理的一项根本原则。针对当时不计工本、不计盈亏、经营管理混乱的状态，强调指出，一切企业都必须依靠群众，厉行勤俭节约，精打细算。除了由于某些特殊原因，需要国家给予计划补贴的少数企业以外，一切企业和生产部门，在正常生产的情况下，都不允许发生亏本赔钱的现象。

第六，这个条例草案对职工的工资、奖励、生活福利作了具体规定，贯彻了社会主义按劳分配原则，反对平均主义。这就是按照每个人的技术水平，按照每个人的劳动的数量和质量来确定报酬，而不应当按其他标准。提出政治教育和物质鼓励相结合，是充分调动职工群众的积极性的正确原则。指出，在贯彻按劳分配的时候，要加强对职工的政治教育，但是，就确定每个人的劳动报酬来说，只能是按劳分配。

第七，这个条例草案对企业党委的领导责任作了明确规定，强调企业党委应当把调查研究和做好思想政治工作放在第一位，不要去代替厂长，包办行政事务，而要好好地领导和支持以厂长为首的全厂统一的生产行政指挥系统行使职权。指出，这样做的目的，是加强而不是削弱党委对企业的集体领导，提高而不是降低企业党委的领导水平。

第八，这个条例草案规定了每个企业在行政上只能由一个主管机关管理，不能多头领导。

这个条例草案系统地总结了我国工业企业管理的经验，特别是总结了三年大跃进时期企业管理的经验，既强调党的领导，又强调行政管理上的厂长负责制，建立一个厂长负责的统一的生产行政的指挥系统；既强调依靠群众，开展群众运动，又强调实行严格的责任制度和管理上的分工负责，建立正常的生产秩序；既强调破除迷信、解放思想，又强调尊重科学，按照客观经济规律、技术规律的要求办事；既强调加强政治思想工作，对职工群众进行共产主义的思想教育，又强调贯彻按劳分配原则，关心群众的物质利益，把政治教育和物质鼓励结合起来。总之，这个条例草案比较充分地反映了生产力发展的客观要求，比较好地体现了社会主义的生产关系，初步形成了一套比较完整、比较科学的企业管理体系，在把革命传统同现代工业生产条件结合起来的道路上迈进了重要的一步。

在试行这个条例草案的短短的三四年的时间里，我们企业的面貌发生了根本的变化，工业总产值以平均每年18%的速度飞跃发展。

但是，1967 年报纸连篇累牍地发表文章，攻击《工业七十条》，说它是"复辟资本主义的黑纲领"，是"反革命修正主义路线的代表作"，从根本上否定了《工业七十条》规定的企业管理的正确原则，我们刚刚建立起来的科学的管理体系遭到破坏，使我国工业企业的管理出现了大反复、大倒退。

3. 批判"管、卡、压"，否定了合理的规章制度。

"反对管卡压"的口号，是打着批判资产阶级的旗号提出来的。但是，这个口号本身并不科学，根本不能反映资本主义企业管理的阶级本质。资本主义是"为掠夺而管理"，是"借管理来掠夺"，其本质在于剥削。用"反对管卡压"的口号去批判资本主义管理，显然不能打中要害。其实，"四人帮"提出所谓"管卡压"问题是作为反对把国民经济搞上去的一根大棒，是为他们篡党夺权的阴谋服务的。他们喊叫"反对管卡压"的口号，是要根本否定管理。他们说，"规章制度都姓修，彻底砸烂不保留"，叫嚷要培养所谓不用规章制度而把企业搞好的典型，谁要提整顿和加强企业管理，建立和健全合理的规章制度，他们就给谁扣上对工人群众进行"管卡压"和搞资产阶级专政的大帽子。结果搞乱了人们的思想，把合理的规章制度否定了，弄得企业无章可循，有章不循，组织涣散，秩序混乱，事故增多，生产下降。企业管理实际上被取消了。

4. 批判所谓"洋奴哲学"，否定了学习国外经验。

世界各国的国情尽管各不相同，但在企业管理方面，共同的东西、可以相互借鉴的东西还是很多的。不仅国外在生产力的合理组织方面的一些办法，我们可以学来为我所用，就是处理人和人之间的关系的一些做法以及有些规章制度，也是可以参考的。"四人帮"一伙为了打倒一大批党和政府的领导干部，实现其篡党窃国的野心，动不动就抡起所谓"洋奴哲学"的大棒，大搞闭关锁国、闭目塞听，使我们不能吸收国外的技术经验和管理企业的科学经验，使我们在工业生产技术上和工业企业管理上同国际上的差距越来越大了。

总之，在我们全国掌握了我国现代工业以后，没有始终不渝地坚持发扬过去的优良革命传统，没有随着生产力的发展，适应社会化大生产的需要改变过去那种供给制思想和小生产的经营习惯和影响。相反，在很多问题上违反了经济规律和自然规律的要求，使管理水平长期提不高。尤其是"四人帮"推行的极"左"路线，大搞空头政治，用资产阶级政治冲击无产阶级政治，更是破坏了党的优良传统，使企业的领导干部和管理人员无法抓生产、抓管理，使企业管理的基础工作遭到破坏，使职工的经济利益得不到关心，在工作上好坏不分，干与不干一个样，干好干坏一个样，严重挫伤了广大群众的社会主义积极性。这种搞法，企业管理怎么能不落后呢？

# 四 怎样改变企业管理落后的面貌

改变企业管理的落后面貌，还是应当从我国的实际出发，把总结自己的经验和学习外国的经验正确地结合起来，创造出一套适合我国国情的科学的管理办法。

### （一）列宁、斯大林改变管理落后面貌的经验

一个经济比较落后的国家，在无产阶级进行社会主义革命夺取政权以后，如何改变管理落后的面貌，如何去掉小生产的习惯势力的影响，提高管理的水平，这样的问题，不光是我国会碰到，苏联十月革命胜利以后，也遇到了这样的问题。因为旧俄国也是经济比较落后的国家，在资本主义国家当中，它的经济不是很发达的，列宁在《苏维埃政权的当前任务》这篇文章里边曾经讲过："同先进民族比较起来，俄国人是比较差的工作者。在沙皇制度统治下和农奴制残余存在的时候，情况不可能不是这样的。"所以列宁强调指出："学会工作，这是苏维埃政权应该以全力向人民提出的一个任务。"[①] 列宁和斯大林下了很大的决心，解决了这个问题，他们在解决这个问题的时候，经验很多，其中有两点是很值得我们深思的。

第一，列宁和斯大林一再强调，不但要有革命精神，而且还必须掌握现代技术和管理现代化工业的本领，他们通过推行一长制，造就了一大批精通业务和技术的专家，促进了管理水平的提高。

---

① 《列宁选集》第三卷，人民出版社1972年版，第511页。

在苏维埃政权建立以后，列宁强调必须适应革命形势和任务的转变，迅速掌握现代技术和管理现代工业的本领，他说：要有专长。没有专长，没有充分的知识，没有管理的科学知识，你们又怎么能够管理呢?① 1922 年列宁在给莫洛托夫的一封信中说：我们所缺少的主要的东西就是文化，就是管理的本领②。为了适应经济建设的需要，后来斯大林又进一步提出："技术决定一切"，"干部决定一切"的口号，这个口号当时是针对着苏联经济建设当中存在的一些问题提出来的。实践证明，没有大批精通技术、业务的干部，就没有办法掌握现代工业，有效地促进经济发展，搞好社会主义建设事业。

列宁、斯大林抓干部问题，抓技术问题，抓得非常紧。他们采取了很多措施来促进干部的成长，特别是通过推行一长制，很快地造就了一大批专家，促进了管理水平的提高。这条经验是适合苏联国情的，是很重要的一条成功的经验。

一长制是列宁提出的原则。列宁提出的这个原则是符合马克思主义原理的。前边说过，马克思和恩格斯多次论证过，共同劳动必须服从统一意志，必须有权威。而这种统一意志是由一个代表来体现或者是由一个委员会来体现，没有什么本质的区别，按恩格斯的说法，这两种体现统一意志的形式"都是一样"，意思是说，关键在于必须有统一意志，有权威，而不在于体现它的形式。列宁根据苏联的实践，认为一长制能更好地体现社会化大生产的要求，能够更好地促进生产的发展，促进干部的成长。他指出：主张集体制的议论中，往往浸润了一种愚昧的精神，即反对专门家的精神③。而斯大林则把具有大批精通技术、业务的专家看作是推行一长制的前提条件，指出：只要在布尔什维克中间还没有足够的精通技术、经济和财务问题的人才，我们就不会有真正的一长制。因此，在苏联社会主义工业化建设的实践中，一长制不但成为有效地管理现代化工业企业的一项重要制度，而且也成为促进精通技术、业务的专家迅速成长的一个十分重要的因素。推行这种制度，要求企业各级领导干部必须具有当机立断地正确处

---

① 《列宁全集》第 36 卷，第 544 页。
② 《列宁全集》第 33 卷，第 220 页。
③ 《列宁全集》第 30 卷，第 419 页。

理各种问题的能力，同时，由于责任明确，遇事无法互相推托、互相依赖，既促进了工作效率的提高，也锻炼和造就了大批管理干部。列宁和斯大林的这些实践经验，是很值得重视的。

第二，列宁和斯大林采取了坚决措施，把外国一切好的东西拿来为我所用，这对改变管理落后的面貌也起了非常重要的作用。

无产阶级夺取政权以后，如何对待资产阶级已经成就了的东西，是关系到社会主义事业能否胜利发展的一个极其重要的问题。列宁制定了明确的方针，着重强调要善于吸取和利用资产阶级组织大生产的经验。列宁说：学习社会主义，在很大程度上应当是向托拉斯的领导者学习，学习社会主义，应当是向资本主义最大的组织者学习①。列宁 1918 年在全俄中央执行委员会会议上说：有人在这个会议上说，不向资产阶级学习也可以建成社会主义，我认为，这是中非洲居民的心理。我们不能设想，除了以庞大的资本主义文化所获得的一切经验为基础的社会主义以外，还有别的什么社会主义②。因此，列宁总结出了一个公式：苏维埃政权 + 普鲁士的铁路管理制度 + 美国的技术和托拉斯组织 + 美国的国民教育等等等等 + + = 总和 = 社会主义③。而且指出：只有那些懂得不向托拉斯的组织者学习就不能创造或实行社会主义的人，才配称为共产主义者。正因为列宁、斯大林吸取了外国的一切好的东西，才帮助苏联提高了管理水平，促进了社会主义事业的发展。我们应当重视和学习列宁的这些经验，正确地学习世界各国的管理经验，洋为中用，促进我国企业管理水平的提高。

### （二）注意吸取各国企业管理的长处

要学习外国的经验，就必须真正解放思想，真正打破思想僵化半僵化的状态。对各国的东西不管是哪个国家的都要认真研究，虚心学习，凡是对我有用的东西都可以拿来为我所用，这样才能集各家之所长，真正解决我们提高企业管理水平和搞好经济管理体制改革的问题。不然的话，老是以一个片面代替另一个片面，用一种僵化来反对另一种僵化，结果还是片

---

① 《列宁文稿》第 3 卷，第 53 页。
② 《列宁全集》第 27 卷，第 285 页。
③ 《列宁文稿》第 3 卷，第 94 页。

面，还是僵化。过去由于政治上的原因，我们对美国、日本这些资本主义国家的管理不去研究，更谈不到去学习了，公开报刊也不能介绍，这样就使我们不能从这些国家的科学管理中得到好处。这实际上对我们是一种损失，对我们经济发展是不利的，这是思想僵化的一种表现。现在，我们批判了"四人帮"，批判了他们的这种思想，改变了闭关锁国的状态，加强了对外交往，这使我们收到了很大的实惠。但是，不能认为只有美国、日本这样一些资本主义国家的经验对我们有用。而不去研究另外一些国家的管理经验。过去美国、日本什么都不好，现在就一切都好吗？恐怕也不是这样。经过去日本考察，我自己感觉到，他们在管理上有很多值得我们借鉴的东西，很多管理技术、管理方法，对我们都是适用的。但是，日本的所有制性质和我们不一样，他们那里是资本主义的市场经济，他们的办法，我们有些可以用，有些不能用。相反，有些国家，像东欧的一些国家，以及苏联的一些管理经验，倒是不应该回避的，也应该真正下工夫去研究，因为我们所碰到的这些问题，他们过去碰到过。他们过去的几次改革，也就是要解决这些问题。有些他们没有解决好，到现在也没有解决好；有些他们解决了。他们在解决这些问题的过程中到底有什么经验教训，我们在改革经济管理，改善企业管理当中应当研究和借鉴。不能因为政治上的一些因素，妨碍我们借鉴他们在经济管理方法上的经验，因为我们正确地运用他们的经验，不是帮他们的忙，而是帮我们自己的忙。苏联搞霸权主义，我们可以从政治上揭露，但是如果他的管理方法对我们有用，我们可以学、可以用。这不是属于他们特有的，可以互相通用。如果我们老是随着政治气候转，那就会从一个僵化到另一个僵化，以前美国的不敢碰，现在苏联的不敢碰，老是片面性，这不是真正的科学态度。

**（三）从我国的实际出发，提高企业管理水平**

提高我国企业管理水平，根本的问题是找到我们自己的道路。各国的管理都有自己的风格、特色，我们也应当从中国的特点出发来搞我们自己的管理现代化。这是根本。只要我们认真总结我们自己的经验，广泛地学习国外先进经验，从我国实际情况出发，搞出一套适合我国国情的行之有效的管理方法来，我们的管理水平就会大大提高，经济的发展是会大有希望的。

从我国当前的实际出发，提高企业管理水平，改变企业管理落后的面貌，有以下几个问题值得特别注意：

1. 发扬革命传统，恢复过去的一套行之有效的办法并在新的条件下加以发展，使它更加系统化。

改变管理落后的面貌，不能忽视传统的经验。半个多世纪中，我们在管理的实践中，从正反两个方面积累了十分丰富的经验。搞管理现代化，不能忽视这些传统的管理经验。传统的管理经验和实现管理的现代化并不是对立的，而是一致的。是相辅相成的。问题在于如何正确地总结这些经验，真正继承和发扬传统的优点，克服传统的缺点，把民族的、革命的好传统同现代工业生产的实际很好地结合起来。在全国解放以前，我们的工业建设是同党领导的革命军队和革命根据地的建设和发展联系在一起的。因此，它有许多传统的优点，这在前边已经详细地讲过了。新中国成立以后，这些革命的传统得到了发扬，并且同现代工业生产的实际结合起来，使我们进一步取得了在现代工业企业中加强党的领导，加强政治想想工作的经验。同时，也积累了搞好各项管理工作的系统的经验，例如，积累了如何在工业企业工作中坚持计划性、经济核算、分工负责制、政治教育和物质鼓励相结合、群众路线等各项基本管理原则的经验；积累了如何在工业企业中坚持党的领导，贯彻执行生产行政工作中的厂长负责制、职工代表大会制等各项基本制度的丰富经验；积累了如何在工业企业中充分发挥人、财、物的作用，有效地组织供产销各个环节工作的丰富经验；积累了如何在工业企业中搞好各项管理基础工作的丰富经验。但是，由于林彪、"四人帮"长期推行极"左"路线，大搞空头政治，肆意破坏党的优良传统，使我们长期以来积累起来的丰富的经验和行之有效的经营管理现办法受到严重破坏。因此，要改变管理落后的面貌，首先就要拨乱反正，发扬过去优良的革命传统，恢复过去行之有效的各项经营管理办法。

在我们的传统经验中，如何贯彻政治思想教育和物质鼓励相结合的原则，充分调动群众积极性方面，过去做得是很出色的。虽然我们没有使用行为科学的概念，但在文化大革命以前，我们的企业工作中在强调要从政治上关心群众进步的同时，一直比较强调从物质上、从切身利益上去关心群众的需要，注意解决群众的思想问题和实际问题。今后，我们还应当像过去一样，认真做好人的工作，绝不能认为，实现管理现代化的过程中，技术手段的作用突出了，人的作用就无足轻重了。特别是近些年来我们的企业里增加了大量的青年工人，更要注意解决职工中存在的思想问题和实际问题，使每个人心目中都有社会主义、共产主义的大目标。现在我国社会主义经济中存在的问题很多，我们的技术和经济发展水平都不如发达的资本主义国家的水平高，这是事实，但这不是社会主义制度造成的，绝不能因此而使一些青年对社会主义事业失去信心。现实存在的很多问题，是长期积存下来的，是有历史原因的。往远处说，这是帝国主义、封建主义长期统治造成的；往近处讲，这也是林彪、"四人帮"的破坏造成的。当然，和我们经验不足，工作中的很多缺点、错误也有关系。但是，只要我们认真总结经验教训，真正把大家的力量引导到一个方向，调动群众的积极性，共同为社会主义事业拧成一股劲地干，我们就一定能够充分发挥社会主义制度的优越性，把管理搞得更好，促进国民经济高速度地向前发展。

2. 扩大企业的自主权，使企业能够放开手脚发挥主动性，实现企业经营管理的自动化。

企业作为独立经营的经济单位，必须有经营管理上的自主权，否则就没有办法发挥主动性，提高企业的管理水平。过去国家对企业控制过死，企业放不开手脚，经济效果很差。控制过死的表现是多方面的，例如：

（1）计划大包大揽。

企业的供产销一律用统一计划来控制，企业生产什么产品、生产多少数量、需要多少劳动力、需要多少物资，等等，都要纳入国家统一计划。

这个统一计划是怎么制订的呢？

首先，由国家计委根据上年生产情况并考虑到新的需要和可能，按中央企业和地方企业两个系统，分别向国务院各部和省、市、自治区计委通告新的年度主要产品生产的控制数字，并逐级下达所属企业。

然后，企业根据上级颁发的控制数字，按照统一规定的计划表格编制计划草案经主管机关汇总后报国家计委，由国家计委综合平衡并编制全国计划草案报国务院审批。

最后，国务院批准全国计划后，再由国家计委按中央各部和地方计委两个系统分别下达企业。

通过这种程序制定的计划，由于与市场脱节，往往是脱离实际的。所有企业的生产活动都纳入这样一个包罗万象的统一计划之中，把企业的生产经济活动严格地控制起来。

（2）物资统一分配，产品统购包销。

企业需要的机器设备和主要原材料、燃料，都要纳入统一计划，层层上报，实行统一分配。企业的产品，属于生产资料的，由国家物资管理部门统一收购并按计划分配给使用单位，属于生活资料的，由商业部门按计划收购，通过商业部门的批发和零售机构进入市场。生产企业不直接和消费者见面。企业只管按计划规定的品种、数量生产，至于市场情况怎么样，企业可以不了解，可以不关心。

（3）资金统收统支。

企业每年需要增加多少固定资产和流动资金，都列入计划，由国家财政拨款，既不出租金，也不出利息；企业的利润和固定资产折旧基金全部上交国库，既不留给企业，也不留给地方；企业如果亏损，也全部由国家补贴。

实践证明，这套办法弊病很多。由于计划控制过死，企业没有机动权，发挥不了主动性；由于产销不见面，产品一律由物资和商业部门收购，企业不准自销，往往有些产品即使不适销对路，即使卖不出去，生产企业的资金也可以从物资部门和商业部门收回，继续进行再生产，这样就使这些产品一方面在物资部门或商业部门的仓库里大量积压，同时又在生产企业不断进行大量生产，实际上是为增加库存积压而生产；由于资金的使用是供给制，企业经营好坏一个样，赚钱一律上交，赔钱由国家补贴，企业职工既不负经济责任，又没有经济利益，不能促使人们关心企业经营的成果。因此，按照这套办法管理企业，就不可能使企业放开手脚，实现企业经营管理的自动化。

新中国成立三十年来，虽经多次改革，但始终没有突破控制过死的格局。主要是因为，改来改去没有真正触及经济利益关系，而是在上层建筑上兜圈子，在中央政府和地方政府之间集权和分权问题上变来变去。一会儿强调条条，加强集中；一会儿又批"条条专政"，强调块块，加强和扩大地方的权限。但不管中央集权也好，地方分权也好，对企业一直是卡得死死的，企业的经济权力始终没有变化。回想几次大的改革，企业在经济管理的权限上基本没有变化。如果说有什么变化，也只不过有一条，就是折旧基金由全部上交改为中央、地方、企业分成，企业可以拿到一部分折旧基金用来搞一些更新改造。但是，仅有的这一点经济关系的改变，也没有与职工的物质利益挂起钩来，企业既不能用这笔基金去发奖金，也不能用来兴办集体福利设施。这样下去，对企业控制过死的局面就无法改变。因此，必须突出强调正确处理国家、企业和个人的经济关系，抓住扩大企业的自主权这个中心，只有这样，才真正触及经济体制改革的本质问题，把经济改革搞好。为什么呢？这是因为：

第一，企业是生产力集中的地方，是社会主义社会基层的生产单位，只有给企业必要的自主权，才能使生产力得到解放，促进国民经济高速发展。这个道理是不难理解的，因为我们进行生产的各个要素都集中在企业，生产工人在企业，技术干部和管理干部在企业，各种设备的使用在企业，原材料、动力消耗在企业，产品的制造在企业。总之，生产的各个要素在企业里结合起来，才能进行生产活动，为社会创造出物质财富。如果把企业卡得死死的，在人财物和供产销上没有必要的自主权，企业就不可能有效地组织和发挥生产力各个要素的作用，不利于多快好省地发展生产。

第二，企业是国家、集体和个人三者关系的中心环节，正确处理三者的关系，就必须抓住企业这个中心环节。毛泽东同志非常强调正确处理国家、企业和劳动者个人的关系，实现三者利益的统一，指出："国家和工厂，国家和工人，工厂和工人，国家和合作社，国家和农民，合作社和农民，都必须兼顾，不能只顾一头"。（《论十大关系》）多年的实践证明，不处理好国家和企业的关系，充分发挥企业的主动性，就没办法调节国家、企业和个人三者的经济关系。这是因为，企业之间的关系、劳动者个人之间的关系、劳动者个人和国家的关系、劳动者个人和企业的关系，等等，都同国家和企业的关系密切相关。如果企业不是作为独立经营的单位，没有一定的自主权，不同国家建立起严格的经济核算关系，企业赔钱赚钱一个样，经营好坏一个样，既不讲经济责任，也不讲经济利益，那么，企业之间的经济核算、经济责任，经济合同也就无从谈起了。这是因为，企业之间最大的经济责任莫过于罚款，既然企业赔钱赚钱一个样，罚款也可以随便摊入成本，这对罚款的双方又有什么实际意义呢？同样，如果企业毫无自主权，企业的领导想要关心职工的生活，想要照顾职工群众的物质利益，但没有机动的财力，善良愿望也是无法实现的。

因此，只有把国家和企业的经济关系摆正了，国家对企业的考核严格了，对企业赏罚分明了，才能把国家、企业和个人三者的利益统一起来。

第三，企业是社会主义社会的基本经济单位，是保证社会生产正常进行的重要环节。要使生产顺利进行取得社会经济效果，就必须抓住企业这个中心环节，给它以一定的自主权。我们知道，社会生产是相互联系的整体，生产的目的是满足人民的需要，从最初的初级产品开始，一直要加工到能够供人民吃、穿、用、住的是终产品为止，才算是完成了整个的生产经济活动，否则就会是为了生产而生产，大家空忙一场，得不到实惠。例如，煤矿生产，工人挖出了煤，国家拉走了，从煤矿工人的角度就是完成了任务，但是，这些煤炭经过许多生产和流通环节，最后落实到每个人身上，才算真正有用。如果煤拿去炼了钢，钢锭积压起来没有用，劳动到此也就中断了，不但炼钢工人的劳动白费了，连采矿工人、铁路运输工人的劳动也给糟蹋了。如果钢锭用来轧了材、造了机器，而造出的机器又放在仓库积压起来，劳动到此又中断了。如果这样，岂不是空忙一场，得不到实惠。现在，我们的劳动经常中断，社会生产不能正常进行，所以我们劳动付出很多，人民生活却改善不了，吃的、用的、穿的、住的都很缺少。东西都跑到哪儿去了？都卡在当中了。如果中间卡得很多，中间产品多而不出最终产品，社会生产活动和我们生产的目的就没挂上钩。在资本主义条件下，在整个生产过程中哪一个环节卡住了，哪个环节的资本家就要破产，是靠一个个企业在竞争中相互衔接起来解决这个问题。在社会主义条件下，也要在国家统一计划指导下，靠每个企业去解决这个问题。因此，为了保证社会生产的整个过程畅通无阻，企业在经济上也需要有自主权，有经济责任和经济利益。这样才能保证生产的正常进行。

我国最近几年的经济体制改革，把扩大企业自主权、发挥企业主动性作为中心问题，抓住了经济改革的本质问题，因此效果非常显著。

扩大企业自主权的试点，是 1978 年下半年从四川省的少数企业开始的。1979 年上半年四川省试点企业扩大到了 100 个，与此同时，其他一些省市也在少数企业进行试点。到 1980 年 6 月底，全国试点企业已达到 6600 多个，占全民所有制企业数的 16%，而它们的产值占全民所有制企业的 60%，利润占 70%。试点企业普遍增产、增收，效果是好的。

这些企业试点的内容不完全相同，但大体上是从两方面展开的。

一方面，从分配上首先是利润的分配上兼顾国家、地方、企业、个人的利益。主要是采取利润分成的办法，即改变过去那种企业利润全部上交的做法，允许企业在完成产量、品种、质量、利润指标并且履行供货合同后，按一定比例实行利润留成。企业可以用这部分留存的利润建立三种基金：生产发展基金、职工福利基金、职工奖励基金。

另一方面，从流通方面，在统购包销、计划分配上打开了一个缺口，逐步发挥市场调节的作用，允许工厂在生产和经营管理上有更多的自主权。企业在完成计划的前提下，如果生产能力有余，可以按照生产建设和市场的需要，制订补充计划，增产适销对路的产品或接受来料加工。增产的产品可以先由商业、物资部门选购，商业和物资部门不收购的，可由生产企业委托商业部门或物资部门代销，也可以由生产单位设立销售门市部自行销售。

通过这两个方面的突破，使企业利润的分配进而使企业经营管理发生了很大的变化。过去那种企业经营好坏一个样和产销不见面、企业不了解市场情况的被动局面得到了一些改变，也使过去那种把企业手脚死死捆住的被动局面得到了一些改变。

今后一个时期，要着重总结这 6000 多个试点企业的经验，巩固已经取得的成绩，将来还要经过试点向"以税代利、独立核算、自负盈亏"的方向发展。这就可以更紧密地把企业经营好坏同职工的经济利益联系起来，使人人关心企业经营的成果，充分发挥企业的主动性。

3. 加强管理教育、努力提高企业领导和管理人员的技术、业务水平。

扩大企业的自主权，为的是充分发挥企业的主动性，从企业的实际出发，灵活机动地搞好企业的生产经济活动，促进生产发展，提高经济效果。

企业的自主权越大，对行使这种权力的负责人的要求也就越高。如果企业领导人的技术业务水平和思想水平很低，不懂得党和国家的有关政策，不懂技术，不懂业务，不懂得如何按照客观经济规律的要求去进行领导工作，而是在那里瞎指挥，甚至滥用职权，违反政策和法纪，破坏国家利益，那么，这种自主权就不可能得到正确的使用。这样的权力越大，危害也就越大，广大群众的积极性不但不能更好地发挥，相反，还会受到挫伤。因此，提高干部的政策水平和经营管理能力是改变管理落后面貌，提高企业管理水平的关键。

干部问题在社会主义革命和社会主义建设中始终是带有根本性的重大问题。由于旧中国的经济、文化极端落后，管理现代工业的人才十分缺乏，我国革命胜利以后，在干部问题上碰到的困难就更加突出。因此，毛泽东同志多次强调要使我们的各级干部成为内行。他说："因为现在我们面临的是新问题：社会主义工业化、社会主义改造，新的国防，其他各方面的新的工作。适合这种新的情况钻进去，成为内行，这是我们的任务"。但是新中国成立三十年来，我们搞企业工作的同志当中的许多人，到现在还没有真正掌握现代技术和管理现代工业企业的本领。钻进去，成为内行，至今仍然是我们必须努力实现的任务。

国外把管理人才看作是一种"经济资源"，认为大量培养管理人才可以大大改善和提高企业的经济效果。因此，普遍重视管理人才培养，企业管理成了热门。美国有600多家大学设有管理学院或管理系，在校学生80多万，占在校学生总数的8%。不但每年有大批学生毕业，而且还采取多种方式为企业代培在职的经理和各级管理人员。各个大学开办的训练班很多，长的有半年到一年，短的有一两个星期，灵活多样，根据不同的需要办各种不同形式、不同内容的训练班。苏联目前在校的经营管理专业的学生140多万，经济部门和大企业的领导人，从厂长到局长、部长，都必须经过国民经济管理大学培养，并且规定，所有领导人和专家原则上必须每六年接受一次再教育。日本的大企业一般也都建立训练中心，新入厂的职工要经过一段训练才能上岗，在工作过程中每提拔一次（如担任车间主任、厂长等），都要在上任前进行一次专门的预备训练，学习新的领导岗位必须掌握的最基本的知识和本领，在学完指定课程之后才能走上新的岗位。因此，在这些国家企业中各级领导和管理人员，一般都积累了相当丰富的技术和管理知识。

改善我国企业管理的状况，人才培养十分重要。现在我国企业的领导和管理人员的技术、文化水平普遍比较低，进行管理教育应当从当前的实际出发，逐步提高。在管理教育中，我们应当加强高等院校的现代管理技术专业的建设，迅速培养掌握现代管理技术、手段的专门人才。现在我国财经院校太少，在校学生不到1万人，加上综合大学的经济系和工科大学管理工程系的学生，也只有1.8万多人，只占在校学生总数的2.6%，这和我国40万工交企业和各级经济管理部门的需要太不相称了。在管理教育中，对在职管理人员的训练，也应当打开眼界，尽可能多地灌输现代管理技术知识。不这样做，就不能适应科学技术发展的需要，不能适应"四化"建设的需要。但是，我们对在职管理干部的培训，一定要从我们培训对象的实际出发，循序渐进地提高他们现代管理科学技术水平，要注意从现代管理组织、管理方法和管理技术手段等几个方面，全面地进行培训。要从他们熟悉的一些问题入手去训练、去提高，要注意总结我们自己的传统经验，在总结现实条件下的管理经验的基础上提高。如果离开现实条件去单打一地学习一些暂时还不能普遍应用的管理技术和手段，就会使人感到学不懂或没有用，觉得对现实管理工作的改进和提高没有直接的帮助，这样的培训不会取得预期的效果。

企业领导和管理人员水平的提高，固然要通过培训去实现，只有经过专门训练才能打好牢固的基础，才能攀登更高的高峰。但是，在同一时间内，培训只能是对部分人进行的，而且对一个人来说，参加学习的时间与经常工作的时间比较起来，只能是短暂的，更多的时间是参加实践，必须在实践中提高。因此，建立能够促进领导干部和管理人员技术业务水平不断提高的工作制度是十分重要的。前边说过，列宁、斯大林通过推行一长制，把工作担子压在各级领导干部身上，既消除了无人负责的混乱现象，又在实践中锻炼和培养了大批管理人才。我们是否可以考虑，从企业内部的领导体制上进行必要的改革，加强厂长负责制，建立严格的责任制度，使各级领导同志有当机立断地处理大量管理问题的实践机会，这应当成为促进管理干部成长的经常的、重要的因素。

4. 实行民主管理，加强群众对企业领导和企业经营管理工作的监督。

扩大企业的自主权，从根本上说，是扩大企业职工管理企业的权力，决不是单纯地扩大厂长个人的权力。要搞好企业管理，就必须发扬民主，集中群众的智慧，加强群众的监督。我们知道，在社会主义条件下，劳动人民是生产资料的主人，职工群众掌握直接管理企业的民主权，正体现了社会主义企业公有制的性质，符合职工群众主人翁的地位。决不能把人民的权利问题理解为人民只能在某些人的管理下享受劳动、教育、社会保险等权利。他们首先必须要有管理的权利。劳动者管理国家、管理各种企业、管理文化教育的权利，是社会主义制度下劳动者最大的权利，是最根本的权利。实行民主管理，使劳动者有权直接管理企业，不是什么人的恩赐，它是社会主义制度下劳动群众应当享有的基本权利。

因此，扩大企业自主权同实行民主管理是相辅相成的，是完全一致的。越是扩大企业的自主权，就越需要加强民主管理，加强自下而上的监督，只有这样，才能保证行使好企业的自主权。这是因为，赋予企业的权力越大，就越需要保证这种权力不被滥用，不被用来谋取少数领导人的特权和私利，不被用来搞封建家长式统治，要做到这一点，靠什么来保证呢？要靠上级机关自上而下的监督，要靠企业领导人员的党性和民主作风，更重要的是要靠广大群众自下而上的监督。列宁在《苏维埃政权的当前任务》一文中说过：现在，我们愈坚决主张有极为强硬的政权，愈坚决主张在某种工作过程中，在某种纯粹执行职能方面实行个人独裁制，我们就应该有更多种多样的自下而上的监督形式和方法，来杜绝毒害苏维埃政权的一切可能性，反复不倦地铲除官僚主义的莠草①。职工代表大会制，是企业管理的一项根本制度，是实行民主管理的最重要的制度保证。从第一个五年计划时期开始，在我国国营企业就全面实行了职工代表大会制，但是，这个制度并不是始终执行得很好的，有时往往流于形式，特别是在"四人帮"横行时期，广大职工群众的民主权利被剥夺，职工代表大会制实际上被取消了。粉碎"四人帮"以后，特别是在近几年扩大企业自主权的试点中，企业职工代表大会越来越好地发挥了扩大民主，吸收广大职工参加企业管理和监督行政的重要作用。在一些试点企业里，职工代表大会开始发挥了

---

① 《列宁全集》第27卷，第253页。

权力机关的作用。据 1980 年 10 月 5 日《人民日报》报道，重庆市一批扩大自主权的试点企业，加强民主管理，使职工代表大会开始在许多重大问题上行使当家作主的权力，发挥了权力机关的作用。这些企业的职工代表大会的代表是由职工群众选举产生的，代表中工人占多数，其次是技术人员，还有一部分管理人员和各级领导干部。职工代表大会已初步有了一些权力。

第一，有了真正的发言权。过去群众很少有发言权，提出的意见不受重视，现在不同了，群众说话开始算数了。有的企业，每开一次职工代表大会，职工代表都要提出几百条提案和上千条意见，企业领导不仅要认真地听，而且要认真地改。对有些问题，还要限期提出整改意见，暂时办不到的，也要作出负责的答复。

第二，有了对重大问题的审议、决定权。过去厂里一些关系企业发展前途的重大问题，都是领导决定，即使定错了，职工群众也只能照着去干。现在厂领导制订的计划和方案，要提交全厂职工代表大会审议通过后才算合法。由于计划和方案是群众认真讨论通过的，既可以使计划和方案更加完善，又可以使全体职工积极行动起来，为实现计划而共同努力。

第三，有了对自己劳动成果的部分支配权。企业扩大自主权后，实行利润留成，开始掌握了一定的企业基金，不少企业，职工代表大会已经掌握了这部分基金的使用权。怎样用这些基金进行扩大再生产，怎样用这些基金修建宿舍和集体福利设施，等等，要由职工代表大会讨论决定。有些企业的职工代表大会还专门设置了经费分配小组，检查、监督经费的使用，保证职工代表大会决议的兑现。

第四，有了监督权。过去有些职工代表大会流于形式，现在不仅有权审议和决定全厂重大问题，而且还有监督行政领导执行决定的权力。职工代表检查决议执行情况时，有关职能部门和有关领导同志要负责地汇报和回答各种质询。

第五，有部分人事安排权。过去企业招工、分配工种等，都是少数人说了算，因此，其中有不少歪风邪气，群众光生气没办法。现在有些企业职工代表大会设置人事安排小组，招工问题要人事安排小组讨论决定。这样，谁想搞邪门歪道就没那么容易了。

重庆市这些企业的试点，在职工代表大会发挥权力机关作用的问题上只是刚刚开始，但是它代表了企业内部管理体制的改革方向，已经为企业的民主管理开创了一个崭新的局面。今后，随着企业自主权的扩大，特别是在实现企业自负盈亏以后，职工代表大会的权力更要进一步扩大，要真正成为企业的权力机构。职工代表大会根据党和国家的路线、方针、政策、法令及上级指示，结合本企业的实际情况，应当有权对企业重大问题作出决策。它要听取厂长的工作报告并作相应的决议，审议通过企业的长远规划、年度计划、重大技术改造方案、企业的财务收支计划和决算，讨论决定有关职工生活福利、奖金的重大问题及其基金的使用方案、选举厂长、审议、通过由厂长提名的副厂长一级干部的人选，报请企业主管单位审批任命；表扬、奖励企业的领导干部，对不称职或失职、违法乱纪的领导干部作出罢免或处分的决议报请上级主管机关批准、审议涉及全厂性的重大规章制度的建立、修改和废除；审议有关职工晋级、辞退事项，等等。只有经过试点，全面行使这些方面的权力，职工代表大会才能真正成为企业的权力机构，在加强民主管理，提高企业管理水平方面发挥它应有的作用。

5. 采用科学的管理方法。

全面实现管理现代化，当然不能没有一定数量的电子计算机等管理手段，因此，应当积极努力地掌握现代化的管理技术和手段。与此同时，绝不能忽视管理组织和管理方法的改进。

现代企业管理中采用的方法五花八门，现在大家谈论比较多的就有很多种，如经济数学方法、统计分析方法、经济方法、组织行政方法、社会学和社会心理学方法、系统分析方法，等等。这些方法，有的和我们的传统经验接近，所以对我国广大管理干部来说，一般比较容易理解、容易掌握；有些则必须具备一定的数学和计算技术知识才能理解和掌握。对于那些不太容易理解和掌握的方法，我们需要加速培养专门人才并积极创造条件，在不断提高职工科学技术文化水平的基础上，日益广泛地应用和推广。同时，还应注意做好通俗宣传和普及工作。例如，系统工程是一门新兴科学，这门科学在我国的研究和运用时间还不久，需要认真钻研，推动这门科学的研究和应用不断向更高的水平发展，更好地运用系统工程方法来解决经济发展，甚至空间计划的大课题。但这在现阶段还主要是由这个方面的专家进行的提高的工作，对于广大管理干部来说，还有一个普及的问题，而这种普及的工作一定不能脱离广大管理干部的实际水平，否则就达不到预期的效果。有的同志觉得系统分析方法和我们离得太远，一讲系统工程就只是和宇宙航行、尖端武器系统的研制等联在一起，只是和电子计算机、信息论、控制论以及各种高深的数学联在一起。当然，系统工程确实是同这些高深的东西联系在一起的，不掌握这些方面的学问，要想真正掌握和运用系统工程解决大系统的课题是办不到的。但是，从我们的实际水平出发，我们不妨也可以应用系统分析的原理、系统分析的思路来改进我们现实的日常管理工作。这样做，既不会妨碍系统科学的发展，又可以使它的一些思路得到普及和应用。比如说，研究系统理论的同志经常使用一个很通俗的例子来讲解系统工程的原理，说是宋真宗时皇宫失火，宫殿烧毁，派大臣丁渭主持修复，丁渭提出一个施工方案，先把皇宫前的大街挖成大沟，就地取土烧砖，然后把汴水引入大沟，把建筑材料用船直接运到工地，待宫殿修好后，再把碎砖废土填入大沟，修复大街。这个方案就是从整个工程的全局出发通盘考虑，出色地运用了朴素的系统思路，形成了一个很好的施工方案。很多同志用这个例子来讲解系统分析原理，说明系统分析的两个基本点：第一，运用系统概念或系统思路，从事物整体和全局出发，把事物的整体看做一个系统（如修复宫殿工程的整体），而不是从局部观点出发去组织和安排人力、物力和财力；第二，进行不同方案的比较，选择和采用最佳方案。在运用系统工程的这些基本原理解决复杂的大系统的问题时，必须运用电子计算机，否则无法进行最佳方案的比较和选择，因为系统工程本身就是运筹学在经济领域的运用，就是要运用数学来进行定量计算，而不是靠"拍脑袋"。离开了定量分析，离开了现代的计算技术和计算工具，就谈不到现代的系统工程，但如果运用朴素的系统分析的思想去解决大量的小课题，就不一定需要那么高深的数学方法和那么复杂的计算工具，可以通过直观的或者相对比较简单的运算来进行最佳方案的比较和选择。现在，在我们的实际生活中恰恰有很多问题，连起码的科学都不讲，连最朴素的系统思想都不去应用，这方面的潜力是很大的。比如说，修一条马路，刚铺完路面，没几天就挖开埋电缆，埋好电缆，修补了路面，没过几天又挖开埋煤气管道……没完没了地折腾；盖一个楼房，今天把砖运来摆在这里，过了几天，发现妨碍地下管道施工，又得倒开，如此等等。这些都是缺乏最起码的、最朴素的系统工程思想。如果把我们要解决的课题（一项施工或者一项生产任务）看做一个系统，运用系统思路去全面考虑问题，就可以减少很多浪费。我们在普及和宣传系统理论的时候，如果能够不仅想到航天计划，而且多想一些大量的生产建设的日常管理问题，设法用系统理论哪怕是用朴素的系统思想去解决这些问题，就会更有群众性，就会取得更大的效果。我想这种普及工作恐怕不至于妨碍系统理论的提高和发展，因此，也就不会把系统科学庸俗化。从这里我就联想到我们的管理教育，特别是对在职管理干部的训练中，在讲现代管理方法和手段时，除了讲些原理，讲些国外运用的情况，帮助人们打开眼界之外，是否可以针对我们现实管理工作中的实际问题搞一些通俗易懂的、大众化的案例，进行一些普及呢？

另外，在经济方法和行政方法的运用上也容易发生误解。过去只单纯用行政方法，特别在四害横行时期，经济方法被说成是修正主义的东西。粉碎"四人帮"以后，破除了这种偏见，普遍重视了经济方法的运用，取得了很好的效果。但是，我们也不能忽视行政方法，不能把经济方法和行政方法对立起来，而应当把符合客观经济规律要求的行政方法、经济方法结合起来应用。国家对企业不能没有行政干预和领导，在企业内部也不能没有行政命令，不能没有组织纪律。尤其在国民经济调整和改革的过程中，经济方法、经济法规尚不配套，漏洞还很多，光靠经济方法更难保证国民经济健康发展，因此也就更不能不重视组织的、行政的方法。

6. 加强国家对宏观经济的控制和对企业经营管理的计划指导。

社会主义经济是计划经济。列宁说：只有按照一个总的大计划进行建设，并力求合理地使用经济资源，才配称为社会主义的建设①。我们主张扩大企业自主权，但绝不是要改变我们的社会主义计划经济的原则，而是要把计划搞活，把经济搞活，在国家计划指导下，扩大企业的权力。企业应当在国家统一计划、统一政策的指导下，在有利于加强综合平衡的前提下，按照社会的需要，能动地发展生产。只有这样，才能防止盲目性，才能活

---

① 《列宁全集》第28卷，第18页。

而不乱，真正有效地提高管理水平，改变企业管理落后的面貌。

最后，要改变企业管理的落后面貌，还必须去掉供给制思想的影响，改变小生产的习惯势力和去掉自给自足的自然经济思想。前边说过，供给思想的影响，小生产的经营习惯和自给自足的自然经济思想的影响，是提高我国企业管理水平的巨大障碍。改变管理落后的面貌，必须克服这些障碍，使我们的思想从这些影响下解放出来。思想不解放、习惯不改变，思路也就打不开，那些适应社会化大生产要求的新的管理办法就创不出来、推行不开。这不但阻碍企业内部管理水平的提高，而且阻碍企业之间合理的配合，不利于整个经济管理水平的提高，不能取得良好的经济效果，从这些方面下工夫研究和改进，提高企业管理水平的潜力应当说是很大的。

（原载《企业管理漫谈》，辽宁人民出版社 1981 年版）

# 第三篇

## 探索我国企业改革的路径

# 充分发挥企业的主动性<sup>*</sup>

社会主义企业，是社会主义经济的基本单位。企业的主动性能否充分发挥，对社会主义经济的发展，关系极大。因此，研究经济管理问题，就需要认真研究如何用符合客观规律要求的经济方法和相应的行政方法，把我国几十万个企业的积极性、主动性充分发挥出来。

## 一　解决经济管理体制问题，应当把充分发挥企业的主动性作为基本的出发点

经济管理体制同上层建筑有关，如国家机关内部的"条条"和"块块"分工，等等，主要是属于上层建筑方面的问题。但是，经济管理体制，绝不仅仅是上层建筑，更重要的是生产关系，归根结底，是国家、企业和个人的经济关系问题。因此，解决经济管理体制的问题，不能只从上层建筑方面打主意，而应当着重于生产关系，特别要把正确处理国家和企业的经济关系，充分发挥企业的主动性（对农业方面来说，应当充分发挥国营农场和农村人民公社生产队的主动性），作为基本的出发点。这样才能把国家、企业和劳动者个人三者的利益统一起来，充分调动企业和职工群众的积极性，使企业巨大的生产力得到解放。

过去，我们研究经济管理体制问题，往往是从"条条"和"块块"的分工上考虑得比较多，从国家和企业的经济关系上考虑得比较少。当然，条、块分工也是管理体制需要研究解决的重要问题，但这还只是管理体制的一个局部，只是国家政权机关的集权和分权问题。作为上层建筑的国家机关，无论"条条"或"块块"，都应当为经济基础服务，为基层服务，为

---

＊　与马洪合作，署名：马中骏。

生产服务。如果不从经济关系上考虑体制的问题，光在条、块分工上变来变去，就容易出现"一统就死，一死就叫，一叫就放，一放就乱，一乱就统……"的团团转的现象，不可能从根本上解决好管理体制的问题。

多年来解决管理体制问题的经验告诉我们，无论企业归谁管，无论国家机关的条、块怎样分工，都需要按照客观规律的要求，处理好国家和企业的经济关系，尤其要承认企业在客观上所具有的独立性，赋予企业一定的自主权。如果企业没有必要的独立性和自主权，企业生产经营中的一切微枝末节都要由中央或地方国家机关直接来处理和解决，那就必然会束缚企业的手脚，不利于发挥企业的主动性。比如，如果企业毫无机动财力，甚至连固定资产折旧基金都很少留给企业，使企业不但不能进行扩大再生产，就连维持简单再生产范围以内的事情也无权解决，那么，企业发展生产、更新设备、改进技术的主动性怎么能够发挥呢？如果企业连建一点宿舍甚至盖个厕所的自主权都没有，那企业又有什么办法发挥关心职工生活的主动性呢？因此，我们在研究经济管理体制问题时，需要非常重视国家和企业的经济关系，把调动和发挥企业的积极性、主动性放在极为突出的位置。

强调发挥企业的主动性，是不是会削弱国家的统一计划和统一领导呢？当然不会。毛主席在《论十大关系》里说："从原则上说，统一性和独立性是对立的统一，要有统一性，也要有独立性。""各个生产单位都要有一个与统一性相联系的独立性，才会发展得更加活泼。"我们讲的企业的独立性，正是和统一性相联系的独立性，正是便于企业"发展得更加活泼"的独立性。

## 二 正确处理国家和企业的关系，是实现国家、企业和劳动者个人三者利益统一的关键

毛主席非常强调正确处理国家、企业和劳动者个人的关系，实现三者利益的统一，在《论十大关系》中指出："国家和工厂，国家和工人，工厂和工人，国家和合作社，国家和农民，合作社和农民，都必须兼顾，不能只顾一头。"

　　实现国家、企业和个人三者利益的统一，关键在于正确处理国家和企业的关系，充分发挥企业的主动性。这是因为，企业之间的关系、劳动者个人和国家的关系、劳动者个人和企业的关系，等等，都同国家和企业的关系密切相关。国家和企业的关系处理得是否妥善，不仅关系到国家和企业的利益，而且直接关系到劳动者个人的利益；国家和企业是否按照社会主义原则建立起经济核算关系，直接影响着社会主义企业之间能不能建立起严格的经济核算关系，也直接影响着劳动者个人的经济责任和经济利益是否能够得到重视。因此，不把国家和企业的关系处理好，企业之间的关系、企业和劳动者个人之间的关系，也都不可能处理好。这是用经济办法管理经济的一个极为重要的环节。

　　在社会主义经济中，国家和企业之间，应当建立严格的经济核算关系。企业要有独立的资金，要对自己经营的成果负责，国家对企业经营的情况要进行监督和考核。毛主席早就反对工厂机关化，要求一切工厂实行企业化，建立经济核算制度，在《经济问题与财政问题》中明确指出："有了严格的核算制度之后，才能彻底考查一个企业的经营是否是有利的。"如果我们的企业，在名义上有独立的资金，是国家统一领导下独立经营的单位，但实际上国家对企业并不进行严格的考核，那么，国家和企业之间，就不是真正的经济核算关系。比如说，如果企业完成完不成计划一个样，办好办坏一个样，盈利亏损一个样，既不讲经济责任，也不讲经济利益；企业的产品不管质量好坏、市场需不需要，一律由国家包下来；企业亏本，国家如数补贴，企业领导人和职工毫无经济责任；企业盈利，全部上缴国家，企业领导人和职工毫无经济利益；国家拨给企业固定资产，既不收费，也不考核资金利润率；企业生产工人可以大量窝工，非生产人员可以无限膨胀，等等，那还谈得上什么经济核算呢？国家和企业之间如果是这样一种关系，企业之间的经济核算、经济责任、经济合同，等等，当然也就无从谈起了。谁都知道，在实际经济活动中，违反合同的最大经济责任莫过于罚款，既然企业经营好坏一个样，罚款也可以随便摊入成本，这对罚款的双方，又有什么实际意义呢？因此，只有把国家和企业的经济关系摆正了，国家对企业的考核严格了，赏罚分明了，才能把国家、企业和劳动者个人三者的利益统一起来，在此基础上，才能在企业之间真正建立起经济核算关系，实行严格的合同制，促进企业积极、主动地加强管理，努力提高经济效果。

## 三　明确国家和企业双方的经济责任，才能更好地发挥企业的主动性

社会主义经济是计划经济，企业的经济活动必须在国家统一计划下进行。国家规定的各项计划任务，企业必须保证完成。企业为完成计划任务所需要的条件，国家也应当给予保证。也就是说，在经济上必须明确国家和企业双方的责任。这种经济责任应当落实到人，真正把企业经营好坏，同每个人的经济利益挂起钩来。企业经营得好，不但对国家有利，而且对全体职工和企业领导人也有利；企业经营得不好，对企业职工特别是对企业领导人也不利。这样就可以使人人都能从集体利益和个人利益的结合上，关心国家计划的完成，关心企业经营的成果。列宁曾经说过：我们说，必须把国民经济的一切大部门建立在个人利益的关心上面。共同讨论，专人负责。由于不会实行这个原则，我们每一步都吃到苦头①。应当承认，这些年来，由于"四人帮"的破坏，我们吃到的苦头也够多了，经济遭受的破坏也够大了。而"四人帮"却把物质利益原则污蔑为修正主义，横加批判。他们这样做，根本不是批所谓的修正主义，而是批了马克思主义。

1961年，经毛主席批准颁发的《工业七十条》曾经明确地规定，国家对企业要实行"五定"，这就是：定产品方案和生产规模；定人员和机构；定主要的原料、材料、燃料、动力、工具的消耗定额和供应来源；定固定资产和流动资金；定协作关系。企业对国家要实行"五保"，这就是：保证产品的品种、质量、数量；保证不超过工资总额；保证完成成本计划，并且力求降低成本；保证完成上缴利润；保证主要设备的使用年限。现在党中央制定的《工业三十条》，又重申了"五定"和考核企业的八项经济技术指标。所有这些，都是为了正确处理国家和企业之间的相互关系，充分发挥企业的主动性。

---

① 《列宁全集》第33卷，人民出版社1959年版，第51页。

"定"和"保",体现了国家和企业双方的责任。一方面,企业进行正常生产所需要的条件,要定下来,给以保证。如果不实现保证条件,妨碍了企业的正常生产,国家的有关部门和协作单位应负经济责任。另一方面,对企业应完成的任务,也要有明确的规定,进行严格的考核。企业全面完成了任务,应当给予一定的奖励,例如,从企业的利润中留给企业一部分基金,用于奖励先进、改善职工福利和进行扩大再生产。完不成任务,企业和个人也要承担一定的经济责任。

列宁说:各个托拉斯和企业建立在经济核算制基础上,正是为了要他们自己负责,而且是完全负责,使自己的企业不亏本。如果他们做不到这一点,我认为他们就应当受到审判,全体理事都应当受到长期剥夺自由(也许在相当时期后实行假释)和没收全部财产等等的惩罚①。这里,问题不在于具体采取怎样的赏罚形式,而在于原则精神。我们应当遵循列宁提出的原则,建立严格的经济责任制度,对企业经营进行考核,实行有奖有罚,赏罚分明,把企业经营好坏同企业领导人和职工的经济利益直接联系起来。同时还要增强法制观念,加强经济立法和经济司法,企业领导人对企业经营好坏,不仅要负政治责任、经济责任,而且要负法律责任。这样做,我们就可以更加符合用经济方法管理经济的原则,更好地发挥企业的社会主义积极性和主动性,把我们的经济事业搞得更好,从而加快四个现代化的实现。

（原载《光明日报》1978 年 9 月 9 日）

---

① 《列宁全集》第 35 卷,第 549 页。

# 论我国企业改革的难点和对策

本文从对日本股份制企业的实态分析入手，探讨了我国企业实现自主经营、自负盈亏的对策。笔者认为，我国全民所有制企业推行股份制的目的，在于构造一种能够强化企业之间的横向制约、淡化行政主管部门的直接干预、充分发挥经营者集团作用的企业组织结构。而实现这种结构转换的关键，是正确运用企业法人相互持股的"架空机制"。这是实现企业自主经营的一种现实可行的选择。自负盈亏机制的核心问题是调整利益关系，即在所有者的产权蒙受损失之前，构筑一道"利益防线"，把企业经营者和职工的利益得失同企业的经营状况紧紧地联系在一起，形成企业命运共同体。

把企业建设成为自主经营、自负盈亏的有竞争力的经济实体，是我国企业改革早已明确了的目标，但至今并未真正实现。如何实现上述目标，是企业改革的难点，也是当前深化改革必须解决的根本课题。

经过十几年的改革，我国企业在一定程度上改变了政府机关附属物的地位，有了一定的自主权，也有了一定的财力。然而到目前为止，国有企业特别是国有大中型企业面临的困难还不少，例如经济效益差，亏损企业多。如何改变这种局面，把国有企业特别是大中型企业搞好，是摆在我们面前的紧迫任务。我带着这些问题，应日本亚洲经济研究所的邀请，作为客座研究员赴日进行了十个月的学术访问，对日本的企业做了实地考察，发现日本股份制企业的组织结构和运行机制有许多值得参考和借鉴之处。本文想从日本股份制企业的实态分析入手，结合我国的实际，研究和探索解决我国企业改革难点的对策，作为我主持的国家社会科学基金研究项目"中国企业制度改革"的中间成果，提供给读者。

# 一　日本股份制企业值得注意的一些特点

## （一）上市公司只占股份公司总数的千分之二

日本有 1.2 亿人口，196 万家企业，平均每 60 人中就有一名公司经理，号称"公司王国"。在这 196 万家企业中，股份公司约占半数（见表1）。

表1　　　　　　　　　　　日本的企业结构情况

单位：万家、%

| 股份公司 | | 有限公司 | | 无限公司 | | 两合公司 | | 其他 | | 总计 | |
|---|---|---|---|---|---|---|---|---|---|---|---|
| 数量 | 比重 | 数量 | 比重 | 数量 | 比重 | 数量 | 比重 | 数量 | 比重 | 数量 | 比重 |
| 101 | 51.5 | 90 | 46 | 0.7 | 0.3 | 3 | 1.5 | 1.3 | 0.6 | 196 | 100 |

股份公司中，股票上市的公司数量甚少，绝大多数是不上市的公司。公司股票上市，要按照证券交易所规定的标准严格审定并需经大藏大臣认可。全日本只有 8 家证券交易所，分别设在东京、大阪、名古屋、京都、广岛、福冈、新潟、札幌 8 个城市。被批准在这 8 家证券交易所上市的公司总共只有271 家，占股公司总数的 0.2%，它们都是规模大、经营好的企业。例如，在东京证券交易所（日本最大的交易所）上市的 1203 家企业，占全国企业数的 0.06%，营业额和固定资产却占全国的 23.3% 和 20%。但并非大公司股票都上市，如著名的三得利、西武等股份公司就是不上市的公司。

## （二）上市公司股票总数的 70% 以上由法人股东持有

表 2 显示，上市公司股票总额中，个人股东持股比例低，只占 22.6%（若按市价换算成金额只占 20.5%），法人股东持股比例高，占 73%。由于法人互相持股容易形成垄断，各国法律对此都有限制，但日本的限制不如欧美各国严格，所以法人相互持股在日本盛行，成为日本企业组织结

构的突出特点，这就决定了日本股份公司具有区别于其他国家的独特的
风格。

表2　　　　　　　　　1989 年日本上市公司股票持有者分布状况

| 股东分类 | 股东数 | | 股票数 | |
|---|---|---|---|---|
| | 数量（人） | 比重（%） | 数量（千股） | 比重（%） |
| 中央和地方政府 | 1361 | 0.0 | 2509405 | 0.7 |
| 金融机关 | 133184 | 0.5 | 176861507 | 46.0 |
| 事业法人 | 814231 | 3.2 | 95461061 | 24.8 |
| 证券公司 | 81065 | 0.3 | 7697757 | 2.0 |
| 个人 | 24087872 | 95.2 | 87046483 | 22.6 |
| 外国人 | 174136 | 0.7 | 14846161 | 3.9 |
| 合计 | 25291849 | 100.0 | 384422377 | 100.0 |

说明：（1）金融机关主要指银行和保险公司。

　　　　（2）事业法人的核心是大企业。

　　　　（3）外国人数中包括法人和自然人。

### （三）个人股权极度分散

股权分散的主要表现是个人股东人数众多，人均股票持有量相对较少。
上述占股票总数 20% 左右的个人股票，是由占股东人数（包括自然人和法
人）95% 以上的个人股东持有的．如上表中个人股东 2408 万人，持有股票
8704 万交易单位（日本股票交易以千股为一个单位），平均每位股东持有
3.61 个单位即 3601 股（日本股票一般面额为 50 日元，3601 股的面额总共
只有 18 万日元，若按股票交易时价计算，每股为 1141 日元，3601 股共计
412 万日元，只相当于大企业职工一年的平均基本工资），从日本经济发展
水平和总的经济规模来看，其数量是不多的。

### （四）法人互相持股形成了稳定股东

一般来说，个人股东持有的股票属于"利润证券"的性质，即以取得
红利和股票升值带来的"资本收益"为目的，因此是不稳定的，随股价变

动经常被买进和卖出，法人股东持有的股票属于"控制证券"的性质，不以红利和"资本收益"为目的，而是为了在一定程度上影响被持股企业的经营，因此比较稳定，不随股价变动而抛售。这些就形成了稳定股东。

第一，稳定股东可以形成稳定的协作关系。日本的企业集团就是通过复杂的连锁型的相互持股形成的。独立系列的企业也是通过相互持股联合起来的。此外，还有既非企业集团内企业，又非独立系列内企业，为了稳定交易关系。加强企业之间的密切协作，相互之间也有持股关系。

第二，稳定股东还可以防止被包买和吞并。如果一个公司的半数股票被包买，其经营权就被别人控制，随时都有被吞并的可能。设法使股东稳定，是防止被吞并的重要对策。战后日本对外国直接投资有严格限制，大规模投资必须同对象企业达成协议方可实施，以自由包买股票的形式进行直接投资是做不到的。20 世纪 60 年代初实行资本自由化后，原则上外资可以自由包买股票，企业存在着被吞并的可能性。然而实际上被包买、吞并的情况并未发生，其原因就是通过法人的相互持股使股东稳定。日本企业法人相互持股已超过 70%，另外，本企业职工持股还会持有一部分股票，也是一种稳定因素。在这种情况下，能够在市场上流动的股票占的比重很少，若想独家包买实际上是不可能的。

### （五）经营者主宰企业，最终所有者被架空

日本大企业的前几位大股东多为法人股东，这些法人大股东联合起来可以起控制作用。但法人股东由于相互持股的缘故，作为股东的影响力也是相互抵消的。它们之间已经形成默契，互不干涉，在股东大会上一般不反对公司的议案，实际上成了支持企业经营者的一种强大力量。而个人股东持有股票本来就极为分散，而且上市公司一年一度的股东大会又都放在同一天召开，使持有不同企业股票的个人股东根本无法分身出席股东大会，因此个人股东基本不起作用。这就使公司经营者的自由度很大，来自所有者方面的约束甚少，自主经营的权利极大。

法人股东之间相互支持当然不是无条件的，而是以经营业绩为前提，一旦公司经营出了大的毛病，法人股东也会从维护股东利益出发进行干预，其方式是联合起来罢免和更换经营者。这里有一个非常关键的问题：法人

大股东的这种权利由谁来行使？并非最终所有者——个人股东，而是股东企业的法人代表——经营者。因此，实际上是由各个法人股东企业的经营者形成的集团发挥着对企业的控制、监督和处置的作用。也就是说，在相互持股的条件下，在一定意义上可以说，作为最终所有者的股东被架空了，在企业经营上起关键作用的，归根结底是经营者而非股东。

### （六）股票红利率极低

日本股票分红率极低，一般为面额的 7%—10%，而股票时价一般为面额的十几倍到几十倍，如果按 20 倍计算，实际利率仅为 0.35%—0.5%。个人购买股票追求的并不是分红而是由于股价上涨带来的"资本收益"。

法人股东虽然不追求股价上涨带来的"资本收益"，但它仍然具有提高股价、压低分红的倾向。这是因为：一是法人股东相互持股，如果提高分红是彼此支付、相互抵消的，而得利的却是个人股东，对法人企业来说，只是增加红利负担，得不到好处，因此具有压低分红倾向；二是抬高股价有利于企业筹集资金，使企业经营者得以运用廉价的资金，因此具有提高股价倾向；三是法人相互持股需大量购买股票，使一些企业股票求大于供，这也刺激了股价上涨。

据统计，1989 年日本全部企业支付的红利总额为 4 兆日元，而同年企业支出的交际费总额达 5 兆日元，高于分红总额。交际费虽然不是经营者的个人收入，但归经营者支配，是经营者利益的一个很重要的来源。这是研究日本企业自负盈亏机制以及研究日本所有者和经营者关系的不可忽视的一个侧面。

### （七）普遍建立本企业职工持股制度

日本企业没有"企业股"，也没有向职工无偿赠股的做法，因为"企业股"和无偿赠股都被视为侵害股东权益。但多数企业建有本企业职工持股制度。

职工持股制度就是在企业内部建立职工持股会，入会职工个人零星出资，公司再给一些奖励性补贴，帮助职工购买本公司股票的制度。

职工出资方式，一是按月从工资里扣交少量资金（一般大企业职工月平均基本工资 35 万元左右,入会者每月至少扣交 1000 日元,最多不得超过 3 万日元,具体数额由个人自愿申报);二是由年中和年末奖金中扣交(数额为每月扣交数的 3 倍)。按照每人扣交数额由公司给予 5% 的奖励基金,由职工持股会统一购买股票,按人分别列账,股票由持股会理事会负责管理,由理事长代表持股会出席股东大会行使议决权。据统计,上市公司有 92% 的企业建立了职工持股会,入会职工占 45%。

实行职工持股制度的目的有三:一是形成稳定股东;二是增强职工归属感;三是帮助职工积累资金形成个人财产。此制度始于 20 世纪 60 年代资本自由化之后,当时第一位的目的是形成稳定股东;70 年代中期以后,形成个人财产变成了第一位的目的。

### (八)企业自有资本比重低,其中股东个人出资部分更低

日本股份公司在十几年前自有资本比重只占 15%,现已有所提高,但也只占 20% 左右。总资本中绝大多数是借入的他人资本,其最终所有权并不归股东所有。即使仅占 20% 的自有资本,也不完全是属于个人产权的股东资本,这里有两项因素需要扣除:

1. 日本企业自有资本包括三个部分:资本金、法定准备金、剩余金。前一项是股东出资,其份额一般较少;后两项是历年经营利润的留存,大大高于前一项数额(以著名企业东芝公司为例,在 10205 亿日元自有资本中,资本金为 2718 亿日元,占 26.63%,其他两项则占 73.37%。再以日本石油股份公司为例,在 4080 亿日元自有资本中,资本金为 1236 亿日元,占 30%,其他两项则占 70%)。虽然在理论上可以认为后两项最终也归股东所有,但实际上它只是对企业扩大经营有利,属于经营者可以活用的资金,事实上并未直接变成股东的股权,明确属于股东个人产权的自有资本只集中体现在前一项"资本金"上。

2. "资本金"中有相当大的一部分是银行、保险公司、大企业等法人持有的股份,这部分也应扣除。总之,企业自有资本比重本来就低,再扣除上述两项之后,真正"量化"到个人产权的部分就更少了。

# 二 利用"架空机制"实现企业自主经营

如前所述，改革开放以来，我国采取了一系列扩大企业自主权的措施，政府职能也在逐步转变，这些都是从外部为企业创造自主经营条件的改革措施。但至今政府干预过多、行政控制过死的问题并未完全解决。深化企业改革，需要继续从外部为企业创造自主经营的条件，同时，也需要从企业自身的组织结构上探寻一些有助于实现自主经营的办法。我认为，利用法人相互持股的"架空机制"，实行企业法人相互持股的股份制，就是一种可供选择和实验的办法。

## （一）实行股份制的着眼点在于强化企业之间的横向制约，淡化行政主管部门的直接干预

在公有制基础上推行股份制，着眼点是什么，要侧重解决的问题是什么，这在人们的认识上并不完全一致。对于实行股份制的目的，比较流行的观点，有以下几种：

第一，筹集资金。认为目前企业资金缺乏，而个人储蓄和手持货币量很大，如果用股票的形式把其中一部分吸引过来变成直接投资，就可以成为长期、稳定的因素，既可以支持生产建设，又可以避免"猛虎出山"冲击市场，引起物价上涨。

第二，调动职工的积极性。认为职工持了本企业的股份，就可以把企业经营好坏同自己的切身利益更直接地联系起来，使职工更加关心企业的经营，增强企业的凝聚力。

第三，理顺产权关系。认为通过建立股份制企业，可以形成企业法人所有制，区分国有资产的最终所有权和企业法人所有权，从而理顺产权关系，调动企业有效运用国有资产的积极性。

第四，突出经营者集团的作用。认为企业法人相互持股以后，可以建立类似企业集团成员企业经理会议的机构，使法人股东相互参与，由股东企业的法人代表形成经营者集团，对企业进行控制，从而淡化行政主管部门的直接干预，强化企业之间的横向制约，突出经营者集团的作用。

我认为，上述四个方面的理由都是可以成立的，如果实行股份制，这些方面的积极作用都能够不同程度地显现出来。但是，从我国国有企业的实际状况来看，上述四点理由并非都可以成为把我国国有企业改组为股份公司的主要根据。

首先，关于集资。目前我国个人储蓄数额虽多，但都已作为间接金融经由银行投入使用，若用股票吸引其中的一部分，也只是资金运用方式由间接投资变为不经过银行中介的直接投资，并不能带来资金总量的增加。况且由于我国股票市场极不发达，它还不能有效地促使社会资金向高收益率企业和产业合理流动，企业外部个人投资者对企业经营又难以获得准确的信息，在这种情况下，到底应以间接金融为主还是个人直接投资为主，哪一种资金运用方式更好，还是一个需要进一步研究论证的问题。我认为，在资金的筹集和运用上，我国应当健全和完善以间接金融为重点的金融体制，即由银行等金融部门吸收存款、发行债券来集中社会资金，然后投放出去。由于银行等专业金融机构能较充分地掌握信息，有能力审查借款企业的经营状况，在我国市场发育的初期甚至发育过程中的相当长的一个时期里，只要认真改革和完善银行自身的经营机制，由它来运用社会资金定会比居民个人直接投资的方式取得更好的效益。至于前边提到的"猛虎出山"威胁的问题，若能把个人储蓄的一部分转化为直接投资固然可以形成稳定的因素，减少对市场冲击的压力，但这种转化不可能是全部而只能是较小的一个局部，冲击市场的威胁并不能根除。其实，保持市场的稳定，关键并不在于储蓄余额的高低，而在于总供给和总需求的大体平衡，在于经济的稳定增长。如果经济发展失衡，即使通过股票吸收了一部分个人储蓄，但余下的大部分仍然可以"猛虎出山"，使物价上涨。所以，只能说便于筹集资金是实行股份制的不可否认的优点，但绝不能说这就是决定推行股份制的主要根据或基本着眼点。

其次，关于职工的积极性。调动职工群众的积极性，关键在于如何把企业经营好坏同职工的利益得失联系起来。在股份制已经成为既定前提的情况下，让本企业职工持股当然是激励职工献身企业的一种方法，但是如果没有这个既定前提，就不一定非用持股的办法不可，首先可以考虑的是通过把职工的工资、奖金甚至就业同企业经营状况直接挂钩的办法来实现。

也就是说，调动职工的积极性并不能成为必须把全民企业改组为股份公司的主要根据或基本着眼点。

最后，关于产权。推行股份制有一个重要的前提，这就是前述第三点所说的，必须确认企业法人产权。在公有制基础上实行法人相互持股的企业制度，本身就意味着承认在国家拥有最终所有权的同时，企业拥有法人所有权；这是企业法人持股的前提，而不是推行股份制的着眼点和根据。

我认为，我国全民所有制企业实行股份制的最主要的着眼点是前述的第四点。也就是说，推行股份制的目的在于构造一种能够强化企业之间的横向制约、淡化行政主管部门的直接干预、充分发挥经营者集团作用的企业组织结构。实现这样一种组织结构的转换，才能促进政企分开，转变企业经营机制，实现企业自主经营。应当说，这才是全民所有制企业实行股份制的主要目的和根本着眼点。

### （二）正确运用企业法人相互持股的"架空机制"，可以促进企业经营机制的转换

为什么说实行股份制能够强化企业之间的横向制约，淡化行政主管部门的直接干预呢？原因在于，企业法人相互持股具有一种架空机制。

前边已经说过，企业法人相互持股可以形成稳定股东，建立稳定的协作关系；可以进行企业保护，防止被外来势力包买和吞并；可以压低股票分红率和刺激股价上涨。同时，最值得注意的是，企业法人相互持股使经营者主宰企业，最终所有者被架空。

在企业法人相互持股的条件下，经营者的任用，经营者地位的维持，以及经营战略的制定和实施，都不取决于所有者。这里我们以日本的企业为例，分析一下经营者是怎样产生，其权力是怎样形成和维持的。

第一，按法律规定，董事是由股东大会选举的。但股东大会只是一种形式，经理提董事候选人，在股东大会上是很容易被通过的，在很大程度上等于是经理选用董事。

第二，经理又是在董事会上选举的，由于董事是经理挑选的，由这样的董事会来选任经理，无异于经理自己选自己。

第三，经理最终卸任时，又有权推举后继者，这就保证了经营者权力的延续性，股东在经营者产生和维持权力的各个环节上，基本上起不到控制作用。

总之，经营者的命运并不取决于所有者。其原因并非通常说的所有权和经营权的分离，而在于所有者本身具有特殊性，也就是前边说过的，居于统治地位的所有者——法人大股东转化成了一个经营者集团，控制着企业。

为什么会有这样的转化呢？这就需要从"代表董事"说起。

日本企业的法人代表，是"代表董事"。企业对外签约，出席持股对象企业股东大会行使表决权，都必须是"代表董事"。对小企业来说，"代表董事"就是经理。如果这个小企业的经理本人是业主型的经营者，那么，这时的法人代表也同样成为业主型的经营者，兼所有者和经营者于一身。但大企业情况就不同了，业主型的经营者很少，而且大企业的"代表董事"不止一人，经理、副经理、常务董事可以同时都是"代表董事"，他们按照各自的分工，分别在不同场合代表公司开展业务活动。他们代表本企业出席持股对象企业股东大会时，可以自主行动，并不需要征询本企业股东的意见。像这样的法人代表，对被持股的企业来说，他们虽然来自所有者，但却转化成为一个经营者集团。由于有这样一个来自法人大股东的经营者集团的存在，于是也就隔断了被持股企业的经营者同最终所有者的联系。因此，决定企业经营者命运的不是所有者，而是法人大股东的代表（在企业集团就是集团内企业的经理会）——经营者集团。被持股企业的经营者只要得到这个经营者集团的认可，就可以具有完全自主的经营权，甚至可以说有超越股东大会的权力。

当然，日本企业的所有制同我国企业根本不同，但是，法人相互持股使法人股东的代表转化成经营者集团，最终所有者被架空，这种作用和机制是相通的；无论最终所有者是个人股东还是国家行政主管机关，被架空的可能性是同等的。在社会主义条件下，正确运用法人相互持股的"架空机制"，把一元的"行政婆婆"改组成为多元的"法人婆婆"，就可以转变经营机制，使企业之间能够相互影响、相互制约、相互促进，从而淡化行政主管部门的直接干预，突出经营者集团的作用，使全民所有制企业向自主经营的目标跨一大步。

### （三）从建立法人相互持股关系起步对全民企业逐步进行股份制改造，在我国是可行的

在我国企业资金普遍缺乏的现实条件下，如果侧重于建立法人相互持股关系，就可以在资金合理流动的基础上，用较少的资金在较大程度上解决企业向股份公司过渡的问题。

企业按照生产经济活动的内在联系出资持其他企业的股，同时还可以吸收另外的企业出资持本企业的股，资金在一定程度上是可以相互抵消的。当然，这会出现资本的"空洞化"，造成资本虚增，在公司股票上市的情况下，会出现很多弊病。但是，我国在形成股份公司的初期并没有发达的股票市场，而且多数企业的股票是不能上市的，因此，我国股份制的实施带有企业改组的性质。在这种情况下，以法人相互持股作为一种起步措施，其消极作用可以比在发达的股票市场上表现出来的弊病会小得多，我认为这是一种可行的办法。说它可行是因为：

第一，通过法人相互持股形成稳定协作关系，有助于用经济办法促进企业集团的形成。

组建企业集团，可以用行政办法、通过行政性公司去推动；也可以用经济办法、按照生产经济活动的内在联系逐步形成。显然，按照经济联系自然形成较之用行政办法推动效果要好得多，也更加符合我国经济体制改革的客观要求。

借鉴日本企业法人相互持股的企业组织结构，按照企业间交易的需要形成固定的协作关系，有助于用经济办法形成企业集团。例如，企业为了保证原材料、半成品、零部件等生产物资的供应，可以选择合适的供货伙伴进行投资，掌握对象企业一定的股份从而影响其经营以确保稳定的供货关系；同样，供货企业为了保证产品有稳定的销路，也可以选择合适的购货伙伴进行投资，控制其一定的股份。经过一个时期的选择、组合，我国的企业组织结构就会发生变化。首先，被持股企业必须按照股份制企业的规范改组为股份公司，否则就不存在持股问题；其次，根据相互持股关系复杂程度，形成密切协作的企业系列或者紧密联合的企业集团。这个发展

过程，既是资金合理流动的过程，又是企业改组的过程；同时也是计划和市场自然结合，通过相互持股确保生产和流通各个环节相互衔接、按比例发展的过程。

第二，通过法人相互持股控制分红率，有助于股份公司起步。

目前，在试行股份制的过程中碰到了一个实际问题：我国居民在进行投资时，缺乏风险意识，而且有追求高分红率的倾向。企业如果试行股份制，一方面向国家上交的税、利不能减少；另一方面，又要增加很高的红利负担，企业感觉不到有什么好处。这种状况如果不改变，股份制就难以起步。如前所述，日本股份公司的股东分红率大大低于存款利息率，甚至达到了可以略而不计的地步。这种格局是法人持股相互作用的结果。研究和借鉴日本企业法人相互持股的这个经验，对我国股份公司的起步是有意义的。

我认为，在我国推行股份制的起步阶段，不必急于搞股票交易、发展股票上市公司，更不宜侧重于鼓励个人购买股票和炒股票。应当着眼于企业改组，侧重于建立企业法人相互持股关系，控制分红率，多搞股票不上市的股份公司。

第三，通过法人相互持股突出经营者集团的作用，有助于促进政企分开。

在坚持全民企业由国家拥有最终所有权的前提下，确认企业法人所有权，将国有资产交由企业全权运用和经营，形成企业独立的经济利益，有利于国有资产的有效利用和增殖。企业可以运用自己的资产对外投资持有其他企业的股份，从而促进资金合理流动，形成企业法人相互持股的企业组织结构。这种设想同国有资产经营管理制度改革的方向是一致的，不但新建的大企业可以按这个办法组建，原有企业也可以按这个办法改组。按照这种设想实施的结果，企业之间互为股东，每个企业就会由一元的"行政婆婆"变成多元的"法人婆婆"，实际上是经营机制的转变。

虽然国有企业的所有制不变，最终所有权仍由国家掌握，但相互持股以后，股东企业的法人代表——经理、厂长，就可以形成一个经营者集团，这些企业的经营者就能带着各自独立的经济利益，相互参与、相互制约、相互促进。这样就可以强化经营者集团的作用，淡化行政主管部门的作用，有助于促进政企分开。我认为，这是实现企业自主经营的一种现实可行的选择。

# 三　构筑"利益防线"实现企业自负盈亏

我国国营企业至今没有真正实现自负盈亏，这是大家的共识。然而对于全民所有制企业能否做到自负盈亏，人们的认识却相去甚远。常常听到一种说法：全民所有制企业的财产归国家所有，企业破产也是破国家之产，不可能真正自负盈亏。因此，许多人从个人产权上找出路，认为必须改变所有制关系，把产权"量化"到个人，否则自负盈亏只能是一句空话。这种观点，我认为是值得商榷的。

第一，现代企业产权关系发生了巨大变化，自负盈亏不再是单纯的个人产权问题。

其实，前述观点是一种小业主式的自负盈亏观，而现代企业早已不是那种个人投入资金、如若赔光就跳楼自杀的机制。由于现代企业在财产关系上出现了许多不同于小业主式经营的新的特点，其自负盈亏的机制也就呈现了极为复杂的情况，而不再是单纯的个人产权问题。

从日本股份制企业的情况来看，现代企业的财产关系有以下四个明显的特点。

（1）股东承担有限责任。日本的股份有限公司和有限责任公司共占企业总数的97.5%，这种有限责任的企业形态同过去的小业主式的经营，在盈亏责任的实现方式上显然已经有了很大的不同。

（2）法人股东持股率高。不仅股东责任有限，而且法人相互持股的比重高，个人股东持股率低，因而企业承担的有限责任真正"量化"到个人产权上的部分并不占主要地位。也就是说，现代企业的盈亏机制源于个人产权的因素，已经不像小业主经营条件下那样突出。

（3）个人股权分散。如前所述，日本上市公司共有个人股东2408万人，持有股票8704万交易单位，人均3.61个单位，按市价计算，其金额只相当于大企业职工一年的平均基本工资。至于少数个人大股东持有股票数量虽大大超过平均值，但其股票持有率也呈下降趋势。最明显的是松下公司的创业人松下幸之助，1950 年他持有的本公司股票占 43.25%，到 1955 年就降到了 20.43%，到 1975 年猛降为 3.8%，以后又降到 2.9%。这样一种资本分布状况，对盈亏责任机制来说，个人产权的作用绝不像在小业主经营条件下那样举足轻重。

（4）企业自有资本比重低。目前，日本股份制企业的自有资本只占 20% 左右，而且其中的绝大部分并不属于个人产权，而是历年利润的留存。这部分资金虽然在理论上可以认为是归股东所有，但实际上它是属于经营者可以活用的资金，并未直接变成股东的股权，因此，真正量化到个人产权的比重是很低的。

从上述财产关系的四个特点可以看出，现代企业自负盈亏的机制已不单纯是个人产权问题，其形成也并非源于大股东所有制关系。当然，这并不是说自负盈亏同所有权无关，企业如果倒闭，股东出资必然要遭受损失，这是无疑的；但如果认为这就是形成自负盈亏机制的首要因素甚至认为是全部因素，那也是不符合客观实际的。

第二，在所有者的产权蒙受损失之前，有一道"利益防线"，这才是自负盈亏机制的核心问题。

那么，现代企业自负盈亏机制到底从何而来呢？我认为，来源于与所有制关系既相联系又有区别的利益关系。

股票的所有权，当然体现着利益关系，但对企业职工来说，特别是对在企业经营中起关键作用的经营者来说，企业的盈或亏给他们造成的股票上的利益得失并不居主导地位；相反，给他们带来的与个人股权无关的利益得失，却重要得多。企业自负盈亏的约束机制首先来源于此。

以企业的经营者为例，每个公司的董事，普遍都持有本公司的股票，除少数业主型的经营者之外，公司董事持股的数量并不大。董事持有本公司股票是不能出售的，因此不能从中取得"财产收益"在股票分红率很低的情况下，经营者持有股票的收益是不多的。他们的利益主要来源于以下几个方面：

（1）高工资。董事的工资是按年计算的。随公司的规模不同、效益不同，董事的年工资水平也不相同。一般地说，董事的年工资相对于本企业职工的平均水平，要高出数倍。据 1984 年统计，大企业董事平均工资为

827 万日元，也有很多大企业董事的年工资高达数千万日元。

（2）高奖金。董事和监事的奖金，是在公司净利润分配中单独列项公开处理的，同一般职工的奖金分开计算。以某石油公司为例，先从职工奖金情况来看，1990 年月平均工资为 36 万日元，职工奖金一般按六个月的工资额发放，约为 220 万日元。再从股东分红情况来看，1990 年股票分红总额为 36.75 亿日元，发行股票总数 122526 万股，平均每股 3 日元；股东总数 133440 名，平均每名股东不到 1 万股，而 1 万股的红利只不过 3 万日元。但董事和监事的奖金总额达 1.64 亿日元，人数为 9 人，平均每人 870 万日元，同职工的奖金以及股东的分红相差悬殊。而且董事的奖金并非平分，有的企业，总经理一人按规定可得 30%（按上侧计算应为 5000 万日元），其余部分的分配总经理在很大程度上还有决定权。由此可见，经营者特别是高级经营者的奖金收入较其股票所有权的收益要高得多。

（3）交际费。交际费不是经营者的个人收入，但他们有权使用。交际费数量非常之大，据国税厅《法人企业实态》公布的数字，1989 年支出的交际费总额为 5 兆日元，比股票分红总额还要多（同年分红总额约 4 兆日元）。交际费的使用权不仅限于董事，凡有业务上的需要，各级业务人员都可以开支一定数量的交际费。据一位经营者对笔者说，有的业务人员每年开支的交际费可达 400 万—500 万日元。

（4）退休金。企业一般职工到退休年龄后，按工龄计算，每年一个月的工资，而董事的退休金，按每年收入的 30% 计算，这比一般职工就高得多了。若按年收入 1000 万日元（这种收入水平的董事是很多的）计算，退休金每年 300 万日元，董事在任最长的可达 20 年，退休金一项就可达 6000 万日元。

（5）社会地位。大企业的经营者社会地位高，有很多一般职工没有的权力。前述交际费的使用，经理和高级职员比一般业务人员使用起来就随意得多。另外他们的关系多，孩子们的就业比别人有更大的优势。大企业的董事，也配有公司的专车和司机。特别是财界的权力，一般认为是由大企业经营者持有的。甚至有的学者认为，在日本占统治地位的是企业界，是大企业的两三万个经营者。

所有这些，都同企业经营状况紧紧地联系在一起，企业兴旺，这些就能保持和提高；经营不善，就会减少；若是企业倒闭，一切都会失去。这实际是一种自负盈亏的机制。这种机制在经营者身上表现得最为突出，同时，在每个职工身上也能不同程度地表现出来。企业经营不好，职工的奖金普遍减少甚至取消；如果企业倒闭，正常、稳定的生活就会被打破，每个人都要自己去重新寻找合适的工作，这也是一种威胁，并由此形成一种紧迫感。他们不像中国企业职工那样，企业倒闭，自有政府来安排，个人不需付出任何代价。

当然，企业如果破产，股东要承担财产损失，因此不能说所有制和自负盈亏没有关系。而且在日本，业主型的经营者也是非常之多的，特别是那些股票不上市的中小企业，主要出资者既是业主又是经营者，在这种场合所有制和自负盈亏机制的关系就更为密切。但是，即使在这种场合，也有大量的职业经营者，他们和大企业的经营者一样，具有独立的经济利益。这种经济利益得失发生在前，而企业破产造成股东财产损失则发生在后。也就是说，如果企业经营不善，在没有达到倒闭的境地之前，企业职工尤其是经营者，首先会蒙受利益损失，这种利益关系就会形成一种机制，促使企业改善经营，扭转不利的局面。应当承认，这是股东财产蒙受损失之前的一道防线，实际上这才是自负盈亏机制的核心问题。

第三，企业改革的思路，应把侧重点由产权的调整转移到"利益防线"的构筑上来。

在我国企业改革的过程中，要发展多种经济成分的企业，私营企业会有所发展，集体合作股份制企业也会出现，这种类型的企业，自负盈亏机制的形成同所有制的关系当然是密不可分的。但是，现有的国营企业按照这样的模式去改组和构造自负盈亏的机制，是根本不可能的。

首先，构造企业自负盈亏的机制，要从理论上和指导思想上调整侧重点，即应当把侧重点从如何改变所有制关系问题的研究探索，转到利益关系的调整上来。不宜对产权"量化"到个人的作用过于迷信，而应当着眼于构造这样一种机制：企业经营得好，广大职工（特别是经营者）普遍受益；经营不好，他们的利益就会减少甚至会全部失去。即用直接、灵敏地影响职工特别是经营者利益得失的办法来形成自负盈亏的机制。

其次，构造企业自负盈亏的机制，还要沿着调整利益关系的思路，从实际工作上采取一些措施。

其一，彻底打破国家"大锅饭"。

我们通常所说的打破"大锅饭"，指的是国家和企业两个"大锅饭"。但是，这两个"大锅饭"之间是什么关系，往往分析不够。实际上，问题的关键在于打破国家的"大锅饭"。目前，由于国家的"大锅饭"没有打破，盛行着这样的原则：企业经营好了，人人都要多得好处，经营坏了，职工由国家养着，企业领导还可以易地做官，从企业领导到每个职工，待遇一点不能减少，职位一点不能降低。所以说，国家的"大锅饭"，是企业经营状况不能和职工利益得失挂起钩来的根本原因。应当设法使企业的生死存亡同职工的命运直接联系在一起，特别是当企业经营不善时，职工的个人利益要相应地受到威胁，这样才能形成自负盈亏的机制。为此，需要改变"国家职工"的观念和制度，解除国家通过补贴对全民企业职工提供经济生活保障的责任，把企业对职工的生活保障作用和责任突出起来。

其二，加速形成企业命运共同体。

构造企业自负盈亏的机制，另一个"大锅饭"——企业的"大锅饭"当然也要打破。但这要服从于形成企业命运共同体。

打破国家的"大锅饭"以后，国家不再用补贴来维持落后企业的生存，企业必须自力更生、自求发展。这就会形成优胜劣汰的竞争机制。在这种企业之间的竞争中，若想取胜，企业内部就不能过度竞争，而必须增强内部凝聚力。这样才能增强对外竞争的实力和自负盈亏的能力。作为一个经营者，必须想方设法使企业内部既有竞争，又能保持适度，以便团结一致，通过对外竞争来维护企业和企业成员的利益。这就是说，要善于使企业成为全体职工的命运共同体。

打破企业的"大锅饭"，关键在于坚持科学的、经常的考核。反对干好干坏一个样，无疑是正确的，但什么是好、什么是坏必须能分别清楚、判断准确。这就需要有明确的考核标准和公正的考核办法。在企业内部，不应该离开公平考核去空谈拉开档次、拉开差距、打破"大锅饭"，而应该下工夫建立科学的考核标准和公平的考核办法，而且要持之以恒。

其三，正确处理国家和企业的分配关系。

要让企业自负盈亏，使企业自己解决自身的生存和发展问题，就必须使它有相应的财力，同时又不能增加国家财政的负担。这就需要更多地靠完善税制来保证财政收入的增加。通过完善税制确保财政增收的基础上，国家就会有足够的财力放活企业，使全民企业在改善经营、照章纳税的前提下，增加留利，提高自我改造和自我发展能力。目前，非全民企业和个人所得税的征收潜力比较大，减少这方面的流失，可以使财政更加充实，而且可以减轻全民所有制企业的负担，有助于搞活全民所有制企业。

其四，企业内的利益关系要摆在明处。

摆在明处指的是个人收益的分配要有章法，要讲民主，要便于群众监督。

我国企业经营者和职工的收入差别是比较小的。随着改革的深入，自负盈亏机制的形成，经营者的责任加重、作用突出，对经营者素质的要求也越来越高。因此，如何评价经营者的作用，如何给予相应的待遇，需要认真研究。现在的问题是，一方面从总体上来说，经营者的工资水平并未提上去；另一方面又有一些企业经营者的个人收入和公费开支透明度不够。这些都需要通过规章制度建设、民主和法制建设来加以解决。

其五，加速完善社会保障体系。

一旦打掉铁饭碗把全民企业职工的生活保障责任转到企业，就会迫使企业减少多余人员以减轻自身的负担，而且会有经营不好的企业倒闭，职工生活没有着落。这就需要通过社会保障制度来解决。因此，必须完善社会保障体系，使企业多余职工以及倒闭企业职工的基本生活得到保障，从而保持群众生活的安定和社会的稳定。

既要保证企业效益提高，又要保持社会的稳定；既不能光讲优胜劣汰，把矛盾完全推向社会，也不能把企业办成福利事业，以牺牲效率来维持社会稳定。怎样才能做得适度，这是很难把握的问题，但又是无法回避、必须解决的问题。这就需要根据社会承受力和社会保障基金积累的程度，掌握时机、逐步推进。加速完善社会保障体系，无疑有助于上述问题的早日解决。

（原载《中国社会科学院研究生院学报》1993 年第 1 期）

# 公司化改造与实现企业自主经营

## 一　需要解决好三个问题

第一，必须界定企业法人产权。现代企业制度最本质的特征是公司以其拥有的法人财产承担有限责任。因此，对国有企业进行公司化改造，首先必须界定产权，承认企业法人财产权，并且把企业法人的财产同出资人（国家）的其他财产划分开。只有这样，才能以企业拥有的法人财产承担有限责任。

第二，国家授权的投资机构首先必须完成公司化改造。在国有企业进行公司化改造的过程中，如果仍然由行政主管机构行使国有的资产所有权，企业就仍然难以改变行政机构的附属物地位，不可能真正实现自主经营。如果国有资产所有权由国家授权的投资机构来行使，就有可能在一定程度上割断基层企业和行政机关的直接联系，从而减弱或消除政府行政机构的干预。但是，这里有一个前提，就是国家授权的投资机构必须转变职能，不能办成行政机关而必须切实进行公司化改造，实行企业化经营。这样，国有企业和投资机构之间才能形成子公司和母公司的关系，使企业摆脱行政机构附属物的地位。

第三，必须大力推进法人相互持股，使股权多元化、分散化，大幅度降低国家直接持股比例。对国有企业进行公司化改造，如果只是改造成为国家独资或者占绝大多数股权的公司，就仍然难以完全摆脱行政机关的控制，难以实现自主营经。尤其是在国家授权投资的机构自身的公司化改造不彻底的情况下，更是如此。少数行业的特定企业可以搞国有独资公司，多数竞争性行业的企业不应这样做，而应当大力发展法人相互持股，使股权多元化、分散化，而且要大幅度降低国家直接持股的比例。这样，才能转换机制、实现自主经营。

上述三个问题，有的已经在理论上、指导思想上搞清楚了，例如第一项企业产权问题，经过较长时间的探讨，已经取得共识，在党的十四届三中全会决定中已经确认了企业拥有法人财产权，以企业法人财产承担有限责任，可以说这个问题基本解决了。有的已经明确了方针，而且提出了改革措施，例如第二项国家授权的投资机构实行企业化经营的问题，在国有资产管理体制改革中将重点加以解决。唯有第三个问题，即通过法人相互持股使股权多元化、分散化，从而大幅度降低国家直接持股比例的问题，还没有引起人们足够的注意。

## 二 大幅度降低国家直接持股的比例

有人会担心，大幅度降低国家直接持股的比例，公有制的性质岂不就动摇了吗？其实不然。我们发展股份制企业，势必要吸收个人资本，这和公有制为主并不矛盾，而且从我国的实际情况来看，光用发展个人股的办法来使国家直接持股比例大幅度降低是根本不可能的；我们主张的是用大力发展企业法人相互持股的办法来降低国家直接持股的比例，这就不但是可能的，而且还不会从根本上改变原来的所有制关系。例如：企业一方面吸收其他企业的投资来增加资本金；另一方面又以自身资金去持其他企业的股，这样交叉进行，就可以在资金总量不变的条件下，使相互持股的每一个国有企业的资本金同时都会增加，从而使国家直接投入企业的原有资金在资本金中所占份额相对下降。尽管这会使企业资本金虚增，但只要不是用行政办法而是按照企业间的生产联系和经济需要，本着自愿的原则来形成法人相互持股关系，伴随的就会是资金的合理流动和产权组织机构的合理调整。采用这种办法，由于企业间的资金是可以相互抵消的，所以并不会过多增加企业的负担。当然，这不可能一蹴而就，需要有一个逐渐磨合的过程。

## 三 法人相互持股的"架空机制"

通过法人相互持股使股权多元化、分散化之后，就可以削弱最终所有者的控制，形成经营者集团控制企业的格局，真正实现企业自主经营。为什么会这样呢？原因就在于股权分散了的法人相互持股，具有一种"架空机制"。以日本的大企业为例，大股东多为法人，股东数量多但单个股东的持股率低，因此需要几十家大股东联合起来才能控制企业（如松下电器公司，根据《四季报》1991年第2辑公布的数字，有17万股东，最大的股东是住友银行，持股率只占4.3％，前10位大股东持股合计也只占26.5％）。这些法人大股东由于相互持股的缘故，使作为股东的干预力相互抵消了，在股东大会上实际成为支持企业经营者的一种强大力量，而个人股东人数众多、人均股权极少，基本不起作用。这就决定了公司经营者的自由度很大，来自所有者方面的约束甚少，自主经营的权利极大。当然，如果企业经营出了大毛病，法人大股东也会从维护自身利益出发进行干预，干预的方式是联合起来更换经营者。这里有一个非常关键的问题：法人大股东的这种权利由谁来行使？并非最终所有者——个人大股东，而是股东企业的法人代表——经营者。因此，实际上是由各个法人股东企业的代表——经营者形成的集团，发挥着对企业的控制、监督和处置作用。也就是说，在相互持股的条件下，在一定意义上可以说，作为最终所有者的股东被架空了，在企业经营上起决定作用的，归根结底是经营者而非个人股东。

我们在公司化改造过程中，正确运用法人相互持股的"架空机制"，把一元的"行政婆婆"改组成为多元的"法人婆婆"，就可以转换企业经营机制，使企业之间能够相互影响、相互制约、相互促进，从而淡化行政主管部门的直接干预，突出经营者集团的作用，使企业经营机制得到转换，向自主经营的目标跨进一步。

今后一个时期，国有企业的改革将朝着建立现代企业制度的方向发展。建立现代企业制度，也就是要对国有企业逐步进行公司化改造。但是，绝不能认为，把企业冠以公司的名称就可以成为现代企业制度。

（原载中国社会科学院科研局编《学术动态》1994年第12期）

# 论企业法人相互持股

改革开放以来,采取了一系列扩大企业自主权的措施,政府职能也在逐步转变,这些都是从外部为企业创造自主经营条件的改革措施。实施这些改革措施,扭转了计划包罗万象、财政统收统支、产品统购包销、物资统一调拨、人员统一分配的高度集中统一的经济管理体制,企业有了空前的活力。但是,企业自主经营的改革目标至今并未实现,全民所有制企业特别是大中型企业,面临的困难仍然很多,政府干预过多、行政控制过死的问题并未完全解决。深化企业改革,需要继续从外部为企业创造自主经营的条件。同时,从企业自身来说,也需要从组织结构上探寻一些有助于实现自主经营的办法。实行法人企业相互持股的股份制,就是一种可供选择和实验的办法。

## 一 实行股份制的着眼点

在深化企业改革的探索中,股份制的呼声越来越高。加速试行股份制,已经成为相当多数人的共识。但是,在公有制基础上推行股份制,着眼点是什么,要侧重解决的问题是什么,这在认识上还并不完全一致。

目前,在主张推行股份制的讨论中,谈得比较多的,有以下几个方面的理由:

其一,筹集资金。认为目前企业资金缺乏,而个人储蓄和手持货币量很大,如果用股票的形式把其中一部分吸引过来变成直接投资,就可以成为长期、稳定的因素,既可以支持生产建设,又可以避免"猛虎出山"冲击市场,引起物价上涨。

其二,调动职工的积极性。认为职工持了本企业的股份,就可以把企业经营好坏同自己的切身利益更直接地联系起来,使职工更加关心企业的经营，增强企业的凝聚力。

其三，理顺产权关系。认为通过建立股份制企业，可以形成企业法人所有制，区分国有资产的最终所有权和企业法人所有权，从而理顺产权关系，调动企业有效运用国有资产的积极性。

其四，突出经营者集团的作用。认为企业法人相互持股以后，可以建立类似企业集团成员企业经理会议的机构，使法人股东相互参与，由股东企业的法人代表形成经营者集团，对企业进行控制，从而淡化行政主管部门的直接干预，强化企业之间的横向制约，突出经营者集团的作用。

我认为，上述四个方面的理由都是可以成立的，如果实行股份制，这些方面的积极作用都能够不同程度地显现出来。但是，从我国国有企业的实际状况来看，上述四点理由并非都可以成为把我国国有企业改组为股份公司的主要根据。

首先，关于集资。目前我国个人储蓄数额虽多，但都已作为间接融资经由银行投入使用，若用股票吸引其中的一部分，也只是资金运用方式由间接投资变为不经过银行中介的直接投资，并不能带来资金总量的增加。况且由于我国股票市场极不发达，它还不能有效地促使社会资金向高收益率企业和产业合理流动，企业外部个人投资者对企业经营又难以获得准确的信息，在这种情况下，到底应以间接融资为主还是应以个人直接投资为主，哪一种资金运用方式更好，还是一个需要进一步研究论证的问题。我认为，在资金的筹集和运用上，我国应当健全和完善以间接融资为重点的融资体制，即由银行等金融部门吸收存款、发行债券来集中社会资金，然后投放出去。由于银行等专业融资机构能较充分地掌握信息，有能力审查借款企业的经营状况，在我国市场发育的初期甚至发育过程中的相当长的一个时期里，只要认真改革和完善银行自身的经营机制，由它来运用社会资金定会比居民个人直接投资的方式取得更好的效益。至于前面提到的"猛虎出山"威胁的问题，若能把个人储蓄的一部分转化为直接投资固然可以形成稳定的因素，减少对市场冲击的压力。但这种转化不可能是全部而只能是较小的一个局部，冲击市场的威胁并不能根除。其实，保持市场的稳定，关键并不在于储蓄余额的高低而在于总供给和总需求的大体平衡，在于经济的稳定增长。如果经济发展失衡，即使通过股票吸收了一部分个人储蓄，但余下的大部分仍然可以"猛虎出山"，使物价上涨。所以，只能说便于筹集资金是实行股份制的不可否认的优点，但绝不能说这就是决定推行股份制的主要根据或基本着眼点。

其次，关于职工的积极性。调动职工群众的积极性，关键在于如何把企业经营好坏同职工的利益得失联系起来。在股份制已经成为既定前提的情况下，让本企业职工持股当然是激励职工献身企业的一种方法。但是，如果没有这个既定前提，就不一定非用持股的办法不可，例如，通过把职工的工资、奖金甚至就业同企业经营状况直接挂钩的办法来实现。也就是说，调动职工的积极性并不能成为必须把全民企业改组为股份公司的主要根据或基本着眼点。

我认为，我国全民所有制企业实行股份制的最主要的着眼点是前述的第四点。也就是说，推行股份制的目的在于构造一种能够强化企业之间的横向制约、淡化行政主管部门的直接干预、充分发挥经营者集团作用的企业组织结构。实现这样一种组织结构的转换，才能促进政企分开，企业经营机制转变，实现自主经营。应当说，这才是全民所有制企业实行股份制的主要目的和根本着眼点。

当然，推行股份制有一个重要的前提，即前述第三点所说的，确认企业法人产权。在公有制基础上实行法人相互持股的企业制度，本身就意味着承认在国家拥有最终所有权的同时，企业拥有法人所有权。这是企业法人持股的前提，而不是推行股份制的着眼点和根据。

## 二　企业法人相互持股的作用和机制

为什么说公有制企业实行股份制能够强化企业之间的横向制约，淡化主管部门的直接干预，突出经营者集团的作用呢？原因在于企业法人相互持股具有一种特殊的作用和机制。

我国国有企业的改革，并不是通过私有化来实行股份制，而是要在公有制基础上实行股份制。因此，今后的股份制企业，个人股东持股比例会很低，企业法人相互持股的比例会很高，在这一点上，同日本的企业会有明显的相似之处。因此，分析一下日本企业法人相互持股的实态，对我们思考股份制问题，是有一定参考价值的。

据统计，1989 年全日本上市公司股票总额中，个人股东持股比例只占22.6%，法人股东持股比例高达72%。由于法人相互持股容易形成垄断，各国法律对此都有限制。不过，相对来说，日本法律对法人相互持股的限制不如欧美各国严格，所以法人相互持股在日本盛行，成为日本股份公司组织结构中引人注目的突出的特点。

### （一）法人相互持股形成了稳定股东

一般来说，个人股东持有的股票属于"利润证券"的性质，即以取得红利和股票升值带来的"资本收益"为目的，因此是不稳定的，随股价变动经常被买进卖出；法人股东持有的股票属于"控制证券"的性质，不以红利和"资本收益"为目的，而是为了在一定程度上影响被持股企业的经营，因此比较稳定，不随股价变动而抛售，这样就形成了稳定股东。

稳定股东可以形成稳定的协作关系。日本的企业集团就是通过复杂的连锁型的相互持股形成的。独立系列的企业也是通过相互持股联合起来的。此外，还有既非企业集团内企业，又非独立系列内企业，为了稳定交易关系、加强企业间的密切协作，相互也有持股关系。

稳定股东，还可以防止企业被包买和吞并。如果一个公司的半数股票被包买，其经营权就被别人控制，随时都有被合并的可能。设法使股东稳定，是防止被吞并的重要对策。战后日本对外来直接投资有严格限制，大规模投资必须同对象企业达成协议方可实施，以自由包买股票的形式进行直接投资是做不到的。20 世纪 60 年代初实行资本自由化后，原则上外资可以自由包买股票，企业存在着被吞并的可能性。然而，实际上被包买、吞并的情况并未发生，其原因就是通过法人相互持股使股东稳定。日本企业法人相互持股已超过70%，另外，本企业"职工持股会"还有一些股票，也是一种稳定因素。在这种情况下，能够在市场上流动的股票占的比重很少，而且又分散在众多股民手中，若想独家包买实际是不可能的。

### （二）法人相互持股刺激股价上涨，使股票红利率极低

日本股票分红率极低，一般为面额的 7%—10%，而股票时价一般为面

额的十几倍至几十倍，如果按 20 倍计算，实际利率仅为 0.35%—0.5%。个人购买股票追求的并不是分红而是股票的差价，即由于股价上涨带来的"资本收益"。

法人股东虽然不追求股价上涨带来的"资本收益"，但它仍然具有抬高股价、压低分红的倾向。这是因为：（1）法人股东相互持股，如果抬高分红是彼此支付、相互抵消的，而得利的却是个人股东，对法人企业来说，只是增加红利负担，得不到好处，因此具有压低分红的倾向。（2）抬高股价有利于企业筹集资金，使企业经营者得以运用廉价的资金，因此具有抬高股价的倾向。（3）法人相互持股需大量购买股票，使一些企业股票求大于供，这也刺激了股价上涨。

### （三）法人相互持股使经营者主宰企业，最终所有者被架空

日本大企业的前几位大股东多为法人股东，这些法人大股东联合起来可以起控制作用。但法人股东由于相互持股的缘故，作为股东的影响力也是相互抵消的。它们形成默契，互不干涉，在股东大会上一般不反对公司的议案，实际上成了支持企业经营者的一种强大力量。而个人股东持有股票本来就极为分散，而且上市公司一年一度的股东大会又都放在同一天召开，使持有不同企业股票的个人股东根本无法分身出席股东大会，因此个人股东基本不起作用。这就使公司经营者的自由度很大，来自所有者方面的约束甚少，自主经营的权力极大。

法人股东之间相互支持当然不是无条件的，而是以经营业绩为前提。一旦公司经营出了大的毛病，法人股东也会从维护股东利益出发来干预，干预的方式是法人股东联合起来罢免和更换经营者。这里有一个非常关键的问题：法人大股东的这种权力由谁来行使？并非最终所有者——个人股东，而是股东企业的法人代表——经营者。在日本，企业法人代表是"代表董事"，企业对外签约、出席持股对象企业股东大会行使议决权，都必须是"代表董事"。大企业的"代表董事"不止一人，经理、副经理、专务董事、常务董事可以同时都是"代表董事"，他们按照各自的分工，分别在不同场合代表公司开展业务活动。他们代表本企业出席持股对象企业的股东大会时，可以自主行动，并不需要征询本企业股东的意见。像这样的法人

代表，对被持股的企业来说，他们虽然来自所有者，但却转化成为一个经营者集团。实际上是由各个法人股东企业的经营者形成的集团发挥着对企业的控制、监督和处置的作用。由于有这样一个来自法人大股东的经营者集团的存在，于是就隔断了被持股企业的经营者同最终所有者的直接联系。也就是说，在相互持股的条件下，在一定意义上可以说，作为最终所有者的股东被架空了，在企业经营上起关键作用的，归根结底并非股东而是经营者。

当然，日本企业的所有制同我国企业根本不同，但法人相互持股使法人股东的代表转化成经营者集团，最终所有者被架空，这种作用和机制是相通的；无论最终所有者是个人股东还是国家行政主管机关，被架空的可能性是同等的。在社会主义条件下，正确运用法人相互持股的"架空机制"，把一元的"行政婆婆"改组成为多元的"法人婆婆"，就可以转变经营机制，使企业之间能够相互影响、相互制约、相互促进，从而淡化行政主管部门的直接干预，突出经营者集团的作用，使全民所有制企业向自主经营的目标跨一大步。

## 三　从建立法人相互持股关系起步是可行的

在我国企业资金普遍缺乏的现实条件下，如果把推行股份制的着眼点放在筹集资金上，那就根本无法起步。相反，如果侧重于建立法人相互持股关系，就可以在资金合理流动的基础上，用较少的资金在较大程度上解决企业向股份公司过渡的问题。

企业按照生产经营活动的内在联系出资持其他企业的股，同时还可以吸收另外的企业出资持本企业的股。资金在一定程度上是可以相互抵消的。当然，这在一定程度上会出现资本的"空洞化"，造成资本虚增，在公司股票上市的情况下，会出现很多弊病，诸如操纵股价、虚增担保能力扩大融资，等等。但是，在中国企业改革过程中，在形成股份公司的初期并没有发达的股票市场，而且多数企业的股票是不能上市的，因此，我国股份制的实施带有企业改组的性质。在这种情况下，采用上述办法来推进法人相互持股，作为一种起步措施，其消极作用可能比在发达的股票市场上表现出来的弊病会小得多。我认为，这至少在改组企业、形成股份公司之初，是一种可行的办法。说它可行，是因为前述法人相互持股的作用和机制，在我国试行股份制过程中也有可能表现出积极作用来。

第一，通过法人相互持股形成稳定协作关系，有助于用经济办法促进企业集团的形成。组建企业集团，可以用行政办法，通过行政性公司去推动；也可以用经济办法，按照经济活动的内在联系逐步形成。显然，按照经济联系自然形成较之用行政办法推动效果要好得多，也更加符合我国经济体制改革的客观要求。

借鉴日本企业法人相互持股的企业组织结构，按照企业间交易的需要形成固定的协作关系，有助于用经济办法形成企业集团。例如，企业为了保证原材料、半成品、零部件等生产物资的供应，可以选择合适的供货伙伴进行投资，掌握对象企业一定的股份从而影响其经营以确保稳定的供货关系；同样，供货企业为了保证产品有稳定的销路，也可以选择合适的购货伙伴进行投资、控制其一定的股份。经过一个时期的选择、组合，我国的企业组织结构就会发生变化。首先，被持股企业必须按照股份制企业的规范改组为股份公司，否则就不存在持股问题；其次，根据相互持股关系复杂程度，形成密切协作的企业系列或者紧密联合的企业集团。这个发展过程，既是资金合理流动的过程，又是企业改组的过程，同时也是计划和市场自然结合、通过相互持股确保生产和流通各环节相互衔接、按比例发展的过程。

第二，通过法人相互持股控制分红率，有助于股份公司起步。目前，在试行股份制的过程中碰到了一个实际问题。我国居民在进行投资时，缺乏风险意识而且有追求高分红率的倾向。企业如果试行股份制，一方面向国家缴纳的税、利不能减少；另一方面又要增加很高的红利负担，企业感觉不到有什么好处。这种状况如果不改变，股份制就难以起步。如前所述，日本股份公司的股东分红率大大低于存款利息率，甚至达到了可以略而不计的地步。就总量来看，企业的红利负担也是很轻的。这个经验对我国股份公司的起步是有意义的。

我认为，在我国推行股份制的起步阶段，不必急于搞股票交易，发展股票上市公司，更不宜侧重于鼓励个人购买股票和炒股票。应当着眼于企业改组，侧重于建立企业法人相互持股关系，控制分红多的股票不上市的股份公司。目前，日本的股份制企业已有 100 万家，占企业总数的一半以上，股份公司已经发展到相当广泛的程度，但股票上市的公司却只有 2071 家，只占股份公司总数的 2‰。

发展股票不上市的法人相互持股的股份公司，把分红率控制在较低水平，既可以改变企业组织结构，转换机制，又可以不增加企业负担，促进经济效益的提高，因此是可行的。

第三，通过法人相互持股突出经营者集团的作用，有助于淡化行政干预，促进政企分开。在坚持全民企业由国家拥有最终所有权的前提下，确认企业法人所有权，将国有资产交由企业全权运用和经营，形成企业独立的经济利益，有利于国有资产的有效利用和增值。企业可以运用自己的资产对外投资持有其他企业的股份，从而促进资金合理流动，形成企业法人相互持股的企业组织结构。这种设想同国有资产经营管理制度改革的方向是一致的，不但新建的大企业可以按这个办法组建，原有企业也可以按照生产经营活动的客观需要按这个办法改组。按照这种设想实施的结果，企业之间互为股东，每个企业就会由只有一个行政主管部门的婆婆变成同时还有许多企业"法人婆婆"。由一元的"行政婆婆"变成多元的"法人婆婆"，实际上是经营机制的转变。

虽然国有企业的所有制不变，最终所有权仍由国家掌握，但相互持股以后，股东企业的法人代表——经理、厂长，就可以形成一个经营者集团，这些企业的经营者就能带着各自的独立的经济利益，相互参与、相互制约、相互促进。这样就可以强化经营者集团的作用，淡化行政主管部门的作用，促进政企分开。这是实现企业自主经营的一种现实可行的选择。

（原载《经济研究》1992 年第 7 期）

# 发展法人持股形成"架空机制"

　　［本报讯］（记者戴先华）在最近召开的一次大型市场经济学术研讨会上，中国社会科学院工业经济研究所副所长吴家骏，就如何使当前的国有企业真正做到自主经营发表了新见解。

　　他说，关键是通过法人相互持股，大幅度降低国家直接持股比例，使改造后的股份公司真正形成自主经营的机制。

　　吴家骏指出，对国有企业进行公司化改造，如果只是改造成为国家独资或占绝大多数股份的公司，仍然难以完全摆脱行政机关的控制，难以实现自主经营。在国家授权投资的机构自身公司化改造不彻底的情况下，更是如此。

　　他说，少数行业的特定企业可以搞国有独资公司，多数竞争性行业的企业应大力发展法人相互持股，使股权多元化、分散化，而且要大幅度降低国家直接持股的比例。这样才能转换机制，自主经营。

　　吴家骏分析了用法人相互持股降低国家持股的条件。他解释说，从我国实际情况看，只用发展个人股的办法来使国家持股比例大幅度降低是根本不可能的。大力发展企业法人持股，才可能真正降低国家持股比例，可以在资金总量不变的条件下，使国家直接投入企业的原有资金在资本金中所占份额相对下降。

　　吴家骏认为，通过法人相互持股使股权多元化、分散化之后，就可以削弱最终所有者的控制，形成经营者集团控制企业的格局。因为，股权分散，法人相互持股，事实会形成"架空机制"，即"架空"了最终所有者对企业的控制权。这样，来自所有者方面对经营者的约束甚少，企业自主经营的权力则极大。当然，如果企业经营出了大毛病，法人大股东也会从维护自身利益出发进行干预，干预的方式是联合起来更换经营者。而一般情况下，对企业发挥控制、监督和处置作用的是经营者集团。

（原载《深圳商报》1994 年 2 月 16 日）

# 法人企业相互持股是适应
# 新增长方式的微观基础<sup>*</sup>

　　长期以来，在我国工业建设上普遍存在着热衷于追求数量而忽视质量、追求新建而忽视技术改造的倾向，工业摊子铺得过大、过散，专业化协作水平低，盲目建设、重复建设严重，工业企业组织结构极不合理。选种外延型、粗放型的增长方式已经难以为继，今后必须坚持走内涵型、集约型经济增长的道路，并且要尽快实现经济增长方式的这种转变。

## 一　转变经济增长方式，必须搞好国有
## 企业改革，加快实现企业自主经营

　　转变经济增长方式，需要解决的问题很多，宏观政策的调整固然重要，微观基础条件的改善也是不可忽视的。企业是经济增长的主体。我国经济增长方式能否得到转变，同企业的状况密切相关。因此，研究经济增长方式问题必须同如何深化国有企业改革结合起来统筹研究。

　　自主经营是国有企业改革最基本的目标，但至今并未实现。转变经济增长方式，必须使企业真正成为自主经营、自负盈亏的有竞争力的经济实体。企业不但要成为商品生产经营者，而且要成为资产的经营者，成为投资的主体，这样的企业，才能在增量的投入上和存量的调整上发挥主动性。在市场经济条件下，新的增长方式所需要的正是这样的微观基础。

---

＊　1995 年 10 月 6 日在"中国工业发展政策国际研讨会"上的发言。

## 二　实现企业自主经营,需要发展法人
## 企业相互持股的股份制企业

转变政府职能、自上而下的扩权,是从外部为企业创造自主经营条件的改革措施。从企业自身来说,也需要从组织结构上探寻有助于实现自主经营的办法;法人企业相互持股,就是一种可供选择的办法。

股权分散化条件下的法人企业相互持股,具有一种"架空机制",以日本的大企业为例,大股东多为法人,股东数量多但单个股东的持股率低,必须许多家大股东联合起来才能控制企业(如松下电器公司,有17万股东,第一大股东住友银行持股率只占4.3%,前10位大股东合计占26.5%)。这些法人大股东由于相互持股的缘故,它们互相参与,作为股东的干预力是彼此抵消的,在股东大会上实际成为支持企业经营者的力量,而个人股东人数众多、人均股权极少,基本不起作用。这就决定了企业经营者的自由度很大,来自所有者方面的干预甚少,自主经营的权力极大。

当然,如果企业经营出了大毛病,法人股东也会从维护自身利益出发进行干预,干预的方式是联合起来更换经营者。然而行使这种干预权的并非最终所有者——个人大股东,而是股东企业的法人代表——经营者。因此,实际上是由各个法人股东企业的代表形成的经营者集团,发挥着对企业的控制、监督和处置作用。也就是说,在法人企业相互持股的条件下,在一定意义上可以说,作为最终所有者的股东。被架空了,在企业经营上起决定作用的,归根结底是经营者而非个人股东。

我们在企业公司化改造中正确运用法人相互持股的"架空机制",把一元的"行政婆婆"改组成为多元的"法人婆婆",就可以转换企业经营机制,使企业之间相互参与、相互制约,从而淡化行政主管部门的直接干预,突出经营者集团的作用,向自主经营的目标跨进一步。

## 三　推行法人相互持股的过程,就是调整存量、
## 变革企业组织结构的过程

在推进法人相互持股的过程中,企业按照生产经济活动的内在联系出

资持其他企业的股，同时又可以吸收另外的企业出资持本企业的股，这样交叉进行，就可以在资金总量不变的条件下使相互持股的每个企业的资本金同时都会增加。这当然全造成资本虚增，但只要不是用行政办法而是按照企业间的生产联系和经营的需要，本着自愿的原则来形成法人相互持股关系，伴随的就会是资金的合理流动和企业组织结构的合理调整。

在我国企业资金普遍缺乏的现实条件下，如果侧重于建立法人相互持股关系，就可以用较少的资金在较大程度上解决企业向股份公司过渡的问题。这个发展过程，既是按照产业政策的方向进行存量调整的过程，又是按照新的经济增长方式的要求进行企业改组的过程。这样建立起来的法人相互持股的企业组织结构，可以在企业之间建立起稳定的协作关系，从而使计划和市场自然地结合，确保生产和流通各个环节相互衔接、按比例地协调发展。

（原载国家计委研究室编《研究与建议》1995 年第 12 期）

# 论企业自负盈亏

经营决策的自主性，是企业必须具备的最基本的功能。在商品经济条件下，市场瞬息万变，技术突飞猛进，企业并非在静止和稳定状态下从事生产经营活动。它必须适应环境的变化，正确制定和实施经营战略决策，才能在竞争中生存和发展。因此，具有制定和实施经营战略的自主权，就成了企业成功的关键。然而，这里有一个前提，就是企业必须具有自负盈亏的机制。只有真正建立起这样的机制，尤其是对亏损真正承担责任，才能约束企业，使之谨慎从事，否则就难免草率、盲目决策，不能有效地运用企业经营决策的自主权。正因为如此，我国的企业改革从一开始就把自主经营、自负盈亏明确树立为改革的目标。

经过十几年的改革，企业在一定程度上改变了政府机关附属物的地位，有了一定的自主权，也有了一定的财力。但是，改革的最终目标并未实现，企业应有的自主权，很多还不落实，尤其是企业自负盈亏的机制，更是远远没有形成。这是企业改革的难点，也是当前深化改革必须解决的根本课题。笔者带着这个问题，在对我国企业的实际进行调研的基础上，又着重对日本的股份公司进行了实地考察研究，就如何实现企业自负盈亏做了若干思考。

## 一  自负盈亏不单纯是个人产权问题

对于全民所有制企业能否做到自负盈亏，人们的认识是不一致的。常听到一种说法：全民所有制企业不可能真正自负盈亏，原因是财产归国家所有，破产也是破国家之产，不存在企业负亏的问题。因此，许多人在个人产权上找出路，认为必须改变所有制关系，把产权"量化"到个人，否则自负盈亏只能是一句空话，等等。

其实，这是一种小业主式的自负盈亏观。现代企业，特别是大型企业，早已不是那种个人投入资金，如果赔光就跳楼自杀的机制。由于现代企业在财产关系上出现了许多不同于小业主式经营的、新的特点，其自负盈亏的机制也就呈现出了极为复杂的情况，而不再是单纯的个人产权问题（本文只讲个人产权，不涉及国家最终所有权与企业法人所有权界定问题）。

从日本股份制企业的实态，我们至少可以看出现代企业财产关系上的以下四个特点：

第一，股东承担有限责任。现代企业多为股份公司和有限公司，它们都是股东在出资范围内承担有限责任的公司。1989 年日本法人企业总数为196.2 万个，其中股份公司 101 万个，有限公司 90.3 万个，两项共占法人企业总数的 97.5%，而承担无限责任的无限公司和两合公司所占比重甚低。这种有限责任的企业形态同过去的小业主式的经营，在盈亏责任的实现方式上显然已经有了很大的不同。

第二，法人股东持股率高。不仅股东责任有限，而且法人相互持股的比重高，个人股东持股率低，因而企业承担的有限责任真正"量化"到个人产权上的部分并不占主要地位。也就是说，现代企业的盈亏机制源于个人产权的因素，已经不像小业主经营条件下那样突出。

从东京证券交易所公布的 1989 年全国股票上市企业全部股票的分布状况看，个人股东持有的股票只占 22.6%，如果按股票时价金额计算则更低，只占 20.5%，而 70% 以上的股票是由各种法人即银行、保险公司和大企业持有的（详见表1）。这些法人都不是归个人大股东所有的企业，它们本身也是股份公司（保险公司虽不是股份公司，但也不是个人企业，而是带有互助性的事业）。

有人说，我国企业产权没有量化到个人，企业产权"模糊"，因而不能形成自负盈亏机制。如果按照这种思路去分析，从上述日本股票分布状况来看，70% 以上是非个人持股，很难说日本企业的产权就不"模糊"。可是，日本企业都具有无可争议的自负盈亏的机制，那么这种机制又从何而来呢，这难道不引人思索吗？

**表 1**　　　　　　　　　　　　　日本上市公司股票分布状况

| 股东分类 | 股东数 | | 股票数 | | 股票金额 | |
|---|---|---|---|---|---|---|
| | 数量（人） | 比重（%） | 数量（千股） | 比重（%） | 金额（亿日元） | 比重（%） |
| 中央政府和地方政府 | 1361 | 0.0 | 2509405 | 0.7 | 12464 | 0.3 |
| 金融机关 | 133184 | 0.5 | 176861507 | 46.0 | 2163168 | 43.5 |
| 事业法人 | 814231 | 3.2 | 95461061 | 24.8 | 1466944 | 29.5 |
| 证券公司 | 81065 | 0.3 | 7697757 | 2.0 | 100644 | 2.0 |
| 个人 | 24087872 | 95.2 | 87046483 | 22.6 | 1018159 | 20.5 |
| 外国人 | 174136 | 0.7 | 14846161 | 3.9 | 208102 | 4.2 |
| 合计 | 25291849 | 100.0 | 384422377 | 100.0 | 4969484 | 100.0 |

说明：（1）本表为 1989 年数字，上市公司总数为 2031 家。（2）金融机关主要指银行和保险公司。（3）事业法人的核心是大企业。（4）外国人数中包括外国法人和自然人。（5）股票金额是按交易时价计算的。

资料来源：根据《东证要览》（1991）整理。

第三，个人股权极为分散。股权分散的主要表现是个人股东人数众多，人均股票持有量相对较少。上述占股票总数 20% 左右的个人股票，是由占股东人数（包括自然人和法人）95% 以上的个人股东持有的。表 1 中，个人股东 2408 万人，持有股票 8704 万交易单位（日本股票交易以千股为一个单位），平均每人 3.61 个单位，即 3610 股（日本股票一般每股面额为 50 日元，3610 股的面额总共只有 18 万日元，约合 7200 元人民币，若按股票交易时价换算，每股为 1141 日元，3610 股共计 412 万日元，约合人民币 16.5 万元，只相当于大企业职工一年的平均基本工资），从日本经济发展水平和总的经济规模来看，其数量是不多的。

当然，在日本存在着股票持有量大大超过平均持有量的个人大股东，但它们并非多数，而且随经济的发展和企业规模的扩大，其股票持有率呈下降趋势。最明显的是松下公司的创业人松下幸之助，他 1950 年持有的本公司股票占 43.25%，到 1955 年就降到了 20.43%，到 1975 年猛降为 3.8%，以后又降到 2.9%。与上述个人大股东相对应，在日本还大量存在着大大低于平均持有量的个人小股东。例如，在上市公司中，有相当多的企业，职工持股会（职工合作购买本企业股票的一种组织形式）持有股票数量的名次已跨入前10名，即已成为前10位大股东，有的甚至成为第一、二位大股东，但平均每人持股也不过一两个单位。从全部上市公司的情况看，有92.4%的企业建立了职工持股会，参加持股会的人数约占职工总数的一半，其广泛性相当可观，但平均每人持有量，据1989年统计只有1.29单位，大大低于前述3.61单位的平均持有量。这足以说明股权是相当分散的。这样一种资本分布状况，对盈亏责任机制来说，个人产权的作用绝不像在小业主经营条件下那样举足轻重。

第四，企业自有资本比重低。日本股份公司在十几年前自有资本比重只占总资本的15%，现在有所提高，但也只占20%左右。总资本中绝大部分是借入的他人资本，其最终所有权并不归股东所有。

即使占20%左右的自有资本，也不完全属于个人产权，这里有两个因素需要扣除：（1）日本企业自有资本包括三个部分：资本金、法定准备金、剩余金。前一项是股东出资，其份额一般较少；后两项主要是经营利润的留存，一般企业后两项大大高于前一项的数额。虽然在理论上可以认为后两项也归股东所有，但实际上它只是对企业扩大经营有利，属于经营者可以活用的资金，事实上并未直接变成股东的股权，因此，从产权"量化"到个人的角度来分析，这两项应当扣除，明确属于股东个人产权的自有资本只集中体现在前一项"资本金"上。（2）如前所述，由于日本企业法人相互持股比重高，企业"资本金"中有相当大的一部分是银行、保险公司、大企业等法人的股份，这部分股份不能看成是个人产权，也应予扣除。总之，企业自有资本比重本来就低，再扣除上述两项资金之后，真正"量化"到个人产权的部分就更少了。

从上述财产关系的四个特点可以看出，现代企业自负盈亏的机制已不单纯是个人产权问题。企业并不是归少数个人大股东所有，并不是源于大股东所有制关系而形成自负盈亏机制。当然，这并不是说自负盈亏同所有权无关，企业如果倒闭，股东出资必然要遭受损失，这是无疑的；但如果认为这就是形成自负盈亏机制首要的因素甚至认为是全部因素，那也是不符合客观实际的。

# 二 自负盈亏机制产生于利益关系

那么，现代企业自负盈亏机制到底从何而来呢？笔者认为，来源于与所有制关系既相联系又有区别的利益关系。

股票的所有权，当然体现着利益关系，但对企业职工来说，特别是对在企业经营中起关键作用的经营者来说，企业的盈或亏给他们造成的股票上的利益得失并不居主导地位；相反，给他们带来的与个人股权无关的利益得失，却重要得多。笔者认为，企业自负盈亏的约束机制首先来源于此。

以企业的经营者为例，每个公司的董事，普遍都持有本公司的股票，除少数业主型的经营者之外，公司董事持股的数量并不大。董事持有本公司股票是不能出售的，他们不能像一般职工那样，可以随本公司股价的涨落买进卖出，从中取得"财产收益"，他们持股主要是表明自己的"爱社心"、责任感和对本公司经营前景的信心。在股票分红率很低的情况下，经营者持有股票的收益是不多的。他们更主要的利益来源于以下几个方面：

第一，工资。董事的工资是按年计算的。随着公司的规模不同、效益不同，董事的年工资水平也不相同。一般来说，董事的年工资相对于本企业职工的平均水平，要高出数倍。据统计，1984 年，大企业董事平均工资为 827 万日元，也有很多大企业董事的年工资高达数千万日元。

第二，奖金。董事和监事的奖金，是在公司净利润分配中单独列项，公开处理的，同一般职工的奖金分开计算。以某石油公司为例，先从职工奖金情况来看，1990 年，职工月平均工资为 36 万日元，职工奖金一般按 6 个月的工资额发放，约为 220 万日元。再从股东分红情况来看，1990 年股票分红总额为 36.75 亿日元，发行股票总数 122526 万股，平均每股 3 日元，股东总数 133440 名，平均每名股东不到 1 万股，而 1 万股的红利只不过 3 万日元。但董事和监事的奖金总额达 1.64 亿日元，人数为 19 人，平均每人 870 万日元，同职工的奖金以及股东的分红相差悬殊。而且董事的奖金并非平分，有的企业，总经理一人按规定可得 30%（按上例计算应为 5000 万日元），其余部分的分配总经理在很大程度上还有决定权。由此可见，经营者特别是高级经营者的奖金收入较其股票所有权的收益要高得多。

第三，交际费。交际费不是经营者的个人收入，但他们有权使用，凭单据即可报销。交际费数量非常之大，据国税厅《法人企业实态》公布的数字，1989 年支出的交际费总额为 5 兆日元，比股票分红总额还要多（同年分红总额约 4 兆日元）。这笔钱的使用对市场的刺激作用很大，特别是推动了服务行业价格的上涨，因为使用交际费时比个人消费更易于接受高价服务。

交际费的使用权不仅限于董事，范围要广得多。凡有业务上的需要，各级业务人员都可以开支一定数量的交际费。据一位经营者对笔者说，有的业务人员每年开支的交际费可达 400 万—500 万日元。在日本，对企业交际费的开支褒贬不一，但多数人是赞同的。

第四，退休金。企业一般职工到退休年龄后，按工龄计算，每年一个月的工资，而董事的退休金，按每年收入的 30% 计算，这比一般职工就高得多了。若按年收入 1000 万日元（这种收入水平的董事是很多的）计算，退休金每年 300 万日元，董事在任最长的可达 20 年，退休金一项就可达 6000 万日元。

第五，社会地位。大企业的经营者社会地位高，有很多一般职工没有的权力。前述交际费的使用，经理和高级职员比一般业务人员使用起来就随意得多。另外，他们的关系多，孩子们的就业比别人就有更大的优势。大企业的董事，也配有公司的专车和司机。特别是财界的权力，一般认为是由大企业经营者持有的。甚至有的学者认为，在日本占统治地位的是企业界，是大企业的两三万个经营者。

所有这些，都同企业经营状况紧紧地联系在一起，企业兴旺，这些就能保持和提高，如果经营不善就会减少，若是企业倒闭，一切都会失去。这实际上是一种自负盈亏的机制，这种机制在经营者身上表现得最为突出。同时，在每个职工身上也能不同程度地表现出来。企业经营不好，职工的奖金普遍减少甚至取消，如果企业倒闭，正常、稳定的生活就会被打破，每个人都要自己去重新寻找合适的工作，这也是一种威胁而不是一件轻而易举的事情。这就会形成一种紧迫感。他们不像中国企业职工那样，企业倒闭，自有政府来安排，个人不需付出任何代价。

总之，企业经营得好，人人都能受益；企业经营或者倒闭，人人都要付出代价。这种利益关系，就形成了自负盈亏的机制。

当然，如前所述，企业如果破产，股东首先要承担财产损失，因此不能说所有制和自负盈亏没有关系。而且在日本，业主型的经营者也是非常之多的，特别是那些股票不上市的中小企业，主要出资者既是业主又是经营者，在这种场合所有制和自负盈亏机制的关系就更为密切。但是，即使在这种场合，也有大量的职业经营者，他们和大企业的经营者一样，具有独立的经济利益。这种经济利益得失发生在前，而企业破产造成股东财产损失则发生在后。也就是说，如果企业经营不善，在没有达到倒闭的境地之前，企业职工尤其是经营者，首先会蒙受利益损失，这种利益关系就会形成一种机制，促使企业改善经营，扭转不利的局面。应当承认，这是股东财产蒙受损失之前的一道防线，实际上这才是自负盈亏机制的核心问题。

## 三　侧重点应转到利益关系的调整上来

在我国企业改革的过程中，要发展多种经济成分的企业，私营企业会有所发展，集体合作股份制企业也会出现。这种类型的企业，自负盈亏机制的形成同所有制的关系当然是密不可分的。但是，现有的国有企业按照这样的模式去改组和构造自负盈亏的机制，是根本不可能的。

构造企业自负盈亏的机制，首先要从理论上和指导思想上调整侧重点，即应当把侧重点从如何改变所有制关系问题的研究探索，转到利益关系的调整上来。不宜对产权"量化"，到个人的作用过于迷信，而应当着眼于构造这样一种机制：企业经营得好，广大职工（特别是经营者）；普遍受益、经营不好，他们的利益就会减少甚至会全部失去。即用直接、灵敏地影响职工（特别是经营者）利益得失的办法来形成自负盈亏的机制。

构造企业自负盈亏的机制，还要沿着调整利益关系的思路，从实际工作上采取一些措施。

第一，彻底打破国家"大锅饭"。我们通常所说的打破"大锅饭"，指的是国家和企业两个"大锅饭"。但是，这两个"大锅饭"之间是什么关系，往往分析不够。实际上，问题的关键在于打破国家的"大锅饭"。目前，由于国家的"大锅饭"没有打破，盛行着这样的原则：企业经营好了，人人都要多得好处；经营坏了，职工由国家养着，企业领导不但没有责任，在一处干不下去还可以易地做官，从企业领导到每个职工，待遇一点不能减少，职位一点不能降低。所以说，国家的"大锅饭"，是企业经营状况（特别是在经营不利时）不能和职工切身利益得失挂起钩来的根本原因。国家的"大锅饭"真的打破了，企业的"大锅饭"才有可能消除。

国家的"大锅饭"和"铁饭碗"实际是一回事，打破国家"大锅饭"，也就是打掉"铁饭碗"。现在，无论在观念上或在制度上，全民企业的职工，都是国家职工。有了全民身份，虽身在企业，但一切都由国家提供保障和负责安排。看上去似乎是社会主义的优越性，实际上包含着很大的不平等。能拿到全民身份的并非多数，广大农村人口拿不到，城市人口中也有越来越多的人拿不到。有了这个身份，就可以理直气壮地吃国家的"大锅饭"，企业生死存亡就会与己无关。这样当然就不可能形成企业自负盈亏的机制。

应当设法使企业的生死存亡同职工的命运直接联系在一起，特别是当企业经营不善时，职工的个人利益要相应地受到威胁，这样才能形成自负盈亏的机制。这就需要改变"国家职工"的观念和制度，解除国家通过补贴对全民企业职工提供经济生活保障的责任，把企业对职工的生活保障作用和责任突出起来。

进行企业劳动用工制度的改革和实施企业破产制度，对于打破国家"大锅饭"，形成企业自负盈亏的机制，具有极为重要的意义，应当加速这方面的改革。通过优化组合和用工制度改革，使企业富余职工能够精简下岗；使下岗职工在尽量由企业内部消化的同时，应该辞退的能够辞退；企业如果达到破产条件时，能够按破产法处置，不再靠补贴维持，该关的关，该转的转。深入进行这样一些改革，国家的"大锅饭"才能打破，企业自负盈亏的机制才能建立起来。

第二，加速形成企业命运共同体。构造企业自负盈亏的机制，另一个"大锅饭"——企业的"大锅饭"当然也要打破。但这要服从于形成企业命运共同体。

打破国家"大锅饭"以后，国家不再用补贴来维持落后企业的生存，企业必须自力更生、自求发展。这就会形成优胜劣汰的竞争机制。在企业之间的这种竞争中，若想取胜，企业内部就不能过度竞争，而必须增强内部凝聚力，形成企业命运共同体。这样才能增强对外竞争的实力和自负盈亏的能力。

如何正确处理企业内部竞争与企业外部竞争之间的关系，是现代企业经营管理中极其微妙的问题，甚至可以说是个核心的问题。竞争的意识、竞争的动力，归根结底产生于个人的追求。只有团结一致的对外竞争而没有企业内部个人之间的竞争，是不可想象的。如果这样，对外竞争就成了无源之水，不可能持久长流。因此，企业要发展，不可没有企业内部竞争，也就是不可不打破企业的"大锅饭"。然而，对企业内部的竞争，又必须正确引导与协调，否则也会竞争过度，从而削弱对外竞争的实力。因此，作为一个经营者，必须想方设法使企业内部既有竞争，又能使之保持适度，以便团结一致，通过对外竞争来维护企业和企业成员的利益。这就是说，要善于使企业成为全体职工的命运共同体。

打破企业的"大锅饭"，关键在于坚持科学的、经常的考核。反对干好干坏一个样，无疑是正确的，但什么是好、什么是坏必须能分别清楚、判断准确。这就需要有明确的考核标准和公正的考核办法。这样才能正确解决干好干坏一个样的问题，否则甚至会把干好干坏搞颠倒，这比好坏不分的危害更大。因此，在企业内部，不应该离开公平考核去空谈拉开档次、拉开差距、打破"大锅饭"，而应该下工夫建立科学的考核标准和公平的考核办法，而且要持之以恒，抓抓停停是不行的。

第三，正确处理国家和企业的分配关系。要让企业自负盈亏，使企业自己解决自身的生存和发展问题，就必须使它有相应的财力，同时又不能增加国家财政的负担。这就需要更多地靠完善税制来保证财政收入的增加。目前，非全民企业和个人所得税的征收潜力比较大，减少这方面的流失，可以使财政更加充实，而且可以减轻全民所有制企业的负担，有助于搞活全民所有制企业。

对全民企业应抓紧试行税利分流，把体现政府社会经济职能的税收和体现国有资产经营收益的利润分开。前者按统一的税制规范化地征收，是各种所有制企业都应尽的义务；后者则属于国有企业经营管理体制问题，是经营利润在国家和企业之间如何分配的问题。只有把两者分开，才能健全税制，使所得税规范化，同时也便于更加集中地研究解决国有资产收益分配问题。

通过完善税制确保财政增收的基础上，国家就会有足够的财力放活企业，使全民企业在改善经营、照章纳税的前提下，增加留利，提高自我改造和自我发展能力。

第四，企业内的利益关系要摆在明处。摆在明处指的是个人收益的分配要有章法，要讲民主，要便于群众监督。

日本企业经营者的收入虽高，但都有章可循、有法可依，而且是公开处理的。例如，大企业董事奖金总额，在每年一次的股东大会上公布，和资产负债表、损益计算书一起编入营业报告书，几万甚至几十万股东人手一册。交际费的总额以及开支范围在税法上也有规定，在每年的《法人企业实态》上都公布支出总额、平均每家企业支出额以及每千日元营业额交际费支出平均额，等等。这样就可以使多数人理解和接受，减少消极作用。

我国企业经营者和职工的收入差别是比较小的。随着改革的深入、自负盈亏机制的形成，经营者的责任加重、作用突出，对经营者素质的要求也越来越高。因此，如何评价经营者的作用，如何给予相应的待遇，需要认真研究。现在的问题是，一方面，从总体上来说，经营者的工资水平并未提上去；另一方面，又有一些企业经营者的个人收入和公费开支透明度不够。例如，我国企业没有明确的交际费制度，而实际上却在大量支出这类的费用，无论总量或开支范围，都无法控制。这些都需要通过规章制度建设、民主和法制建设来加以解决。

第五，加速完善社会保障体系。一旦打掉"铁饭碗"，把全民企业职工的生活保障责任转到企业，就会迫使企业减少富余人员，以减轻自身的负担，而且会有经营不好的企业倒闭，职工生活没有着落。这就需要通过社会保障制度来解决。因此，必须完善社会保障体系，使企业多余职工以及倒闭企业职工的基本生活得到保障，从而保持群众生活的安定和社会的稳定。

既要保证企业效益提高，又要保持社会的稳定；既不能光讲优胜劣汰，把矛盾完全推向社会，也不能把企业办成福利事业，以牺牲效率来维持社会稳定。怎样才能做得适度，这是很难把握的问题，但又是无法回避、必须解决的问题。这就需要根据社会承受力和社会保障基金积累的程度，掌握时机、逐步推进。加速完善社会保障体系，无疑有助于上述问题的早日解决。

（原载《中国工业经济研究》1992 年第 5 期）

# 抓住自负盈亏机制的核心

国有企业怎样才能真正做到自负盈亏，这是经过多年探索至今还没有完全解决的问题。常常听到一种说法：国有企业的财产归国家所有，企业破产也是破国家之产，不可能真正自负盈亏。因此，有人从个人产权上找出路，认为必须把产权"量化"到个人，否则自负盈亏只能是一句空话。我不赞成这种看法。我觉得这是一种小业主式的自负盈亏。事实上，现代企业在财产关系上已经出现了许多不同于小业主式经营的新的特点，其自负盈亏的机制也就呈现了极为复杂的情况，而不再是单纯的个人产权问题。

从我所接触的日本的股份制企业的情况来看，其财产关系至少出现了以下四个特点：一是股东在出资范围内承担有限责任；二是法人股东持股率高；三是个人股权分散；四是企业自有资本比重低。从上述财产关系的特点可以看出，现代企业自负盈亏的机制已不单纯是个人产权问题。企业如果破产，股东要承担财产损失。但是，大量的职业经营者，他们具有独立的经济利益。这种经济利益得失发生在前，而企业破产造成股东财产损失则发生在后。如果企业经营不善，企业职工尤其是经营者，首先蒙受利益损失。这种关系就会形成一种机制，促使企业改善经营，扭转不利的局面。应当承认，这是股东财产蒙受损失之前的一道防线，实际上这才是自负盈亏机制的核心问题。

在我国企业改革的过程中，要发展多种经济成分的企业，私营企业会有所发展，集体合作股份制企业也会出现。这种类型的企业，自负盈亏机制的形成同个人产权的关系当然是密不可分的。但是，现有的国有企业按照这样的模式去改组和构造自负盈亏的机制，是根本不可能的。

构造企业自负盈亏的机制，首先要从理论上和指导思想上调整侧重点，即应当把侧重点由个人产权的调整，转移到"利益防线"的构筑上来。不宜对产权"量化"到个人的作用过于迷信，而应当在确认企业法人产权的前提下调整利益关系，形成一道经营者和职工的"利益防线"，这是构造企业自负盈亏机制的根本。

构造企业自负盈亏的机制，还要沿着调整利益关系的思路，从实际工作上采取一些措施。

第一，关键在于国家的"大锅饭"。目前，由于国家的"大锅饭"没有打破，盛行着这样的原则：企业经营好了，人人都要多得好处；经营坏了，职工由国家养着，企业领导还可以易地做官。所以说，国家的"大锅饭"，是企业经营状况不能和职工利益得失挂起钩来的根本原因。应当设法使企业经营不善时，职工的个人利益特别是经济者的利益要相应地受到威胁，这样才能形成自负盈亏的机制。

第二，打破国家"大锅饭"以后，国家不再用补贴来维持落后企业的生存，企业必须自力更生、自求发展。这就会形成优胜劣汰的竞争机制。在这种企业之间的竞争中，若想取胜，企业内部就不能过度竞争，而必须增强内部凝聚力。作为一个经营者，必须想方设法使企业内部既有竞争，又能保持适度，以便团结一致，通过对外竞争来维护企业和企业成员的利益。打破企业的"大锅饭"，关键在于坚持科学的、经常的考核。在企业内部，不应该离开公平考核去空谈拉开档次、拉开差距、打破"大锅饭"，而应该下工夫建立科学的考核标准和公平的考核办法，在此基础上解决企业内部平均主义问题。

第三，正确处理国家和企业的分配关系。要让企业自负盈亏，使企业自己解决自身的生存和发展问题，应必须减轻企业负担，使它有相应的财力，同时又不能增加国家财政的负担。这就需要更多地靠完善税制来保证财政收入的增加。通过完善税制确保财政增收的基础上，国家就会有足够的财力放活企业，使全民企业在改善经营、照章纳税的前提下，增加留利，提高自我改造和自我发展能力。

第四，企业内的利益关系要摆在明处。摆在明处指的是个人收益的分配要有章法，要讲民主，要便于群众监督。

如何评价经营者的作用，如何给予相应的待遇，需要认真研究。现在是，一方面经营者的工资水平并未提上去；另一方面又有一些企业经营者的个人收入和公费开支透明度不够。

第五，加速完善社会保障体系，从而保持群众生活的安定和社会的稳定。

现代企业制度，顾名思义，应当是一种能够适应现代社会生产的企业组织、领导、管理和经营的制度。从一些西方发达国家经过几百年发展，到现在已经形成的比较先进的企业形态来看，作为一种现代的企业制度，应该有以下五个方面的特征：

其一，产权方面关系明晰。即企业的产权组织形式必须是公司制。

其二，法人制度健全。即企业是一个法人，在建立法人财产制度的基础上，出资者对亏损只承担有限责任，企业归属人代表全权经营。

其三，政企职责分开。即企业与政府之间，只有法律关系而没有行政隶属关系，政府必须依法管理，企业依法经营。

其四，内部管理科学。即在企业内部，必须建立起一套环绕市场需求为中心，以发挥人与科技的作用为重点的有效管理制度。

其五，社会观念正确。即不能单纯为了赚钱，而必须要有超越利润的观念，既对出资者负责，也对职工、客户、供应商、消费者和社区、环保等负责。

（原载《深圳商报》1994 年 1 月 28 日）

# 深化企业改革的侧重点应转移到
# 利益结构调整上来

编者按本文是中国社会科学院工业经常研究所研究员吴家骏最近在南京一次高级战略研讨会上的发言。现摘发如下，供参阅。

## 一 生产资料的所有制是生产关系的基础

无疑它是极为重要的、具有决定意义的大问题。然而在微观上，在研究和探索企业活力源泉问题的时候，却不宜于把企业所有制问题的地位和作用看得过重、过高。所有制之所以重要，既非因为它是目的，也非因为它是手段，而是因为它是经济利益关系的决定因素，即在利益关系的结构中居于核心的地位。然而，这种利益关系的结构并不是一成不变的，在现实经济生活中，利益结构的变化，在企业的微观经济中已经明显地表现了出来。由于现代企业产权关系的变化，企业内部的利益结构多元化、复杂化了，个人产权在利益结构中的位置已不像以往那样绝对，而是因企业而异，在许多情况下表现得已不像以前那么重要。

关于现代企业产权关系的变化，根据我对日本股份制企业特别是大企业的实态进行的考察，在财产关系上至少可以看出以下三个特点：一是股东承担有限责任；二是法人股东持股率高；三是个人股权极为分散。由于财产关系的变化，至少在一些类型的企业，利益结构的核心或焦点已有所转移。如果看不到这种变化，一成不变地看待企业内人们利益关系的结构，简单地、凝固地看待个人产权在企业活力中的地位和作用，单纯从企业的所有制形式上去寻找企业活力的动因，那就有可能产生两种错误倾向：一种是像贵山十一届三中全会以前那样，认为只有"一大二公好"，必须"限制集体，打击和取缔个体，城镇集体企业急于向单一的全民所有制过渡"；另一种是把全民所有制看得一无是处，认为必须私有化才能产生活力。这两种倾向都是在企业活力源泉问题上把所有制形式看得过于重要，对我们研究和挖掘企业活力都是很不利的。

## 二 企业活力的源泉在合理的利益结构

企业生产经营活动的主体是人，企业的经营者和职工群众的聪明才智和积极性充分调动并合理组织起来了，企业就能表现出巨大的活力。

以日本的企业为例。日本的企业有很强的凝聚力，职工把企业视为命运共同体，企业兴我兴、企业衰我衰的利益关系表现得十分明显。日本企业普遍实行职工持股制度，职工多为本企业的股东，但人均持股率不高，企业经营好坏给他们造成的股权上的利益得失并不居主导地位；相反，给他们带来的与股权无关的利益得失，却更加重要得多。实际上，企业的活力、动力与约束机制首先源于这种利害关系。以企业经营者为例，每个公司的董事，普遍都持有本公司的股票，除少数业主型的经营者之外，公司董事持股的数额并不大。董事持有本公司股票是不能出售的，他们不能像一般职工那样，可以随本公司股价的涨落买进卖出，从中牟利，他们持股主要是表明自己的责任感和对本公司经营前景的信心。在股票分红率很低的情况下，经营者持有股票的收益是不多的。他们的主要利益来源于以下几个方面：一是高工资；二是高奖金；三是高交际费；四是高退休金；五是高社会地位。以上几点构成企业利益结构的主体部分。这实际是一种自负盈亏的动力与约束机制，这种机制在经营者身上表现得最为突出，并且在每个职工身上也能不同程度地表现出来。总之，企业经营得好，人人都能受益；企业经营差或者倒闭，人人都要付出代价。

企业利益结构合理，就能够把企业经营者和全体职工的积极性，创造性充分调动起来，无论企业所有制形式如何，都能使企业充满生机和活力。如果利益结构不合理，比如所有者"竭泽而渔"，给企业经营者和职工的利益过少，或者利益结构向经营者过于倾斜，出资人或职工群众利益遭忽视；或者过于看重职工眼前的、局部的利益，"分光吃净"挫伤企业的后劲，等等，都不能真正把企业活力调动起来。

## 三 深化企业改革的侧重点应转到利益结构的调整上来

利益结构同所有制虽不是同一个问题，但又存在着密切的联系。合理的利益结构，在一些情况下，同所有制几乎就是一回事，例如有些小企业，把它卖掉才有助于把各种关系理顺，但在多数情况下并非如此，甚至可以说同所有制几乎不相干。因此，首先需要从理论上、指导思想上把侧重点从所有制问题的研究探索转向利益关系的调整上来。

利益结构的调整，不同的企业各有不同的任务，对国有企业来说，首先是要处理好国家和企业的分配关系。过去国有企业负担过重，在改革过程中，国有企业又承担了改革的成本，靠了国有企业的贡献才有可能给非国有企业种种优惠政策。改革进入到现阶段，在多种经济成分的企业有了相当程度的发展以后，国有企业的负担需大大减轻，这样才能从经济上为增强企业的生机和活力打下基础。为此，迫切需要解决以下两个问题。

第一，把完善税制纳入合理利益结构设计中来。目前，非全民所有制企业以及个人所得税征收潜力比较大，减少这方面的流失，可以使财政更加充实。在此基础上，国家就会有充实的财力放活企业，使全民企业在改善经营、照章纳税的前提下，增加留利，提高自我改造和自我发展的能力。

第二，把政府经济行为的规范与监督纳入合理利益结构设计中来。国有企业利润的上缴，在原则上应和税收一样，是取之于民、用之于民、受人民监督的。各级政府资金掌管和运用得好坏，手中握有权力的官员是否廉洁奉公，是应该承担经济和法律责任的。像过去那种大笔一挥多少个亿就白白地扔了而又无人能够受到追究的状况，实际上是利益结构的扭曲，在合理利益结构形成过程中，这是应该着力解决的问题。

就企业内部来说，建立合理的利益结构，也有几个迫切需要解决的问题。

第一，要加速形成企业命运共同体。如何正确处理企业内部竞争与企业外部竞争之间的关系，是现代企业经营管理中极其微妙的问题，甚至可以说是个核心的问题。企业要发展，不可没有企业内部竞争，也就是说，不可不打破企业的"大锅饭";然而对企业内部的竞争,又必须正确引导与协调,否则也会竞争过度,从而抵消对外竞争的实力。因此,作为企业的经营者,必须想方设法使企业内部既有竞争,又能使之保持适度,以便团结一致,通过对外竞争来维护企业和企业成员的利益。这就是说,要善于使企业成为全体职工的命运共同体。

第二,企业内的利益关系要摆在明处,个人收益的分配要有章法,要讲民主,要便于群众监督。随着改革的深入、自负盈亏机制的形成,经营者的责任加重、作用突出,对经营者素质的要求也越来越高。因此,如何评价经营者的作用、如何给予相应的待遇需要认真研究。现在的问题是,一方面,从总体上来说,经营者的工资水平并未提上去;另一方面,又有一些企业经营者的个人收入和公费开支混乱并且透明度不够。例如,我国企业没有明确的交际费制度。而实际上却在大量支出这类的费用,无论总量或开支范围,都无法控制。这些都是需要在合理利益结构的设计中予以解决的问题。无论是职工群众或是企业经营者,根据贡献,该给的给够,但超出规定的严加限制。而且违法必究,这样,才能真正建立起合理的利益结构。

(原载中国社会科学院要报《领导参阅》1996 年第 32 期)

# 企业改革需要大量的调查和
# 数据做出分析判断<sup>*</sup>

建立企业调查队的意义是非常大的，对企业改革以及整个经济改革和发展将发挥非常重要的作用。围绕这个问题，我就企业改革谈三点意见。

## 一  企业多元化问题

公司化改造当中股权结构问题是当前建立现代企业制度当中一个非常重要的问题。据了解，从理论界和领导机关来看，大家在认识上比较接近，把国有企业变成公司制，股权要走多元化的道路。但在实际执行中情况就发生了很大变化。比如说，各个主管部门在设计方案的时候，都倾向搞成全行业垄断的国家控股公司，很多部门都有这样的意向。基层的企业在试点的时候，也都愿意走国家独资公司的道路，不愿意走多元化的道路，而独资公司就是一元化的道路。这是个令人费解的问题，所以，在目前的情况下，进行一些重点专项的调查，提供第一手的材料，到底股权多元化的设想在实践中能不能做到，如果根本做不到，就不要走这条路。如果能做到，就应该加以引导。

## 二  是社会保障问题

这是和企业改革直接相关的问题。企业改革中的难点是企业负担重，大家把解决难点的出路寄托在社会保障上。认为社会保障一解决，企业负

---

* 在"企业改革与企业调查座谈会"上的发言。

担就可以减轻了，包袱就可以甩掉了，企业就可以轻装前进，效益就可以提高，这个设想是很合理的。但要通过很多的数据去进行分析，通过一个事情、一个例子是说明不了的。把企业的负担转到社会上，问题是相当多的。社会保障落空，企业改革就落空。失业保障按照国际惯例来看，是以失业率作前提的。失业率低，再就业周期才短，才有可能利用社会保险里的失业保险来解决这个问题。如果没有这个前提，就不能盲目乐观。在国外，失业人员再就业周期不能超过 10 个月，他的失业保障解决的问题是发给 3—10 个月的工资，10 个月以后，只能靠政府很低的贫民救济。我们的失业率如果过高，不能在一定的时间内安排再就业，靠失业保险能否解决企业改革的问题。不能不研究这个问题，就简单地把企业改革的难点改在社会保险上。对养老保险，也可做一些分析，日本的养老保险是一个人进入工厂工作，每年提取工资的 14.5% 保险基金交到保险机构，到他退休的时候已 35—40 年的工龄，通过每年的积累，有一个总量。这个积累只够他退休以后每年领取的养老金的 15%。这说明社会保险不可能靠我们企业里每月给大家存一点钱，最后退休就可能养老，这根本不够。在日本，政府补贴 18%，绝大部分靠在职人员养退休人员。这就涉及人口的年龄结构问题。如果在职的人多，养的人少，情况就比较好。反之，这个社会问题就太大了。二十年前，日本是 37 个在职的养一个退休的，现在 6 个人养一个人，这些问题我们要去研究，如果把希望寄托在社会保险上，不去研究，不采取措施，企业改革就不可能前进。

## 三　通过发展非国有企业来帮助国有企业改善经济状况，支持国有企业的改革

改革开始，实质上是国有企业负担着改革的成本。国有企业负担很重，支撑着国家的财力，使非国有企业的优惠政策才有可能实现。现在非国有企业已经发展具有相当的规模，应在财力上作出更大的贡献来支持国有企业，来减轻国有企业的负担。但现在有些非国有企业感到负担一步一步加重，从财政上又感觉不到有多大的支援。钱哪儿去了，这就需要进行调查。对有的民办的有限责任公司来说，工商管理费的数量与国家收到的税的数

量相差不多，国家的税是进国库的，工商管理费是进到哪儿去了，这都值得分析。民办企业有多少项负担，这些负担增加以后进了国库没有，是流失了还是解决国有企业的困难了，要利用它的财力放开国有企业的负担。希望通过企业调查队的建立来减少流失，增加国家的财力，给基层一个支撑，并敢于发表这些数据，敢于反映这些情况。

（原载《中国企业报》1996 年 7 月 8 日）

# 解决国有企业改革中的两个认识问题

国有企业这二十年，经过放权让利、利改税、转换经营机制，到建立现代企业制度，这个方向我认为已经摸准了。但在制度创新过程中有两个很大的问题认识不足，影响今天国有企业改革的深化。一是股权多元化、分散化。这个问题绕不开，而且认识得比较晚。不解决股权多元化分散化，就不能摆脱一个老板的控制。只有法人相互持股，股权多元化，才能解决政府对企业的干预，这个问题现在要逐渐从理论和实践上加大力度。二是有限责任问题。现代企业制度，我认为，在我国最本质的是有限责任问题，现在理论界为什么不重视，因为国外的公司就是有限责任公司。在中国最主要的弊病就是有限责任公司的那套机制实际上是无限责任公司的那套，因此在中国区分无限责任公司和有限责任公司比任何事的意义都大。无限责任不能扩大经营范围，不能分散风险，不能吸收新的参与者。有限责任公司能集中资金，分散风险，能实现两权分离。无限责任公司做不到这一点，因为风险是无限的，出资人当然要掌握经营大权，不可能大权旁落。我们现在政企不分，就是因为有限责任界定不清。没有有限责任就没有法人治理结构，就没有经营者阶层的出现。有限责任涉及清产核资问题，法人财产权界定问题。把这些问题解决了，才能形成所有权与经营权分离的机制、法人治理结构。

（原载《厂长经理日报》1998 年 12 月 18 日）

# 论企业制度的改革[*]

我国国有企业改革的最基本的目标，是实现企业自主经营、自负盈亏，使企业成为有竞争力的经济实体。

## 一　国有企业改革的新动向

十几年来，我国国有企业的改革经历了由放权让利到转换企业经营机制两个阶段。1987 年，全国大多数企业推行承包经营责任制，是划分两个阶段的标志。当时签的第一轮承包合同，到 1990 年年底期满；1991 年又续签了第二轮承包合同。近两年来，为了加速企业经营机制的转换，又采取了许多新的改革措施。

### （一）发布了转换企业经营机制条例

1992 年 7 月，国务院发布了《全民所有制工业企业转换经营机制条例》。这个《条例》重申并且明确了赋予企业以下 14 项经营权：生产经营决策权；产品、劳务定价权；产品销售权；物资采购权；进出口权；投资决策权；留用资金支配权；资产处置权；联营、兼并权；劳动用工权；人事管理权；工资奖金分配权；内部机构设置权；拒绝摊派权。上述经营权由于种种原因并没有全面落实。例如，计划部门下达的指令性计划已经减少，但有些地方和部门却又在国家计划之外向企业下达指令性计划；企业有了用工权，可以辞退多余人员，但由于改革不配套，社会保障体系不健全，多余人员无法辞退，人浮于事现象难以改变，如此等等。所有这些，都阻碍着企业经营权的落实。1992 年发布《全民所有制工业企业转换经营

---

＊ 1994 年 3 月提交"中日经济学术讨论会"论文。

机制条例》的目的，就是为了使改革以来赋予企业的经营权得到全面落实。

### （二）提出了建立现代企业制度的任务

1993 年 11 月，中共十四届三中全会做出了《关于建立社会主义市场经济体制若干问题的决定》。《决定》中提出了"转换国有企业经营机制，建立现代企业制度"的任务。这是深化企业改革的一个新的动向。前述的转换经营机制条例侧重于所有权和经营权分离，通过落实企业经营权来解决企业经营机制问题，没有涉及企业法人财产权的问题；而《决定》则触及了产权问题，把建立产权明晰的现代企业制度明确为国有企业改革的方向。

这里所说的现代企业制度，有以下五个基本特征：

（1）产权关系明晰，企业中的国有资产所有权属于国家，企业拥有包括国家在内的出资者投资形成的全部法人财产权，成为享有民事权利、承担民事责任的法人实体。

（2）企业以其全部法人财产，依法自主经营，自负盈亏，照章纳税，对出资者承担资产保值增值的责任。

（3）出资者按投入企业的资本额享有所有者的权益，即资产受益、重大决策和选择管理者等权利。企业破产时，出资者只以投入企业的资本额对企业债务负有限责任。

（4）企业按照市场需求组织生产经营，以提高劳动生产率和经济效益为目的，政府不直接干预企业的生产经营活动。企业在市场竞争中优胜劣汰，长期亏损、资不抵债的应依法宣告破产。

（5）建立科学的企业领导体制和组织管理制度，调节所有者、经营者和职工之间的关系，形成激励和约束相结合的经营机制。

上述五项，核心是产权问题，即承认企业拥有独立的法人财产权，通过明确产权来解决企业经营机制问题。

### （三）通过了公司法

1993 年 12 月 29 日，全国八届人大通过了《中华人民共和国公司法》（简称《公司法》），为建立现代企业制度确立了法律依据。《公司法》规制了两种形态的公司：有限责任公司和股份有限公司。

有限责任公司又分为两种类型：一是由 2 个以上 50 个以下股东共同出资设立的有限责任公司；二是国家授权投资的机构或者国家授权的部门单独投资设立的国有独资的有限责任公司。经国务院确定为生产特殊产品的公司或者属于特殊行业的公司，应采取国有独资公司的形式。

国有独资公司不设股东会，由董事会行使股东会的部分职权。国家授权投资的机构或者国家授权的部门依照法律、行政法规的规定，对国有独资公司的国有资产实施监督管理。国有独资公司董事会的成员由国家授权投资的机构或者国家授权的部门按照董事会的任期委派或者更换。

有限责任公司注册资本最低限额一般为：以生产经营为主的公司和以商品批发为主的公司，人民币 50 万元；以商业零售为主的公司，人民币 30 万元；科技开发、咨询、服务性公司，人民币 10 万元。

股份有限公司的设立，可以采取发起设立或者募集设立的方式。设立股份有限公司，应当有 5 人以上的发起人，其中须有过半数的发起人在中国境内有住所。国有企业改建为股份有限公司的，发起人可以少于 5 人，但应当采取募集设立方式。

股份有限公司注册资本最低限额一般为人民币 1000 万元。

### （四）提出了向现代企业制度过渡的步骤

所有的企业都要朝着建立现代企业制度的方向努力，但要积累经验，创造条件，逐步推进。对原有的国有企业，要区别情况采取不同的办法。

1. 一般小型国有企业，有的可以实行承包经营、租赁经营，有的可以改组为股份合作制，也可以出售给集体或个人。出售企业和股权的收入，由国家转投于急需发展的产业。

2. 现有全国性行业总公司要逐步改组为控股公司。企业集团的核心企业——集团公司，有条件的也可以改组为控股公司。

3. 一般的国有企业特别是大中型企业，逐步实行公司制。单一投资主体的可依法改组为独资的有限责任公司，多个投资主体的可依法改组为有限责任公司或股份有限公司。通过公司化改造，使企业摆脱对行政机关的依赖，国家也可以解除对企业承担的无限责任。国有企业改建为公司的实施步骤和具体办法，国务院正在拟定规划，不是齐头并进、全面推进，而是分期分批有步骤地进行。现在，全国已经建立的股份制企业已有 4000 多家，证券交易所继深圳之后，又在上海开设 1 家，全国在这两家证券交易所上市的公司，已有近 150 家，在已建立的股份公司中，有些尚不够规范，今后要按照公司法的要求加速规范化。

**（五）实行了统一税制，取代税利一起承包的承包经营责任制**

承包经营责任制是税利不分，一起承包。1994 年 1 月 1 日起全面进行税制改革，实行以增值税为主体的流转税制，增值税成了第一大税种，它由国家税务局统一征收；所得税也改变了按所有制性质设置税种的做法，统一了内资企业的所得税，这就从根本上改变了承包制赖以存在的基础。因此，国有企业近几年普遍实行的承包经营责任制将告结束，不再区分企业的所有制形式，一律实行统一税制。

## 二　通过法人相互持股大幅度降低国家直接持股比例是实现企业自主经营的有效途径

如前所述，今后一个时期，国有企业的改革将朝着建立现代企业制度的方向发展。建立现代企业制度，也就是要对国有企业逐步进行公司化改造。但是，绝不能认为，把企业冠以公司的名称就可以成为现代企业制度。

### （一）需要解决好的三个问题

有三个相互联系的问题必须解决好，才能通过公司化改造实现企业自主经营。

1. 必须界定企业法人产权。现代企业制度的最本质的特征并不在于公司的名称，也不在于法人的地位，而在于公司以其拥有的法人财产承担有限责任。无限责任公司和两合公司都以承担无限责任为特征，它们虽是公司，又具有法人地位，但历史事实已充分表明，它们不能适应现代经济发展的要求，不能算是现代企业制度。因此，对国有企业进行公司化改造，首先必须界定产权，承认企业法人财产权，并且把企业法人的财产同出资人（国家）的其他财产划分开，只有这样，才能以企业拥有的法人财产承担有限责任。如果徒有公司的名称而没有法人财产权或者产权的界限不清，所谓的有限责任当然也就无从谈起，现代企业制度也就无法建立。

2. 国家授权的投资机构首先必须完成公司化改造。在国有企业进行公司化改造的过程中，如果仍然由行政主管机构行使国有资产的所有权，企业就仍然难以改变行政机构附属物的地位，不可能真正实现自主经营。如果国有资产的所有权由国家授权的投资机构来行使，就有可能在一定程度上割断基层企业和行政机关的直接联系，从而减弱或消除政府行政机构的干预。但是这里有一个前提，就是国家授权的投资机构必须转变职能，不能办成行政机关而必须切实进行公司化改造，实行企业化经营，这样，国有企业和投资机构之间才能形成子公司和母公司的关系，使企业摆脱行政机构附属物的地位。

3. 必须大力推进法人相互持股，使股权多元化、分散化，大幅度降低国家直接持股比例。对国有企业进行公司化改造，如果只是改造成为国家独资或者占绝大多数股权的公司，就仍然难以完全摆脱行政机关的控制，难以实现自主经营，尤其是在国家授权投资的机构自身的公司化改造不彻底的情况下，更是如此。少数行业的特定的企业可以搞国有独资公司，多数竞争性行业的企业不应这样做，而应当大力发展法人相互持股，使股权多元化、分散化，而且要大幅度降低国家直接持股的比例。这样才能转换机制，实现自主经营。

上述三个问题，有的已经在理论上、指导思想上搞清楚了。例如，第一项企业产权问题，在党的十四届三中全会决定中已经确认了企业拥有法人财产权，以企业法人财产承担有限责任，可以说这个问题基本解决了；有的已经明确了方针而且提出了改革措施，例如，第二项国家授权的投资机构实行企业化经营的问题，在国有资产管理体制改革中将重点加以解决。唯有第三个问题，即通过法人相互持股使股权多元化、分散化从而大幅度降低国家直接持股比例的问题，还没有引起人们足够的注意。

**（二）大幅度降低国家直接持股的比例**

对我国国有企业的改革来说，使股权多元化、分散化，把国家直接持股的比例大幅度地降低，对实现企业自主经营，具有不可忽视的作用。当然，也有人会担心，大幅度降低国家直接持股的比例，公有制的性质岂不就动摇了吗？其实不然。我们发展股份制企业，势必要吸收个人资本，这和公有制为主并不矛盾，而且从我国的实际情况来看，光用发展个人股的办法来使国家直接持股比例大幅度降低是根本不可能的；我们主张的是用大力发展企业法人相互持股的办法来降低国家直接持股的比例，这就不但是可能的而且还不会从根本上改变原来的所有制关系。例如，企业一方面吸收其他企业的投资来增加资本金；另一方面又以自有资金去持其他企业的股，这样交叉进行，就可以在资金总量不变的条件下，使相互持股的每一个国有企业的资本金同时都会增加，从而使国家直接投入企业的原有资金在资本金中所占份额相对下降。尽管这会使企业资本金虚增，但只要不是用行政办法而是按照企业间的生产联系和经济需要，本着自愿的原则来形成法人相互持股关系，伴随的就会是资金的合理流动和产权组织结构的合理调整。采用这种办法，由于企业间的资金是可以相互抵消的，所以并不会过多增加企业的负担。当然，这不可能一蹴而就，需要有一个逐渐磨合的过程。

### （三）法人相互持股的"架空机制"

按照上述设想，通过法人相互持股使股权多元化、分散化之后，就可以削弱最终所有者的控制，形成经营者集团控制企业的格局，真正实现企业自主经营。为什么会这样呢？原因就在于股权分散了的法人相互持股，具有一种"架空机制"。以日本的大企业为例，大股东多为法人，股东数量多但单个股东的持股率低，因此需要几十家大股东联合起来才能控制企业（如松下电器公司。根据《四季报》1991年第二辑公布的数字，有17万股东，最大股东是住友银行，持股率只占4.3%，前10位大股东持股合计也只占26.5%）。这些法人大股东由于相互持股的缘故，他们互相参与，作为股东的干预力是相互抵消的，在股东大会上实际成为支持企业经营者的一种强大力量，而个人股东人数众多、人均股权极少，基本不起作用。这就决定了公司经营者的自由度很大，来自所有者方面的约束甚少，自主经营的权利极大。当然，如果企业经营出了大毛病，法人大股东也会从维护自身利益出发进行干预，干预的方式是联合起来更换经营者。这里有一个非常关键的问题：法人大股东的这种权利由谁来行使？并非最终所有者——个人大股东，而是股东企业的法人代表——经营者。因此，实际上是由各个法人股东企业的代表——经营者形成的集团，发挥着对企业的控制、监督和处置作用。也就是说，在相互持股的条件下，在一定意义上可以说，作为最终所有者的股东被架空了，在企业经营上起决定作用的，归根结底是经营者而非个人股东。

当然，日本企业的所有制同我国不同，但法人相互持股使法人股东的代表转化成经营者集团，最终所有者被架空，这种作用和机制是相通的；无论最终所有者是个人股东还是政府主管部门，被架空的可能性是同等的。我们在公司化改造过程中，正确运用法人相互持股的"架空机制"，把一元的"行政婆婆"改组成为多元的"法人婆婆"，就可以转换企业经营机制，使企业之间能够相互影响、相互制约、相互促进，从而淡化行政主管部门的直接干预，突出经营者集团的作用，使企业经营机制得到转换，向自主经营的目标跨进一步。

# 三　通过调整利益关系建立起"利益防线"是构造企业自负盈亏机制的根本

国有企业怎样才能真正做到自负盈亏，这是经过多年探索至今没有完全解决的问题。过去常常听到一种说法：国有企业的财产归国家所有，企业破产也是破国家之产，不可能真正自负盈亏。因此有人从个人产权上找出路，认为必须把产权"量化"到个人，否则自负盈亏只能是一句空话。我不赞成这种看法。我觉得这是一种小业主式的自负盈亏观。现代企业在财产关系上已经出现了许多不同于小业主式经营的新的特点，其自负盈亏的机制也就呈现了极为复杂的情况，而不再是单纯的个人产权问题。

## （一）现代企业财产关系的特点

从我所接触到的日本的股份制企业的情况来看，其财产关系至少出现了以下四个特点：

1. 股东在出资范围内承担有限责任。这种有限责任的企业形态同过去的小业主式的经营，在盈亏责任的实现方式上显然已经有了很大的不同。

2. 法人股东持股率高。日本上市公司股票总额中，法人持股占 73%，个人持股只占 22%。由于个人股东持股率低，因而企业承担的有限责任真正"量化"到个人产权上的部分也就不占主要地位，所以说，现代企业的盈亏责任机制源于个人产权的因素，已经不像小业主经营条件下那样突出。

3. 个人股权分散。日本上市公司共有个人股东 2408 万人，持有股票 8704 万交易单位，人均 3.61 个单位，按市价折算，其金额只相当于大企业职工一年的平均基本工资。至于少数个人大股东持有股票虽大大超过平均值，但其股票持有率也呈下降趋势。最明显的是松下公司的创业人松下幸之助，1950 年他持有的本公司股票占 43.5%，到 1975 年已降到 3.8%，以后又降到 2.9%。这样一种资本分布状况，对盈亏责任机制来说，个人产权的作用当然也就不像在小业主经营条件下那样举足轻重。

4. 企业自有资本比重低，其中股东个人出资部分更低。以东芝公司为例，自有资本 10205 亿日元，占全部资本的 30.31%，其中资本金 2718 亿日元，只占自有资本的 26.63%。自有资本中的其他两项：准备金和剩余金共计 7487 亿日元，占自有资本的 73.37%。虽然准备金和剩余金在理论上可以认为也归股东所有，但实际上它只是对企业扩大经营有利，属于经营者可以活用的资金，事实上并未直接变成股东的股权，明确属于股东产权的自有资本，只集中体现在"资本金"一项上。况且，资本金中有相当大的一部分又是银行、保险公司、大企业等法人持有的股份，并非个人资本。因此，真正"量化"到个人产权的比重是很低的。

从上述特点可以看出，现代企业自负盈亏的机制已不单纯是个人产权问题。这种机制的形成也并非源于个人大股东所有制关系，而是源于与所有制关系既相联系又相区别的利益关系。

**（二）经营者和职工的利益来源**

股票的所有权，当然体现着利益关系，但对企业职工来说，特别是对在企业经营中起关键作用的经营者来说，企业的盈或亏给他们造成的股票上的利益得失并不居主导地位，相反，给他们带来的与个人股权无关的利益得失，却重要得多。企业自负盈亏的约束机制首先来源于此。

以企业的经营者为例，每个公司的董事，普遍都持有本公司股票，除少数业主型的经营者之外，公司董事持股的量并不大。在股票分红率很低的情况下，经营者持有股票的收益是不多的。他们的利益主要来源于以下几个方面：

1. 高工资。随公司的规模、效率不同，董事的年工资水平也不相同，一般来说，董事的年工资相对于本企业职工的平均水平，要高出数倍。据1984年统计，大企业董事平均工资为872万日元，也有很多大企业董事的年工资高达数千万日元。

2. 高奖金。董事和监事的奖金，是在公司净利润分配中单独列项公开处理的。以日本石油公司为例，先从职工奖金情况来看，1990年月平均工资为36万日元，职工奖金一般按6个月的工资额发放，约为220万日元。再从股东分红情况来看，1990年股票分红总额36.75亿日元，发行股票总数122526万股，平均每股3日元；股东总数133440名，平均每名股东不到1万股，而1万股的红利只不过3万日元。但董事和监事的奖金总额达1.64亿日元，人数为19人，平均每人870万日元，同职工的奖金以及股东的分红相差悬殊。

3. 交际费。交际费不是经营者的个人收入，但他们有权使用。交际费数量非常之大，据国税厅《法人企业实态》公布的数字，1989年支出的交际费为5万亿日元，比股票分红总额还要多（同年分红总额约4万亿日元）。交际费的使用权不仅限于董事，凡有业务上的需要，各级业务人员都可以开支一定数量的交际费。

4. 退休金。一般职工到退休年龄后，按工龄计算，每年发一个月的工资，而董事的退休金，按每年收入的30%计算，比一般职工高得多。若按年收入1000万日元计算，退休金每年300万日元，再乘以担任董事的年限，这笔收入是很可观的。

5. 社会地位。大企业的经营者社会地位高，有很多一般职工没有的权利。

所有这些，都同企业经营状况紧紧地联系在一起：企业兴旺，这些就能保持和提高；经营不善，就会减少；若是企业倒闭，一切都会失去。这实际是一种自负盈亏的机制。这种机制在经营者身上表现得最为突出，同时，在每个职工身上也能不同程度地表现出来。企业经营不好，职工的奖金普遍减少甚至取消；如果企业倒闭，正常、稳定的生活就会被打破，每个人都要自己去寻找合适的工作，这也是一种威胁，并由此形成一种紧迫感。

当然，企业如果破产，股东要承担财产损失，因此不能说所有制和自负盈亏没有关系。在日本，业主型的经营者非常多，特别是那些股票不上市的中小企业，主要出资者既是业主又是经营者，在这种场合，所有制和自负盈亏机制的关系就更为密切。但是，即使在这种场合，也有大量的职业经营者，他们和大企业的经营者一样，具有独立的经济利益。这种经济利益得失发生在前，而企业破产造成股东财产损失则发生在后。也就是说，如果企业经营不善，在没有达到倒闭的境地之前，企业职工尤其是经营者，首先蒙受利益损失，这种关系就会形成一种机制，促使企业改善经营，扭转不利的局面。应当承认，这是股东财产蒙受损失之前的一道防线，实际上这才是自负盈亏机制的核心问题。

### （三）调整利益关系，构筑"利益防线"

在我国企业改革的过程中，要发展多种经济成分的企业，私营企业会有所发展，集体合作股份制企业也会出现，这种类型的企业，自负盈亏机制的形成同个人产权的关系当然是密不可分的。但是，现有的国有企业按照这样的模式去改组和构造自负盈亏的机制，是根本不可能的。

构造企业自负盈亏的机制，首先要从理论上和指导思想上调整侧重点，即应当把侧重点由个人产权的调整，转移到"利益防线"的构筑上来。不宜对产权"量化"到个人的作用过于迷信，而应当在确认企业法人财产权的前提下调整利益关系，形成一道经营者和职工的"利益防线"，这是构造企业自负盈亏机制的根本。需要指出的是，构造企业自负盈亏的机制，还要沿着调整利益关系的思路，从实际工作上采取一些措施。

1. 彻底打破国家"大锅饭"。我们通常所说的"大锅饭"，指的是国家和企业两个"大锅饭"。这两个"大锅饭"之间是什么关系，往往分析不够。实际上，问题的关键在于国家的"大锅饭"。由于国家的"大锅饭"没有打破，盛行着这样的原则：企业经营好了，人人都要多得好处；经营坏了，职工由国家养着，企业领导还可以易地做官。所以说，国家的"大锅饭"，是企业经营状况不能和职工利益得失挂起钩来的根本原因。应当设法使企业的生死存亡同职工的命运直接联系在一起，特别是当企业经营不善时，职工的个人利益特别是经营者的利益要相应地受到威胁，这样才能形成自负盈亏的机制。

2. 打破企业的"大锅饭"，要服从于形成企业命运共同体。打破国家的"大锅饭"以后，国家不再用补贴来维持落后企业的生存，企业必须自力更生、自求发展。这就会形成优胜劣汰的竞争机制。在这种企业之间的竞争中，若想取胜，企业内部就不能过度竞争，而必须增强内部凝聚力。作为一个经营者，必须想方设法使企业内部既有竞争，又能保持适度，以便团结一致，通过对外竞争来维护企业和企业成员的利益。

打破企业的"大锅饭"，关键在于坚持科学的、经常的考核。在企业内部，不应该离开公平考核去空谈拉开档次、拉开差距、打破"大锅饭"，而应该下工夫建立科学的考核标准和公平的考核办法，在此基础上解决企业内部平均主义问题。

3. 正确处理国家和企业的分配关系。要让企业自负盈亏，使企业自己解决自身的生存和发展问题，就必须减轻企业负担，使它有相应的财力，同时又不能增加国家财政的负担。这就需要更多地靠完善税制来保证财政收入的增加。通过完善税制确保财政增收的基础上，国家就会有足够的财力放活企业，使全民企业在改善经营、照章纳税的前提下，增加留利，提高自我改造和自我发展能力。目前，非全民企业和个人所得税的征收潜力比较大，减少这方面的流失，可以使财政更加充实，而且可以减轻全民所有制企业的负担，有助于搞活全民所有制企业。

4. 企业内的利益关系要摆在明处。摆在明处指的是个人收益的分配要有章法，要讲民主，要便于群众监督。

我国企业经营者和职工的收入差别是比较小的。随着改革的深入，自负盈亏机制的形成，经营者的责任加重、作用突出，对经营者素质的要求也越来越高。因此，如何评价经营者的作用，如何给予相应的待遇，需要认真研究。现在的问题是：一方面从总体上来说，经营者的工资水平并未提上去；另一方面又有一些企业经营者的个人收入和公费开支透明度不够。

这些都需要通过规章制度建设、民主和法制建设来加以解决。

5. 加速完善社会保障体系。一旦打掉铁饭碗把全民企业职工的生活保障责任转到企业，就会迫使企业减少多余人员以减轻自身的负担，而且会有经营不好的企业倒闭，职工生活没有着落。这就需要通过社会保障制度来解决。因此，必须完善社会保障体系，使企业多余职工以及倒闭企业职工的基本生活得到保障，从而保持群众生活的安定和社会的稳定。

既要保证企业效益提高，又要保持社会的稳定；既不能光讲优胜劣汰，把矛盾完全推向社会，也不能把企业办成福利事业，以牺牲效率来维持社会稳定。怎样才能做得适度，这是很难把握的问题，但又是无法回避、必须解决的问题。这就需要根据社会承受力和社会保障基金积累的程度，掌握时机、逐步推进。

（原载《经济与管理研究》1994 年第 2 期）

# 论企业内部职工持股制度

企业内部职工持股，是一个我国理论界在改革过程中已经提出了很久的问题。综观各家之言，主张不同、方法各异，但宗旨是相通的，归结到一点，是为了更好地调动群众的积极性。

调动职工群众的积极性，方法甚多，关键在于如何把企业经营好坏同职工的利益得失联系起来。不同形态的企业，采用的方法是不一样的。例如，对于非股份制企业来说，当然不存在职工持股问题，调动群众的积极性可以考虑的办法是把职工的工资、奖金甚至就业同企业经营状况直接挂起钩来，从而形成激励机制；对于股份制企业来说，让本企业职工持股，无疑会把企业经营好坏同职工的切身利益更加直接地联系起来，使职工更加关心企业的经营，增强企业的凝聚力。

在深化企业改革的探索中，近几年来，股份制的呼声越来越高，职工持股制度研究的紧迫性也随之突出起来。带着这个问题，我对日本企业职工持股制进行了实地考察，发现那里的做法有许多是值得研究和借鉴的。最近我国已经公布了《股份制企业试点办法》，明确提出了股份制企业内部职工持股问题，并且作了原则规定。本文拟在分析日本企业职工持股制度施行实态的基础上，对我国企业如何具体实施谈一些意见。

## 一 日本股份制企业内部职工持股实态分析

### （一）建立职工持股制度的目的和作用

职工持股制是日本股份制企业实行得比较普遍的一种制度，就是在股份公司内部设立本企业职工持股会，由职工个人出资、公司给予少量的补贴，帮助职工个人积累资金，陆续购买本企业股票的一种制度。

在股份经济中，上市公司的股票本来是可以自由购买的，企业职工既可以购买本企业的股票，也可以购买其他企业的股票。一般根据证券交易所公布的行情，自己判断，选择股价形势看好的股票，经由证券公司代理，自由购买。既然如此，为什么还要建立职工持股制度呢？

直接的原因在于股票发行、买卖制度。日本上市企业的股票，一般以1000 股为买卖的基本单位，1000 股以下是不能购买的。每一股的票面额为50 日元，每一单位股票的面额合计是 1000 股乘以 50 日元，为 5 万日元。但股票交易是按市价计算的，市价一般为票面额的十几倍甚至几十倍，这样，要购买一个单位的股票需要几十万、上百万日元的资金。一般来说，职工个人购买也不是那么轻而易举的。建立职工持股制度，就可以由持股会组织职工每月从工资里积累少量资金，集中起来以持股会的名义统一购买本企业的股票。股票由持股会持有，但按每个人出资数分别列账，这就使职工零星出资购买股票成为可能。

上述的股票买卖制度，还是实行职工持股制度的表层原因，实际上建立这种制度还有更深的背景。

第一，为了形成稳定股东。稳定股东是防止企业被吞并的重要的保护措施。战后日本在引进外资的过程中，对外国资本的直接投资是严格限制的，大规模的直接投资必须同对象企业达成协议方可进行，因此，以自由包买股票的形式进行直接投资是做不到的，企业被包买、吞并的危险性也就甚微。60 年代初，日本加入了国际经济合作与发展组织，从而必须实行资本自由化，放宽对外商直接投资的限制，于是就出现了股票被包买、企业被吞并的可能性。这时采取的一个保护措施就是设法形成稳定股东，使在股市上流动的股票比例减少，使自由包买股票、吞并企业变为不可能。

形成稳定股东的办法有两个：一个是企业法人相互持股；另一个就是本企业职工持股。法人持股同个人持股在性质上有所不同，个人股票属于"利润证券"的性质，目的是取得红利和股票增值带来的"资本收益"，因此经常随股价的变动被买进和卖出，具有流动性；而法人持有的股票则属于"控股证券"的性质，不是为了获得红利和"资本收益"，而是为了影响持股对象企业的经营，因此不会随股价的变动而抛售，具有稳定性。

职工持股会的股票，也有类似于法人持股的特征，只有在个人名下积累满1000股时才能由持股会名义转到个人名下，有的企业还规定，即使满了1000股，也必须在有特殊理由的条件下才可以把个人份额取出卖掉。因此，这部分股票一般不会随股价波动而抛售，比较稳定，能够形成稳定股东。日本企业职工持股制度就是在这种背景下，于60年代后期建立起来的。

职工持股会持有的股份，人均拥有量虽小，但由于人数众多，其总量也是很可观的。日本企业的股权极为分散，很多企业职工持股会持股率虽然只有百分之二三，但已处于前10位大股东的行列之中，成为很重要的稳定因素。例如，有8万多名职工的著名的大企业"日立制作所"，本企业职工持股会持股率为2.1%，已成为第8位大股东；有5万名职工的大公司"三菱电机"，职工持股会持股率为2.2%，已成为第7位大股东。另外，还有些企业，职工持股会甚至成了第一、第二位大股东，例如，有2500名职工的中等规模的公司"双叶电子工业"，本企业职工持股会持股率为7.3%，是第一位大股东；日本最大的企业"日本电信电话公司"（原有职工33万人，民营化后已减少到26万人），原为国营企业，1985年开始民营化，1987年1月股票上市，先后投放3次，已售出全部股份的1/3，目前政府持股率66%，是第一位大股东，其次就是本企业职工持股会，持股率仅为0.5%，已经成为第二位大股东。

第二，为了增强职工的归属感，调动职工的积极性。职工持有本公司股票，都希望股票升值，而升值又和企业经营状况直接相关，因而可以促使每个持股职工都来关心企业经营的改善。

第三，为了帮助职工形成个人财产。对参加了持股会的职工来说，既是带有强制性的储蓄，同时公司又给予相应的补贴，日积月累，达到退休年龄时可以形成一笔可观的财产。

在60年代后期开始建立职工持股制度时，直接背景和第一位的目的是上述的第一项，为了形成稳定股东，但到了70年代中期以后，形成个人财产变成了第一位目的。现在，实施职工持股制度的企业，在持股会章程中，都把便于职工取得本公司股票，帮助职工形成个人财产列为首要的宗旨。

实际情况正是这样。在企业经营好、股价上升的形势下，职工个人财产会不断增加，尤其那些经营状况好，处于上升阶段的企业，在由非上市公司向上市公司转化过程中职工持股更有明显的收益。

非上市企业，由于没有股票升值带来的资本收益，故分红率比较高，一般是面值的20%左右。据我调查的一家企业介绍，非上市企业每年要尽力保住的分红率是20%，该公司建立35年以来，有一年没分红，其他年份最低为10%，最高为30%，一般为20%。调查的另一家企业，情况更好一些，该公司30年前就有职工持股制度，4年前股票"店头公开"①，公开前股票分红率为30%，三年即可收回本金，公开后股票时价每股已高达3000日元，为面额的60倍，职工持股比例相当高，持股会已成为第二大股东，持股职工从中得到很大一笔创业利润。还有一家企业的一位女职员写文章介绍说，她几年前大学毕业时，人们争相到大企业就职，但她选择了一家有发展前途的小企业，而且持了股，没过几年这个公司的股票"店头公开"，她得到一大笔收入，甚至自己在市区买了公寓。

**（二）职工持股制度的实施情况**

职工持股制度在上市公司和非上市公司实行得都很普遍。非上市公司的全面数字不易掌握，但从上市公司情况看，实施比例是很高的。1989年在全部上市的2031家公司中，有1877家实施了职工持股制度，占92.4%，职工持股会持股比例占实施企业全部股份的0.88%，实施企业职工入会人数比例为45.4%。职工具体持股情况见表1。

从入会职工平均每人持股数和按市换算的金额看（见表2），也是很可观的。

---

① "店头公开"的企业就是其股票经批准在证券公司柜台交易，是股票上市前的预备阶段。日本共有股份公司101万家，全国只有8家证券交易所，被批准在这8家证券交易所上市的公司只有2071家，占股份公司总数的2%。证券交易所规定有公司股票上市审查标准，经严格审查合格并报大藏大臣认可后才能上市。一般企业在达到上市标准之前可以申请店头公开。店头公开也有审查标准，但比上市标准低，审查标准由证券业协会制定和掌握，经审查批准后方可在证券公司柜台交易。店头公开的企业数量也不多。据统计，目前在东京店头公开的企业只有300余家。

表1                     职工持股制度实施状况（全国上市公司）

| | 年度 | 1985 | 1986 | 1987 | 1988 | 1989 |
|---|---|---|---|---|---|---|
| 实施状况 | 上市公司个数（A） | 1834 | 1882 | 1925 | 1978 | 2031 |
| | 持股制度实施公司个数（B） | 1630 | 1687 | 1738 | 1800 | 1877 |
| | 实施公司的比率 $\frac{(B)}{(A)}$（%） | 88.9 | 89.6 | 90.3 | 91.0 | 92.4 |
| 股票所有状况 | 全部上市公司股票数（C）千单位 | 318182 | 330596 | 347772 | 367282 | 384422 |
| | 实施公司上市股票数（D）千单位 | 285492 | 298341 | 315478 | 335274 | 363335 |
| | 持股会所有股票数（E）千单位 | 3742 | 3346 | 3181 | 3128 | 3185 |
| | 持股会所有比例 对实施公司 $\frac{(E)}{(D)}$（%） | 1.31 | 1.12 | 1.01 | 0.93 | 0.88 |
| | 对上市公司 $\frac{(E)}{(C)}$（%） | 1.18 | 1.01 | 0.91 | 0.85 | 0.83 |
| 加入状况 | 实施公司职工总数（F）（千人） | 4418 | 4724 | 4760 | 4818 | 5031 |
| | 加入者数（实施公司本身的职工）（G） | 1765 | 2066 | 2124 | 2207 | 2285 |
| | 职工加入比率 $\frac{(G)}{(F)}$（%） | 40.0 | 43.7 | 44.6 | 45.8 | 45.4 |
| | 总加入者人数（包括子公司的职工）（千人） | 1896 | 2214 | 2273 | 2370 | 2477 |

资料来源：《东证要览》（1991）。

表2                     平均每人持股数和股票保有金额

| 区分 | 年度 | 全部上市公司 | 市场第一部 | 其他 |
|---|---|---|---|---|
| 加入持股会 | 1987 | 1.40 | 1.42 | 1.14 |
| 职工人均持 | 1988 | 1.32 | 1.34 | 1.14 |
| 股数（单位） | 1989 | 1.29 | 1.30 | 1.12 |
| 加入持股会 | 1987 | 1575023 | 1568714 | 1645885 |
| 职工人均股 | 1988 | 1747673 | 1757033 | 1646594 |
| 票保有额（日元） | 1989 | 1657300 | 1589250 | 2362821 |

资料来源：《东证要览》（1991）。

## （三）职工持股的实施办法

实行持股制度的企业，都要设立职工持股会，参加者只限本企业职工。职工离职或因其他原因失去本企业职工身份者，自动退出。本企业职工入会后中途要求退出者，可以申请退出，但不得重新加入。

1. 出资办法。参加者集资办法有两种：（1）按月积累，即按月从工资中扣缴。钱数以"份"为单位计算，一般每份为 1000 日元，并规定集资份数最高限（我调查了一些企业，最高限为 30 份），每人可以在最高限内选定份数。例如，选定 30 份，每月扣缴数即为 30 份×1000 = 3 万日元。积累份数可以变更，但每年只规定有两次固定时间办理更改手续。如果临时发生了特殊困难，可以申请暂停积累，事后也可以再申请恢复。（2）用奖金积累，即从年中和年末奖金中扣缴。钱数按每月扣缴数的一定倍数计算（我调查的企业是按每月钱数的 3 倍计算）。

2. 出资者的收益。参加持股会，可以得到以下利益：（1）奖励金。企业为鼓励职工持股，每份奖励 50 日元（即 5%）合并到每个参加者积累的资金中去。（2）资金运用利息。上市企业每月集资随时委托证券公司购买本企业股票，不存在利息问题。非上市企业不能随时购买，只能在企业增发新股时才能购买，在此期间，积累的资金交由证券公司运用，据我调查的企业介绍，资金运用年息约为 5%。（3）分红和资本收益。购得股票之后，可以按股分红。股票分红率随企业而异，上市企业一般每股 5 日元左右，即面额的 10%（若按市价计算，实际分红率只有 0.5% 左右），另外随股票时价的变动，看涨的股票如果售出还可以得到资本增值的收益。

3. 股票的取得和管理。职工参加持股会后积累的资金，构成"股票购买基金"，用来购买本企业股票。购得的股票，列入参加者台账，记清每人应得股票数。

职工持股会的股票，以持股会理事长的名义购买，持股会在股东大会的议决权，由理事长行使。

上市公司职工个人持股数达到一个单位（1000 股）后，可以换成本人的名义取出，成为个人股票，分红、出售与一般上市股票相同。也有的企业限制较严，达到 1000 股后，必须有特殊理由（如结婚、买房子）时才可申请取出。我调查的一个企业，持股最多者已达 2000 股，平均也在 1000 股以上。据该公司持股会负责人介绍该公司职工共有 700 人，参加持股会的有 500 人，因故申请取出个人股票的每年约有五六人。

非上市公司股票，只有在公司增资时才能取得。所谓增资，就是通过发行新股票来筹集资金。一般增资按新股发行对象来分，有三种：一是向原股东分摊增资；二是向第三者（既非原股东但又有一定借贷或交易关系的特定对象）分摊增资；三是公开招募增资。上市公司的股票，经常有买进和卖出，持股会随时可以购买，不必等待增资，而非上市公司则只能在增资时购买，即从向第三者分摊额中购买，或从公募增资发行的新股票中购买。

4. 退会时股票价格的计算。会员退会时，上市的公司，个人持股满1000股的部分，即可提取个人股票，不满1000股的部分则按市场公开买卖的时价计算，退出现金。非上市企业的股票，全部要折算成现金取出，折算的办法采用"红利还原法"，即按基准分红率（惯例为10%）来折算。以我调查的某企业为例，该公司前两年的平均分红为面额的30%，每股面额50日元，基准分红与实际分红率为1∶3，这时的股票折价即为50日元乘以3，为150日元。

### （四）职工持股会的组织体制

由参加职工持股会的人员组成全体会，每年开例会一次，讨论持股会章程的修改、会员入会和退会、理事的选举和听取工作报告等。

持股会设理事会，由理事长（1名）、副理事长（1名）、理事（若干人）、监事（若干人）组成。

理事由会员大会选举产生；理事长、副理事长由理事会选举产生；监事由理事长提名经理事会同意。理事任期为3年，期满前一个月由理事会推出下届候选人名单，由理事长用书面方式通知全体会员，对候选人名单有异议者，可用书面方式向理事长提出，在两周之内如果有异议的会员数不超过半数，该候选人即视为当选。

理事长代表持股会参加股东大会，行使议决权。

## 二　我国企业建立职工持股制度的若干思考

上述日本企业内部职工持股制度，是建立在民间股份制企业基础之上的，而且不是从股份制企业制度一诞生就有的。日本股份公司立法若从

1899 年公布的日本《新商法》算起，至今已有近百年的历史，而企业内部职工持股制度是在股份制企业发展了半个多世纪之后，于 20 世纪 60 年代后期才出现的。也就是说，不是为了职工持股而建立股份公司，相反，是在股份公司的发展过程中，适应客观形势的需要，职工持股制度才应运而生。它的出现同日本经济的发展、日本的国情密切相关。我们研究和借鉴日本企业内部职工持股制度的经验，当然也必须结合我国的实际，从我国的国情出发来运用。我国国有企业的改革，是在公有制基础上试行股份制，在试行和发展股份制企业的过程中，如何建立和完善职工持股制度，我觉得从指导思想到实际工作，有几个问题是很值得注意的。

**（一）在指导思想上必须明确实行股份制的目的不是为了职工持股，只是职工持股的前提**

在指导思想上应当明确，职工持股虽是调动职工积极性的一种可行的办法，但它必须是在股份制企业才能实施，这是前提，非股份制企业就不存在职工持股问题。那么，是不是可以为了调动群众积极性、给职工持股创造前提，就不加分析地把原有的国营企业一律改组为股份制企业呢？我认为，不可以。这里涉及实行股份制的主要目的和着眼点问题。

我们实行股份制，并不是为了解决职工持股问题。在股份制已经成为既定前提的情况下，让本企业职工持股当然是激励职工献身企业的好方法，但是，如果没有这个既定的前提，就不一定非要制造这个前提不可。也就是说，调动职工的积极性并不能成为必须把全民企业改组为股份公司的理由。

我认为，目前我国推行股份制主要是为了构造一种能够强化企业之间横向制约、淡化行政主管部门直接干预、充分发挥经营者集团作用的企业组织结构。实现这样一种组织结构的转换，才能促进政企分开，转变企业经营机制，实现企业自主经营。这才是全民所有制企业实行股份制的主要目的和根本着眼点。

为了实现上述目的，必须强调不能为了要实施职工持股就盲目地对全民所有制企业一哄而起地改行股份制。我们应当着眼于企业改组、转换经营机制，侧重于建立企业法人相互持股关系，通过法人相互持股起步来建立和发展股份制企业。这样做至少有以下一些好处：

第一，通过法人相互持股可以使企业之间互为股东，股东企业的法人代表——厂长、经理就可以形成一个经营者集团，他们就会带着各自独立的经济利益相互参与、相互制约和相互促进，每个企业都会由原来只有一个行政主管部门的婆婆变成同时还有许多"法人婆婆"，从而强化经营者集团的作用，淡化行政主管部门的作用，有助于政企分开，实现企业自主经营。

第二，通过法人相互持股还可以形成稳定的协作关系，有助于根据生产经营活动的实际需要，用经济办法形成企业集团。例如，企业为了保证原材料、半成品、零部件等生产物资的供应，可以选择合适的供货伙伴进行投资，掌握对象企业一定的股份从而影响其经营以确保稳定的供货关系；同样，供货企业为了保证产品有稳定的销路，也可以选择合适的购货伙伴进行投资、控制其一定的股份。经过一个时期的选择、组合，我国的企业组织结构就会发生变化。这个发展过程，既是资金合理流动的过程，又是企业改组的过程，同时也是计划和市场自然结合、通过相互持股确保生产和流通各环节相互衔接、按比例发展的过程。

实行股份制尤其是原有的国有企业改组成股份公司，不是一阵风起的运动，而是一个逐步发展演变的过程，在此过程中就会逐步形成职工持股的前提，建立职工持股制度的问题才能迎刃而解。如果把职工持股作为推行股份制的主要目的，想从这里起步建立和发展股份公司，就会本末倒置，甚至造成企业相互攀比，一拥而上，不可能取得预期的效果。

**（二）在预测职工持股发展前景时，既要看吸收个人投资的潜力很大，也要看到存在着许多制约因素**

目前，我国个人储蓄余额和手持货币总额有 1 万亿人民币。这是很可观的一笔资金，而且有一定的不稳定性，如能设法把其中的一部分转化为直接投资，既可以增加建设资金，又可以形成长期稳定的因素，这不仅是必要的，而且是可能的。我们可以参照日本全国个人金融的结构做些分析（见表3）。

表3                              1989 年末日本全国个人金融资产构成

| 项目 | 现金 | 活期存款 | 定期存款 | 信托 | 保险 | 有价证券 | 其中 | | | 其他 | 总计 |
|------|------|----------|----------|------|------|----------|------|------|----------|------|------|
| | | | | | | | 债券 | 股票 | 信托投资 | | |
| 金额（亿日元） | 320069 | 551559 | 3744158 | 567185 | 1717185 | 2034265 | 384641 | 1241536 | 408088 | 91443 | 9025864 |
| 构成比（%） | 3.5 | 6.1 | 41.5 | 6.3 | 19.0 | 22.5 | 4.3 | 13.8 | 4.5 | 1.0 | 100.0 |

日本个人金融资产的形式比较多，其中定期存款比重最高，如果再加上活期存款和现金，其比重为 51.5%。其次是有价证券，为 22.5%。我国目前个人金融形式单调，几乎全部都是现金和储蓄，其他形式占的比例甚微。随着我国证券市场的发育和居民投资意识的增强，手持货币和银行储蓄向直接投资转化的潜力是很大的。这种转化可以有两种方式：一种是吸引居民购买向社会发行的股票和企业债券，另一种是上市或非上市股份公司吸收本企业职工持股。因此，随着改革的深化、股份制企业的增多，不仅股票市场会有较快的发展而且本企业职工持股也会有比较好的前景。但对此的期望值也不宜过高，因为还存在着一些制约因素，对此必须做客观冷静的分析。

第一，我国居民过去为买房、子女教育筹集资金的紧迫性较日本低，随着改革的发展，这方面的开支量会加大，为此储蓄的紧迫性会增强。尤其是买房，费用是很高的，它将会吸引相当大的一笔个人资金，同时也会在极大程度上增强个人储蓄的稳定性，这些都会制约个人资金问题向股票转移的速度，对职工持股的规模也有制约作用。

第二，我国保险业刚刚起步不久，发展潜力是很大的。日本个人买保险用的资金占个人金融资产的 19%，比股票占个人金融资产 13.8% 的份额还高出 5 个百分点，这个比例是很高的，随着我国社会保险制度的健全和完善，居民在这方面的投入也会大幅度地增加。

第三，我国证券市场的发育需要一个相当长的过程，而且今后组建的股份公司绝大多数应为不上市的公司（日本上市公司至今也只占股份公司总数的 2%）。不上市公司的股票无法抛售转为现金；即使是上市公司的股票现在的实际状况也是由于没有足够的信息和完善的市场条件，难以便利地流通和转让，对于多数居民来说，不可能把其积蓄中的很大比重投放在股票上。这些都是制约银行储蓄向直接投资转移、制约本企业职工持股发展速度和规模的不可忽视的因素。

**（三）在实施中，要坚持个人出资，建立风险机制，树立风险意识**

在酝酿试行股份制的初期，由于当时经济发展水平低、居民的积蓄很少，个人持股难以起步。为了向股份制过渡，人们想了许多变通办法，如"模拟股份制"，即把国有资产的一部分量化到本企业职工个人，然后用这部分股份的红利逐步偿还，还清后即可以变成个人股份。这种办法和把国有资产的一部分直接分给职工实际是一样的。全民企业的财产若分给本企业职工，必然侵害企业以外全民的利益；若分给全民，不仅违背现代化大生产的规律性，而且根本无法操作，因此这些设想很难行得通。

推行职工持股制度，必须坚持个人出资，既可以由工资和奖金中逐步积累，也可以动用个人储蓄一次购买，这是唯一可行的办法。

在我国证券市场刚刚起步的时候，由于许多特殊原因而形成的一些特殊现象，在人们心理上产生了一种错误导向，似乎买了股票就会稳赚钱、赚大钱。其实不然。个人股票作为一种"利润证券"，其利益来源无非是两个方面：一是红利；二是股价涨落差价。影响股价涨落的因素很多，诸如企业经营状况、股票供求关系、各种影响力量的操纵，等等，这里有很大的投机性，在证券市场正常运行的条件下，并不是旱涝保收的，股民在买卖股票的过程中，必须有充分、准确的信息，并且善于分析判断，才能在买进卖出的活动中收到涨落差价的利益。显然，这里有很大的风险。至于红利，当然不像买卖股票那样具有投机性，但也有一定的风险。企业能不能分红、分红率的高低，必须以企业的效益为前提。效益高分红率也高，效益差分红率就低甚至没有分红，如果企业倒闭，股本赔光的可能性也是存在的。必须建立风险机制，树立起风险意识，职工持股制度才能健康发展。如果像过去有的企业那样，向职工发行债券和股票，不顾企业效益而实行高利率，在很大程度上使之成为变相奖金，就不可能把职工持股制度搞好，也不利于发挥股份经济在企业改革中的积极作用。

**（四）在具体工作的引导上，要把职工持股变成职工参与企业经营决策和民主管理的一种新的形式**

民主管理是社会主义企业管理的一个重要特征。在进行股份制改革的过程中，职工参与企业经营决策和民主管理不但不能削弱而且更应当加强。在股份制企业中，工会和职工代表大会的作用仍然要继续发挥，职工持股应该成为新的企业形态中加强民主管理的一种新的手段。

要想使职工持股在民主管理方面更有效地发挥作用，就特别需要注意按股份经济通行的惯例规范化、制度化地进行。不能旱涝保收，把职工持股搞成变相的福利和奖金。要真正同企业经营状况挂起钩来，经营状况好就能多分红，否则就少分或不分。这样就可以在工资、奖金之外，多了一个同企业经济效益挂钩的联结点，引导得好，定会在发扬民主、增强企业凝聚力方面取得明显的效果。为此，在职工持股的具体工作上，需要注意以下几个问题：

第一，在新建或新改组成立的股份制企业，应当在自愿原则基础上，尽量广泛地实行企业内部职工持股制度。

第二，要根据每人持股数量的多少，相对应地承担风险和受益。

第三，为了鼓励职工持股，必要时可以考虑按入股金额的一定的比例给予奖励，但不能脱离企业效益靠吃企业的老本或财政补贴来提高分红率。在分红率上，切忌企业之间的攀比。

第四，职工持股的数量应当有一定的限制，个人之间持有量不宜过于悬殊，否则会在调动了一部分人积极性的同时又伤害了另一部分人的积极性。

第五，要建立严密的职工持股会的组织，明确规定持股会章程，努力把持股会办成代表职工参加股东大会、参与企业经营决策和实施民主管理的得力的组织，使它成为工会活动的一种补充。

（原载《改革》1992 年第 5 期）

# 国有企业改革的进展<sup>*</sup>

1994 年 4 月，我在提交第五次中日经济学术讨论会的论文中，曾经把十四届三中全会提出的"转换国有企业经营机制，建立现代企业制度"的任务，称作是深化企业改革的一个新的动向。在同一篇文章中，我也谈到了向现代企业制度过渡的步骤，提出了对原有的国有企业，要区别情况采取不同的办法。

第一，一般小型国有企业，有的可以实行承包经营、租赁经营，有的可以改组为股份合作制，也可以出售给集体或个人。出售企业和股权的收入，由国家转投于急需发展的产业。

第二，现有全国性行业总公司要逐步改组为控股公司。企业集团的核心企业——集团公司，有条件的也可以改组为控股公司。

第三，一般的国有企业特别是大中型企业，逐步实行公司制。单一投资主体的可依法改组为独资的有限责任公司，多个投资主体的可依法改组为有限责任公司或股份有限公司。通过公司化改造，使企业摆脱对行政机关的依赖，国家也可以解除对企业承担的无限责任。

三年过去了，上述三个方面的工作进展情况如何呢？本文拟做一些具体介绍。

## 一　关于组建控股公司的试点

1994 年年底，国务院确定中国有色金属工业总公司、中国石油化工总公司和中国航空工业总公司进行国家控股公司试点。上述三家行业性总公司原本是由政府行政部门转成的行政性公司，进行试点，就是要探索是否

---

＊　1997 年 4 月提交"第六次中日经济学术讨论会"的论文。

可以通过控股公司的模式，使行政性公司向经济实体转变。试点工作主要包括以下内容：

第一，授权上述三家公司对其下属企业行使资产所有权和资产收益权。三家公司提出的设想是，在改组为国家控股公司后，公司应一个头对国务院承担授权范围内国有资产保值增值和产业发展的责任，即由总公司统一行使资产经营和收益权。总公司有权决定授权范围内资产的产权变动事项（如全资、控股子公司的分立、合并、转让、重组等），自主进行结构调整；存量资产转让取得的变现收入以及总公司所持股份的股利全部留给总公司，用于增量资产投入和增加企业生产经营资金。

第二，在资产授权的基础上，对总公司所属企业进行公司化改造和结构调整。由于这三家公司的具体情况不同，需要分别拟订各公司对其下属企业进行公司化改造与实现股权多元化的方案和实施规划，在此基础上，明确总公司与下属企业的事权划分和议事规则等。

第三，解决总公司的领导体制、总公司与其他公司以及与国家各有关部门的关系问题。这是涉及公司外部关系的更为复杂的问题，例如，如何组建行业协会、如何跨行业交叉换股、如何落实总公司投融资权限，等等，都需要通过试点逐项解决。

试点工作的步骤，首先要求三家公司分别拟订试点方案，通过论证、批准后实施；按照试点方案进行国有资产授权经营；然后各公司对下属企业进行公司化改造和结构调整；最后，在三家公司试点工作的基础上总结经验，对行业性总公司和行业主管部门如何过渡为国家控股公司问题提出规范性的意见。

关于这项试点，不但三家总公司积极性很高，政府主管企业的各个行政部门的积极性也很高，他们希望扩大试点范围，纷纷要求进入试点的行列。但是，经济理论界以及企业界至今意见不一，人们存在着许多疑虑。

一怕行业垄断。三家公司在本行业都占有绝对多数的市场份额，石化总公司原油加工量占全国的89%；有色总公司主要有色金属产量占全国的57%；航空总公司承担着几乎全部飞行器的生产任务。如何引入竞争机制，打破垄断市场的格局，成为人们普遍关注的重大问题。

二怕收权。经过十几年的改革，基层企业的自主权已逐步有所扩大，人们担心在企业改组过程中总公司凭借行政权力上收企业法人的权力，总公司变成"婆婆"加"老板"，把企业卡得更死。特别是这三家公司下属的企业中有许多大型、特大型企业甚至企业集团，如何发挥这些企业的积极性，处理好集权与分权的关系，也是人们普遍关注的问题。

三怕翻牌。人们担心政府行政主管部门纷纷仿效，变成翻牌公司，改名不改实。目前在各地方的改革中，也在积极组建控股公司，试点国有资产授权经营，已经发现有一些地方把行业主管部门改为控股公司，但仍然保留着行业管理职能，因此，如何进行职能分解，真正把政府行政管理职能和行业管理职能分离出去，也是人们极为关注的问题。

针对上述情况，对于试点工作，许多人提出了以下主张：

第一，行业主管部门和全国性总公司向控股公司的过渡，应坚持先试点、后推开的方针，在三家公司试点取得经验之前，其他部门不宜仿效。

第二，国家控股公司应采取纯控股公司的形式，不应直接从事具体的生产经营活动，以免与下属企业在经营职责上出现交叉，防止任意上收企业。

第三，应在三家公司所在行业中分别组建两家以上的控股公司，除以三家公司为基础组建控股公司外，可以将一部分优势企业直接改造为控股公司，由国务院直接授予资产经营权。

第四，国家控股公司不应承担政府的行政管理职能和行业管理职能，这就需要进行职能分解，把总公司现有的政府行政管理职能交政府的有关经济部门，同时组建行业协会，承担行业管理和服务职能。

第五，国家控股公司下属企业，要进行公司化改造，实现股权多元化，防止简单翻牌，对外要进行跨行业的交叉换股，建立合理的产业资本结构。

目前，三家控股公司的试点，已经考虑和吸收了方方面面的意见，思路已经明确，方案已经确定，正在进入实施阶段①。

上述国家控股公司的组建，在国有资产管理体制改革中，是属于中间层次即第二层次的问题。国有资产的管理体制，今后要分为三个层次，这已经取得了共识。第一层是国有资产管理部门，第二层是资产的经营机构，

---

① 1997年1月4日《经济日报》刊登消息，说："最近，国务院批准中国有色金属工业总公司、中国石化总公司和中国航空工业总公司进行国家控股试点，试点工作即将正式开始进行。"

第三层是基层企业。但是，上述三层中的每一层如何构造，至今意见仍不统一。

关于第一层，有人主张设立国有资产管理委员会，放在全国人民代表大会常务委员会或放在国务院；还有人主张设立国有资产管理总局直属国务院；也有人主张维持现状，即在财政部下设国有资产管理局。我认为，第一层次的机构如何设置并不重要，无论设在何处，它只是一个行政性的管理机构，这个性质是不会改变的。重点和难点在于第二和第三层次如何构建。

关于第二层，要害问题是如何构建成经营国有资产的真正的企业，而不应是行政性公司，它应当以国有资产所有者身份，控制和经营第三层的基层企业。目前第二层次除三家控股公司在试点外，其他行业实际上仍由国务院各个主管企业的行政部门充当国有企业产权代表的角色（各省、市、自治区对属于本地方管辖的国有资产，也在按三层构造进行改革，但各地进展不平衡，有的地方组建了投资公司或控股公司，有些地方仍由当地政府主管企业的部门作为国有资产产权代表进行工作），这种状况迫切需要改变，也是今后深化改革需要解决的重要课题。

在上述第二层次的构建中，除了三家行业总公司改组成的国家控股公司之外，还在进行把企业集团的核心企业——集团公司改组成国家控股公司的试点。自 1991 年以来，国务院已经陆续确定东风汽车集团公司、中国东方电气集团公司、中国重型汽车集团公司、中国第一汽车集团公司、中国五金矿产进出口总公司、中国天津渤海化工集团公司、中国贵州航空工业总公司、中国纺织机械集团公司等八家集团公司进行国有资产授权经营的试点，即国家把企业集团中紧密层企业的国有资产统一授权给核心企业经营管理。实际上就是把企业集团的核心企业——集团公司作为国有资产的产权代表机构，对下属的紧密层企业的国有资产进行控制和运营。这八家集团公司已经分别拟定试点方案，并且正在按照批准的方案进行试点。

## 二 关于建立现代企业制度的试点

现代企业制度试点，实际是属于国有资产管理的第三层次基层企业如何改造的问题。国有企业从总体上看，机制不活、经营不善是普遍的问题，但不同规模的企业情况差别很大，不能采取同一个模式进行改革，必须区别情况采取不同的对策。截至1995年年底，我国国有独立核算工业企业的总体情况如表1所示。

表1　　　　　　　　　　　1995年国有独立核算工业企业个数和产值

| 分　类 | 企业单位数 | | 工业总产值 | |
|---|---|---|---|---|
| | 数量（个） | 比重（%） | 数量（亿元） | 比重（%） |
| 总计 | 87905 | 100.00 | 25889.93 | 100.00 |
| 大型企业 | 4685 | 5.33 | 15907.27 | 61.44 |
| 中型企业 | 10983 | 12.49 | 5302.35 | 20.48 |
| 小型企业 | 72237 | 82.18 | 4680.31 | 18.08 |

国有大中型企业个数只占17.82%，但产值比重高达81.92%。这些企业改革的方向，是建立现代企业制度，具体的途径是逐步实行公司制，把它们改组为有限责任公司或股份有限公司。这方面的工作，从1994年就开始试点，由国务院直接组织的现代企业制度试点企业共有100家，此外，各省、市、自治区也分别确定了自己的试点企业，全国总共有2598家，试点工作已经全面展开。

1994年开始试点时提出的要求是用两年的时间，到1996年年底结束，但由于各试点企业的试点方案制定和审批的进度差别很大，截至1996年上半年，有的企业试点方案刚刚批复不久，甚至还有10%的试点企业试点方案没有批复，因此决定百家现代企业制度试点工作，推迟到1997年年底结束，通过试点，要总结经验，提出分步实施的指导性意见，进而实现到2000年大多数国有大中型骨干企业要初步建立起现代企业制度的目标。

**（一）对现代企业制度最本质的特征的理解**

什么是现代企业制度，目前存在着许许多多的说法，有的人理解得非常宽泛，甚至把改革十几年来一直在做的事情通通归结为现代企业制度的内容和特征，这就使人难以搞清1993年提出建立现代企业制度的任务，到底有什么新的含义、新的要求。还有一种比较流行的说法，就是把现代企业制度等同于公司制度或法人企业制度，这就难免使人产生疑问：我国的国有企业，经工商行政管理局注册登记，均已成为法人企业，而且很多企业已经变成了公司，岂不已经成为现代企业制度了？对那些尚未改为公司的企业来说，是否差距仅在于名称？似乎搞个翻牌公司也就可以变成现代企业制度了。显然，这种把现代企业制度等同于公司法人制度的观点是不确切的。

相对于自然人的个人或合伙经济而言，公司法人制度当然更具先进性，但是，我个人认为，并非一切公司法人制度都可以称为现代企业制度。这是因为，公司是多种多样的，法人也是依据各国法律确立的，随各国法律的不同，企业的法律形态分类也必然是各式各样的。因此，我们研究现代企业制度，只抽象地讲公司法人制度就远远不够了，必须明确我们要建立的是一种什么样的公司法人制度。

从根本上说，我们要建立的现代企业制度，是能够适应现代市场经济发展要求的公司法人制度。在市场经济条件下，企业必须在瞬息万变的竞争环境中生存和发展；只有能够集中社会资金、分散经营风险的企业制度，才能适应市场经济环境的要求。这是衡量现代企业制度的基本标准。自然人的个人或合伙经济，由于业主对企业经营要承担无限连带责任，这就决定了它的经营风险大，难以广泛吸收他人资本，这样的企业当然不是现代企业制度。至于公司法人企业，事实上，也分为承担无限责任和承担有限责任的两大类公司法人。目前在一些国家就存在着无限责任公司和两合公司，它们都是公司而且具有法人地位；但这样的公司法人以承担无限连带责任为特征，历史已经证明，由于风险大、集资困难，这样的企业无论在发展规模上或者在市场竞争力上都有明显的局限性，不能适应现代市场经济发展的客观要求，所以说这种承担无限责任的公司法人，也不能视为现代企业制度。

基于以上的分析，现代企业制度的最本质的特征应当是有限责任，只有承担有限责任的公司法人才能够分散风险、广泛集资，适应现代市场经济发展的要求。所谓有限责任，实际上就是指出资人（无论是国家、个人或是企业法人）以其实出资本金、企业以其全部法人财产承担有限责任；

这也就是说，企业经营责任以企业的法人财产为限，不累及出资人实出资本金以外的其他财产。因此，要实现有限责任，就必须把企业法人财产的边界搞清楚，从而把企业的法人财产同出资人的其他财产界定清楚，我们所说的明晰产权的实质正是在这里。

我国的国有企业，实际上是由政府承担无限责任的企业法人，它们同现代企业制度在本质上的差别并不在于公司的名义和法人的地位，而在于有限责任。国有企业的财产归国家所有，从这个意义上讲，产权是明晰的；国有企业的财产同出资人——国家的其他财产没有划分开，从有限责任的意义上讲，产权又是不明晰的。我们建立现代企业制度的目的和要解决的根本问题，就是要把由国家承担无限责任的国有企业转变为以公司法人财产承担有限责任的法人企业。这就要求企业法人财产明晰化并且把企业法人财产同出资人——国家的其他财产界定清楚，只有这样，才能建立起有限责任的现代企业制度。

**（二）通过建立现代企业制度要解决的主要问题**

按照上述对现代企业制度本质特征的理解，现代企业制度的试点工作就应该集中力量解决清产核资、资产评估、清理债权债务等界定产权方面的问题，并以此为重点，带动其他方面的工作。到目前为止，上述界定产权方面的工作在试点企业已基本完成，在此基础上仍需进一步解决以下几个方面的问题：

第一，改变债务责任关系。企业依据《公司法》成为独立的法人实体，以其法人财产对自己的债务负责，自负盈亏，包括国家在内的出资人只以投入企业的资本额为限，对企业债务承担有限责任，从根本上改变企业吃国家"大锅饭"的体制。

第二，拓宽企业融资渠道。改变国有企业同财政紧紧捆在一起，企业只能依赖财政注入资本的体制，使企业有可能进入资本市场，实行多渠道、广泛融资。

第三，形成资产的流动机制。企业独立支配自己的资产，使对外投资、资本注入、出资人的更换得以顺利进行。

第四，形成新的企业与职工的关系。作为独立的公司法人，企业依据

《劳动法》同职工形成契约关系，不再对职工及其家属的生老病死直接包揽。

第五，形成企业约束机制。通过规范公司治理结构，所有者代表组成董事会，从根本上改变所有者代表缺位的状况，形成所有者、经营者、劳动者相互激励、相互制衡的机制。

总之，通过建立现代企业制度，使企业成为产权清晰、权责明确、政企分开、管理科学的自主经营、自负盈亏的有竞争力的经济实体。

### （三）试点工作的阶段性目标

按照国家经贸委的工作部署，到 1997 年年底试点结束时，对试点工作有以下一些阶段性的目标要求：

1. 产权清晰，责权明确，治理结构规范。（1）企业中国有资产产权代表机构要明确①，国有资产及其他各类出资者产权代表要到位并行使职权；通过非银行债权转股权、"拨改贷"转增国家资本金、法人持股、企业内部职工持股、招商引资等多种途径，逐步实现企业投资主体多元化。（2）确立董事会作为公司经营管理决策机构的法律地位，国有独资公司的董事会依据《公司法》享有部分股东会职权。（3）董事会的资产经营权和经济责任，要通过公司章程加以明确。（4）确立经理对董事会负责的体制，经理由董事会聘任或解聘，政府行政机构不考核、任免经理，经理依法拥有足够的指挥公司的日常生产经营管理活动的权力。（5）依法成立监事会，其成员由股东代表和适当比例的公司职工代表组成，职工代表由公司职工民主选举产生。

2. 转变政府职能，促进政企职责分开。（1）政府通过确定国有资产产权代表机构和对试点企业委派产权代表，行使国有资产所有者职能，主要是考核、任免、奖惩派出的董事，制定和考核企业中国有资产保值增值责任指标，除产权代表机构外，政府其他行政管理部门对企业不再行使国有资产所有者职能。（2）强化政府社会管理职能，各级政府接收试点企业所承担的政府职能的措施要明确，要建立和完善社会保障体系，培育劳动力

---

① 这涉及国有资产管理体制的改革，目前除进行试点的控股公司之外，国有资产产权代表机构仍为政府的行业主管部门。

市场，推行再就业工程。（3）加强政府协调、指导、服务和监督，通过政策引导、典型引路、科学评价、发布市场信息来引导企业调整产品结构，加强企业管理。（4）取消改制后的企业与政府间的行政隶属关系，公司不再对应行政级别，考核任免企业高级管理人员不再套用行政级别。

3. 采取有效措施，减轻企业负担。（1）企业对富余人员要有切实可行的分流方案和程序，要发挥政府、企业和职工个人三方面的积极性，实行个人自谋职业和社会帮助就业相结合的多渠道的安置办法。（2）企业对自办中小学校要有移交当地政府的具体目标和实施办法。（3）企业自办的卫生机构及其他后勤服务单位，具备条件的，要实行成建制移交，独立工矿区的企业和暂不具备分离条件的企业，对其实行独立核算、自主管理、面向社会等办法，并提出分离的时间和措施。

4. 加强管理，提高效益。（1）要全面实施《"九五"企业管理纲要》（试行），学习邯郸钢铁公司经验，加强各项基础管理和专业管理。（2）全面实行《企业财务通则》和《企业会计准则》。（3）改革企业劳动人事工资制度，取消企业管理人员的干部身份，打破不同所有制职工之间的身份界限。（4）建立企业高级管理人员的资格认证制度和企业法律顾问制度。（5）各试点企业的投入产出能力、营运能力、盈利能力、偿债能力、管理能力和发展能力比试点前要有所提高，经济效益要有所改善。

**（四）试点工作进展的情况**

经过两年多的试点，已经取得了一些进展。

1. 试点企业公司制改造的基本框架已经初步形成。截至 1996 年年底，已经批复试点方案进入具体实施阶段的试点企业共有 98 家，改制的形式分为以下四种：（1）有 17 家改制为多元股东持股的股份公司或有限责任公司，占 17.3%。（2）有 79 家改制为国有独资公司，占 81%。（3）有 1 家解体。（4）有 1 家被兼并。

各试点企业（包括改制为国有独资公司的试点企业）正在按照母子公司体制，将一部分二级单位改建为多元股东出资设立的有限责任公司或股份有限公司，例如，"瓦房店轴承厂"整体改制为国有独资的"瓦轴集团有限责任公司"，然后把生产经营主体改制为由瓦轴集团公司控股、职工参股的"瓦轴有限责任公司"，同时将从生产经营主体分离出来的辅助单位、服务单位以及厂办集体企业改制为瓦轴集团公司的全资、控股或参股的公司。据统计，目前百户试点企业共组建了全资子公司 584 个，控股子公司 437 个，分公司 310 个，参股公司 619 个。通过这样的改制，促进了跨地区、跨行业、跨行政隶属关系的投融资活动；借助于投资主体多元化，形成了有利于政企职能分开的机制；同时在改制过程中，还把一些非银行债权转为股权，使企业的资产负债率有所降低。

2. 通过试点，在一些难点问题上有所突破。

第一，企业的资产负债结构得到了调整。目前国有企业债务负担过重，资产负债率普遍比较高。经过试点，1995 年底百家试点企业平均资产负债率较上一年降低 2.11 个百分点。有的企业下降幅度在 10 个百分点以上。

降低负债率的措施主要有：（1）根据各个地方的财力状况，按一定比例将企业实际上交的所得税、增值税、城建税等返还企业，作为国家资本金投入。（2）把中央或地方给企业的财政性借款和"拨款改贷款"本息余额等转为国家资本金。（3）把企业国有资产经营收益或税后利润，在一定时限内或企业资产负债率降至一定比例之前，留给试点企业，增加国家资本金。（4）允许企业提高折旧率，增加企业自有生产经营资金。以唐山碱厂为例。这个厂是第七个五年计划期间由化工部和河北省共同建设的大型化工企业，经过近些年投资体制的变动，结果使这个厂欠国家和地方的贷款和借款共 20 笔，每年利息近 9000 万元。到 1994 年年底，企业资产总额为 19.52 亿元，净资产只有 1.94 亿元，总负债为 17.58 亿元，资产负债率高达 90%。因此，唐山碱厂在制订现代企业制度试点方案时，把优化资本结构、减轻债务负担作为突破口，带动整个试点工作的展开。他们对债务做了具体分析，银行的贷款和借款必须继续作为债务来承担，此外，国家"拨改贷"按政策可以转为资本金，财政的贷款和借款，也有一部分可以债权变股权。按照这种思路运作的结果，国家和河北省"拨改贷"本息金额 2.25 亿元转为国家资本金；河北省的 2.53 亿元各种借款转为法人股本金；唐山市的 1.17 亿元借款转为法人股本金。这样，国家开发投资公司、河北省建设投资公司、河北省经济开发公司、唐山投资有限责任公司就变成了唐山碱厂的四大股东，唐山碱厂也随之改制为"唐山三友碱业（集团）有限责任公司"，企业资产负债率降为 59.52%。经改制后一年的运作，1995年实现利税近亿元，一举扭亏为盈。

第二，在解决企业冗员多、办社会负担重方面迈开了步子。企业富余人员多，办社会负担重，是深化企业改革必须解决的难点问题。这个问题如果不解决，不但使企业在经济上不堪重负，更重要的是阻碍着企业机制的转换。

首先是干扰了企业的目标。企业本应是追求效益，而政府追求的则是增加就业、提供福利等社会目标，然而，目前国有企业承担着大量的社会职能，结果在生活福利、就业、上学的压力下，使企业向社会目标倾斜，不可能全神贯注地追求效益目标。

其次是增加了管理的难度，在岗人员和富余人员混杂，三个人的事五个人做，必然纪律松弛、效率低下，而且由于人员长期不能流动，企业变成了部落式的小社会，亲缘关系盘根错节，无法正常实施管理。

再次是强化了职工对企业的依赖。企业人员不能流动，企业难以随生产经营和市场竞争的需要在数量和结构上对人员进行调整。在试点中这也是一个要解决的重要问题。几年来，这方面的工作已经起步，据统计，截至 1996 年第一季度，百户试点企业已分流富余人员 9.3 万人，其中分流到社会 6006 人，下岗培训 9413 人，发展第三产业安置 5.52 万人，离岗退休2.33 万人；在办社会方面，已分离医院 4 所，分离学校 26 所。

# 三　关于小企业的产权制度改革

小型国有企业，有的可以实行承包经营、租赁经营，几年以前就已经这样做了，很多企业至今还在实行这些经营方式。至于出售给集体或个人、改组为股份合作制企业，则是最近一个时期才比较多地实行的改革办法。

在党的十四届三中全会以后，各地普遍加快了国有小企业产权制度的改革，企业改制的形式普遍放开，各地采用比较多的有以下三种：（1）国有资产部分作价参股，部分有偿转让给本企业职工，同时吸收社会上的法人或个人入股，组建为有限责任公司。（2）把国有资产有偿转让给企业全体员工，改组为股份合作制企业。（3）把企业出售给个人，改组为私营企业或合伙企业。

有些企业和职工担心国有资产作价入股难以摆脱行政干预，所以不易接受上述第一种办法，而比较容易接受第二种办法，即全部买断，改组为股份合作制企业。

山东省的诸城市①是小企业产权改革起步较早的城市，1994 年 7 月全市已有 274 家工商企业进行了产权改革和重组，占企业总数的 95%。其中 9 家改造为股份公司或有限责任公司，204 家改造为股份合作制企业，1 家转让给省外的企业集团，另外拍卖 18 家，租赁 5 家，兼并 4 家，破产 3 家。

关于出售国有企业产权问题，长期以来一直存在争议。1989 年国家体改委、财政部、国有资产管理局颁发了《关于出售国有小型企业产权的暂行办法》。在此之后各种争议也没有休止。主要的反对意见，一是说出售国有企业给集体或个人，会降低国有经济比重，不符合社会主义原则；二是说出售国有企业会造成国有资产流失。这些意见虽然并没有充分的理由，但往往给一些人造成疑虑，不利于产权制度改革的推进。诸城市的领导集体在这些问题上有比较清醒的认识，他们采取只做不说的办法，避免过多的争论，使小企业的产权改革有了比较大的突破。

诸城市从 1992 年开始，在全市推行以股份制和股份合作制为主要形式的企业制度改革，当时设想采用三种方式进行试点：

（1）选择 2 家企业进行企业内部职工持股的股份制试点，即把新增投资或部分存量资产折股出售，向企业内部职工发行股权证，组建为股份制企业。（2）选择 1 家企业进行向社会发行股票的试点，即把企业改组为向社会公开发行股票的股份公司。（3）选择 2 家企业进行股份合作制试点。

按照原定的方针，拟以第二种方式为主，即采取股份公司的形式。但试点和全面推行的结果，走上股份合作道路的达 204 家，占全部改制企业的 75%。于是股份合作制便成了诸城市产权制度改革的主要形式。以诸城市电机厂的试点为例，最初曾设计了两个改革方案：①国家控股，吸收个

---

①　诸城市是位于山东省潍坊地区的一个县级市。

人股不超过 20%。②企业存量资产售给职工，国家以土地作价入股。经过讨论，职工对这两种方案都不接受，他们要求把企业资产全部买下，土地有偿使用。结果实现了第三方案，全体 277 名职工买断了企业 270 万元生产经营性资产，变成了股份合作制企业。

所谓股份合作制，就是把合作制同股份制结合起来，也就是把劳动联合同资金联合统一起来，它是在合作经济的基础上引进股份制的因素而形成的一种新的企业组织形式。它在所有制关系上属于合作制，在财产组合上表现为股份制。其制度特点是：（1）企业内部全员入股，职工既是所有者又是劳动者。（2）企业领导体制是董事会领导下的经理负责制，董事会由股东直接选举产生。（3）实行按劳分配与按股分红相结合的分配制度。但由于股份合作制企业没有明确的法律依据，除 1990 年农业部发布的《农民股份合作企业暂行条例》外，没有其他法律文件，因此，上述制度特点并不具有普遍意义，各地做法不一，随意性很大，尚待进一步规范化。就诸城市来说，其具体做法如下：

（1）市国资局委托有评估资格的会计师事务所和审计事务所进行企业资产评估，并对它们的评估结果审核确认。

（2）企业资产连同债务全部转移给改制后的企业。净资产按评估价由职工出资购买。银行债权由企业同银行重新签订抵押贷款合同。

（3）企业正式职工全员入股，每人至少 5000 元，超过这个低限的部分，自愿认购。股款一次缴足有困难者，可分两年缴足，但购股时初次缴款不得少于 60%。股权证一年后可在企业内部转让。

（4）企业坏账从资产评估值中剔除，办法是，从评估基准日向前推 10 年，以每年年末应收账款之和的 5‰作为坏账准备金，从资产总值中扣除。

（5）职工宿舍的产权分两种办法处理。有净资产的企业，职工宿舍从净资产中剥离出来，依照房改政策另行处理。资不抵债的企业，职工宿舍不剥离，经评估后作价出售给职工。

（6）离退休职工医药费按人均 1500 元标准从净资产中一次性扣除，留给企业，由企业开支。原企业负担的抚恤费和工伤、病退职工的医药费等也分别按不同标准扣除。

（7）国有企业出售收入，由市国资局收缴。收缴办法按不同企业分档：

企业净资产 10 万元以内的，出售时一次缴清；10 万—100 万元的，一年内缴清本息；100 万元以上的，两年缴清，第一年不少于 50%。凡不能一次缴清的企业，与国资局签订借款合同，按季缴纳有偿使用费，逾期欠缴的资产价款，按同期银行贷款利率加罚 50%。

（8）国资局收缴的企业出售收入，1/5 投入重点项目建设，4/5 以财政贷款形式投放企业周转使用。

（9）企业占用的土地使用权不出售，由企业定期缴付土地使用费。

为了更加具体地说明国有企业改组为股份合作制企业的实际情况，下面引用中国社会科学院唐宗焜研究员主持的一项研究课题"国有企业产权交易行为分析"中的一个诸城绝缘材料厂的具体案例：

山东省诸城绝缘材料厂是建于 1966 年的国有小企业。1993 年 6 月 1 日起改制为企业内部全体职工持股的山东省诸城四达绝缘材料股份有限公司。改制前，全厂职工 182 人出资 180 万元买断企业产权。该厂全部资产和债务转移给改制后的股份公司。

（1）经诸城市审计事务所评估和市国有资产管理局审核确认，诸城绝缘材料厂除土地使用权和职工宿舍以外的全部资产总值 1251.81 万元，负债总额为 1089.93 万元，净资产 161.88 万元，资产负债率 37.07%，评估后净资产增值率 51%。资产总额 1251.81 万元中，固定资产 318.49 万元，流动资产 894.92 万元，专项资产 34.12 万元，无形资产 4.28 万元。评估方法，对房屋建筑物、专项工程支出、在产品的评估采用重置成本法。

（2）股份公司注册资本、股份发行 180 万元，每股 1000 元，共 1800 股。股份全部由企业内部职工个人以现金认购，全员入股，20% 的股份自愿认购，80% 配售即每名职工至少认购 8 股。182 名职工，人均股本 1 万元。公司章程规定，"股权证不得向公司以外任何人发行和转让"，不过，公司成立一年后，经董事会批准，股权证可在公司内部转让、赠予、继承或抵押，但"公司董事和经理在职期间不准转让"。

（3）公司接纳原厂全部在册职工，并继续执行当地的社会基本养老保险和失业保险统筹办法。

（4）原厂产权出售前，从净资产评估值中做如下扣除：退休职工和职工遗属所需医疗费、抚恤费等 11.48 万（其中，34 名退休职工需医疗费、抚恤费 54207 元，人均 1594 元；3 名未投保的退休家属工所需今后退休工资 30845 元，人均 1 万元；1 名生活已不能自理的病退职工需 9100 元，1 名落实政策人员生活补助费 2092 元）；42 名患职业病的职工（经市防疫站确诊）所需诊疗费 18.12 万元，人均 4314 元。这些费用从净资产中一次性扣除，留给改制后的公司，由公司支付。

（5）净资产评估值 161.88 万元，减去上述一次性扣除 29.6 万元以后，剩下 132.28 万元，即定为出售价。产权转让价款分两次付清，1993 年 7 月底公司向市国资局支付 80 万元，其余 1994 年年底前缴清。

（6）公司治理结构，设股东会、董事会和监事会，实行一股一票制。

（7）出售改制操作程序：市委、市政府决定企业出售改制，并派工作组进厂，帮助成立组建股份制企业筹备小组；召开职代会，通过厂内职工全员购买企业产权的决议；然后以企业名义向市体改委、市国资局、市工业委员会递交企业改建为股份有限公司的申请书，并提交可行性研究报告、公司章程、购股说明书；市国资局委托市审计事务所对企业资产进行评估后，对评估结果审核确认；完成以上程序后，市体改委、市工委、市国资局经请示市政府推行股份制工作领导小组同意，向企业联合发文正式批准出售改制方案；接着，职工购股，公司创立大会选举董事会、监事会，市工商局颁发公司营业执照，公司正式成立。企业出售改制全部过程历时 1 个多月。

从上述诸城绝缘材料厂的改制过程和改制后的实践情况看，这种办法是成功的、可行的。改制后的诸城四达绝缘材料股份有限公司，从 1993 年的 6 月 1 日成立，到 1994 年年底，在一年半的时间里，新投入的技术改造资金就达 450 万元，相当于改制前 27 年技改投入总和的 1.4 倍；实现利润 643 万元，相当于改制前 20 年的总和；上缴税金 344 万元，比改制前 15 年总和还高 7.2%；公司员工收入人均 2.8 万元（工资 1.1 万元，红利 1.7 万元），相当于改制前 15 年收入的总和。1993 年年终分红时，员工自愿以红利再投入公司扩股增资的金额占年终分红总额 54.4%。截至 1995 年年初，股本总额已从公司创立时的 180 万元增加到 380 万元。这个厂 1993 年和 1994 年连续两年经济效益居全国同行业同类产品生产企业的第一名。

# 四　小结

从上面介绍的情况可以看出，1993 年 11 月中共十四届三中全会以后，企业改革结束了统一实行税利不分、一起承包的承包经营责任制的阶段，国有企业同其他企业一样实行了统一的增值税和所得税。1994 年以后，围绕着企业制度创新的主题，广泛进行了各式各样的试点，除前边说的组建国家控股公司试点和现代企业制度试点之外，还有 57 家企业集团试点、18 个城市优化资本结构试点、"抓大放小"试点（即集中力量抓好一批国家重点联系的优势企业，共确定 1000 家重点企业进行分类指导），等等。通过试点，总结经验，推进国有企业改革不断深化。

在试点中，有些问题已经解决，但还有些问题没有解决。我们要发展社会主义市场经济，就必须把企业建设成为真正能够自主经营、自负盈亏的独立的企业法人，并且要求全国能够形成统一市场，企业成为在统一市场中能够自主联合、平等竞争的市场主体。但目前的企业改革，在这方面碰到的难点问题很多，其中最大和最难解决的问题就是政企不分和条块分割。以现代企业制度百家试点企业为例，有 80% 以上的企业走上了国有独资公司的道路，这是很不理想的一种局面。这既是政企不分的一种现实表现，又是进一步解决政企不分的一种障碍。由于政企不分、条块分割问题没有解决，致使企业不能成为独立法人实体，跨行业、跨地区的企业联合难以实现，特别是以产权为纽带的企业改组更难实现。要解决这个问题，一方面是从如何转变政府职能的角度进行研究探索和采取措施；另一方面是从企业自身的组织结构的角度进行研究探索和采取措施。从后一个方面来说，今后企业改革的任务，应该是加速企业组织结构的调整，提倡企业法人相互持股，使企业的股权多元化，形成跨部门、跨地区的企业横向制约的机制，从而冲淡政府部门对企业直接干预的能力。这实际上是迫使政府转换职能，解决政企不分、条块分割的"釜底抽薪"的办法。

（原载《增强企业活力与完善社会保障制度》，经济管理出版社 1998 年版）

# 国有企业脱困的进展和今后的课题<sup>*</sup>

## 一　国有企业面临的困境和三年扭亏解困任务的提出

我国经济在"九五"计划的前期通货膨胀率过高，后期又突出了结构性矛盾，出现了通货紧缩的迹象。企业在这种环境下，生产经营遇到了极大的困难。主要表现在以下几个方面：

### （一）产品销售不畅，工业品大量积压，企业开工不足，设备大量闲置

由于产品滞销，工业企业库压商品和流通领域商品库存量过高，致使企业开工不足，大量人员下岗，收入减少，这就直接影响到居民购买力，使市场销售不畅，反过来又加剧了企业开工不足，增加了企业的困难。

### （二）负债率过高，债务负担重

1996 年企业资产负债率比前两年虽有所下降，但全国独立核算工业企业资产负债率仍高达 65.25%，其中国有工业企业更高达 65.6%。在全国近1.5 万家国有大中型工业企业中，有 40% 的企业资产负债率在 80% 以上。如此高的资产负债率，已严重地影响了我国国有企业的效益。国有企业的盈利能力本来就不强，企业效益本来就不好，负债率又过高，企业负担也就越发沉重。

### （三）冗员过多，社会负担重

改革开放以来相继采取了许多措施使企业办社会的现象有所改变，企

---

＊ 2001 年 1 月提交"第七次中日经济学术讨论会"论文。

业的福利设施逐步推向市场，离开母体独立经营，但企业主体部分人浮于事问题仍然远远没有解决，为了维持社会稳定，企业不得不背起本应由政府承担的社会负担。

以上问题综合作用的结果，企业经济效益很差，集中表现在企业亏损增加。1996年第一季度国有企业亏损面接近50%，国有工业企业净亏34亿元，这种状况是前所未有的。第二季度虽有所好转，但全年国有独立核算工业企业亏损面还高达37.7%。面对这种形势，1997年江泽民总书记在中共十五次全国代表大会上的报告中说："要坚定信心，勇于探索，大胆实践，力争到本世纪末大多数国有大中型骨干企业初步建立企现代企业制度，经营状况明显改善，开创国有企业改革和发展的新局面。"1998年3月19日李鹏总理代表国务院在九届人大一次会议上做的《政府工作报告》中进一步明确指出："要用三年左右的时间，通过改革、改组、改造和加强管理，使大多数国有大中型亏损企业摆脱困境，力争到本世纪末使大多数国有大中型骨干企业初步建立起现代企业制度。"现在，三年时间过去了，在国有企业脱困方面我国政府采取了哪些措施，取得了哪些进展，还存在哪些问题，本文就此做些说明。

## 二　三年来采取的主要措施

### （一）加强总量控制，调整结构，压缩过剩、落后的生产能力

按市场需求搞好总量控制、结构优化，淘汰落后的生产能力，实现供需大体平衡，是企业脱困的一大措施。

前几年，多数行业效益不佳，最严重的是纺织行业。纺织行业由于多年来的低水平重复建设，1993年起就连年陷入整体亏损，由最初的19亿元增加到1996年的106亿元，1997年略有下降，仍高达72亿元，居全国各行业之首。因此，决定以纺织行业为突破口，促进扭亏解困，取得成效后再推进到其他困难行业。

1998年1月纺织行业压锭第一锤在上海砸响。

实际上我国早在1992年就制定了压锭改造规划，计划当年压缩500万棉纺锭；1994年又制定了到1998年年末全部淘汰陈旧落后棉纺锭1000万

锭的规划；1995 年还制订了"东锭西移"计划。但在实施过程中，由于地方保护主义的干扰，当时砸锭遇到很大的阻力，一边砸一边建，结果总量没有得到控制，1992—1996 年五年只净减 21 万锭，远远没有达到预定的目标。1998 年实行统筹规划，把压锭同结构调整、资产重组结合起来，制定和实施了严格控制棉纺织行业增长源头的政策，对棉纺细纱机实行"生产许可证"和"销售准购证"制度，对压缩淘汰的落后棉纺锭实行严格的监督销毁的制度。这样就使长期徘徊不前的压锭工作取得了突破性进展，1998 年共淘汰 512 万棉纺锭，到 1999 年年底两年共压 906 万锭，分流 116 万人，一举扭转了长达 6 年的亏损，全行业 1999 年盈利 9.5 亿元，提前一年率先实现了三年脱困目标。

　　1999 年在纺织行业取得突破性进展后，又将重点转入抓关停"五小"，即对落后的小炼油厂、小火电机组、小玻璃厂、小水泥厂、小造纸厂进行清理整顿；2000 年又以煤炭、冶金、制糖业为重点继续推进总量控制、结构优化。到 2000 年年底，全国拟关闭小钢厂 103 家；计划关闭小糖厂 152 家，上半年已有 108 家停产，2000 年榨季糖产量比上年同期压缩了 23%；70% 的省区基本取缔了非法开采的小煤矿，到 2000 年上半年全国已关闭小煤矿 3.4 万处，压产 3 亿吨。总量控制和"关小"力度的加大，促进了钢铁、煤炭、制糖三大行业经济运行质量逐步提高，使煤炭价格稳中略升，糖价趋于正常，企业效益正在好转。

### （二）减员增效、下岗分流、实施再就业工程

　　早在 1986 年我国就公布了《企业破产法》，但在实践中一直没有很大进展。1994 年国务院批准 18 个城市进行优化资本结构试点，以后逐步扩大试点面，到 1997 年试点城市扩大到 111 个，并且出台了许多优惠政策和具体措施，最主要的是"兼并破产、下岗分流、减员增效、实施再就业工程"。

　　中国企业破产遇到的最困难的问题有债务偿还问题和人员安置问题。按破产法的规定，企业破产清算后的剩余财产，必须首先按比例偿还债务，但由于破产企业的职工无法安置，为了保持社会的稳定，该破产的企业也不能破产。在提出"兼并破产、下岗分流、减员增效、实施再就业工程"

的对策后，允许破产企业的剩余财产首先用做破产企业职工的安置费用，多余的部分再按比例偿还债务。这样就使企业实施破产成为可能。

我国企业的债权人主要是银行，破产企业的剩余财产首先用于安置职工，银行的债权就得不到偿还。为了解决银行的不良债权问题，国务院决定建立呆坏账准备金。1996—1998 年，三年共核销呆坏账 900 亿元，1999 年又核销 700 亿元，2000 年安排核销额为 800 亿—850 亿元，五年共计 2400 多亿元，有力地支持了企业兼并破产和职工下岗分流。

职工下岗后进入再就业服务中心。再就业服务中心负责支付下岗职工的基本生活费，负责组织职业培训，负责介绍新的工作。再就业服务中心的经费来源，主要是破产企业转让土地使用权的收入和剩余财产处分收入，不足部分由财政补贴。

建立再就业服务中心后，首先是加强了各种形式的职业培训，拓宽就业门路，引导职工转变择业观念，争取尽可能多的下岗职工实现再就业。下岗职工实现再就业以后，要与原企业解除劳动关系；三年以后还没有再就业的下岗职工，也要与原企业解除劳动关系，由再就业服务中心转到社会保险机构领取失业保险金；享受失业保险两年后仍未就业的，转到民政部门领取城镇居民最低生活费。下岗职工的基本生活费、失业保险金和城镇居民最低生活费，是下岗职工的"三条生活保障线"，是建立和健全社会保障制度过程中的过渡办法。随着社会保障制度的逐步完善，从明年开始，三条保障线要变为两条，即新下岗的职工不再进入再就业服务中心，直接享受失业保障。前几年在全国率先建立再就业服务中心的上海市，最近提出到 2001 年基本向劳动力市场化过渡。目前上海市下岗职工比较多的纺织、仪表等行业，再就业服务中心已由保障下岗职工基本生活转向以培训为重点。从全国情况来看，将在五年内停办再就业服务中心。

### （三）实行"债权转股权"，减轻企业债务负担

前几年，为了解决企业资本金不足，一些试点城市实行了"贷改投"，即把过去"拨改贷"形成的企业债务负担转为国有资本金，几年来共转了 600 亿元。1999 年又出台了"债权转股权"的措施，具体做法是建立金融资产管理公司，购进国有商业银行的部分不良资产，把银行对企业的债权，

转为金融资产管理公司的股权，这样既可以使企业减轻债务负担，又可以化解银行的不良资产。债转股后，金融资产管理公司成为企业的股东，其任务是运用各种市场化的手段对企业进行重组，优化企业资本结构，建立现代企业制度，转换企业经营机制。金融资产管理公司以最大限度保全资产，最大限度回收资金，最大限度减少损失为主要经营目标。它是企业"阶段性"的股东。它不以扩张和持续经营为目的，而是以出售资产、收回资金为宗旨。因此，要在企业经营状况好转后，通过各种方式转让股权，收回资产。

按照 1999 年出台的"债转股"办法，建立了中国信达、华融、长城、东方四家金融资产管理公司，分别收购中国建设银行、工商银行、农业银行和中国银行四大国有商业银行的部分不良资产，把银行的债权转为金融资产管理公司的股权。

实行债权转股权的企业，由国家经贸委向金融管理公司推荐。金融管理公司对被推荐的企业进行独立评审，制定债权转股权的方案并与企业签订债权转股权协议。债权转股权的方案和协议，由国家经贸委会同财政部、中国人民银行审核，报国务院批准后实施。1999 年 3 月组建四大金融资产管理公司后，到年底国家经贸委共向金融资产管理公司推荐 601 户企业，建议转股额为 4565 亿元，到今年 7 月，其中经国务院批准实施"债转股"的企业已达 62 户。被批准实施"债转股"的企业，从今年 4 月 1 日起已陆续停息。据估计，仅此一项今年就可以减少企业利息负担 400 多亿元。

### （四）加大资金投入，刺激消费，增加有效需求

近两年来，实行了以增发国债扩大投资为主要内容的积极财政政策，对扩大投资、刺激消费、促进企业经济效益好转，起了重要的作用。1998 年和 1999 年共发行 2100 亿元长期国债，2000 年又增发 1500 亿元，带动了地方、企业配套资金和银行贷款，有效地扩大了全社会的投资规模。

同时，又调整了分配政策，向低收入者倾斜，加大了资金投入。从 1999 年 7 月起将国有企业下岗职工基本生活费水平、失业保险金水平、城镇居民最低生活保障水平提高 30%，并增加机关、事业单位在职职工工资和离退休人员离退休费，提高企业离退休人员养老金标准，一次性补发 1999 年 6 月以

前拖欠的企业离退休人员统筹项目内的养老金，提高部分优抚对象抚恤标准。上述几项，1999 年下半年总共增加投入 540 亿元，2000 年及以后，每年超过 1000 亿元。这样就改善了低收入者的生活，有效地促进了消费，也带动了企业的生产，缓解了企业经营的困难。

### （五）加大企业技术改造力度，促进企业适应市场需求调整产业结构

为了加速科技成果的转化，改变企业技术落后的面貌，结合科技体制的改革，推动科技院所进入企业，建立企业技术中心，加强了企业科技力量，加大了企业技术改造力度。在资金方面，近两年来，国务院从发行的财政债券中拿出了 195 亿元用于技改贴息，超过了过去十年技改贴息的总和。去年分三批安排了 647 个技改项目，总投资额 1724 亿元。这些项目投产达到预期目标后，对重点行业的结构调整和产业升级将起到重要作用。

## 三　扭亏解困取得的进展和存在的问题

通过这些措施，国有企业的经营状况有了好转。2000 年上半年，全国完成工业增加值 10996 亿元，同比增加 11.2%，这是近三年来同期的最高增幅。工业的快速增长推动了整个国民经济的增长。上半年国有和国有控股工业实现利润 903 亿元，同比增长 2.06 倍，亏损企业亏损额 463 亿元，同比下降 6.1%。

2000 年 7 月 30 日在北京召开的全国经贸委主任座谈会上，国家经贸委主任盛华仁说：国有企业改革与脱困取得了重大进展，主要体现在大多数地区经济效益明显提高。全国 31 个省、自治区、直辖市中有 25 个地区国有和国有控股工业企业整体盈利。10 个地区同比转亏为盈，仍然亏损的 6 个地区中，5 个地区同比净亏损减少。特别是作为三年脱困重点地区的东三省实现了大幅度增盈。预计到今年年底，除个别地区外，绝大多数地区都有望继续增盈或扭亏为盈。重点行业经济效益继续好转。十四个重点行业中，冶金、石化、机械、电子、轻工、纺织、医药、烟草、黄金行业实现利润都有不同程度的增加，电力行业继续保持较高盈利水平。国有大中型亏损企业扭亏脱困取得新进展。1997 年的 6599 户国有大中型亏损企业，经过两

年多的努力，到 2000 年 6 月底已减少 3626 户，占总数的 54%。

下半年头几个月的情况又进一步好转。从国家统计局获悉，2000 年前三个季度，我国工业企业经济效益总体水平明显提高，企业产销衔接良好，实现利润大幅度增加，亏损企业减亏幅度加大。前三个季度工业企业经济效益综合指数 113.7（此指数系以第七个五年计划的实际水平为 100），比上年同期提高 17.1 个百分点，比上半年提高 4.3 个百分点。产品销售收入保持稳定快速增长，企业产成品存货首次下降。前三季度，工业企业实现产品销售收入 5.83 万亿元，比上年同期增长 21.7%。企业实现利润大幅度增加，工业企业盈亏相抵后，利润总额为 2841 亿元，比上年同期增长 1 倍。其中国有和国有控股企业利润总额 1609 亿元，增长 1.7 倍。

国有企业脱困虽然取得了重大进展，但属于客观经营环境变化的影响因素比较多，企业自身素质的提高并不明显，扭亏的成果并不是很巩固，而需要重视和需要进一步解决的问题还很多。

### （一）许多客观因素、政策因素带来了企业利润的增长

据有关方面分析，1999 年国有企业利润的 80% 得益于国家政策措施，靠企业自身努力的只占 20%。从 2000 年上半年的情况来看，也是少数行业和个别产品价格上涨成为利润增长的主力。例如，2000 年上半年国有企业的利润 44% 来自石油化工行业，而石油化工行业盈利部分的 60% 又来自原油价格上涨。

另外，发行国债、扩大投资、控制总量。关停"五小"，也拉动了原材料价格上涨，使一些行业的企业效益回升。

前面说的债转股、技改贴息、兼并破产，等等，也都是一些促进企业经营状况好转的政策因素。这些都说明，扭亏虽然取得了进展，许多企业从困境中解脱出来，争取到了主动，但这只是为今后的发展打下了较好的基础，企业自身需要解决的问题仍然很多，改善经营的潜力仍然很大。

### （二）有些行业经营环境有了好转，但并不巩固，反弹的迹象已经显示出来，必须引起高度的重视

2000 年 6 月国家经贸委和国家纺织局在联合召开的新闻通气会上，明

确指出了棉纺生产能力重复建设的苗头再次出现。为此，国家经贸委、外经贸部、海关总署、国家工商局、国家技术监督局五部委共同制定了《关于严格控制新增棉纺生产能力的规定》，指出："十五"期间，国家将继续控制新增棉纺生产能力，所有企业不得以任何理由新增棉纺锭，同时还要继续对棉纺细纱机的生产实行生产许可证制度，对棉纺细纱机以及关键配件的购置实行准购证制度。任何企业和个体经营者不得以定购配件形式，转手销售成台棉纺细纱机配件，或将配件组装成台销售，对未取得准购证的企业违规购置的棉纺细纱机必须销毁。与此同时，国家经贸委要求各地立即对1997年10月以后擅自新增棉纺生产能力的情况进行认真清查，以巩固来之不易的压锭成果，促进棉纺行业的健康发展。

另外，关停"五小"也存在很多难题，必须认真解决，否则也难以巩固已经取得的进展。

# 四　今后的任务是要落实有限责任制度

扭亏解困只是阶段性的任务，近几年出台的对策，很多是为了解决企业面临的困难而采取的应急措施，从长远来说，要使企业摆脱困境还是要在企业制度创新、转换企业经营机制上下工夫。也就是说，要从根本上解决企业的困难，还必须进一步加强企业自身的改革，转变企业经营机制，加速建立现代企业制度。

目前，我国企业在现代企业制度建设方面取得了很大的进展，但许多深层次的、积累多年的矛盾并没有解决。例如，在大规模进行兼并破产、下岗分流之后，企业在岗的人浮于事现象仍很严重，这是一个必须解决的、带有普遍性的重要问题。我认为这里涉及现代企业制度的本质——有限责任问题。

## （一）我国国有企业的双重无限责任

我国的国有企业，在旧体制下实际上是无限责任制的企业。一般所说的无限责任，集中地表现在企业的债权、债务关系上，但我国国有企业的无限责任却有所不同，它不仅仅表现在债权、债务关系上，同时还表现在无限的社会责任上。这种状况在提出建立现代企业制度的任务以后已有所改变，企业有了法人财产权，明确了以企业的法人财产承担有限责任，这就在债权、债务关系上，向有限责任的方向前进了一大步。但是，企业无限的社会责任远远没有解脱，企业冗员问题仍然没有解决，最明显的例子是 2000 年石油化工集团的重组改制，仅富余人员就有 150 多万人，人员的安置成为很困难的问题。在未改制的国有企业，几乎都存在着同样的问题，"三个人的事五个人做"成为普遍的现象。为了社会的稳定，企业不得不背着应由政府承担的社会责任，这种意义上的无限责任是我国国有企业特有的，但却往往被人们所忽视。我们都知道，人浮于事是科学管理的大忌，它阻碍着管理水平的提高，不利于正常生产经营秩序的建立，不仅如此，更重要的是它还反过来又影响着企业债权、债务关系的明确性，使企业不能真正成为承担有限责任的经济组织。

国有企业承担的本应由政府承担的社会责任不解除，它的债权、债务关系也就必然是一种软约束。这是因为，它的债权人多为以政府为背景的银行和企业，而企业背的债务又同承担应由政府承担的社会责任有关，这就变成了一笔糊涂账，责任难以扯清。在这种情况下，企业成了"养人单位"而不是用人单位；经营者成了"父母官"而不是企业家；企业体制成了"凑合体制"而不是规范的公司体制。这样，企业经营好坏就难以分清，激励与约束机制就建立不起来，经营者的作用也就难以发挥。正因为责任扯不清，就使事情走向了反面，企业的无限责任反倒变成了无责任，企业家反而变成了可以不负责任。为了使企业经营者能够认真负责地搞好企业，就不能不把希望寄予政治觉悟高、责任心强的，好的领导班子特别是一把手，政府就不得不把注意力放在领导班子的选拔和监管上。这又进一步固化了政企不分。因此，必须尽快地解决企业人浮于事的问题，把国有企业由养人单位变成用人单位。这是真正实现有限责任的关键。解决了这个问题，才能使企业按照规范的有限责任的体制来运转。在此前提下，才能建立起现代企业制度，转换企业经营机制。

**（二）有限责任和治理结构的关系**

很多学者特别强调公司治理结构，认为外国公司搞得好，是因为有健全、完善的公司治理结构，而我们没有。因此，建立现代企业制度首要的任务就是要设法建立起健全、完善的公司治理结构。他们不是把公司治理结构同有限责任的企业制度联系起来，而是孤立地研究和强调公司治理结构。公司治理结构确实重要，但我们需要思考一下，国有企业公司化改造搞了好多年，而大家都觉得最最重要的公司治理结构却总也建立不起来，原因何在？根源何在？

我认为，公司治理结构像是长在地表上的树，而有限责任却是埋藏在地下的根，不处理好有限责任这个根，要想使治理结构这棵树枝繁叶茂，是根本不可能的。这是因为，有限责任是两权分离的前提，而两权分离又是建立规范的公司治理结构的前提。

关于建立规范的公司治理结构必须以所有权与经营权相分离为前提，没有两权分离也就不存在我们所说的现代公司"治理结构"的问题。这是人们的共识，没有争议。但是两权分离又是从何而来的，却很少有人去深究，似乎这是天经地义的。其实不然，它也是有前提的。这个前提就是有限责任。无限责任制的企业，企业财产没有边界，是和出资者的其他财产连在一起的，出资者对企业的经营要承担无限连带责任，这就决定了他的经营风险大。对于无限责任公司的出资者来说，企业如何经营就成了涉及身家性命、生死攸关的大事，他必须亲掌企业经营大权，不可能大权旁落。因此，在无限责任公司体制下，所有权和经营权是不可能分开的，出资者一定要自己掌握自己的命运，这就决定了现代公司的所谓"治理结构"，也是不可能在这里产生的。

有限责任公司制度的出现，使企业的经营发生了质的变化，在有限责任的企业形态下，出资者以实出资本金承担有限责任，出资额以外的个人其他财产不受企业经营的牵连，风险被限定了。对出资者来说，它不再是无底洞，而是有限度的。只有在这时，所有者才有可能把企业委托给专门的经营者去经营，经营者集团以至经营者阶层也正是在这种背景下逐步形成的。可以说，有限责任是现代企业制度的最本质的特征，是现代公司一系列制度特征的总根子，不言而喻，它当然也是两权分离、现代公司治理结构产生的根源。因此，我们深化企业改革、健全和完善现代企业制度，一定要在有限责任上下工夫。

在历史上，无限责任的企业制度，早于有限责任的企业制度。有限责任公司出现以后，无限责任公司依然存在。有限责任公司与无限责任公司，都是企业法律形态范畴的问题，它们从成立、运营直到终结、清算，都分别有不同的法律进行规制，例如日本，1999年的《商法》规制着无限责任公司、股份公司和两合公司这三种形态的公司法人；1938年又专门制定了《有限责任公司法》，用来规制有限责任公司法人。至今日本还是用上述两个法律规制着四种不同的公司法人。我国的《公司法》只规定了股份公司、有限责任公司和国有独资公司三种公司法人，并没有无限责任公司的立法，但是，如前所述，我国的国有企业在向有限责任公司转制的过程中，至今还拖着沉重的无限责任的尾巴，我们不能不正视它，不能不认真地去解决它。只有把这个问题解决了，才能够建立起规范的公司治理结构。

### （三）当务之急是创造有助于实现有限责任的"小气候"

根据过去的经验，国有企业在对外合资时进行的改组，容易解决人浮于事的问题，因为外商是不肯替政府承担无限社会责任的；国有企业在股份制改造上市的时候，也相对比较容易解决人浮于事的问题。因此，要大力支持和鼓励合资和改造上市。当然，这只能是相对较小的一个局部，不可能全部合资，也不可能全部上市。我想，即使不合资、不上市，也可以按照合资企业的模式，更加广泛地支持和鼓励国有企业把优良资产和精干队伍单独组织起来，在企业内部搞活一块、凑合一块，这样总比全部搞成"凑合体制"要好。

按照上述的办法，在企业内部搞活一块、凑合一块，搞活的一块可以轻装前进了，凑合的一块必然要增加企业或政府的负担。为了解决企业人浮于事的问题，各级财政多拿出一些力量来给予支援，也是必要的。但财政力量毕竟也有限，如果大面积地、广泛地推行，显然力不从心。我觉得这里有一个不可忽视的力量，就是经济效益好的企业集团。充分发挥和利用这些企业集团的潜力，支持它们进行内部改组，把下属企业的富余人员收上来，由集团公司统一安置，使基层企业轻装前进，就可以在不过分加重政府财政负担的条件下，创造出有利于实现有限责任的小气候。我和一些企业家交换过意见，例如，有一位企业集团的老总告诉我，为了使基层企业能够轻装前进，集团公司把所有的离退休人员全部收上来统一由集团公司负担，取得了很好的效果；但是，基层企业仍然有很多在岗的富余人员，对于这些富余人员却不敢采取彻底解决问题的措施。据了解，原因并不在于经济实力而在于怕引起动荡。如果我们对这样的企业加强政策支持，给这样的企业家撑腰，就可以更好地动员企业内部的潜力，不增加政府的财政负担，形成一个一个的小气候，有效地解决人浮于事的问题，从而促进有限责任制度的实现。

　　总之，要尽快地、最大限度地解决企业人浮于事的问题，从各地和各大企业的经济实力出发，因地制宜，解决一个是一个、解决一批是一批。这样做，付出同样的代价，却可以换来企业机制的转换和经济效益的提高。只有这样，才能够使企业按照规范的有限责任公司的体制来运行，从而为企业分散风险、广泛集资、实现两权分离、形成经营者阶层和法人治理结构等现代企业的一系列制度特征创造根本前提。

（原载《中国工业经济》2001 年第 2 期）

# 第四篇

## 探寻企业活力的源泉

# 论企业活力源泉同企业所有制的关系<sup>*</sup>

"老大为何学老乡"、"老大如何学老乡",是一个既有实践意义又有理论意义的课题。实际上,这个问题在十年以前就提出过,但一直没有大的进展,一个重要原因就是"老大"和"老乡"的所有制形式不同,若不改变国有企业的全民所有制性质,能把乡镇企业的机制引进来吗?这个问题往往给人造成许多疑虑。这里涉及一个根本性的理论问题:企业活力的源泉同企业的所有制形式之间到底存在着一种什么样的关系。就此问题,谈三点看法。

## 一　在研究和探索企业活力源泉问题时,不宜于把所有制的地位和作用看得过高、过重

生产资料的所有制是生产关系的基础,无疑它是极为重要的、具有决定意义的大问题。然而,在微观上,在研究和探索企业活力源泉问题的时候,却不宜于把企业所有制问题的地位和作用看得过重、过高。为什么这样说呢?因为所有制之所以重要,既非因为它是目的,也非因为它是手段,而是因为它是经济利益关系的决定因素,即在利益关系的结构中居于核心的地位。然而,这种利益关系的结构并不是一成不变的,在现实经济生活中,利益结构的变化,在企业的微观经济中已经明显地表现了出来。由于现代企业产权关系的变化,企业内部的利益结构多元化、复杂化了,个人产权在利益结构中的位置已不像以往那样绝对,而是因企业而异,在许多情况下表现得已不像以前那么重要了。

关于现代企业产权关系的变化,根据我对日本股份制企业特别是大企

---

＊　1996 年 10 月 10 日在"老大为何学老乡高级战略研讨会"上的发言。

业的实态进行的考察，在财产关系上至少可以看出以下三个特点：

第一，股东承担有限责任。现代企业多为股份公司和有限责任公司，它们都是股东在出资范围内承担有限责任的公司制度。这是现代企业制度的最本质的特征。这种有限责任的企业形态，同过去的小业主式的经营以及同无限责任公司在利益结构上存在着本质的区别。无限责任的企业形态，风险和利益都集中于所有者身上，利益结构的焦点比较集中，对于一个无限责任公司的所有者来说，因为他要负无限连带责任，企业如何经营就成了涉及身家性命、生死攸关的大事，必然要亲掌企业经营大权，不可能大权旁落。只有在有限责任的企业形态下，股东出资额以外的其他财产不受企业经营的牵连，这时所有权才有可能和经营权真正分离，也才有可能形成能与所有者相抗衡的、具有独立利益的经营者集团。这种局面出现之后，必然引起利益结构的变化。

第二，法人股东持股率高。不仅出资人承担有限责任，而且企业法人相互持股的比重高，个人股东持股率低，因而企业承担的有限责任真正量化到个人产权上的部分已不占主要地位。也就是说，现代企业的风险和利益机制源于个人产权的因素已在逐步淡化。

从东京证券交易所公布的 1989 年全日本上市公司全部股票的股权分布状况看，个人股东持有的股票只占 22.6%，如果按股票时价金额计算则更低，只占 20.5%，其余近 80% 由各种法人持有（见表 1），而这些法人股东又都不是归个人大股东所有的纯私人的企业。法人企业相互持股发展到一定程度，就使企业的归属变得越来越"模糊"。我在日本的报纸上曾经看到过"日本企业是谁的？"这样的讨论。看起来是很怪的题目，其实是很现实的问题。以松下电器公司为例，松下幸之助在 80 多年前创业时，纯属松下家族所有，但到了 1950 年他的持股率就下降到 43.25%，1955 年降到了 20.43%，进入 20 世纪 70 年代以后猛降到 5% 以下，到了 1994 年降到了 3.5%[①]，它的第一大股东是住友银行，但也只占 4.6%。这样的一种股权结构，我们还能说松下电器公司是属于松下家族所有的吗？有人说，我国的国有企业产权没有量化到个人、产权模糊，把这看成是不能形成自负盈亏

---

① 参见《会社四季报》1995 年新春 1 辑，东洋经济新报社出版。

机制、企业没有活力的根源。如果按照这种思路去分析，日本企业的产权不是也很模糊吗？可是，日本企业具有无可争议的自负盈亏的机制，而且是充满活力的，那么，这种机制又从何而来呢？岂不发人深思吗？

第三，个人股权极为分散。股权分散的主要表现是股东人数众多，人均股票持有量相对较少。如表 1 所示，在日本，有个人股东 2408 万人，持有股票 8704 万交易单位，平均每人 3.61 个单位即 3610 股，其面额总共为 18 万日元，只相当于大企业职工半个月的平均基本工资，若按股票交易时价换算也只有 412 万日元，也只相当于大企业职工一年的平均基本工资。这种股权向高度分散化方向发展的产权关系的变化，显然对企业内部的利益结构的变化会产生一定的影响。

表 1 　　　　　　　　　　　　日本上市公司股票分布状况

| 股东分布 | 股东数 | | 股票数 | | 股票金额 | |
|---|---|---|---|---|---|---|
| | 数量（人） | 比重（%） | 数量（千股） | 比重（%） | 金额（亿日元） | 比重（%） |
| 中央政府和地方政府 | 1361 | 0.0 | 2509405 | 0.7 | 12464 | 0.3 |
| 金融机关 | 133184 | 0.5 | 176861507 | 46.0 | 2163168 | 43.5 |
| 事业法人 | 814231 | 3.2 | 95461061 | 24.8 | 14666944 | 29.5 |
| 证券公司 | 81065 | 0.3 | 7697757 | 2.0 | 100644 | 2.0 |
| 个人 | 24087872 | 95.2 | 87046483 | 22.6 | 1018159 | 20.5 |
| 外国人 | 174136 | 0.7 | 14846161 | 3.9 | 208102 | 4.2 |
| 合计 | 25291849 | 100.0 | 384422377 | 100.0 | 4969484 | 100.0 |

注：（1）本表为 1989 年的数字，上市公司总数为 2031 家。（2）金融机关主要指银行和保险公司。（3）事业法人的核心是大企业。（4）外国人数包括外国法人和自然人。⑤股票金额是按交易时价计算的。

资料来源：根据 1991 年《东证要览》整理。

通过上面对企业产权关系变化的分析，可以看出至少在一些类型的企业，利益结构的核心或焦点已有所转移。如果看不到这种变化，一成不变地看待企业内人们利益关系的结构，简单地、凝固地看待个人产权在企业活力中的地位和作用，单纯从企业的所有制形式上去寻找企业活力的动因，那就有可能产生两种相反的不正确的倾向：一种是像十一届三中全会以前那样，认为只有"一大二公好"，必须"限制集体，打击和取缔个体，城镇集体企业急于向单一的全民所有制过渡"；另一种是把全民所有制看得一无是处，认为必须私有化才能产生活力。这两种倾向都是在企业活力源泉问题上把所有制形式看得过于重要，对我们研究和挖掘企业活力都是很不利的，对于研究探索"老大"在既定所有制的前提下如何学"老乡"也是很不利的。其实事物并不是那么绝对，应当看到各种不同所有制的企业都能产生活力，因为有一个更本质的东西，这就是利益结构。我认为，研究企业活力的源泉，最重要的是利益结构而不是所有制。

## 二　企业活力的源泉在合理的利益结构

企业生产经营活动的主体是人，企业的经营者和职工群众的聪明才智和积极性充分调动并合理组织起来了，企业就能表现出巨大的活力。人的积极性从何而来？如果离开经济利益关系单从精神上去寻找原因，当然会陷入唯心论。同样，如果凝固地看待人们经济利益关系的结构，不去分析它的发展变化，也会陷入机械唯物论。

还是以日本的企业为例。日本的企业有很强的凝聚力，职工把企业视为命运共同体，企业兴我兴、企业衰我衰的利益关系表现得十分明显，特别是在企业经营中起关键作用的经营者，更是一心扑在工作上。在日本企业经营者中间常常发生由于拼命工作而"过劳死"的事件，成为引人注目的一种社会现象。是什么力量支撑他们这样拼命干呢？据我看，并非所有制而是与所有制既相联系又有区别的利益关系。

日本企业普遍实行职工持股制度，职工多为本企业的股东，但人均持股率不高，企业经营好坏给他们造成的股权上的利益得失并不居主导地位；相反，给他们带来的与股权无关的利益得失，却更加重要得多。实际上，企业的活力、企业的动力与约束机制首先源于这种利害关系。

关于这个问题，我在1992年发表《论企业自负盈亏》一文中已经详细分析过。以企业经营者为例，每个公司的董事，普遍都持有本公司的股票，除少数业主型的经营者之外，公司董事持股的数量并不大。董事持有本公司股票是不能出售的，他们不能像一般职工那样，可以随本公司股价的涨落买进卖出，从中牟利，他们持股主要是表明自己的责任感和对本公司经营前景的信心。在股票分红率很低的情况下，经营者持有股票的收益是不多的。他们更主要的利益来源于以下几个方面：

第一，高工资。优秀企业职工的工资普遍高于一般企业职工的工资，而董事的工资相对于本企业的平均水平，又要高出数倍。董事的工资是按年计算的，随公司规模不同、效益不同，董事的工资水平也不相同。据1984年统计，大企业董事平均工资为827万日元，也有很多大企业董事的年工资高达数千万日元。

第二，高奖金。董事和监事的奖金，是在公司净利润分配中单独列项公开处理的，同一般职工的奖金分开计算。以某石油公司为例，先从职工奖金情况来看，1990年月平均工资为36万日元，职工奖金一般按6个月工资额发放，约为220万日元。再从股东分红情况来看，1990年股票分红总额为36.75亿日元，发行股票总数122.526万股，平均每股3日元，股东总数133440名，平均每名股东不到1万股，而1万股的红利只不过3万日元，只相当于其全年奖金的1.3%。董事和监事的奖金更高，总额达1.64亿日元，人数为19人，平均每人870万日元，同股东的分红相比更是相差悬殊。而且董事的奖金并非平分，有的企业，总经理一人按规定可得30%（按上例计算就为5000万日元）。由此可见，经营者特别是高级经营者的奖金收入较其股票所有权的收益要高得多。

第三，高交际费。交际费不是经营者的个人收入，但他们有权使用。交际费数量非常之大，据国税厅《法人企业实态》公布的数字，1989年全日本企业支出的交际费总额为5兆日元，而相同口径的企业股票分红总额约为4兆日元。交际费总额大于股东分红总额，这是一个很值得注意的社会现象。这笔钱的使用对市场的刺激作用很大，特别是推动了服务行业价格的上涨，因为使用交际费时比个人消费更易于接受高价服务。

交际费的使用权不仅限于董事，范围要广得多。凡有业务上的需要，各级业务人员都可以开支一定数量的交际费，但这笔钱的使用从政府的税务部门到每个企业都有章法可依，因此，在日本虽对企业交际费的开支褒贬不一，但多数人是赞同的。

第四，高退休金。企业一般职工到退休年龄后，按工龄计算，每年一个月的工资一次支给，而董事的退休金，按每年收入的 30% 计算，这比一般职工就高得多了。若按年收入 1000 万日元（这种收入水平的董事是很多的）计算，退休金每年 300 万日元，董事在任最长的可达 10 年以上，退休金一项就可达数千万日元。

第五，高社会地位。大企业的经营者社会地位高，一般认为财界的权力是由大企业经营者持有的，甚至有的学者认为，在日本占统治地位的是企业界，是大企业的两三万个经营者。同样，优秀企业的职工社会地位也较高，他们的职业和收入稳定，受人尊重。一位大企业的经营者曾对我说，他的企业的牌子每个职工"扛"着它，就是一笔财富。对每个职工来说，这也确实是一种无形的资产。

以上几点构成企业利益结构的主体部分。所有这些，都同企业经营状况紧紧地联系在一起。企业兴旺，这些就能保持和提高，如果经营不善就会减少，若是企业倒闭，一切都会失去。这实际是一种自负盈亏的动力与约束机制，这种机制在经营者身上表现得最为突出，所以我以经营者为例进行分析，实际上这种利害关系在每个职工身上也能不同程度地表现出来。经营好的企业，职工工资和奖金大大高于其他企业，相反，如果企业经营不好，职工的奖金普遍减少甚至取消，如果企业倒闭，正常、稳定的生活就会被打破，每个人都要自己去重新寻找合适的工作，这也是一种威胁而不是一件轻而易举的事情。这就会形成一种紧迫感。总之，企业经营得好，人人都能受益；企业经营差或者倒闭，人人都要付出代价。

企业利益结构合理，就能够把企业经营者和全体职工的积极性、创造性充分调动起来，无论企业所有制形式如何，都能使企业充满生机和活力。如果利益结构不合理，比如所有者"竭泽而渔"，给企业经营者和职工的利益过少；或者利益结构向经营者过于倾斜，出资人或职工群众利益遭忽视；或者过于看重职工眼前的、局部的利益，"分光吃净"，挫伤企业的后劲，等等，都不能真正把企业活力调动起来。所以说，企业活力的源泉主要不在所有制形式而在合理的利益结构。

# 三 深化企业改革的侧重点应转到利益结构的调整上来

如果把所有制问题看得过重，总是在这个问题上兜圈子，就很难探讨出企业改革的新思路。江苏油田向优秀乡镇企业学习之所以有成效，也是因为在思路上跨越了所有制差异的困扰，实事求是地从利益关系上进行调整，在承包上对权责利严考核、硬兑现；实行能上能下的干部制度，职工靠竞争上岗、靠本领吃饭；在分配上形成利益激励机制，实行有劳有效才有得，做到企业和经营者与经营成果挂钩，干部和工人与劳动成果挂钩。其结果公有制的性质并没有改变，企业的活力大大增强了。这也说明了深化企业改革应当在调整利益结构上做文章。

利益结构同所有制虽不是同一个问题，但又存在着密切的联系。合理的利益结构，在一些情况下，同所有制几乎就是一回事，例如，有些小企业，把它卖掉才有助于把各种关系理顺，但在多数情况下并非如此，甚至可以说同所有制几乎不相干，例如，上一节里所列举的那些情况就是这样。因此，首先需要从理论上、指导思想上把侧重点从所有制问题的研究探索转到利益关系的调整上来。侧重点调整过来了，才有可能在调整利益结构上真下工夫、迈开步子。

利益结构的调整，不同的企业有不同的任务，对国有企业来说，首先是要处理好国家和企业的分配关系。过去国有企业负担过重，在改革过程中，国有企业又承担了改革的成本，靠国有企业的贡献才有可能给非国有企业种种优惠政策。改革进到了现阶段，在多种经济成分的企业有了相当程度的发展以后，国有企业的负担需大大减轻，这样才能从经济上为增强企业的生机和活力打下基础。为此，迫切需要解决以下两个问题：

第一，要把完善税制纳入合理利益结构设计中来。目前，非全民所有制企业以及个人所得税征收潜力比较大，减少这方面的流失，可以使财政更加充实，在此基础上，国家就会有充实的财力放活企业，使全民企业在改善经营、照章纳税的前提下，增加留利，提高自我改造和自我发展的能力。

第二，要把政府经济行为的规范与监督纳入合理利益结构设计中来。国有企业利润的上缴，是对所有者应尽的义务，无论上缴比例高低，只要运用得当，就会促进经济发展总体水平的提高。但是国有企业的上缴，在原则上也应和税收一样，是取之于民、用之于民、受人民监督的。也就是说，各级政府资金掌管和运用得好坏，手中握有权力的官员是否廉洁奉公，是应该承担经济和法律责任的。像过去那种大笔一挥多少个亿就白扔了而又无人能够受到追究的状况，实际上是利益结构的扭曲，在合理利益结构形成过程中，这是应该着力解决的问题。

就企业内部来说，建立合理的利益结构，也有几个迫切需要解决的问题。

第一，要加速形成企业命运共同体。在打破国家"大锅饭"以后，国家不再用补贴来维持落后企业的生存，企业必须自力更生、自求发展。这就会形成优胜劣汰的竞争机制。在这种企业之间的竞争中，若想取胜，企业内部就不能过度竞争，而必须增强内部凝聚力，形成企业命运共同体。这样才能增强对外竞争的实力。如何正确处理企业内部竞争与企业外部竞争之间的关系，是现代企业经营管理中极其微妙的问题，甚至可以说是个核心的问题。竞争的意识、竞争的动力，归根结底产生于个人的追求。只有团结一致的对外竞争而没有企业内部个人之间的竞争，是不可想象的。因此，企业要发展，不可没有企业内部竞争，也就是说，不可不打破企业的"大锅饭"。然而，对企业内部的竞争，又必须正确引导与协调，否则也会竞争过度，从而抵消对外竞争的实力。因此，作为企业的经营者，必须想方设法使企业内部既有竞争，又能使之保持适度，以便团结一致，通过对外竞争来维护企业和企业成员的利益。这就是说，要善于使企业成为全体职工的命运共同体。

第二，企业内的利益关系要摆在明处。摆在明处指的是个人收益的分配要有章法、要讲民主、要便于群众监督。日本企业经营者的收入虽高，但都有章可循、有法可依，而且是公开处理的。例如，大企业董事奖金总额，在每年一次的股东大会上公布，和资产负债表、损益计算书一起编入营业报告书，几万甚至几十万股东人手一册。交际费的总额以及开支范围在税法上也有规定，在每年《法人企业实态》上都公布交际费的支出总额、平均每家企业支出额以及平均每千日元营业额的支出额，等等。这样就可以使多数人理解和接受，减少消极作用。我国企业经营者和职工的收入差别过去是比较小的。随着改革的深入、自负盈亏机制的形成，经营者的责任加重、作用突出，对经营者素质的要求也越来越高。因此，如何评价经营者的作用、如何给予相应的待遇需要认真研究。现在的问题是，一方面，从总体上来说，经营者的工资水平并未提上去；另一方面又有一些企业经营者的个人收入和公费开支混乱并且透明度不够。例如，我国企业没有明确的交际费制度，而实际上却在大量支出这类的费用，无论总量或开支范围，都无法控制。这些都是需要在合理利益结构的设计中予以解决的问题。无论是职工群众或是企业经营者，根据贡献，该给的给够，但超出规定的严加限制，而且违法必究，这样才能真正建立起合理的利益结构。

（原载《中国工业经济》1997 年第 2 期）

# 关于增强企业活力的几个问题<sup>*</sup>

为了准备出席现代企业管理理论与实践学术研讨会，看了丝宝集团的一些材料，对丝宝集团有了一些认识。材料虽然不多，而且显然并不完整，但已经可以看出，这个企业是一个充满活力的、业绩卓著的优秀企业。

丝宝集团十年前进入中国大陆，从一个只有十几个人的小厂起步，发展到今天，已在国内投资兴建了 12 家独资或合资企业，建立了 35 个分公司（或联络处），拥有员工 13000 多人，形成了几乎覆盖全国各级城镇的营销体系；从当初租用 200 平方米的写字间，发展到去年，建起了两万平方米的丝宝国际大厦；销售收入从 1989 年的 110 万元，增长到 1998 年的 10.06 亿元，而且 1999 年预计可达到 16 亿元；利税总额从 1989 年的 16 万元，增长到 1998 年的 1.93 亿元，1999 年预计可达到 2.6 亿元。总之，各方面都保持着持续发展的强劲势头。

为什么丝宝集团能够充满活力，在短短的十年间取得如此巨大的成功，对这个问题，丝宝人最有发言权。我这里不准备就丝宝论丝宝（因为未作深入研究），只是想从丝宝集团的业绩联想开去，就企业活力问题，泛泛地发表一些感想。

## 一　充满活力的企业是保持社会稳定的一个重要因素

综观国际国内的历史经验，像我国这样的发展中的大国，必须在打好农业这个基础的同时，抓好三件事：一是增强企业活力，开拓社会物质财富的源泉；二是建立完善的社会保障体系，确保人民群众基本生活的安定；三是实行公平合理的税制，调节高低收入者的差距。只有搞好上述三件事，

---

＊ 提交"现代企业管理与实践学术研讨会"论文。

才能实现效率和公平的统一，促进经济发展，实现共同富裕，从而确保社会稳定、长治久安。其中第一条增强企业活力是根本。

### （一）企业是创造社会物质财富的基本经济单元，在企业活动中必须坚持效率优先的原则

一个社会，有了充满活力的企业，物质财富才能大量涌现，从而保证人民生活不断改善。这是确保社会稳定的物质基础。因此，增强企业活力，开拓社会物质财富的源泉，是我们任何时候也不能放松的大事。

要增强企业活力，就必须把企业的经营者和广大职工的积极性和创造性充分地调动起来。企业活动是创造物质财富的过程，在这个过程中应该更多地强调激励的作用。由于人们的先天的和后天的条件与素质存在着差异，每个人的机遇也不尽相同，在物质财富创造过程中的作用和成就也必然不同。这种差别不仅表现在职工个人之间，而且也必然会表现在企业与企业之间。因此，企业的优胜劣汰、职工的分配差距，就成为合乎逻辑的必然规律。这里通行的应当是效率优先的原则。

企业和社会一样，也存在着是否可持续发展的问题。充满活力的企业，才能成为可持续发展的企业。在市场经济条件下，如何实现企业的持续发展，是每一个企业不能不考虑的战略问题。但在改革开放以前，我国的国有企业只是按照指令性计划进行生产的生产组织，不是真正意义上的企业，一切都由政府包着，有任务就干，没任务就等，企业只生不死，企业自身没权也没有必要考虑企业如何发展的问题。改革开放以来，国有企业向着自主经营、自负盈亏的方向发展，但是这个路至今远还没有走完。在由计划经济向社会主义市场经济转轨时期，国家对企业还没有完全摆脱无限责任，政府对企业还有包着的一面，有些企业经营不善，但还可以苟延残喘地维持下去。这样的企业毫无活力，绝不是可持续发展的企业。随着改革的深入，市场竞争的激烈程度日益增强，这样的企业必定要被淘汰。

我国将长期处于社会主义初级阶段，而在社会主义初级阶段，以公有制为主体、多种所有制经济共同发展，是我们必须坚持的基本经济制度。在我国，非公有制经济是社会主义市场经济的重要组成部分，在坚持公有制经济为主体的前提下，要继续鼓励和引导，使之健康发展。我们讲增强

企业活力，指的是不同所有制的企业，既包括公有制企业也包括非公有制企业，只有把各种不同所有制企业的活力统统地调动起来，整个国民经济才能健康发展。

非公有制企业，是在改革开放以后重新出现的经济，它同传统的计划体制没有直接的联系，是由民间自己发起成立、在市场竞争中求生存和发展的经济，因此可以说，它"天生"就是和市场经济联系在一起的。非公有制企业在竞争中优胜劣汰，是顺理成章的，被认为是十分自然的事情。它不是只生不死，能存续下来的必是有活力的；而公有制企业特别是国有企业，由于许多历史的、社会的原因，情况就复杂得多。如何增强国有企业的活力，就成为更需要我们着力解决的问题。

企业要想在市场竞争中不是昙花一现，而是始终保持着活力、持久地存续下去，并不是轻而易举的。世界上有许多这样的企业，一时发展很好，有的甚至在排行榜上名列前茅，但时隔不久就销声匿迹了。因此，对于可持续发展的、有活力的企业，无论是国有企业或是非国有企业，都应当给予鼓励、支持和肯定，创造这样企业的企业家和职工理应受到尊敬，他们不仅为一个企业的兴旺作出了贡献，而且也为社会经济的发展、社会的长治久安，作出了贡献。

如果我们不是这样认识充满活力的企业，不是在创造财富的过程中突出效率、鼓励发展，而是以平均主义的观念去看待公平，就会扼杀人们的积极性，不利于社会生产力的发展。所以，在创造财富的过程中，需要更加放手地发挥人们的聪明才智，在利益关系的处理上，需要与人们聪明才智的发挥、人们对社会的贡献相适应，而不要过于担心在企业之间尤其是个人之间拉大差距。

**（二）建立、健全社会保障体系和完善税制，是实现社会公平的有效保证**

上面说的只是一个方面，另一方面，在社会主义的市场经济的条件下，实现共同富裕是它不可动摇的目标，因此我们又必须注意防止两极分化。怎样才能防止两极分化呢？我以为，不能在创造财富的过程中去卡，而应该在着力开拓社会物质财富源泉的同时，采取相应的手段去调节，这样才能形成加速社会经济发展和改善人民生活的良性循环。采取什么样的手段去调节呢？借鉴国际经验，主要可以采取两个方面的措施：一是建立完善的社会保障体系；二是实行公平合理的税制。

建立完善的社会保障体系，最基本的作用是用来保障低收入者的基本生活。一般来说，社会保障是国民生活保障体系的一个组成部分。国民生活保障体系包括的内容很多，各国的情况也不尽相同，一般分为个人保障、企业保障和社会保障三个部分。个人保障、企业保障，是在社会保障基础上的附加，因人而异、因企业而异，经营好的优秀企业，就有可能为本企业职工提高保障水平；社会保障则是最基本的，它一般包括社会福利、政府救济和社会保险。在社会保险中，又包括养老保险、医疗保险、失业保险、伤害补偿保险，等等。从上述内容不难看出，一个国家的社会保障能够达到怎样的程度，同经济发展水平和国家经济实力直接相关，国家经济实力强，举办社会福利和实施政府救济的力度就可以增强，各种社会保险的水平也可以提高。而国家经济实力的增强，同企业的活力又直接相关。因此，企业优胜劣汰、个人收入出现不同档次，看起来是拉大了差距，而实际上是对企业进行了优化，对人们聪明才智的发挥进行了激励，从而可以有效地促进经济的发展，为提高社会保障水平创造物质前提，这绝不是搞两极分化，而应该说是防止两极分化的积极、有效的办法。

实行公平合理的税制，不但可以增加国家的财力，而且有助于缩小高收入者和低收入者的差距，这也是防止两极分化的积极、有效的办法。目前我国所得税的税制并不健全，而且流失严重，尤其是个人所得税的流失更为严重，另外，国际上广泛使用的一个重要税种——遗产税，我们也还没有设置，在税制的建设和实施方面，需要做的事情还很多。我们应该从这些方面下工夫来实现社会公平，而不应该从创造财富的环节去卡，搞低水平的、平均主义的"公平"。因此我们应当从理论上、观念上、政策上切实地鼓励优秀企业的发展，切实鼓励个人靠诚实劳动、靠聪明才智来发家致富。这是光彩的事业。与此同时又要用税收进行调节。例如，一些国家的遗产税，就在这方面起着重要的作用。人们靠自己的聪明才智和辛勤劳动，不但为社会创造了财富，而且自己也能够积累大量的财富。企业法人财产虽可以延续，但个人财产却不可能全部传给子孙，通过税收其中大部分将转化为社会财富。因此，每一代人都要自己去努力奋斗、努力创造，而不可能有游手好闲的三代富翁。可见，公平的税制既可以促进经济发展，又有助于实现社会公平。

# 二 企业活力源于合理的利益结构

改革开放以来，我们一直对国有企业进行改革，但至今很多问题也还没有完全解决。记得在十多年前，乡镇企业表现出了灵活的经营机制，当时就有同志曾经提出过，能否把乡镇企业的机制引进到国有企业中来。那时遇到一个思想障碍，就是所有制问题，总觉得不改变所有制就难以引进乡镇企业的机制。因此，在这个问题上当时没有取得很大进展。到了1996年，中共中央党校科研部和江苏油田在南京召开了"老大学老乡"理论研讨会，介绍了国有企业向乡镇企业学习、转换经营机制的经验，使人们看到了不同所有制企业都有可能充满活力的事实。这就更促使人们进一步深思，企业活力到底和所有制是什么关系。

## （一）随着时代的变迁，对所有权在利益关系结构中的地位需要重新认识

按照传统理论，我们一直把所有制问题看得非常重要。这当然是对的，因为生产资料所有制形式是生产关系的基础，它是经济利益关系的决定性的因素。地主拥有了土地所有权，他就几乎拥有了一切；在旧式的企业里，业主拥有了企业的所有权，也就几乎拥有了一切，工人所得甚微。列宁说泰罗制是一项"榨取血汗的'科学'制度"，深刻地揭露了当时的分配关系的实质，说明所有权在当时的利益关系的结构中确实居于核心或主体的地位。

然而，这种利益关系的结构并不是一成不变的。近百年来，现代企业的产权关系发生了巨大变化，企业内部的利益结构多元化、复杂化了，个人产权在利益结构中的位置已不像以往那样绝对，而是因企业而异。在许多情况下，所有权已不像以前那么重要了。

我们历来认为所有制重要，是因为利益关系重要。当所有权在人们的

利益关系结构中占绝对优势的时候，所有权就是绝对重要的。随着科学技术的进步，随着经营者阶层的出现及其作用和势力的增强，企业职工特别是经营者，分享着企业的剩余，利益关系结构逐步变化，所有权所占份额相对缩小，其重要性也就相对缩小。以日本的企业为例，据官方的统计数字，1990 年全日本企业股东分红总额为 4 万亿日元，而同一年度相同口径的全日本企业支出的交际费总额为 5 万亿日元。也就是说，由经营者支配的交际费总额大于所有者所得的分红总额，足见利益关系结构变化之大。这种经济现象在一百年前是见不到的。

由此可以看出，现在至少在有些类型的企业中，利益结构的核心或焦点已有所转移。如果看不到这种变化，一成不变地看待企业内人们利益关系的结构，简单地、凝固地看待个人产权在企业活力中的地位和作用，单纯从企业的所有制形式上去寻找企业活力的动因，那就有可能产生两种相反的不正确的倾向：一种是像中共十一届三中全会以前那样，认为只有"一大二公"好，必须限制集体，打击和取缔个体、私人经济，城镇集体企业急于向单一全民所有制过渡；另一种是把全民所有制看得一无是处，认为必须全盘私有化才能产生活力。产生这两种倾向都是因为在企业活力源泉问题上把所有制形式看得过于重要，对我们研究和挖掘企业活力都是很不利的。其实，事物并不是那么绝对，应当看到各种不同所有制的企业都能产生活力，因为有一个更本质的东西，这就是利益关系结构。我认为，研究企业活力的源泉，最重要的是利益结构而不是所有制关系。

为什么企业内部的利益结构会发生如此巨大的变化呢？这里有产权关系变化方面的深刻原因。

**（二）在企业产权方面一个最大的变化，是有限责任制度**

现代企业多为股份有限公司和有限责任公司，它们都是股东在出资额范围之内，企业以其拥有的法人财产为限，承担有限责任的公司。有限责任是现代企业制度最本质的特征。无限责任公司，由于风险太大，难以吸引他人出资，不能适应市场竞争的需要，企业的发展受到很大的局限，可以说是没有生命力的。例如在日本，无限责任公司立法较有限责任公司立法时间大约早 40 年（1899 年日本新商法），但无限责任公司（包括实质上是承担无限责任的两合公司）发展很慢甚至是萎缩的，至今在日本法人企业总数中只占 1.8%。为什么会这样呢？其原因就在于只有有限责任的公司制度，才能分散风险、广泛吸收社会资金，才能加速企业的发展，适应市场经济发展的需要。

企业形态由无限责任到有限责任，是公司发展史上的一次质的飞跃。有限责任的企业形态，同过去小业主式的经营以及同无限责任公司在产权关系和利益关系上存在着本质的区别。

无限责任的企业形态，风险和利益都集中于所有者身上，利益关系结构的焦点非常集中。对一个无限责任公司的所有者来说，由于他必须承担无限连带责任，企业如何经营就成了涉及身家性命、生死攸关的大事，必然要亲掌企业经营大权。因此，在无限责任公司体制下，经营大权不可能旁落，所有权和经营权是不可能分离的，这就决定了现代公司的所谓"治理结构"，也是不可能在这里产生的。

而在有限责任的企业形态下，股东以实际出资本额为限承担有限责任，出资额以外的个人其他财产不受企业经营的牵连，风险被分散了，它不再是无底洞，而是有限度的。这时，所有者才有可能把经营大权交给他人去掌管，所有权和经营权才有可能真正分离。也只有在这时，才有可能形成能与所有者相抗衡的、具有独立利益的经营者集团。这种局面出现以后，必然会引起利益结构的变化，利益关系结构的焦点发生转移，经营者在企业利益结构中的地位越来越突出，所有者所占份额则相对缩小。与此同时，随着技术的进步，职工在企业生产过程中的作用也发生着变化，收入水平也在逐步提高，这也在一定程度上改变着利益关系的结构。

### （三）在企业产权方面的另一个重大变化，就是股权多元化、分散化、法人化

这种变化虽然在不同国家表现出来的程度不同，但已经可以看出，这是一种发展的趋势。许多国家的大公司，都有几十万甚至上百万股东，而且大股东也已不是独家。以著名的松下电器公司为例，它的第一大股东是住友银行，股权为 4.6%，其他大股东也多为法人，松下幸之助在 80 多年前创业时是 100% 独资，经过几十年的发展变化，现在松下家族在松下公司

只占有 2.9% 的股权，也就是说，法人企业相互持股发展到一定程度，个人股权比重会大幅度下降，这就使企业的归属变得越来越"模糊"。1990 年我在日本进行学术访问时，曾经看到日本报纸上有这样的讨论："日本的企业是谁的?"这说明日本人自己对日本企业的个人归属也感到模糊。这种股权向多元化、分散化、法人化方向发展的产权关系的变化，显然对企业内部利益结构的变化，会产生巨大的影响。

有人认为，我国国有企业产权没有量化到个人，产权模糊，而且把这看成是不能形成自负盈亏机制和企业没有活力的根源，如果按照这种思路去分析，日本企业的产权不是也很模糊吗? 可是，日本企业具有无可争议的自负盈亏的机制，而且是充满活力的，那么这种机制又是从何而来的呢?

### (四) 需要从利益关系结构上探寻企业活力的源泉

要回答前述问题，需要从利益关系结构上找原因。

日本的企业有强的凝聚力，职工把企业视为命运共同体，"企业兴我兴、企业衰我衰"的利害关系表现得十分明显，特别是在企业经营中起关键作用的经营者，更是一心扑在工作上。在日本企业经营者中间，常常发生由于拼命工作而"过劳死"的事件，成为引人注目的一种社会现象。是什么力量支撑他们这样拼命干呢? 据我看，并非所有制而是与所有制既相联系又有区别的利益关系。股权当然也体现着利益关系，日本企业普遍实行职工持股制度，职工多为本企业的股东，但人均持股率不高，企业经营好坏给他们造成的股权上的利益得失并不居主导地位；相反，给他们带来的与股权无关的利益得失，却更加重要得多。实际上，企业的活力、企业的动力与约束机制首先源于这种利害关系。

以企业经营者为例，每个公司的董事，都普遍拥有本公司的股票，除少数业主型的经营者之外，公司董事持股的数量并不大，董事持有本公司股票，不能随本公司股价的涨落买进卖出，从中牟利。他们持股主要是表明自己的责任感和对本公司经营前景的信心，在股票分红率很低的情况下，经营者持有股票的收益是不多的。他们更主要的利益来源于以下几个方面：第一，高工资；第二，高奖金；第三，高退休金；第四，高交际费；第五，高社会地位，所有这些，都同企业经营状况紧紧地联系在一起。企业兴旺，这些就能保持和提高，如果企业经营不善就会减少，若是企业倒闭一切都会失去。这实际是一种自负盈亏的动力与约束机制。这种机制在经营者身上表现得最为突出，但这种利害关系在每个职工身上也能不同程度地表现出来。经营好的企业，职工工资和奖金大大高于其他企业；相反，如果企业经营不好，职工的奖金会普遍减少甚至取消；如果企业倒闭，正常、稳定的生活就会被打破，每个人都要自己去重新寻找合适的工作，这就会形成一种紧迫感和压力。总之，企业经营得好，人人都能受益；企业经营差甚至倒闭，人人都要付出代价。

企业利益结构合理，就能够把企业经营者和全体职工的积极性、创造性充分调动起来，无论企业所有制形式如何，都能使企业充满生机和活力。如果利益结构不合理，比如所有者"竭泽而渔"，给企业经营者和职工的利益过少；或者利益结构向经营者过于倾斜，出资人或职工群众的利益遭忽视；或者过于看重职工眼前的、局部的利益，"分光吃净"，影响企业的发展后劲等等，都不能真正把企业活力调动起来。所以说，企业活力的源泉，主要不在所有制形式，而在合理的利益结构。利益结构和所有制虽不是同一个问题，但又存在着密切的联系。合理的利益结构，在一些情况下，同所有制几乎就是一回事。但在多数情况下并非如此，甚至可以说同所有制几乎不相干，因此，首先需要从理论上、指导思想上把侧重点从所有制问题的研究探索，转到利益关系的调整上来。

## 三　企业活力的保持和增强，需要靠科学的管理来保证

企业生产经营活动的主体是人。从企业发展和经营战略的制定和实施，到产品的生产操作和企业各方面的具体管理工作，都是由人来完成的。没有人的积极性和创造性，企业的设备条件再好也不可能充分地发挥其效用，只有把人的积极性和创造性充分地调动起来，企业各方面的工作才能有效地进行，企业的活力才能够发挥。

这一点在丝宝集团的成功经验中可以看得很清楚。

丝宝集团在管理上的一个很大的特色，就是以人为本，特别重视人的工作。丝宝集团讲的人，不只是指一个领导人、一个领导集体，而是讲整

个职工队伍。领导班子当然重要，而一个好的领导班子一定是能够带领全体职工顽强奋斗的集体。丝宝集团就是这样，一方面，他们十分强调"政治路线确定之后，干部是决定的因素"，"当丝宝确定了新的管理框架和经营思路之后，经营的成败便取决于我们现有的干部队伍了"。对于干部，他们既花大力气培养，又提出了严格的要求；同时，他们还十分强调全体职工的整体素质，他们认为企业一切工作"最后的落脚点还是人"，因此提出："在一场变革到来之时，首先需要的是一场灵魂的革命；在丝宝事业的开拓之际，首先需要的是丝宝人的思维的开拓。"

正是由于丝宝集团看到了发挥全体职工积极性和创造性的重要性，所以他们着力对此进行研究。调动人的积极性，不能仅靠口号，更需要激励。对人的激励包括物质和精神两个方面。前面讲的建立合理的利益结构，主要属于物质激励方面的问题，与此同时，还有精神方面的激励的问题，两者都不能忽视。为此，他们在集团内建立了一套人才资源开发体系，建立了队伍建设办公室，由董事长亲自挂帅抓队伍建设，促进人才的成长、人才的脱颖而出。集团从小到大，有了 1.3 万多人的队伍，随着企业的发展、人员的增多，如何开发好、利用好人力资源，就变得越来越重要。于是在武汉大学建立了丝宝现代管理研究中心，给干部员工加油充电。另外，还建立了全员培训制度，把学习成绩纳入业绩考核之中。所有这些都是很有远见的。这也是丝宝集团不断保持和增强活力的重要保证。

丝宝集团在企业管理方面"在以一整套严格的管理制度用以规范、约束员工的企业行为的同时，更强调'德治人化'的管理，将中国传统的儒家文化与现代管理思想紧密结合起来，积极营造企业优良的人文环境。"这一套虽然表面看起来老传统的色彩很浓，但实际上正是体现了现代管理的基本特点。由此我就联想到了现代管理的两个突出特点：一是把技术组织学原理和行为学原理结合起来运用，注意吸收这两大学派的优点；二是注意发扬民族优良传统和重视民族习惯，从中挖掘有效的管理方法。这些在丝宝集团的管理中都有所体现。

我们知道，管理科学在泰罗以后的近百年间发展很快，学派很多，有人形容学派之多就像"热带丛林"一样茂盛。对这些名目繁多的学派，可以有两种方法去研究：一种是专门研究管理思想，这就需要一个一个学派逐个地进行过细的研究，找出每个学派的具体特征及其与其他学派的异同，这是一个专门的学科，对于实际工作者来说，我认为没有必要作这样细的研究。另一种是从应用的角度去研究，使复杂问题简单化，把"热带丛林"修整一下，我以为可以把所有这些学派按其最本质的特征分为两大类：一类可以称为技术组织学派，另一类可以称为行为学派。这样归类虽然比较粗，但归类之后就更便于我们研究和应用。我主张我们实际工作者，采用后一种方法更好一些。

为什么说可以把名目繁多的学派归拢成两大学派呢？这是因为，技术组织学派和行为学派属于两个根本不同甚至截然相反的思路，其最根本的差别就在于对人的看法，技术组织学派把人看成是被动的，要求工人严格按照科学的组织设计、操作规程行事，强调管的作用，强调在技术上、组织上、制度上下工夫，用技术的方法和手段，建立严格的、科学的管理制度和管理办法，来促进生产效率的提高。而行为学派则强调人的能动作用，强调从社会学、心理学的角度来研究管理，强调发挥和调动人的内在动力，来促进生产效率的提高。现代管理科学注意吸收这两大学派的优点，既强调科学的组织和严格的规章制度，又强调人的内在动力，发挥人的主观能动作用，同时还和现代管理技术和管理手段结合起来。这些可以说是现代管理科学的最基本的特点。正确地认识现代管理的特点，对于我国实现管理现代化，提高企业管理水平，具有非常重要的实际意义。

现代管理同传统文化是相辅相成的。民族的东西、传统的东西各国都有。在我们观察各国成功企业经验的时候，可以看出，无一不是集各家之长，从本国实际出发，形成有自己特色的有效的管理。历史的经验告诉我们，忘记本民族的传统文化，忽视本民族的传统习惯，脱离本国实际，教条式地崇尚某一个学派，原封不动地照搬某一国家、某一企业的经验，是不可能取得成功的，丝宝集团的经验再一次证明了这个道理。

（原载《现代企业管理创新初探》，武汉大学出版社 1999 年版）

# 企业活力不足与企业所有制有关吗

如何增强企业活力，是人们普遍关注的问题。相对于非国有企业来说，目前国有企业显得缺乏生机和活力。如何看待这种现象、如何解决这个问题：这里涉及一个根本性的理论问题即企业活力的源泉同企业的所有制形式之间到底存在着一种什么样的关系。

## 一　在企业的利益结构中所有制的地位和作用已经发生变化

生产资料的所有制是生产关系的基础，无疑它是及为重要的大问题。所有制之所以重要，既非因为它是目的，也非因为它是手段，而是因为它是经济利益关系的决定因素，即在利益关系的结构中居于核心的地位。然而这种利益关系的结构并不是一成不变的，在现实经济生活中，利益结构的变化，在企业的微观经济中已经明显地表现了出米。由于现代企业产权关系的变化，企业内部的利益结构多元化、复杂化了，个人产权在利益结构中的位置已不像以往那样绝对，而是因企业而异，在许多情况下表现得已不像以前那么重要。

关于现代企业产权关系的变化，根据我对日本股份制企业特别是大企业的考察，在财产关系上，至少可看出以下三个特点：

第一，股东承担有限责任。有限责任的企业形态，同过去的小业主式的经营以及同无限责任公司在利益结构上存在着本质的区别。无限责任的企业形态，风险和利益都集中于所有者身上，利益结构的焦点比较集中。而在有限责任的企业形态下，股东出资额以外的其他财产不受企业经营的牵连，这时所有权才有可能同经营权真正分离，也才有可能形成能与所有者相抗衡的、具有独立利益的经营者集团。这种局面出现后，必然引起利益结构的变化。

第二，法人股东持股率高。不仅出资人承担有限责任，而且企业法人相互持股的比重高，个人股东持股率低，因而企业承担的有限责任真正量化到个人产权上的部分已不占主要地位。法人企业相互持股发展到一定程度，就使企业的归属变得越来越"模糊"。以松下电器公司为例，松下幸之助在80多年前创业时，纯属松下家族所有，但到了1950年，他的持股率就下降到43.25%，1955年降到了20.43%，进入70年代以后猛降到了5%以上，1994年降到了3.5%。

第三，个人股权极为分散。股权分散的主要表现是股东人数众多，人均股票持有量相对较少。显然，对企业内部的利益结构的变化会产生一定的影响。

通过对企业产权关系变化的分析，可以看出至少在一些类型的企业，利益结构的核心或焦点已有所转移。因此我认为，研究企业活力的源泉，最重要的是利益结构而不是所有制。

## 二　企业活力的源泉在合理的利益结构

企业生产经营活的主体是人，企业的经营者和职工群众的聪明才智和积极性充分调动并合理组织起来了，企业就能表现出巨大的活力。人的积极性从何而来？

还是以日本的企业为例。在日本，企业经营者中间常发生由于拼命工作而"过劳死"的事件，成为引人注目的一种社会现象。是什么力量支撑他们这样拼命干呢？据我看，并非所有制而是与所有制既相联系又有区别的利益关系。

日本企业普遍实行职工持股制度，但人均持股率不高，企业经营好坏给他们造成的股权上的利益得失并不是主导地位；相反，给他们带来的与股权无关的利益得失，却更加重要得多。实际上，企业的活力、企业的动力与约束机制首先源于这种利害关系。

以企业经营者为例，他们的利益来源主要有以下几个方面：

第一，高工资。优秀企业职工的工资普遍高于一般企业职工的工资，而董事的工资相对于本企业的平均水平又要高出数倍。

第二，高奖金。董事和监事的奖金，是在公司净利润分配中单独列项公开处理的，同一般职工的奖金分开计算。经营者的奖金收入较其股票所有权的收益要高得多。

第三，高交际费。1989 年全日本企业支出的交际费总额为 5 兆日元，而相同口径的企业股票分红总额为 4 兆日元。交际费总额大于股东分红总额，这是一个值得注意的社会现象。

第四，高退休金。一般职工到退休年龄后，按工龄计算，每年一个月的工资一次支给，而董事的退休金，按在任年限，以年收入的 30% 计算，这比一般职工就高得多了。

第五，高社会地位。大企业的经营者社会地位高，企业的职工社会地位也较高，大企业的牌子每个职工"扛"着它就是一笔无形的资产。

以上几点构成企业利益结构的主体部分。企业兴旺，这些就能保持和提高，如果经营不善就会减少，若是企业倒闭，一切都会失去。这实际上是一种自负盈亏的动力与约束机制，这种机制在经营者身上表现得最为突出，同时这种利害关系在每个职工身上也能不同程度地表现出来。企业经营得好，人人都能受益；企业经营差或者倒闭，人人都要付出代价。

企业利益结构合理，就能够把企业经营者和全体职工的积极性、创造性充分调动起来，无论企业所有制形式如何，都能使企业充满生机和活力。如果利益结构不合理，比如所有者"竭泽而渔"，给企业经营者和职工的利益过少；或者利益结构向经济者过于倾斜，出资人或职工群众利益遭忽视；或者过于看重职工眼前的、局部的利益，"分光吃净"，挫伤企业的后劲，等等，都不能真正把企业活力调动起来。所以说，企业活力的源泉主要不在所有制形式而在合理的利益结构。

## 三　深化企业改革的侧重点应转到利益结构的调整上来

如果把所有制问题看得过重，总是在这个问题上兜圈子，就很难探讨出企业改革的新思路。深化企业改革应当在调整利益结构上做文章。首先需要从理论上、指导思想上把侧重点从所有制问题的研究探索转到利益关系的调整上来。利益结构的调整，不同的企业各有不同的任务，对国有企业来说，首先是要处理好国家和企业的分配关系。过去，国有企业负担过重，在改革过程中，国有企业又承担了改革的成本，现在多种经济成分的企业有了相当程度的发展以后，国有企业的负担需大大减轻，为此，迫切需要解决以下两个问题：

第一，要把完善税制纳入合理利益结构设计中来。目前，非国有制企业以及个人所得税征收潜力比较大，减少这方面的流失，可以使财政更加充实，在此基础上，国家就会有充实的财力搞活企业。

第二，要把政府经济行为的规范与监督纳入合理利益结构设计中来。国有企业利润的上缴，在原则上也应和税收一样，是取之于民、用之于民、受人民监督的。各级政府资金掌管和运用得不好，应该承担经济和法律责任。像过去那种大笔一挥多少个亿就白扔了而又无人能够受到追究的状况，实际上是利益结构的扭曲，在合理利益结构形成过程中，这是应该着力解决的问题。

就企业内部来说，建立合理的利益结构，也有几点迫切需要解决的问题：

第一，要加速形成企业命运共同体。在企业之间的竞争中，若想取胜，企业内部就不能过度竞争，而必须增强内部凝聚力，形成企业命运共同体，这样才能增强对外竞争的实力。作为企业的经营者，必须想方设法使企业内部既有竞争，又能使之保持适度，以便团结一致，通过对外竞争来维护企业和企业成员的利益。

第二，企业内的利益关系。个人收益的分配要有章法、讲民主、要便于群众监督。日本企业经营者的收入虽高，但都有章可循、有法可依，而且是公开的。我国企业经营者和职工的收入差别过去是比较小的。随着改革的深化、自负盈亏机制的形成，经营者的责任加重、作用突出，对经营者素质的要求也越来越高。因此，如何评价经营者的作用，如何给予相应的待遇，需要认真研究。现在的问题是，一方面，从总体上来说，经营者工资水平并未提上来；另一方面，又有一些企业经营者的个人收入和公费开支混乱并且透明度不够。例如，我国企业没有明确交际费制度，而实际上却在大量支出这类的费用，无论总量或开支范围，都无法控制。这些都是需要在合理利益结构的设计中予以解决的问题。

（原载《深圳特区报》1997 年 3 月 18 日）

# 关于企业活力的源泉

记者：吴教授，十五大以前，我们一直把所有制看得非常重要。因为它是经济利益关系的决定因素。所有权在利益关系的结构中居于核心或主体的地位。

吴家骏：是这样的，然而由所有权决定的利益关系的结构并不是一成不变的。在现实经济生活中，利益结构的变化，在企业的微观经济中已经明显地表现了出来。近百年来，现代企业的产权关系发生了巨大变化，企业内部的利益结构多元化、复杂化了，所有权已不像以前那么重要了。

记者：听您这么说，那么在企业产权制度改革方面发生了哪些变化呢？

吴家骏：一个最大的变化，是有限责任制度。现代企业多为股份公司和有限责任公司，它们都是股东在出资额范围之内承担有限责任的公司制度。这是现代企业制度最本质的特征。有限责任的企业形态，同过去小业主式的经营以及同无限责任公司在产权关系和利益关系上存在着本质的区别。无限责任的企业形态，风险和利益都集中于所有者身上，利益关系结构的焦点非常集中。对一个无限责任公司的所有者来说，由于他必须承担无限责任，企业如何经营就成了涉及身家性命、生死攸关的大事，必然要亲掌企业经营大权，不可能大权旁落。因此，在无限责任公司体制下，所有权和经营权是不可能分离的，现代公司的所谓"治理结构"也是不可能在这里产生的。而在有限责任形态下，所有者能有可能把经营大权交给他人去掌管，所有权和经营权才有可能真正分离，必然会引起利益结构的变化。另一个重大的变化，就是股权多元化、分散化、法人化。这是一种发展的趋势。以著名的松下电器公司为例，它的第一大股东是住友银行，股权为 4.6％，其他大股东也多为法人。松下幸之助在 80 多年前创业时是100％独资，经过几十年的发展变化，现在松下家族在松下公司只占有2.9％的股权。也就是说，法人企业相互持股发展到一定程度，个人股权比重会大幅度下降，这就使企业的归属变得越来越"模糊"。这种股权向多元化、分散化、法人化方向发展的产权关系的变化，显然对企业内部利益结构的变化，会产生巨大的影响。

记者：通过您对企业产权关系变化的分析，我认为可以看出，至少在一些类型企业，利益结构的核心或焦点已有所转移。不能一成不变地看待企业内人们利益关系的结构，简单地、凝固地看待个人产权在企业活力中的地位和作用，更不能单纯从企业的所有制形式上去寻找企业活力的动因。

吴家骏：在企业活力源泉问题上把所有制形式看得过于重要，对我们研究和挖掘企业活力是很不利的。其实事物并不是那么绝对。应当看到各种不同所有制的企业都能产生活力，混合所有制企业就很有说服力。这里有一个更本质的东西，就是利益结构。我认为，研究企业活力的源泉，最重要的是利益结构而不是所有制。

记者：有人认为，我国国有企业产权没有量化到个人，产权模糊，而且把这看成是不能形成自负盈亏机制和企业没有活力的根源。

吴家骏：这种看法是片面的。如果按照这种思路去分析，日本企业的产权不是也很模糊吗？可是，日本企业具有无可争议的自负盈亏机制，而且充满了活力。那么这种机制又是从何而来的呢？

企业生产经营活动的主体是人，关键是人的积极性，在这个问题上切忌见物不见人。

日本企业普遍实行职工持股制度。职工多为本企业的股东，但人均持股率不高，企业经营好坏给他们造成的股权上的利益得失并不居主导地位。相反，给他们带来的与股权无关的利益得失，却更加重要得多。实际上，企业的活力、企业的动力与约束机制首先源于这种利害关系。以企业经营者为例，他们虽都持有本公司的股票，但收益是不多的。他们更主要的利益来源于高工资、高奖金、高退休金、高交际费和高社会地位几个方面。所有这些，都同企业经营状况紧密联系在一起。这实际是一种自负盈亏的动力与约束机制。企业经营得好，人人都能受益；企业经营差或者倒闭，人人都要付出代价。

记者：那就是说，企业利益结构合理，就能够把企业经营者和全体职工的积极性、创造性充分调动起来，无论企业所有制形式如何，都能使企业充满生机和活力。

吴家骏：正是这样。如果没有形成合理利益结构，比如所有者"竭泽而渔"，给企业经营者和职工的利益过少；或者利益结构向经营者过于倾斜，出资人或职工群众利益遭忽视；或者过于看重职工眼前的、局部的利益，"分光吃净"，挫伤企业的后劲，等等，都不能真正把企业活力调动起来。

记者：吴教授，您的结论就是，企业活力的源泉主要不在所有制形式而在合理的利益结构。在当前的国企改革中，在指导思想上应该注意些什么问题呢？

吴家骏：在指导思想上，要把侧重点从所有制问题转移到利益关系的调整上来。这与探索公有制的实现形式并不矛盾。

记者：我认为，利益结构的调整，不同的企业应各有不同的任务。对国有企业来说我认为首先是要处理好国家和企业的分配关系，过去国有企业承担了改革的成本，改革进到了现阶段，在多种经济成分的企业有了相当程度的发展以后，国有企业的负担应该大大减轻了。这样才能从经济上为增强企业的生机和活力打下基础。

吴家骏：不错。目前我们迫切需要解决以下两个问题：第一，要把完善税制纳入合理利益结构的设计中来。目前，非全民所有制企业以及个人所得税征收潜力比较大，减少这方面的流失，可以使财政更加充实。在此基础上，国家才会有充实的财力放活企业，提高国有企业自我改造和自我发展的能力。第二，要把政府经济行为的规范与监督纳入合理利益结构的设计中来。国有企业的上缴，在原则上也应和税收一样，是取之于民、用之于民、受人民监督的。也就是说，各级政府资金掌管和运用得好坏，手中握有权力的官员是否廉洁奉公，是应该承担经济和法律责任的。过去那种大笔一挥多少个亿就白扔了而又无人受到追究的状况，实际上是利益结构的扭曲。在合理利益结构形成过程中，这是应该着力解决的问题。

记者：那么，就企业内部来说，建立合理的利益结构，有哪几个迫切需要解决的问题呢？

吴家骏：我认为，在企业产权制度改革过程中也有两个问题必须解决好。第一，要加速形成企业命运共同体。在企业之间的竞争中，若想取胜，企业内部就不能过度竞争，而必须增强内部凝聚力，形成企业命运共同体，这样才能增强对外竞争的实力，通过对外竞争来维护企业和企业成员的利益。第二，企业内的利益关系要摆在明处。摆在明处指的是个人收益的分配要有章法，要讲民主，要便于群众监督。日本企业经营者的收入虽高，但都有章可循，有法可依，而且是公开处理的。这样就可以减少消极作用。在我国，如何评价经营者的作用，如何给予相应的待遇需要认真研究。现在的问题是，一方面经营者的工资水平并未提上去；另一方面又有一些企业经营者的个人收入和公费开支混乱并且透明度不够。例如，我国企业没有明确的交际费制度，而实际上却在大量支出这类费用，无论是总量或开支范围，都无法控制。这些都需要在合理利益结构的设计中予以解决。无论是职工群众或是企业经营者，根据贡献，该给的给够，依法付酬，才能真正建立起合理的利益结构。

（原载《深圳商报》1998 年 3 月 30 日）

# 企业活力源于合理的利益结构

## 一　在所有制问题上,需要进一步解放思想

在研究如何深化国有企业改革的时候,我们很自然、很习惯地把所有制问题看得无比重要。国有经济比重到底高点好、低点好? 目前的实际状况到底是高了还是低了? 在社会主义初级阶段,国有企业应该保持多高的比重? 对这样一些问题,人们一方面把它看得很重要,另一方面又根本无法找到客观的衡量标准,因而常常成为困扰我们思想,使改革思路难以拓宽的敏感问题。我觉得在这个问题上需要进一步解放思想。

过去,我们一直把所有制看得非常重要,因为它是经济利益关系的决定的因素。地主拥有了土地所有权,他就几乎拥有了一切;业主拥有了企业的所有权,也就几乎拥有了一切。也就是说,所有权在利益关系的结构中居于核心或主体的地位。然而这种利益关系的结构并不是一成不变的。近百年来,现代企业的产权关系发生了巨大变化,企业内部的利益结构多元化、复杂化了,个人产权在利益结构中的位置已不像以往那样绝对,而是因企业而异。在许多情况下,所有权已不像以前那么重要了。

在企业产权方面,一个最大的变化是有限责任制度。现代企业多为股份有限公司和有限责任公司,它们都是股东在出资额范围之内承担有限责任的公司。这是现代企业制度最本质的特征。有限责任的企业形态。同过去小业主式的经营以及同无限责任公司在产权关系和利益关系上存在着本质的区别。无限责任的企业形态。风险和利益都集中于所有者身上,利益关系结构的焦点非常集中。对一个无限责任公司的所有者来说,由于他必须承担无限连带责任,企业如何经营就成了涉及身家性命、生死攸关的大事,必然要亲掌企业经营大权,不可能大权旁落。因此,在无限责任公司

体制下，所有权和经营权是不可能分离的，现代公司的"治理结构"也是不可能在这里产生的。而在有限责任的企业形态下，股东以实出资本额为限承担有限责任，出资额以外的个人其他财产不受企业经营的牵连，这时所有者才有可能把经营大权交给他人去掌管，所有权和经营权才有可能真正分离；也只有在这时，才有可能形成能与所有者相抗衡的、具有独立利益的经营者集团。这种局面出现以后，必然会引起利益结构的变化，利益关系结构的焦点发生转移，经营者在企业利益结构中的地位越来越突出，所有者所占份额则日益缩小。

另一个重大变化就是股权多元化、分散化、法人化。这种变化虽然在不同国家表现出来的程度不同，但已经可以看出这是一种发展的趋势。许多国家的大公司，都有几十万甚至上百万股东，而且大股东也已不是独家。以著名的松下电器公司为例，它的第一大股东是住友银行，股权为4.6%，其他大股东也多为法人。松下幸之助在80多年前创业时是100%独资，经过几十年的发展变化，现在松下家族在松下公司只占有2.9%的股权。也就是说，法人企业相互持股发展到一定程度，个人股权比重会大幅度下降，这就使企业的归属变得越来越"模糊"。这种股权向多元化、分散化、法人化方向发展的产权关系的变化，显然对企业内部利益结构的变化，会产生巨大的影响。

通过上面对企业产权关系变化的分析，可以看出至少在一些类型企业，利益结构的核心或焦点已有所转移。如果看不到这种变化，一成不变地看待企业内人们利益关系的结构，简单地、凝固地看待个人产权在企业活力中的地位和作用，单纯从企业的所有制形式上去寻找企业活力的动因，那就有可能产生两种相反的不正确的倾向：一种是像十一届三中全会以前那样，认为只有"一大二公"好，必须限制集体，打击和取缔个体，城镇集体企业急于向单一全民所有制过渡；另一种是把全民所有制看得一无是处，认为必须私有化才能产生活力。这两种倾向都是在企业活力源泉问题上把所有制形式看得过于重要，对我们研究和挖掘企业活力都是很不利的。其实，事物并不是那么绝对，应当看到各种不同所有制的企业都能产生活力，因为有一个更本质的东西，这就是利益结构。我认为，研究企业活力的源泉，最重要的是利益结构而不是所有制关系。

## 二 在企业活力问题上,需要从利益关系上寻找动因

有人认为,我国国有企业产权没有量化到个人,产权模糊,而且把这看成是不能形成自负盈亏机制和企业没有活力的根源。如果按照这种思路去分析,日本企业的产权不是也很模糊吗?可是,日本企业具有无可争议的自负盈亏的机制,而且是充满活力的,那么这种机制又是从何而来的呢?

企业生产经营活动的主体是人。人的积极性从何而来?日本的企业有很强的凝聚力,职工把企业视为命运共同体,"企业兴我兴、企业衰我衰"的利益关系表现得十分明显,特别是在企业经营中起关键作用的经营者,更是一心扑在工作上。在日本企业经营者中间常常发生由于拼命工作而"过劳死"的事件,成为引人注目的一种社会现象。是什么力量支撑他们这样拼命干呢?据我看,并非所有制而是与所有制既相联系又有区别的利益关系。

日本企业普遍实行职工持股制度,职工多为本企业的股东,但人均持股率不高,企业经营好坏给他们造成的股权上的利益得失并不居主导地位;相反,给他们带来的与股权无关的利益得失,却更加重要得多。实际上,企业的活力、企业的动力与约束机制首先源于这种利害关系。

以企业经营者为例,每个公司的董事,普遍都持有本公司的股票,除少数业主型的经营者之外,公司董事持股的数量并不大。董事持有本公司股票是不能出售的,他们不能像一般职工那样,可以随本公司股价的涨落买进卖出,从中牟利;他们持股主要是表明自己的责任感和对本公司经营前景的信心。在股票分红率很低的情况下,经营者持有股票的收益是不多的。他们的利益更主要地来源于以下几个方面:第一,高工资;第二,高奖金;第三,高退休金;第四,高交际费;第五,高社会地位。所有这些,都同企业经营状况紧紧地联系在一起。企业兴旺,这些就能保持和提高,如果经营不善就会减少,若是企业倒闭一切都会失去。这实际是一种自负盈亏的动力与约束机制。这种机制在经营者身上表现得最为突出,这种利害关系在每个职工身上也能不同程度地表现出来。经营好的企业,职工工资和奖金大大高于其他企业;相反,如果企业经营不好,职工的奖金普遍

减少甚至取消；如果企业倒闭，正常、稳定的生活就会被打破，每个人都要自己去重新寻找合适的工作。这就会形成一种紧迫感。总之，企业经营得好，人人都能受益；企业经营差或者倒闭，人人都要付出代价。

企业利益结构合理，就能够把企业经营者和全体职工的积极性、创造性充分调动起来，无论企业所有制形式如何，都能使企业充满生机和活力。如果利益结构不合理，比如所有者"竭泽而渔"，给企业经营者和职工的利益过少；或者利益结构向经营者过于倾斜，出资人或职工群众利益遭忽视；或者过于看重职工眼前的、局部的利益，"分光吃净"，影响企业的发展后劲，等等，都不能真正把企业活力调动起来。所以说，企业活力的源泉主要不在所有制形式而在合理的利益结构。

## 三　在指导思想上，需要把侧重点从所有制问题转移到利益关系调整上来

利益结构同所有制虽不是同一个问题，但又存在着密切的联系。合理的利益结构，在一些情况下，同所有制几乎就是一回事。但在多数情况下并非如此，甚至可以说同所有制几乎不相干。因此，首先需要从理论上、指导思想上把侧重点从所有制问题的研究探索转到利益关系的调整上来。

利益结构的调整，不同的企业各有不同的任务。对国有企业来说，首先是要处理好国家和企业的分配关系。过去，国有企业承担了改革的成本，改革进到了现阶段，在多种经济成分的企业有了相当程度的发展以后，国有企业的负担需大大减轻，这样才能从经济上为增强国有企业的生机和活力打下基础。为此，迫切需要解决以下两个问题：

第一，要把完善税制纳入合理利益结构设计中来。目前，非国有制企业以及个人所得税征收潜力比较大，减少这方面的流失，可以使财政更加充实；在此基础上，国家就会有充实的财力放活企业，提高国有企业自我改造和自我发展的能力。

第二，要把政府经济行为的规范与监督纳入合理利益结构设计中来。国有企业的上缴，在原则上也应和税收一样，是取之于民、用之于民、受人民监督的。也就是说，各级政府资金掌管和运用得好坏，手中握有权力

和官员是否廉洁奉公，是应该承担经济和法律责任的。像过去那样大笔一挥多少个亿就白扔了而又无人受到追究的状况，实际上是利益结构的扭曲。在合理利益结构形成过程中，这是应该着力解决的问题。

就企业内部来说，建立合理的利益结构，也有两个迫切需要解决的问题。

第一，要加速形成企业命运共同体。在企业之间的竞争中，若想取胜，企业内部就不能过度竞争，而必须增强内部凝聚力，形成企业命运共同体，这样才能增强对外竞争的实力。如何正确处理企业内部竞争与企业外部竞争之间的关系，是现代企业经营管理中极其微妙的问题，甚至可以说是个核心的问题。作为企业的经营者，必须想方设法使企业内部既有竞争，又能使之保持适度，以便团结一致，通过对外竞争来维护企业和企业成员的利益。

第二，企业内的利益关系要摆在明处。摆在明处指的是个人收益的分配要有章法、要讲民主、要便于群众监督。日本企业经营者的收入虽高，但都有章可循、有法可依，而且是公开处理的。这样就可以减少消极作用。我国企业经营者和职工的收入差别过去是比较小的。随着改革的深入、自负盈亏机制的形成，经营者的责任加重、作用突出，对经营者素质的要求也越来越高。因此，如何评价经营者的作用，如何给予相应的待遇，需要认真研究。现在的问题是，一方面，从总体上来说，经营者的工资水平并未提上去；另一方面，又有一些企业经营者的个人收入和公费开支混乱，透明度不高。例如，我国企业没有明确的交际费制度，而实际上却大量支出这类的费用，无论总量或开支范围，都无法控制。这些都是需要在合理利益结构的设计中予以解决的问题。无论是职工群众或是企业经营者，根据贡献，该给的给够，但超出规定的要严加限制，而且违法必究，这样才能真正建立起合理的利益结构。

（原载《经济工作通讯》1997 年第 21 期）

# 第五篇

## 剖析现代企业制度的本质特征

# 论现代企业制度的特征

## 一 现代企业制度的衡量标准

什么是现代企业制度？目前最为流行的观点是把它等同于公司制度或法人企业制度，我认为，这是不准确的。相对于自然人的个人或合伙经济而言，公司法人制度更具先进性，但是，并非一切公司法人制度都可以称为现代企业制度。公司是多种多样的，法人也是依据各国法律确立的，由于各国的法律不同，企业的法律形态也必然是多种多样的。因此，我们研究现代企业制度，只抽象地讲公司法人制度就远远不够了，必须明确我们要建立的是一种什么样的公司法人制度。

从根本上说，我们要建立的现代企业制度，是能够适应现代市场经济发展要求的公司法人制度。在市场经济条件下，企业必须在瞬息万变的竞争环境中生存和发展，只有能够集中社会资金、分散经营风险的企业制度，才能适应市场经济的要求，这是衡量企业制度是否现代化的基本标准。

自然人的个人或合伙经济由于业主对企业经营要承担无限连带责任，这就决定了它的经营风险大，难以广泛吸收他人资本，这样的企业无论在发展规模上还是在市场竞争力上都有明显的局限性，所以我们说它不符合上述标准，不是现代企业制度。至于公司法人企业，也不一定都符合上述标准，例如，目前在一些国家事实上存在着的无限责任公司和两合公司，它们都是公司而且具有法人地位，但这样的法人企业以承担无限连带责任为特征，历史事实已充分证明，它们的风险太大，筹资困难，不能适应现代市场经济发展的客观要求，所以说这种承担无限责任的公司法人，也不能视为现代企业制度。

## 二 现代企业制度的本质特征

现代企业制度的最本质的特征应当是有限责任，即公司以其拥有的法人财产承担有限责任，只有这样的公司法人，才能够广泛集资、分散风险，适应现代市场经济发展的要求。这样来认识现代企业制度，对我国国有企业的改革是有现实意义的。

我们的国有企业实际上是由政府承担无限责任的企业法人，它们同现代企业制度在本质上的差别并不在公司的名义和法人的地位，而在有限责任。我们建立现代企业制度的目的和要解决的根本问题，就是要把由国家承担无限责任的国有企业转变为以公司法人财产承担有限责任的法人企业。这就要求企业法人财产明晰化，并且把企业法人财产同出资人（包括国家）的其他财产界定清楚，建立起有限责任的企业制度。在此基础上，公司制度的一系列的运行机制才能形成，例如，公司制度的一个显著特征——专家治理结构就是以有限责任为前提的。一个无限责任公司或者个人企业，业主需承担无限责任，对他来说，这是生死攸关的大事，必然要亲自控制企业，很难想象在无限责任的企业制度下会产生专家治理结构。我国的国有企业改革也是一样，如果不从根本上解决有限责任问题，包括企业自主经营、专家治理结构在内的一系列的公司运行机制都很难形成。

## 三 现代企业制度的组织形式

各国企业的组织形式是不尽相同的。就法人企业来说，日本的分类较为详细，全日本共有法人企业 196 万个，共分为股份公司、有限公司、无限公司、两合公司四类。这四类公司所依据的法律有两个：一个是《商法》，另一个是《有限公司法》。日本《商法》是 1899 年制定的，是公司的基本法，它确立了无限公司、两合公司和股份公司三种形态的企业法人。《有限公司法》是相隔近 40 年之后于 1938 年制定的，是专门确立有限公司法人的特别法。为什么有了公司的基本法还要专门制定《有限公司法》呢？就是因为在实践中发现，无限公司和两合公司不适应现代市场经济发展的要求，需要确立新的企业形态，而有限公司就不像无限公司和两合公司那样对债权人要负无限责任，因此它和股份公司一样，对现代市场经济的发展有很强的适应力，特别是因为它的建立手续和营运规划又不像股份公司那样复杂、严格，所以，这种企业形态对中小企业的发展更具有促进作用。在日本，有限公司起步虽晚但发展很快，起步较早的无限公司和两合公司数量却很少，只占法人总数的 1.8%，究其原因，就是它们不适合现代市场经济的要求。由此可见，具有现代企业制度本质特征的企业组织形式，是股份公司和有限公司，其共同特点就是有限责任。

我国的公司法较发达国家公司法的立法时间晚了一百多年，别国经验已经证明不具备现代企业制度本质特征的企业形态——无限责任公司和两合公司，在我们的公司法中理应不予确认。我国公司法确立的公司形态只有股份公司和有限公司两种，这正说明它反映了时代精神，是符合现代企业制度的标准和特征的。

## 四　现代企业制度的实施

我国的公司法体现了现代企业制度的本质特征。因此，我们应该以贯彻公司法为主线进行现代企业制度的建设。首先要使在公司法实施以前已经依法建立的公司达到公司法规定的各项条件，同时要对国有企业有步骤地按公司法规定的条件进行公司化改造。

国有企业的公司化改造，需要经过试点逐步铺开。当前在具体实施中需要处理好两个关系：

第一，试点企业和非试点企业的关系。对试点企业来说，试点的内容应当重点突出，紧紧抓住建立现代企业制度要解决的变无限责任为有限责任的根本问题，不要把它同企业改革的一般任务相混淆。试点同非试点企业的任务理应有所区别，如果把企业改革的一般任务也变成了试点企业特有的任务，就会使非试点企业产生等待思想，甚至误认为非试点企业的改革任务不复存在了。其实，我们所进行的企业改革，相对于建立现代企业制度的任务来说，其内容要广泛得多，非试点企业不应因为现代企业制度的试点就产生等待和观望的态度，而应当沿着十几年来企业改革走过来的路和《全民所有制工业企业转换经营机制条例》指出的方向，继续深化改革。至于试点企业怎样才能抓住变无限责任为有限责任这个根本环节呢？我想主要是应把试点的内容集中在产权问题上，不要搞包罗万象的试点，要重点搞好清产核资、界定产权、清理债权债务和评估资产，只有把企业法人财产界定清楚，并且把它同出资人的其他财产划分开，才能以企业法人财产承担有限责任，这正是建立现代企业制度的关键所在。

第二，企业股份制改造和股票上市的关系。股份公司的建立同股票上市，是既相联系又根本不同的两回事。上市公司在股份公司中通常只是很少的一部分，据 1990 年统计，日本有 101 万家股份公司，其中上市公司2071 家，只占 2‰。因此，国有企业的公司化改造同股票上市并没有必然的联系，国有企业体制改革的着眼点，应当是转换经营机制而不应当是股票上市。要提倡多搞一些定向募集的、法人相互持股的股份公司，通过法人相互持股使企业的股权多元化、分散化，从而把国家直接持股的比例大幅度地降低，这对企业实现自主经营具有不可忽视的作用。然而，目前在我国企业股份制改造的实践中却常把股份制改造和股票上市混为一谈，争取股票上市往往成为企业股份制改造的着眼点和基本目标。这种认识是片面的。

任何国家，对于股票上市的规模和上市公司的比重都不能没有控制。我国也不能例外。今后仍然应该坚持对公司股票上市进行严格控制，但是对于股份公司的组建，则应当更加大胆放手，步子可以迈得更大一些。正确地把两者区分开来，有助于采取不同的对策，从而防止在加强证券市场控制的同时把股份公司的组建也卡住了，避免公司化改造受证券市场波动的影响，使国有企业改革深入进行。

（原载《求是》1994 年第 20 期）

# 建立现代企业制度的若干理论问题

党的十四届三中全会的决定，向我们提出了"转换国有企业经营机制，建立现代企业制度"的任务。为了更好地实现这项任务，对一些理论问题仍需要进一步研究和思考，诸如：什么是现代企业制度，怎样建立现代企业制度，以及建立现代企业制度同企业制度的全面改革、转换企业经营机制是什么样的关系，等等。下面就这些问题谈些看法。

## 一 现代企业制度最本质的特征，在于企业以其拥有的法人财产承担有限责任

相对于自然人的个人或合伙经济而言，公司法人制度是现代企业制度，从这个意义上来说，建立现代企业制度就是要实行公司制。但是，绝不能认为，把企业冠以公司的名称就可以成为现代企业制度。

公司是多种多样的。以日本为例，目前就有股份公司、有限责任公司、无限责任公司和两合公司四种类型。它们都是公司，又都是企业法人，但不能说它们都属于现代企业制度。这是因为，现代企业制度的最本质的特征并不在于公司名称，也不在于法人地位，而在于公司以其拥有的法人财产承担有限责任。无限公司和两合公司都以承担无限责任为特征，具有法人地位，但它们不能适应现代经济发展的要求，因此不能说它们是现代企业制度。这一点，从日本公司制度的实态分析中可以看得清楚。日本法人企业共有 196 万个，其分类如表 1 所示。

| 股份公司 | | 有限公司 | | 无限公司 | | 两合公司 | | 其他 | | 总计 | |
|---|---|---|---|---|---|---|---|---|---|---|---|
| 数量（万个） | 比重（%） | 数量（万个） | 比重（%） | 数量（万个） | 比重（%） | 数量（万个） | 比重（%） | 数量（万个） | 比重（%） | 数量（万个） | 比重（%） |
| 101 | 51.5 | 90 | 46 | 0.7 | 0.3 | 3 | 1.5 | 1.3 | 0.6 | 196 | 100 |

资料来源：日本国税厅编：《法人企业的实态》，1990 年 12 月。

上述 196 万家企业所依据的法律有两个：一是《商法》；二是《有限公司法》。日本《商法》是 1899 年制定的，是公司的基本法，它确立了无限公司、两合公司和股份公司三种形态的企业法人。《有限公司法》是相隔近 40 年之后于 1938 年制定的，是专门确立有限公司的法人的特别法。为什么有了公司的基本法还要专门立一个《有限公司法》呢？就是因为，实践证明无限公司和两合公司的风险太大，不适应现代经济发展的要求，而有限公司就不像无限公司和两合公司那样对债权人要负无限责任，因此，它和股份公司一样，对现代经济的发展有很强的适应力，特别是因为它的建立手续和营运规制又不像股份公司那样复杂、严格，所以这种企业形态对中小企业的发展更具有促进作用。在日本，有限公司起步虽晚但发展很快，已占到企业法人总数的 46%，而起步较早的无限公司和两合公司却数量甚微，只占法人总数的 1.8%。究其原因，就是它们不具备现代企业制度应当具备的基本特征。

从上述对比分析中可以看出，具有现代企业制度本质特征的是股份公司和有限公司，其共同特点是以其拥有的法人财产承担有限责任。因此，要建立现代企业制度就必须界定企业产权，承认企业法人财产权，并且把企业法人的财产同出资人的其他财产划分开。只有这样，才能以企业拥有的法人财产承担有限责任。如果徒有公司名称而无法人财产权或者产权界限不清，所谓的有限责任当然也就无从谈起，现代企业制度也就无法建立。

## 二 我们所进行的企业制度改革相对于建立现代企业制度的任务来说，内容要广泛得多

企业制度的内涵极为广泛。制度包含两层含义：一是指在一定历史条

件下形成的社会政治、经济、文化等方面的基本制度；二是指要求人们共同遵守的办事规程或行动准则。企业是营利性的经济组织，因而企业制度属于经济方面的制度。从第一层含义理解，它是基本经济制度的一个重要方面，是在一定历史条件下形成的企业经济关系；从第二层含义理解，它还包括企业经济运行和发展中的一些重要规定、规程或行动准则，这些都属于经济方面的一般制度，它们所反映的也是经济关系。概括起来，所有这些内容无非是两类：一是企业形态；二是企业管理制度。

企业形态是世界各国用得比较广泛的概念。从广义上理解的企业形态，就是从各种不同角度，如行业、规模、技术特征、经济性质、组织形式等角度对企业所进行的类别划分；从狭义上理解的企业形态，则随研究问题的特定要求不同而不同。我们研究企业制度时所涉及的企业形态，是指企业的所有制关系和反映这种经济内容的法律表现，前者属于经济基础，后者属于上层建筑。具体地说，它包括：（1）企业的经济形态，是以出资的主体来划分的，其核心是产权问题，实际上也就是我们通常所说的所有制形式；（2）企业的经营形态，也就是通常所说的经营方式；（3）企业的法律形态，是指依法确立的企业形态，如股份公司、有限公司等，由于各国法律体系不同，各国企业的法律形态分类也是不一样的。企业制度的内容，除上述企业形态之外，还包括企业管理制度，主要是指企业内部的组织结构、领导体制和经营管理制度。从以上的分析中可以看出，建立现代企业制度只是整个企业制度改革的一个重要组成部分而不是它的全部内容。

我国原有的企业制度是在旧体制下形成的，其主要特点是：所有制形式单一、经营方式单一、法律形态不健全、内部管理混乱。企业制度改革的基本任务，就是要解决上述两个单一、一个不健全、一个混乱的问题。也就是说，企业制度改革的任务，远不只是解决如何实行公司制的问题，而是全面着眼于转换企业的经营机制。

经济体制改革以来，我国的企业制度发生了很大变化。如发展了多种经济成分，实行了多种经营方式，加强了法制建设，改善了企业管理等，都是企业制度改革的成果。当前，个体、集体、"三资"企业的发展方兴未艾，并且它们都实行了比较灵活的经营方式，其管理也是按照市场经济的要求进行的。总的来看，这些企业都具有比较新的经营机制，较有生气和活力。与其相对照，国有企业就不那么具有生气和活力，控制严、负担重、效益差的问题仍相当突出。这足以说明，国有企业的经营机制还没有真正转换，在制度上还不适应市场经济的客观要求。因此，进行企业制度的改革，问题的焦点仍然集中在对国有企业的改造上。

## 三 在国有企业的公司化改造中，必须大力推进 法人相互持股，使股权多元化、分散化

对国有企业进行公司化改造，如果只是改造为国家独资或者占绝大多数股权的公司，就仍然难以摆脱行政机关的控制，难以实现自主经营。少数行业的企业可以这样做，多数竞争性行业的企业不应这样做，而应当使股权多元化而且要大幅度降低国家直接持股的比例。这样才能转换机制、实现自主经营。

大幅度降低国家直接持股的比例，公有制的性质岂不就动摇了吗？其实不然。我们发展股份制企业，当然要吸收个人资金，但从我国的实际情况来看，光用发展个人股的办法来使国家直接持股比例大幅度降低，是根本不可能的；如果我们主要用大力发展企业法人相互持股的办法来降低国家直接持股的比例，不但是可能的，而且还不会从根本上改变原来的所有制关系。例如，企业一方面吸收其他企业的投资来增加资本金；另一方面又以自有资金去持其他企业的股，这样交叉进行，就可以在资金总量不变的条件下，使相互持股的每一个国有企业的资本金同时都会增加，从而使国家直接投入企业的原有资金在资本金中所占份额相对下降。尽管这会使企业资本金虚增，但只要不是用行政办法而是按照企业间的生产联系和经济需要，本着自愿的原则来形成法人相互持股关系，伴随的就会是资金的合理流动和产权组织结构的合理调整。采用这种办法，由于企业间的资金是可以相互抵消的，所以并不会过多地增加企业负担。当然，这不可能一蹴而就，需要有一个逐渐磨合的过程。

通过法人相互持股使股权多元化、分散化之后，就可以削弱最终所有者的控制，形成经营者集团控制企业的格局，真正实现企业自主经营。这是因为，在股权分散化前提下，法人相互持股具有一种"架空机制"。以日

本的大企业为例，大股东多为法人，股东数量多但单个股东的持股率低，因此需要几十家大股东联合起来才能控制企业，比如，松下电器公司有 17 万股东，最大股东是住友银行，持股率只占 4.3%，前 10 位大股东持股合计也只占 26.5%。这些法人大股东由于相互持股的缘故，它们互相参与，作为股东的干预力是相互抵消的，在股东大会上实际成为支持企业经营者的一种强大力量；而个人股东人数众多，人均股权极少，各大公司的股东大会又都在同一天召开，谁也无法分身去参加股东大会，所以它们也基本不起作用。这就决定了公司经营者的自由度很大，来自所有者方面的约束甚少，自主经营的权力极大。当然，如果企业经营出了大毛病，法人大股东也会进行干预，干预的方式是联合起来更换经营者。这里的关键问题是：法人大股东的这种干预权利由谁来行使？并非最终所有者——个人大股东，而是股东企业的法人代表——经营者。因此，实际上是由各个法人股东企业的代表——经营者形成的集团，发挥着对企业的控制、监督和处置作用。在一定意义上说，在相互持股的条件下，作为最终所有者的股东被架空了，在企业经营上起决定作用的，归根结底是经营者而非个人股东。

当然，日本企业的所有制同我国企业不同，但法人相互持股使法人股东的代表转化成经营者集团，最终所有者被架空，这种作用和机制是相通的；无论最终所有者是个人股东还是政府主管部门，被架空的可能性是同等的。我们在公司化改造过程中，正确运用法人相互持股的"架空机制"，把一元的"行政婆婆"改组成为多元的"法人婆婆"，就可以转换企业经营机制，使企业之间能够相互影响、相互制约、相互促进，从而淡化行政主管部门的直接干预，突出经营者集团的作用，使企业经营机制得到转换，向自主经营的目标跨进一步。

## 四　企业法人财产权应该理解为在出资者拥有最终所有权的同时,企业拥有法人所有权

党的十四届三中全会决定中提出了"出资者所有权与企业法人财产权的分离"问题，这比所有权与经营权分离的提法更为准确。然而，财产权也是一个比较笼统的概念，必须赋予相应的具体内容，才能确切地理解到

底指的是财产的什么权。

一个时期以来，主张确立企业法人产权的议论甚多，但如何界定出资者的最终所有权和企业法人产权，则说法各异。有的说出资者拥有最终所有权，企业拥有法人产权；有的说企业拥有的法人产权也就是法人所有权，不过出资者的最终所有权是完整的所有权，企业的法人所有权是不完整的所有权；还有的说企业法人所有权实际上就是完整的经营权，如此等等。其实，这些说法都没有把出资者和企业的产权关系界定清楚。由于现代企业的产权关系已经发生了巨大的变化，若想确立企业法人产权制度，必须把本来意义上的完整的所有权，分解为出资者的最终所有权和企业法人所有权。出资者对已经投入企业的财产拥有最终所有权，但既不能任意抽回，也不能占用和进行其他处分。出资者的财产一旦投入企业，就成为企业的法人财产，企业也就对它拥有了法人所有权。这种法人所有权不仅享有占用和不改变最终所有权的处分权，而且还有受益权并可以用来偿还债务和承担盈亏责任。然而企业法人的所有权必须随法人组织的立废而存在和消失，一旦企业法人组织终止，清算后的剩余财产全部要归出资人所有，因此企业法人的所有权并不是最终所有权。至于所有权和经营权的关系，我认为，也不宜于一般地讲两权分离，而应该是企业经营权同出资者的最终所有权相分离，同企业法人所有权相统一。

企业法人所有权，是有实际内容的。企业的全部财产是由两部分资金形成的：一是他人资本，一是自有资本。自有资本包括三个部分：（1）资本金；（2）准备金；（3）剩余金。

首先，关于他人资本。对企业来说，这是债权、债务的关系，出资人拥有债权，这部分资金及用它形成的资产当然不能再归债权人所有，理应归企业法人所有。

其次，关于自有资本中的资本金。它是股东出资部分，其数额和已售出的股票面额相对应，是量化到每个股东的股权。这部分资金和用它形成的资产，在公司运营过程中也归企业法人所有，只是在企业法人结束时才还原为股东的最终所有。

最后，关于资本金中的准备金和剩余金。它们是经营收入中的各种提存，其中大部分是股票溢价发行时得到的资本收益，还有相当大的一部分是未分配利润。在自有资本总额中，资本金量化到每个股东的资本金，只占 30% 左右，而准备金和剩余金占的比重高达 70%，虽然在理论上可以认为后两项也和资本金一样归股东所有，但这也只是最终所有权，实际上它是经营者可以活用的资金，只是对企业扩大经营有利，事实上并未直接变成股东的股权，企业自有资本中明确属于股东个人所有的集中体现在上述资本金一项上。由此可见，自有资本中有一大部分资产既没有量化到股东，也没有量化到每个职工，而是属于企业法人所有，直到企业法人组织结束时才还原为出资人的最终所有。

上述三点是企业法人所有权的具体内容，实际上这是企业的全部财产，特别其中的第三点更为直观，它既未量化为债权也未量化为股权。因此，把企业法人财产权理解为在出资者拥有最终所有权的同时，企业拥有法人所有权，这无论在理论上或在实践上，都是有根据的。

（原载《中国社会科学院研究生院学报》1994 年第 1 期）

# 论有限责任

十五届四中全会作出的《关于国有企业改革若干重大问题的决定》，充分肯定了十一届三中全会以来，企业改革和发展的重要成就和基本经验，明确提出了国有企业改革和发展的主要目标和指导原则，对于进一步深化改革具有重要意义。

## 一 近几年来，中央采取了很多实际步骤，推进国有企业的改革和发展

诸如：调整收入分配政策，刺激消费，增加有效需求，解决企业产品销售不畅问题；科研单位进入企业，建立企业技术中心，加速成果转化；增加技术改造贴息贷款，加大企业技术改造力度，促进企业适应市场需求调整产业结构；债权转股权，解决企业负债率过高问题；减员增效、下岗分流、实施再就业工程；加大资金投入，完善社会保障体系，减轻企业的社会负担，等等。这些措施对于解决企业面临的种种困难，是有针对性的也是有效的，对于困难企业的脱困，肯定会起到促进作用。但是，这主要还是解决迫在眉睫的问题，从长远来说，按照十五届四中全会决定的精神，要解决企业改革和发展的深层问题，还是要坚定不移地建立现代企业制度，从根本上解决制度创新的问题。建立现代企业制度，需要进一步解决的问题很多，我觉得最重要的是有限责任问题，这是因为，有限责任是现代企业制度最本质的特征。

## 二 从世界范围来看,无限责任的公司法人制度并非 主流,因此有人认为,强调现代企业制度的有限 责任的本质特征,并没有太大的意义

我觉得,这也不尽然。对我国来说,在建立现代企业制度的过程中,强调有限责任的本质特征,较比其他国家更有着特殊的重要意义。

我国的国有企业,在旧体制下实际上是无限责任制的企业。企业的出资者是政府,企业没有明确的法人财产权,企业的财产同出资者的其他财产连在一起,没有边界,可以随意调拨,企业经营的一切后果,实际上由出资者——政府承担着无限的责任。

在市场经济条件下,企业的无限责任,集中地表现在企业的债权、债务关系上,但我国国有企业的无限责任,却有所不同,它不仅仅表现在债权、债务关系上,同时还表现在无限的社会责任上。我国的国有企业,并非单纯的经济组织,它全面地承担着基层政权组织的社会责任,不是按照企业的需要来招募职工,而是按照社会的需要来安排就业,职工的生老病死、子孙后代,全部由企业包下来,责任是无限的。这是中国国有企业特有的无限责任。这种状况在提出建立现代企业制度的任务以后虽然有所改变,但至今还没有从根本上解决问题。在这样的基础上进行企业改革、建立现代企业制度,如何从原来的无限责任的企业制度,真正地而不是名义地转变为有限责任的企业制度,它的意义和它的难度都是非同寻常的。这就要求我们重视有限责任问题,认真地研究和解决有限责任的问题。

## 三 企业形态由无限责任到有限责任, 是企业发展史上的一次质的飞跃

在历史上,无限责任公司制度的出现,早于有限责任公司。人们一般把 1602 年创立的荷兰东印度公司视为早期股份有限责任公司形成的标志,而在此之前,无限责任的企业制度就早已存在。

无限责任公司,由于风险太大,难以吸收他人出资,不能适应市场竞

争的需要，企业的发展受到很大的局限，可以说是没有生命力的。例如在日本，无限责任公司立法较有限责任公司立法时间大约早40年，但无限责任公司（包括实质上是承担无限责任的两合公司）发展却很慢，甚至是萎缩的，至今在日本法人企业总数中只占1.8%。

有限责任公司制度的出现，使企业的机制发生了根本的变化。无限责任的企业形态，风险和利益都集中于所有者身上，利益关系结构的焦点非常集中。对一个无限责任公司的所有者来说，由于他必须承担无限连带责任，企业如何经营就成了涉及身家性命、生死攸关的大事，必然要亲掌企业经营大权。因此，在无限责任公司体制下，经营大权不可能旁落，所有权和经营权是不可能分离的，这就决定了现代公司的所谓"治理结构"，也是不可能在这里产生的。

## 四 有限责任企业形态的出现，就使企业同过去小业主式的经营以及同无限责任公司，在产权关系和债权、债务关系上，发生了本质的变化

在有限责任的企业形态下，股东以实出资本额为限承担有限责任，出资额以外的个人其他财产，不受企业经营的牵连，风险被限定了、分散了，对出资者来说，它不再是无底洞，而是有限度的。这时，才有可能吸引他人出资，广泛集中社会资本，实现资本的社会化；也只有在这时，现代企业的一系列制度特征才能够产生。因此可以说，有限责任是现代企业一系列制度特征的总根子。

分析一下十四届三中全会提出的现代企业制度的标准的四句话，就可以看出有限责任是根本。

首先，说产权明晰。为什么有人容易把产权明晰误解为私有化呢？原因就在于把产权明晰理解为个人产权，而没有从有限责任这个现代企业制度的本质特征出发来理解。常常听到有人说，国有企业归国家所有，产权怎么不清楚，难道必须量化到个人才算清晰吗？实际上这是误解，企业产权清晰是有限责任的要求，同私有化无关。在无限责任的公司制度下，企业的最终归属也是很清楚的，但是，企业的财产没有边界，同出资人的其

他财产是分不开的，从这个意义上说又是不清楚的。我国的国有企业正是如此，国有企业归国家所有，从这个意义上说产权当然是清楚的，但从有限责任的角度来说，又是不清楚的。有限责任要求企业以其拥有的法人财产承担有限责任，如果企业的法人财产没有边界，和国家的其他财产分不开，那又怎样承担有限责任呢。我们讲现代企业制度要产权清晰，主要含义就在于此，并不是把国有企业的财产量化到每一个人才叫产权清晰。因此，只有从有限责任这个根本要求出发，才能够正确地理解产权清晰，才能和私有化区别开来。

其次，再说政企分开、责权明确、管理科学。有限责任把出资者的责任限定了，企业的经营不会累及出资者的其他财产，更不会累及其身家性命，这时所有者才有可能超脱出来，把经营大权交给他人去掌管，所有权和经营权才有可能真正分离；出现了这种局面之后，专门的经营者阶层才有可能形成、发展和壮大，专家管理、不断提高企业管理水平，才有了现实可能。我们常讲两权分离、政企分开重要，但怎样才能分离呢？回顾一下历史我们就可以看到，这里，有限责任是关键，它才是两权分离的根本前提，没有有限责任的公司制度出现，就不可能有两权分离；不彻底解决有限责任问题，就做不到政企分开。试想：如果国有企业的一切经营后果都由政府承担，没有明确的有限边界，成了无底洞，政府怎能不去直接管呢，政企怎能分得开呢？这样，企业的权责就不可能明确，经营者阶层就不可能出现，专家管理也不可能形成。总之，我们通常讲的"公司治理结构"等现代企业的一系列制度特征，也就不可能产生。所有这些，都是在有限责任这个前提下形成的。因此我们说，有限责任是总根子。

## 五　如前所述，我国的国有企业，在旧体制下实际上是无限责任制的企业

改革开放后，特别是近几年来，这种状况有所改变，企业有了法人财产权，明确了以企业的法人财产承担有限责任，企业的法人财产在名义上同出资人——国家的其他财产分开了，这就在债权、债务关系上，向有限责任的方向前进了一大步；但是，企业的社会责任远远没有解脱，企业冗

员问题仍然没有解决，企业还不得不背着应由政府承担的社会责任，这反过来又影响着企业债权、债务关系的明确性，使企业不能真正成为承担有限责任的经济组织。

国有企业承担的本应由政府承担的社会责任不解除，它的债权、债务关系也就必然是一种软约束。这是因为，它的债权人多为以政府为背景的银行和企业，而企业背的债务又是为承担同政府有关的社会责任而背上的，这就变成了一笔糊涂账，责任难以扯清。正因为责任扯不清，企业的无限责任反倒变成了无责任，企业家反而变成了可以不负责任。企业的无限责任，实际上还是由政府承担着。

为了使企业经营者能够认真负责地搞好企业，就不能不把希望寄托于好的领导班子特别是一把手，政府就不得不把注意力放在领导班子的选拔上。这又进一步固化了政企不分。

要解决这个问题，根本出路还在于有限责任。因此，要建立现代企业制度，就必须进一步解决有限责任问题。

1. 要切实保障企业法人财产权不受侵犯。要进行规范的清产核资、资产评估，一方面，政府不能任意干预、调拨和支配；另一方面，企业经营者有严格、明确的资产保值增值任务，确保企业法人财产充实。

2. 推进股权多元化、分散化、法人化。近百年来，在企业产权方面发生的一个明显变化，就是股权多元化、分散化、法人化。这种变化虽然在不同国家表现出来的程度不同，但已经可以看出，这是一种发展的趋势。许多国家的大公司，都有几十万甚至上百万股东，而且大股东也已不是独家。以著名的松下电器公司为例，它的第一大股东是住友银行，股权为4.6%，其他大股东也多为法人，松下幸之助在80多年前创业时是100%独资，经过几十年的发展变化，现在松下家族在松下公司只占有2.9%的股权，也就是说，法人企业相互持股发展到一定程度，个人股权比重会大幅度下降，这就使企业的归属变得越来越"模糊"。我国国有企业通过法人相互持股，使股权多元化、分散化、法人化，就会比国有独资企业更容易把企业法人财产同出资人——政府的其他财产分开，有助于真正实现有限责任。

3. 加速社会保障体系的建设。企业的社会责任应当直接由政府的社会保障部门来承担，企业应当由这种社会责任中彻底解脱出来。近几年来，在这方面已经取得了很大的进展，但这也不是一下子可以解决的，仍然需要我们继续努力。只有这样，企业才能真正转变经营机制，使企业按照规范的有限责任的体制来运营，从而为企业分散风险、广泛集资、实现两权分离，形成经营者阶层和法人治理结构等现代企业的一系列制度特征创造根本前提。

（原载《理论前沿》1999 年第 22 期）

# 有限责任

## ——现代企业制度的本质特征

建立现代企业制度，已经确立为我国国有企业改革的方向。近一个时期以来，学术界和企业界对于什么是现代企业制度和怎样建立现代企业制度，积极认真地进行了研究和探索，但至今人们在理解上感到困惑的问题仍然很多。

第一，企业改革搞了十几年，现在又提出建立现代企业制度，新意何在？特别当人们讲起现代企业制度的基本特征时，总是涉及许多改革十几年来一直在做的事情，诸如自主经营、自负盈亏；提高劳动生产率和提高经济效益；建立科学的领导体制和组织管理制度，等等。这就更使人感到费解，搞不清楚建立现代企业制度的新的含义、新的任务是什么。

第二，现有的国有企业，同我们要建立的现代企业制度，差距何在？找不到差距也就失去了努力的方向。特别是目前有一种流行的观点，认为现代企业制度就是公司制度或者说是法人企业制度。这就难免使人提出疑问：我国的国有企业，哪家不是法人企业，而且很多企业已经变成了公司，岂不已经成为现代企业制度了？对那些尚未改为公司的企业来说，是否差距仅在于名称？似乎搞个翻牌公司也就可以变成现代企业制度了。

第三，现在从中央到地方都在酝酿搞现代企业制度试点，试点企业和非试点企业，区别何在？全国要确定百家企业进行试点，各地也可能会确定自己的试点企业，既然是试点，必然是个局部，就会有点和面的关系问题。面上的企业又该怎么办呢？非试点企业的改革任务是否不复存在了呢？

为什么上述这些问题会使人感到困惑？据我看，原因在于，在理论上、宣传上有两个必须搞清楚的重要问题，但我们还没有真正探讨清楚。

# 一　现代企业制度最本质的特征是什么？

建立现代企业制度，目的是什么、要解决的根本问题是什么，这是首先必须搞清楚的基本问题。如果按照前述比较流行的那些观点来理解，即现代企业制度就是公司制度、法人企业制度，那么就会出现前边所说的那些疑问，有些企业就会认为建立现代企业制度的任务已经完成或者认为很容易就可以完成。实际上，这里涉及现代企业制度最本质的特征到底是什么的问题。

我认为，现代企业制度最本质的特征并不在于公司的名义，也不在于法人的地位，而在于有限责任，即公司以其拥有的法人财产承担有限责任。建立现代企业制度的目的和要解决的根本问题，就是要把由国家承担无限责任的国有企业制度转变为以公司法人财产承担有限责任的法人企业。

公司法人是多种多样的。研究现代企业制度问题，只抽象地讲公司法人制度是远远不够的，必须明确我们要建立的是一种什么样的公司法人制度。

法人是依法确立的民事主体，由于各国的法律不同，企业的法律形态分类也就不同，美国有美国的分法，日本有日本的分法。以日本为例，目前主要有四种类型的公司法人，具体情况见表1。

表1

| 股份公司 | | 无限公司 | | 两合公司 | | 有限公司 | | 其他 | | 总计 | |
|---|---|---|---|---|---|---|---|---|---|---|---|
| 数量（万个） | 比重（%） | 数量（万个） | 比重（%） | 数量（万个） | 比重（%） | 数量（万个） | 比重（%） | 数量（万个） | 比重（%） | 数量（万个） | 比重（%） |
| 101 | 51 | 0.7 | 0.3 | 3 | 1.5 | 90 | 46 | 1.3 | 0.6 | 196 | 100 |

资料来源：日本国税厅编：《国人企业的实态》，1990 年 12 月。

表 1 中前三类公司法人是依据 1899 年颁布的《新商法》确立的；第四类公司法人（有限公司）是依据 1938 年颁布的《有限责任公司法》确立的。上述四类公司都具有法人地位，如果一般地讲公司法人，它们当然都

应包括在内，但是在我们研究现代企业制度时，绝不能认为它们都具有现代企业制度应当具备的特征。例如，无限公司和两合公司都以承担无限责任为特征，实践已经证明它们的风险太大，集资困难，不能适应现代市场经济发展的要求，正因为如此，在《新商法》实施40年后又颁布了《有限责任公司法》，确立了有限公司这种新的企业形态。在日本，有限公司起步虽晚但发展很快，目前已占企业总数的46%，同股份公司的数量已经接近，而无限公司和两合公司所占比重却很小。这也足以说明股份公司和有限公司对现代市场经济发展有很强的适应力，而它们的共同特征正是有限责任。

也许有人会说，无限公司、两合公司虽是法人企业，但数量不多，不具有典型性，可以略而不计。如果我们仅仅是研究美国的企业制度，确实可以认为不存在这个问题，因为在美国企业法律形态分类中不存在这类企业法人；如果我们仅仅是研究日本的企业制度，也可以认为这个问题不十分重要，因为在日本企业法人总数中，无限公司和两合公司总共只占1.8%。但是，在研究我国企业制度改革问题时，这个问题却是绝对不可忽视的，因为我国的国有企业尽管都具有法人地位，有的还有公司的名义，但实际上是由政府承担无限责任的企业法人，它们同现代企业制度在本质上的差别并不在公司的名称和法人的地位，而在有限责任。我们建立现代企业制度要解决的根本问题，恰恰是在这里。

既然现代企业制度最本质的特征是有限责任，因此，要建立现代企业制度就必须在理论上承认企业法人权，并在实践中正确界定法人产权，把企业的法人财产同出资人（国家）的其他财产划分开。只有这样，才能使企业以其拥有的法人财产承担有限责任。如果徒有公司的名称而无法人财产权或者产权界限不清，所谓的有限责任也就无从谈起，现代企业制度也就无法建立。

首先，在理论上，一个时期以来，主张确立法人财产权的议论甚多，但企业法人财产权的确切含义是什么，以及应当如何界定出资者的最终所有权和企业法人财产权，则说法各异。我认为，由于现代企业的产权关系已经发生了巨大的变化，若想确立企业法人产权制度，必须把未来意义上的完整的所有权，分解为出资者的最终所有权和企业法人所有权。所谓企业法人财产权，应该理解为在出资者拥有最终所有权的同时，企业拥有法人所有权。出资者对已经投入企业的财产拥有最终所有权，但既不能任意抽回，又不能占用和进行其他处分。出资者的财产一旦投入企业，就成为企业的法人财产，企业也就对它拥有了法人所有权。然而这种法人所有权必须随法人组织的立废而存在和消灭，一旦企业法人组织终止，清算后的剩余财产全部要归出资人所有，因此，企业法人的所有权并不是最终所有权。至于所有权和经营权的关系，我认为也不宜于一般地讲两权分离，而应该是：企业经营权同出资者的最终所有权相分离，同企业法人所有权相统一。

说企业拥有法人所有权，是有实际内容的。企业的全部财产是由两部分资金形成的，一是他人资本，二是自有资本。首先关于他人资本。对企业来说，这是债权、债务的关系，出资人拥有债权，这部分资金及用它形成的资产当然不能再归债权人所有，理应归企业法人所有。其次关于自有资本。它包括三个部分：（1）资本金；（2）准备金；（3）剩余金。资本金是股东出资部分，它和已售出的股票相对应，是量化到每个股东的股权。这部分资金和用它形成的资产，在公司运营过程中也归企业法人所有，只是在企业法人结束时才还原为股东的最终所有。准备金和剩余金是经营收入中的各种提存，其中有相当大的一部分是股票溢价发行时得到的资本收益，还有相当大一部分是未分配利润。虽然在理论上可以认为后两项也归股东所有，但这也只是最终所有权，事实上并未直接变成股东的股权，实际上它属于经营者可以活用的资金，归企业法人所有和支配，直到企业法人组织结束时才还原为出资人的最终所有。

其次，在实践上，近一个时期以来，对于如何行使国有资金的最终所有权，以及如何落实企业法人财产权，也推行了很多试点，在这方面需要探讨的问题也很多。例如，在国有企业进行公司化改造的实践过程中，越来越使人感觉到如果仍然由行政主管机关行使国有资产的最终所有权，企业就仍然难以改变行政机构附属物的地位，不可能真正实现自主经营。如果国有资金的最终所有权由国家授权的投资机构来行使，就有可能在一定的程度上割断基层企业和行政机关的直接联系，从而减弱或消除政府行政机构的干预。但是，这里有一个前提，就是国家授权的投资机构必须转变职能，不能办成行政机关，而必须实行企业化经营。这样，国有企业和投资机构之间才能形成子公司和母公司的关系，使企业摆脱行政机构附属物的地位。至于企业法人财产权的落实，应当看到，这是一项极为复杂的工作，例如，企业的有形资产如何正确地评估，企业的债权、债务如何有效地清理，企业利用多级政府给的各种特殊政策创收而形成的资产归属问题如何正确地界定，以及企业负债经营增加资产归属问题如何正确地界定，等等，都不宜于简单行事，而应当经过试点，在调查研究的基础上形成统一政策、统一制度，逐步推开。

## 二 建立现代企业制度同企业制度改革的关系

我们所进行的企业制度改革，相对于建立现代企业制度的任务来说，其内容要广泛得多。

企业制度的内涵极为广泛。所谓制度，包含两层含义：一是指在一定历史条件下形成的社会政治、经济等方面的基本制度；二是指要求人们共同遵守的办事规程或行动准则。企业是营利性的经济组织，因而企业制度属于经济方面的制度。从上述第一层含义理解，它是基本经济制度的一个重要方面，是在一定历史条件下形成的企业经济关系；从上述第二层含义理解，它还包括企业经济运行和发展中的一些重要规定、规程或行动准则，这些都属于经济方面的一般制度，它们所反映的也是经济关系。所有这些内容，概括起来无非属于两类：一类是企业形态；另一类是企业管理制度。

我们研究企业制度时所涉及的企业形态，是指企业的所有制关系和反映这种经济内容的法律表现，前者属于经济基础，后者属于上层建筑。具体地说，它包括：（1）企业的经济形态，是以出资的主体来划分的，其核心是产权问题，实际上也就是通常我们所说的所有制形式；（2）企业的经营形态，也就是通常所说的经营方式；（3）企业的法律形态，是指依法确立的企业形态，如股份公司、有限公司等，由于各国法律体系不同，各国企业的法律形态分类也是不一样的。企业制度的内容，除上述企业形态之外，还包括企业管理制度，主要指企业内部的组织结构、领导体制和经营管理制度。从以上的分析中可以看出，建立现代企业制度只是整个企业制度改革的一个重要组成部分而不是它的全部内容。

我国原有的企业制度是在旧体制下形成的，其主要特点是所有制形式单一、经营方式单一、法律形态不健全、内部管理混乱。企业制度改革的基本任务，就是要解决上述两个单一、一个不健全，一个混乱的问题。也就是说，企业制度改革的任务，远不止是解决如何实行公司制的问题，而是全面着眼于转换企业的经营机制。

经济体制改革以来，我国的企业制度已经发生了很大变化，如发展了多种经济成分，实行了多种经营方式，加强了法制建设，改善了企业管理等，这些都是企业制度改革的成果。从当前的情况看，个体、集体、"三资"企业的发展方兴未艾，并且这些企业都实行了比较灵活的经营方式，其管理也是按照市场经济的要求进行的，总的来看，这些企业都具有比较新的经营机制，较有生气和活力。与其相对照，国有企业就不那么具有生气和活力，控制严、负担重、效益差的问题仍相当突出。这足以说明，国有企业的经营机制还没有真正转换，在制度上还不适应市场经济的客观要求。因此，进行企业制度的改革，问题的焦点仍然集中在对国有企业的改造上。

对国有企业进行公司化改造，如果只是改造成为国家独资或者占绝大多数股权的公司，就仍然难以完全摆脱行政机关的控制，难以实现自主经营。少数行业的特定的企业可以搞国有独资公司，多数竞争性行业的企业不应这样做，而应当大力发展法人相互持股，使股权多元化、分散化，而且要大幅度降低国家直接持股的比例。这样才能转换机制、实现自主经营。这样进行股份制改造，带有企业改组的性质，可以更加大胆放手地加速试点。

对我国国有企业的改革来说，使股权多元化、分散化，把国家直接持股的比例大幅度地降低，对实现企业的自主经营，具有不可忽视的作用。例如，企业一方面吸收其他企业的投资来增加资本金；另一方面又以自有资金去持其他企业的股，这样交叉进行，就可以在资金总量不变的条件下，使相互持股的每个国有企业的资本金同时都会增加，从而使国家直接投入企业的原有资金在资本金中所占份额相对下降。尽管这会使企业资本金虚增，但只要不是用行政办法而是按照企业间的生产联系和经济需要，本着自愿的原则来形成法人相互持股关系，伴随的就会是资金的合理流动和产权组织结构的合理调整。采用这种办法，由于企业间的资金是可以相互抵消的，所以并不会过多地增加企业负担。当然，这不可能一蹴而就，需要有一个逐渐磨合的过程。按照上述设想，通过法人相互持股使股权多元化、分散化之后，就可以削弱最终所有者的控制，形成经营者集团控制企业的格局，真正实现企业自主经营。

对于现代企业制度的试点来说，可以按照上述办法进行公司化改造；对于非试点企业来说，改革的任务依然存在，应当按照企业制度全面改革的要求，认真贯彻实施转机条例，努力转换企业经营机制，提高企业管理水平。

（原载《新视野》1994 年第 5 期）

# 深化企业改革要在有限责任上下工夫

近几年来，中央采取了很多实际步骤，推进国有企业的改革和发展。诸如：调整收入分配政策，刺激消费，增加有效需求，解决企业产品销售不畅问题；科研单位进入企业，建立企业技术中心，加速成果转化；增加技术改造贴息贷款，加大企业技术改造力度，促进企业适应市场需求调整产品结构；债权转股权，解决企业负债率过高问题；减员增效，下岗分流，实施再就业工程；加大资金投入，完善社会保障体系，减轻企业的社会负担，等等。这些措施对于解决企业面临的种种困难，对困难企业的脱困起到了促进作用。但这主要还是解决迫在眉睫的问题，从长远来说，要解决企业改革和发展的深层问题，必须建立现代企业制度，从根本上解决制度创新的问题。

## 一 有限责任是现代企业制度的本质

建立现代企业制度，需要进一步解决的问题很多，我觉得最重要的是有限责任问题，这是因为，有限责任是现代企业制度最本质的特征。

建立现代企业制度的工作已经进行了好几年，但什么是现代企业制度，至今人们在认识上还不一致。有一种最为流行的观点，就认为现代企业制度就是公司法人制度。我认为，这是值得商榷的。因为公司是多种多样的，法人也是依据各国法律确立的，随各国法律的不同，企业的法律形态分类也必然是各式各样的。我们在研究现代企业制度时，只抽象地讲公司法人制度是远远不够的，必须明确我们要建立的是一种什么样的公司法人制度。

从根本上说，我们要建立的现代企业制度，是能够适应现代市场经济发展要求的公司法人制度。在市场经济条件下，企业必须在瞬息万变的竞争环境中生存和发展；只有能够分散经营风险、集中社会资金的企业制度，才能适应市场经济环境的需求。这是衡量现代企业制度的基本标准。自然人的个人或合伙经济，由于业主对企业经营要承担无限连带责任，这就决定了它经营风险大，难以广泛吸收他人资本参与，这样的企业当然不是现代企业制度。至于公司法人，也存在有限责任和无限责任两大类。在美国，个人企业、合伙企业不是法人，美国的法人企业，都是有限责任的公司法人，因此，在美国只有有限责任的公司法人，不存在无限责任的公司法人。在美国是这样，但是，其他国家就不都是如此。例如，日本就存在着有限责任和无限责任两大类公司法人。日本公司的基本法是 1899 年制定的，名为《商法》，在这个法中分别确立了股份责任公司、无限责任公司、两合公司三种类型的公司法人；到了 1938 年，又制定了《有限责任公司法》，专门确立了有限责任的公司法人。到目前为止，日本仍然存在着上述四种不同类型的公司法人，其中的两合公司和无限责任公司都是公司而且具有法人地位，但这样的公司法人以承担无限的连带责任为特征，历史已充分证明，由于风险大、集资困难，这样的企业无论在发展规模上还是在市场竞争力上都有明显的局限性，不能适应市场经济发展的客观要求，所以说这种承担无限责任的公司法人，也不能算是现代企业制度。

基于以上分析，现代企业制度最本质的特征是有限责任，即公司以其拥有的法人财产承担有限责任，只有这样的公司法人，才能够分散风险、广泛集资，适应现代市场经济发展的要求。

## 二 有限责任是现代企业一系列制度特征的总根子

企业形态由无限责任到有限责任，是企业发展史上的一次质的飞跃。在历史上，无限责任公司制度的出现早于有限责任公司。人们一般把 1602 年创立的荷兰东印度公司视为早期股份有限责任公司形成的标志，而在此之前，难以吸收他人出资，不能适应市场竞争的需要，企业的发展受到很大的局限，可以说是没有生命力的。有限责任公司制度的出现，使企业的机制发生了根本的变化。无限责任的企业形态，风险和利益都集中于所有者身上，利益关系结构的焦点非常集中。对一个无限责任公司的所有者来说，由于他必须承担无限连带责任，企业如何经营就成了涉及身家性命、生死攸关的大事，必然要亲掌企业经营大权。因此，在无限责任公司体制下，经营大权不可能旁落，所有权和经营权是不可能分离的，这就决定了现代公司的所谓"治理结构"也是不可能在这里产生的。

而有限责任企业形态的出现，就使企业同过去小业主式的经营以及无限责任公司，在产权关系和债权、债务关系上，发生了本质的变化。在有限责任的企业形态下，股东以实出资本额为限承担有限责任，出资额以外的个人其他财产，不受企业经营的牵连，风险被限定了、分散了，对出资者来说，它不再是无底洞，而是有限度的。这时，才有可能吸引他人出资，广泛集中社会资本，实现资本的社会化；也只有在这时，现代企业的一系列制度特征才能够产生。因此可以说，有限责任是现代企业一系列制度特征的总根子。

分析一下党的十四届三中全会提出的现代企业制度的标准的四句话，就可以看出有限责任的根本。

首先，说产权明晰。为什么有人容易把产权明晰误解为私有化呢？原因就在于把产权明晰理解为个人产权，而没有从有限责任这个现代企业制度的本质特征出发来理解。常常听到有人说，国有企业归国家所有，产权怎么不清楚，难道必须量化到个人才算清晰吗？实际上这是误解，企业产权清晰是有限责任的要求，同私有化无关，在无限责任的公司制度下，企业的最终归属也是很清楚的，但是，企业的财产没有边界，同出资人的其他财产是分不开的，从这个意义上说是不清楚的。我国的国有企业正是如此，国有企业归国家所有，从这个意义上说产权当然是清楚的，但从有限责任的角度来说，又是不清楚的。有限责任要求企业以其拥有的法人财产承担有限责任，如果企业的法人财产没有边界，和国家的其他财产分不开，那又怎样承担有限责任呢？我们讲现代企业制度要产权清晰，主要含义就在于此，并不是把国有企业的财产量化到每一个人才叫产权清晰。因此，只有从有限责任这个根本要求出发，才能够正确地理解产权清晰，才能和私有化区别开来。

其次，说政企分开、责权明确、管理科学。有限责任把出资者的责任限定了，企业的经营不会累及出资者的其他资产，更不会累及其身家性命，这时所有者才有可能超脱出来，把经营大权交给他人去掌握，所有权和经营权才有可能真正分离；出现了这种局面之后，专门的经营者阶层才有可能形成、发展和壮大，专家管理、不断提高企业管理水平，才有现实可能。我们常讲两权分离、政企分开重要，但怎样才能分离呢？回顾一下历史我们就可以看到，有限责任是关键，它才是两权分离的根本前提。没有有限责任的公司制度出现，就不可能有两权分离；不彻底解决有限责任问题，就做不到政企分开。试想，如果国有企业的一切经营后果都由政府承担，没有明确的有限边界，成了无底洞，政府怎能不去直接管呢，政企怎能分得开呢？这样，企业的权责就不可能明确，经营者阶层就不可能出现，专家管理也不可能形成，总之，我们通常讲的"公司治理结构"等现代企业的一系列制度特征，也就不可能产生。所有这些，都是在有限责任这个前提下形成的。因此我们说，有限责任是总根子。

## 三　我国的国有企业实际上是无限责任制的企业

从世界范围来看，有限责任的公司法人制度早已确立了主体地位，无限责任的公司法人制度虽然存在，但并非主流。因此有人认为，强调现代企业制度有限责任的本质特征，并没有太大意义。我觉得，这也不尽然。对我国来说，在建立现代企业制度过程中，强调有限责任的本质特征，较比其他国家更有特殊意义。

我国的国有企业，在旧体制下实际上是无限责任制的企业。企业的出资者是政府，企业没有明确的法人财产权，企业的财产同出资者的其他财产连一起，没有边界，可以随意调拨，企业经营的一切后果，实际上由出资者——政府承担着无限的责任。

一般所说的企业的无限责任，集中地表现在企业的债权、债务关系上，但我国国有企业的无限责任，却有所不同，它不仅仅表现在债权、债务关系上，同时还表现在无限的社会责任上。我国的国有企业，并非单纯的经济组织，它全面地承担着基层政权组织的社会责任，不是按照企业的需要来招募职工，而是按照社会的需要来安排就业，职工的生老病死、子孙后代，全部由企业包下来，责任是无限的。这是中国国有企业特有的无限责任。这种状况在提出建立现代企业制度的任务以后虽然有所改变，但至今还没有从根本上解决问题。在这样的基础上进行企业改革、建立现代企业制度，如何从原来的无限责任的企业制度，真正地而不是名义上地转变为有限责任的企业制度，它的意义和难度都是非同寻常的。这就要求我们重视有限责任问题，认真地研究和解决有限责任的问题。

## 四　深化企业改革要在有限责任上下工夫

改革开放后，特别是近几年来，这种状况有所改变，企业有了法人财产权，明确了以企业的法人财产承担有限责任，企业的法人财产在名义上同出资人——国家的其他财产分开了，这就在债权、债务关系上，向有限责任的方向前进了一大步；但是，企业的社会责任远远没有解脱，企业冗员问题仍然没有解决，企业还不得不背着应由政府承担的社会责任，这反过来又影响着企业债权、债务关系的明确性，使企业不能真正成为承担有限责任的经济组织。

国有企业承担的本应由政府承担的社会责任不解除，它的债权、债务关系也就必然是一种软约束。这是因为，它的债权人多为以政府为背景的银行和企业，而企业背的债务又是为承担同政府有关的社会责任而背上的，这就变成了一笔糊涂账，责任难以分清。正因为责任分不清，企业的无限责任反倒变成了无责任，企业家反而变成了可以不负责任。企业的无限责任，实际上还是由政府承担着。

为了使企业经营者能够认真负责地搞好企业，就不能不把希望寄予好的领导班子特别是一把手上，政府就不得不把注意力放在领导班子的选拔上。这又进一步固化了政企不分。

要解决这个问题，根本出路还在于有限责任。因此，要建立现代企业制度，就必须进一步解决有限责任问题。

首先，要切实保障企业法人财产权不受侵犯。要进行规范的清产核资、资产评估，一方面，政府不能任意干预、调拨和支配；另一方面，企业经营者要有严格、明确的资产保值增值任务，确保企业法人财产充实。

其次，要推进股权多元化、分散化、法人化。近百年来，在企业产权方面发生的一个明显变化，就是股权多元化、分散化、法人化。这种变化虽然在不同国家表现出来的程度不同，但已经可以看出，这是一种发展的趋势。许多国家的大公司，都有几十万甚至上百万股东，而且大股东也不是独家。以著名的松下电器公司为例，它的第一大股东是住友银行，股权为4.6%，其他大股东也多为法人，松下幸之助在80多年前创业时是100%独资，经过几十年的发展变化，现在松下家族在松下公司只占有2.9%的股权，也就是说，法人企业相互持股发展到一定程度，个人股权比重会大幅度下降，这就使企业的归属变得越来越"模糊"。我国国有企业通过法人相互持股，使股权多元化、分散化、法人化，就会比国有独资企业更容易把企业法人财产同出资人——政府的其他财产分开，有助于真正实现有限责任。

最后，在加速社会保障体系建设的同时，加大力度进一步抓好减员增效。目前国有企业内在的优势不能很好地发挥，一个最大的障碍就是人浮于事。现在，我们面临着一个非常实际的问题，就是企业为了解决已离退、下岗人员的生活问题，就已感到难以应付，对于在岗的人浮于事问题，就更难提到议事日程上来考虑，于是只好勉强凑合。其实这样凑合也是要付出代价的，不仅效率低、成本高，而且无法改进技术、加强管理，难以把企业搞好。这反倒不利于我们所面临的实际问题的解决。

作为政府当然要保持社会的稳定，而这种保持社会稳定的责任，又不得不压给国有企业。初看起来，这样做可以分散一些负担，实际上这样做的成本可能更高。企业在人浮于事的状态下运转，勉强凑合，必然效益下降、亏损增加，于是不得不靠银行贷款过日子，结果造成了呆账，最终还是要由政府承担。分散负担的结果，担子最终还是落到政府身上。也就是说，社会负担对政府来说是"背着抱着一般沉"，这就需要比较一下，到底是背着好还是抱着好。

如果政府财政多拿出一些钱，有步骤彻底解决一些企业的人浮于事的问题，这些企业就可以轻装前进。这样就可以使这些企业由吃财政变为创造更多的效益，更好地支援财政。这比大家都勉强凑合要好得多。另外，还有一些效益比较好、经济实力比较强的大企业集团，政府可以鼓励和支持它们加大力度解决下属企业人浮于事的问题，比如，可以把一部分或大部分下属企业的富余人员收上来，由集团公司统一安置，使基层企业轻装前进，创造更大的经济效益以增强整个集团的经济实力。总之，要尽快地、最大限度地解决企业人浮于事问题，从各地和各大企业的经济实力出发，因地制宜，解决一个是一个、解决一批是一批。这样做，付出同样的代价却可换来企业机制的转换和效益的提高。只有这样，才能使企业按照规范的有限责任的体制来运营，从而为企业分散风险、广泛集资、实现两权分离、形成经营者阶层和法人治理结构等现代企业的一系列制度特征创造根本前提。

（原载《当代财经》2000 年第 3 期）

# 落实有限责任,改变凑合体制<sup>*</sup>

2000 年中国施工企业论坛组委会,要我出席今天的开幕式,而且给了我一个发言的机会,我感到非常高兴。

我国建筑施工业,随着改革开放的不断深入,取得了飞速的发展,已经成为国民经济的支柱产业。特别是 90 年代初,建筑施工业进入了发展最快的时期,1993 年建筑业的总产值和增加值比 1992 年分别提高了 66.7% 和 58.9%,达到了改革开放以来的最高点。

但是,到了 90 年代后半期,由于全社会固定资产投资增长速度下降,建筑业的增长速度也随之放慢,过去超速发展中形成的并被高速发展所掩盖着的种种矛盾,充分地暴露了出来。这就使建筑业的发展面临着种种的困难。最突出的表现就是:行业总体供过于求,市场竞争处于无序状态,从而滋生了大量的寻租行为,阻碍着建筑施工业的健康发展。

面对这种形势,这次施工企业论坛提出的议题,我觉得是很有针对性的。我相信,经过今、明两天的研讨,一定能使我们在这些问题上取得一定的共识,为有效地解决这些问题提出可行的思路和有效的措施。

这次会议的议题,都是行业特点很强的专门问题,我谈不出更多的意见。这里我想就一个共性的问题谈一点看法,这就是会议日程里提到的企业改革即企业制度创新问题。

加入世界贸易组织,对我国产业经济的发展必然会产生巨大的影响。这些影响在不同的产业差别很大,有些行业的企业,很快就会感到巨大的压力;有些行业的企业,则相对比较宽松;有些行业的企业,还会直接受益。但是,不管行业差别有多大,企业制度面临的挑战,对各行各业的企业来说,都是一样的。因此,我说这是带有共性的问题。

---

<sup>*</sup> 作者在"2000 年中国施工企业论坛开幕式"上的发言,2000 年 8 月 27 日于北京人民大会堂。

我们必须注意从企业制度上下工夫,探寻有效的对策,迎接面临的挑战。

企业制度方面要解决的问题很多,千头万绪,我觉得最紧迫的问题就是进一步落实有限责任。这是因为,有限责任是现代企业制度最本质的特征,是现代企业一系列制度特征的总根子。

建立现代企业制度的任务,已经提出了好几年了。但什么是现代企业制度,它的本质是什么,人们在认识上并不很明确。现在比较多的人认为,现代企业制度就是公司法人制度,我认为这种理解是不准确的。

我们知道,公司是多种多样的,且不说我国改革中出现的行政性的翻牌公司,即使是国际上的规范化的公司法人,也不见得都能称之为现代企业制度。

我们应当注意到,当今世界,公司法人有两大类:无限责任公司和有限责任公司。虽然当代的企业多为股份有限公司和有限责任公司,但也不可否认,无限责任的公司法人至今依然存在。这两类公司中,只有有限责任公司才是现代企业制度,无限责任公司不能称之为现代企业制度。

无限责任的企业形态,风险和利益都集中于所有者身上,对一个无限责任公司的所有者来说,由于他要承担无限连带责任,企业如何经营就成了涉及身家性命、生死攸关的大事,必然要亲掌企业经营大权。因此,在无限责任公司体制下,所有权和经营权是不可能分离的,这就决定了现代公司的所谓"治理结构",也是不可能在这里产生的。显然,这样的公司法人,并不是现代企业制度。

有限责任企业形态的出现,把出资者的责任限定了,企业的经营状况如何,不会累及出资者出资额以外的个人其他财产,这时所有者才有可能超脱出来,把经营大权交给他人去掌管,所有权和经营权才有可能真正分离;出现了这种局面之后,专门的经营者阶层才有可能形成、发展和壮大,公司治理结构和对经营者的激励约束机制等问题才能提到日程上来。

这个问题,对我国的企业改革具有特别重要的意义。

我国的国有企业,在旧体制下实际上是无限责任制的企业。有人觉得在《公司法》实施后这个问题已经解决了,其实并没有解决,无限责任的本质并未从根本上改变。

在国外规范的市场经济条件下，企业的无限责任集中地表现在企业的债权、债务关系上，而我国国有企业的无限责任，却是双重的，它不仅表现在债权、债务关系上，同时还表现在无限的社会责任上。《公司法》实施后，股东在出资额的范围内、企业以其拥有的法人财产为限，承担有限责任，这已经明确了；但是，企业的社会责任远远没有解脱，企业的冗员问题经过下岗分流解决了一部分，但在岗的人浮于事现象在多数企业依然存在。也就是说，企业至今还不得不背着本应由政府承担的社会责任。这反过来又影响着企业债权、债务关系的明确性，使企业不能真正成为承担有限责任的经济组织。

道理很清楚，国有企业承担的本应由政府承担的社会责任不解除，它的债权、债务关系也就必然是一种软约束。这是因为，它的债权人多为以政府为背景的银行和企业，而企业背的债务又同承担应由政府承担的社会责任有关，这就变成了一笔糊涂账，责任难以扯清。在这个问题上，施工企业同工业企业可能有些不同。施工企业属于大量使用临时工的行业，用工制度比其他行业灵活，但正式队伍中人浮于事的问题同样是存在的。在这种情况下，企业成了"养人单位"而不是用人单位；经营者成了"父母官"而不是企业家；企业体制成了"凑合体制"，而不是规范的公司体制。这样，企业经营好坏就难以分清，经营者的作用就难以发挥，对经营者的激励与约束机制也就很难建立。常听人说，国有企业干不过非国有企业。我认为这是表象，实质是：养人的企业干不过用人的企业；父母官办企业干不过企业家办企业；凑合体制的企业干不过规范化的公司制企业。迎接挑战，这种状况必须改变。

作为政府当然要负责保持社会的稳定，而这种保持社会稳定的责任现在又不得不压给国有企业。初看起来这样做可以分散一些负担，实际上这样做成本可能会更高。目前企业面临一个非常实际的问题，就是为了解决已离退和下岗人员的生活问题，就已感到难以应付；对于在岗的人浮于事问题，就更难提到日程上来考虑，于是只好三个人的事五个人做，勉强凑合。企业在人浮于事的状态下运转，必然效益下降，结果不得不靠银行贷款过日子，造成了呆账最终还得由政府承担。分散负担的结果，担子还是落到政府身上，实际上是"背着抱着一般沉"。因此就需要认真比较一下，到底是背着好呢还是抱着好?

如果政府财政能多拿出一些力量,有步骤地解决企业的人浮于事问题,这些企业就可以轻装前进,就可以平等地参加国际竞争;如果一些效益好,经济实力强的大企业集团,政府能够从政策上支持它们加大力度解决下属企业人浮于事的问题(例如支持企业集团把基层企业的多余人员收上来,使基层企业降低成本增加利润,由集团统一使用这些利润去安置多余人员),也可以使这些下属企业轻装前进,平等地参加国际竞争。

总之,要尽快地解决企业人浮于事的问题,从各地和各大企业的经济实力出发,因地制宜,解决一个是一个,解决一批是一批,必须把国有企业由养人单位变成用人单位。这是真正实现有限责任的关键。解决了这个问题,才能使企业按照规范的有限责任的体制来运转。在此前提下,才能建立和健全公司治理结构,才能建立和健全企业经营者的激励与约束机制。否则一切都无从谈起。

我认为,这是迎接挑战在企业制度方面的当务之急。工业企业是如此,建筑施工企业也是如此。

(原载《中国企业报》2000 年 10 月 9 日)

# 当务之急要落实有限责任制度<sup>*</sup>

　　企业制度问题千头万绪，有一个最紧迫的问题，就是真正落实有限责任制度。这个问题不解决，我们大家所关注的一系列问题都无从谈起。因为，第一，产权清晰问题是有限责任的要求。有限责任必须以企业法人财产承担有限责任。第二，大家关注的两权分离根子还在有限责任。因为无限责任的出资人对企业经营的一切后果都要承担无限连带责任，不可能实现两权分离。第三，大家关心的法人治理结构问题也与有限责任问题有关。没有有限责任，没有经营者阶层的独立地位的出现，没有两权分离，就没有法人治理结构，就没有激励约束机制。讲现代企业制度，总根子就是有限责任。这个问题如果不从根上解决，是不行的。

（原载《光明日报》2000 年 7 月 14 日）

---

# 改制的根本是落实有限责任

国有企业三年脱困任务已基本完成，但这只是阶段性任务。要从根本上使企业摆脱困境，必须在企业制度上下工夫，当务之急是创造有利于实现有限责任的"小气候"。近几年，出台的政策，很多是为了解决企业面临的困难而采取的应急措施。从长远来说要使企业摆脱困境，更重要的还是要在企业制度创新、转换企业经营机制上下工夫。也就是说，要从根本上解决企业的困难，还必须进一步加强企业自身的改革，转变企业经营机制，加速建立现代企业制度。

目前，我国企业在现代企业制度建设方面取得了很大的进展，但许多深层次的、积累多年的矛盾并没有解决。例如，在大规模进行兼并破产、下岗分流之后，企业在岗的人浮于事现象仍很严重，这是一个必须解决的、带有普遍性的重要问题。我认为，这里涉及现代企业制度的本质——有限责任问题。

## 一 我国国有企业的双重无限责任

我国的国有企业，在旧体制下实际上是无限责任制的企业。一般所说的无限责任，集中地表现在企业的债权、债务关系上，但我国国有企业的无限责任却有所不同。它不仅表现在债权、债务关系上，同时还表现在无限的社会责任上。这种状况在提出建立现代企业制度的任务以后已有所改变，企业有了法人财产权，明确了以企业的法人财产承担有限责任。这就在债权、债务关系上，向有限责任的方向前进了一大步。但是，企业无限的社会责任远远没有解脱，企业冗员问题仍然没有解决，最明显的例子是2000年石油化工集团的重组改制，仅富余人员就有150多万人，人员的安置成为很困难的问题。在未改制的国有企业，几乎都存在着同样的问题，

"三个人的事五个人做"成为普遍的现象。为了社会的稳定,企业不得不背着应由政府承担的社会责任,这种意义上的无限责任是我国国有企业特有的,但却往往被人们所忽视。我们都知道,人浮于事是科学管理的大忌,它阻碍着管理水平的提高,不利于正常生产经营秩序的建立,不仅如此,更重要的是,它还反过来又影响着企业债权、债务关系的明确性,使企业不能真正成为承担有限责任的经济组织。

国有企业承担的本应由政府承担的社会责任不解除,它的债权、债务关系也就必然是一种软约束。这是因为,它的债权人多为以政府为背景的银行和企业,而企业背的债务又同承担应由政府承担的社会责任有关,这就变成了一笔糊涂账,责任难以分清。在这种情况下,企业成了"养人单位"而不是用人单位;经营者成了"父母官"而不是企业家;企业体制成了"凑合体制"而不是规范的公司体制。这样,企业经营好坏就难以分清,激励与约束机制就建立不起来,经营者的作用也就难以发挥。正因为责任分不清,就使事情走向了反面,企业的无限责任反倒变成了无责任,企业家反而变成了可以不负责任。为了使企业经营者能够认真负责地搞好企业,就不能不把希望寄予政治觉悟高、责任心强的、好的领导班子特别是一把手,政府就不得不把注意力放在领导班子的选拔和监管上。这又进一步固化了政企不分。因此,必须尽快地解决企业人浮于事的问题,把国有企业由养人单位变成用人单位,这是真正实现有限责任的关键。解决了这个问题,才能使企业按照规范的有限责任的体制来运转。在此前提下,才能建立起现代企业制度,转换企业经营机制

## 二　有限责任和治理结构的关系

很多学者特别强调公司治理结构。认为外国公司搞得好,是因为有健全、完善的公司治理结构,而我们没有。因此,建立现代企业制度首要的任务就是要设法建立起健全、完善的公司治理结构。他们不是把公司治理结构同有限责任的企业制度联系起来,而是孤立地研究和强调公司治理结构。公司治理结构确实重要,但我们需要思考一下,国有企业公司化改造搞了好多年,而大家都觉得最重要的公司治理结构却总也建立不起来,原

因何在？根源何在？

我认为，公司治理结构像是长在地表上的树，而有限责任却是埋藏在地下的根，不处理好有限责任这个根，要想使治理结构这棵树枝繁叶茂，是根本不可能的。这是因为，有限责任是两权分离的前提，而两权分离又是建立规范的公司治理结构的前提。

关于建立规范的公司治理结构必须以所有权与经营权相分离为前提，没有两权分离也就不存在我们现在所说的现代公司"治理结构"的问题。这是人们的共识，没有争议。但是，两权分离又是从何而来的，却很少有人去深究，似乎这是天经地义的。其实不然，它也是有前提的，这个前提就是有限责任。无限责任制的企业，企业财产没有边界，是和出资者的其他财产连在一起的，出资者对企业的经营要承担无限连带责任，这就决定了它的经营风险大。对于无限责任公司的出资者来说，企业如何经营就成了涉及身家性命、生死攸关的大事，他必须亲掌企业经营大权，不可能大权旁落。因此，在无限责任公司体制下，所有权和经营权是不可能分开的，出资者一定要自己掌握自己的命运，这就决定了现代公司的所谓"治理结构"，也是不可能在这里产生的。

有限责任公司制度的出现，使企业的经营发生了质的变化。在有限责任的企业形态下，出资者以实出资本金承担有限责任，出资额以外的个人其他财产不受企业经营的牵连，风险被限定了。对出资者来说，它不再是无底洞，而是有限度的。只有在这时，所有者才有可能把企业委托给专门的经营者去经营，经营者集团以至经营者阶层也正是在这种背景下逐步形成的。可以说，有限责任是现代企业制度的最本质的特征，是现代公司一系列制度特征的总根子，不言而喻，它当然也是两权分离、现代公司治理结构产生的根源。因此，我们深化企业改革、健全和完善现代企业制度，一定要在有限责任上下工夫。

在历史上，无限责任的企业制度，早于有限责任的企业制度。有限责任公司出现以后，无限责任公司依然存在。有限责任公司与无限责任公司，都是企业法律形态范畴的问题，它们从成立、运营直到终结、清算，都分别有不同的法律进行规制。我国的《公司法》只规定了股份公司、有限责任公司和国有独资公司三种公司法人，并没有无限责任公司的立法，但是，我国的国有企业在向有限责任公司转制的过程中，至今还拖着沉重的无限责任的尾巴，我们不能不正视它，不能不认真地去解决它。只有把这个问题解决了，才能够建立起规范的公司治理结构。

## 三　当务之急是创造有助于实现有限责任的"小气候"

根据过去的经验，国有企业在对外合资时进行的改组，容易解决人浮于事的问题，因为外商是不肯替政府承担无限社会责任的；国有企业在股份制改造上市的时候，也相对比较容易解决人浮于事的问题。因此，要大力支持和鼓励合资和改造上市。当然，这只能是相对较小的一个局部，不可能全部合资，也不可能全部上市。我想，即使不合资、不上市，也可以按照合资企业的模式，更加广泛地支持和鼓励国有企业把优良资产和精干队伍单独组织起来，在企业内部搞活一块、凑合一块，这样总比全部搞成"凑合体制"要好。

按照上述的办法，在企业内部搞活一块、凑合一块，搞活的一块可以轻装前进了，凑合的一块必然要增加企业或政府的负担。为了解决企业人浮于事的问题，各级财政多拿出一些力量来给予支援，也是必要的。但财政力量毕竟也有限，如果大面积地、广泛地推行，显然力不从心。我觉得这里有一个不可忽视的力量，就是经济效益好的企业集团。充分发挥和利用这些企业集团的潜力，支持它们进行内部改组，把下属企业的富余人员收上来，由集团公司统一安置，使基层企业轻装前进，就可以在不过分加重政府财政负担的条件下，创造出有利于实现有限责任的"小气候"。我曾和一些企业家交换过意见，例如，有一位企业集团的老总告诉我，为了使基层企业能够轻装前进，集团公司把所有的离退休人员全部收上来，统一由集团公司负担，取得了很好的效果；但是，基层企业仍然有很多在岗的富余人员，对于这些富余人员却不敢采取彻底解决问题的措施。据了解，原因并不在于经济实力而在于怕引起动荡。如果我们对这样的企业加强政策支持，给这样的企业家撑腰，就可以更好地动员企业内部的潜力，不增加政府的财政负担，形成一个一个的"小气候"，有效地解决人浮于事的问题，从而促进有限责任制度的实现。

　　总之，要尽快地、最大限度地解决企业人浮于事的问题，从各地和各大企业的经济实力出发，因地制宜，解决一个是一个，解决一批是一批。这样做，付出同样的代价，却可以换来企业机制的转换和经济效益的提高。只有这样，才能够使企业按照规范的有限责任公司的体制来运行，从而为企业分散风险、广泛集资、实现两权分离、形成经营者阶层和法人治理结构等现代企业的一系列制度特征创造根本前提。

（原载《中国经贸导刊》2001 年第 5 期）

# 树立正确的产权观

本文作者指出，应以正确的产权观来引导国有企业的改革，不能认为一讲产权就必然导致私有化。我们建立现代企业制度的目的是把由国家承担无限责任的国有企业转变为以公司法人财产承担有限责任的法人企业。必须把本来意义上的完整的所有权，分解为出资者的最终所有权和企业法人所有权。承认企业法人财产权同维护国家的最终所有权是一致的。

十四届三中全会的决定，向我们提出了"转换国有经营机制，建立现代企业制度"的任务，明确地提出了企业法人财产权的问题。这是在企业改革理论上的重要突破。

企业产权是客观存在的。但是，在产权问题上历来就存在着不同的观点，甚至存在着截然相反的产权观，因此，它又是一个十分敏感的问题。面对这种现实，我们的任务不是要绕开产权问题，而是要探讨如何树立正确的产权观，以正确的产权观来引导国有企业的改革。

产权问题并不是西方经济学的专利，正像人权问题不是西方国家的专利一样。前几年西方国家用人权问题将我们的军，企图使我们被动。实际上，吃饱了没事到处干涉别人事情的人讲的人权，同在饥饿线上挣扎的人讲的人权，是根本不同的两回事。我们旗帜鲜明地阐明了我们的人权观，结果得到了世界多数国家的支持，我们并不被动。企业产权问题也是一样，同样需要我们阐明正确的产权观。

确实有一些观点，我们是不能同意的，例如，常常听到这样一种说法：国有企业的财产归国家所有，破产也是破国家之产，因此，国有企业不可能真正做到自负盈亏；要想真正自负盈亏，就必须改变所有制关系，把产权"量化"到个人，否则自负盈亏只能是一句空话。这种观点是从个人产权的角度理解明晰企业产权和解决企业自负盈亏问题的产权观。我认为，这是一种"小业主式的自负盈亏观"①。按照这样的路子走下去，就会造成国有资产的流失，甚至会走到私有化的路子上去。

我们反对私有化，坚持在社会主义公有制基础上深化国有企业的改革，但这并不等于不需要解决产权问题。不能认为一讲产权就必然导致私有化。问题在于如何树立正确的产权观。

正确的产权观，不是从"量化"个人产权出发。这里需要从现代企业制度的本质特征说起。

## 一  现代企业制度的本质特征是有限责任

关于什么是现代企业制度，至今众说纷纭。目前最为流行的观点，是把它等同于公司制度或法人企业制度，而且一般还把这种观点划入"窄派"的范畴。然而据我看，这种观点实际上已经过于宽泛了。相对于自然人的个人或合伙经济而言，公司法人制度当然更具先进性，但是，并非一切公司法人制度都可以称为现代企业制度。这是因为，公司是多种多样的，法人也是依据各国法律确立的，随各国法律的不同，企业的法律形态分类也必然是各式各样的。因此，我们研究现代企业制度，只抽象地讲公司法人制度就远远不够了，必须明确我们要建立的是一种什么样的公司法人制度。

从根本上说，我们要建立的现代企业制度，是能够适应现代市场经济发展要求的公司法人制度。在市场经济条件下，企业必须在瞬息万变的竞争环境中生存和发展；只有能够集中社会资金、分散经营风险的企业制度，才能适应市场经济环境的要求。这是衡量现代企业制度的基本标准。自然人的个人或合伙经济，由于业主对企业经营要承担无限连带责任，这就决定了它的经营风险大。难以广泛吸收他人资本，这样的企业当然不是现代企业制度。至于公司法人企业，事实上，也分为承担无限责任和承担有限责任的两大类公司法人。目前在一些国家就存在着无限责任公司和两合公

①  拙作《论企业自负盈亏》（发表于 1992 年第 5 期《中国工业经济研究》）详细分析了现代企业财产关系发生的种种变化论证了现代企业自负盈亏的机制并非源于个人产权，而是来自企业经营者和全体职工的利益关系，在所有者产权受到损害之前，有一道"利益防线"。这才是企业自负盈亏机制的核心问题。

司，它们都是公司而且具有法人地位，但这样的公司法人以承担无限连带责任为特征，历史已充分证明，由于风险大、集资困难，这样的企业无论在发展规模上或者在市场竞争力上都有明显的局限性，不能适应现代市场经济发展的客观要求，所以说这种承担无限责任的公司法人，也不能视为现代企业制度。

基于以上分析，现代企业制度的最本质的特征应当是有限责任，即公司以其拥有的法人财产承担有限责任，只有这样的公司法人才能够分散风险、广泛集资，适应现代市场经济发展的要求。我认为，这是正确产权观的立足点。

## 二　要实现有限责任就必须界定产权

所谓有限责任，实际上就是指出资人（无论是国家、个人或是企业法人）以其实出资本金、企业以其全部法人财产承担有限责任；这也就是说，企业经营责任以企业的法人财产为限，不累及出资人实出资本金以外的其他财产。因此，要实现有限责任，就必须把企业法人财产的边界搞清楚，从而把企业的法人财产同出资人的其他财产界定清楚，我们所说的明晰产权的实质正是在这里。绝不能认为，一讲产权明晰就要"量化"到个人，就会走向私有化。

我们的国有企业，实际上是由政府承担无限责任的企业法人，它们同现代企业制度在本质上的差别并不在公司的名义和法人的地位，而在有限责任。国有企业的财产归国家所有，从这个意义上讲，产权是明晰的；国有企业的财产同出资人——国家的其他财产没有划分开，从有限责任的意义上讲，产权又是不明晰的。我们建立现代企业制度的目的和要解决的根本问题就是要把由国家承担无限责任的国有企业转变以公司法人财产承担有限责任的法人企业。这就要求企业法人财产明晰化并且把企业法人财产同出资人——国家的其他财产界定清楚，只有这样，才能建立起有限责任的现代企业制度。为此目的，现代企业制度的试点工作就不宜于泛泛地进行，而应该集中主要力量解决清产核资、资产评估、清理债权债务等界定产权方面的问题，通过试点总结经验逐步推广。

在界定产权、实现有限责任的基础上，公司制度的一系列运行机制才能形成。例如，公司制度的一个显著特征——专家治理结构，就是以有限责任为前提的，一个无限责任公司或者个人企业，业主需承担无限责任，对他来说，这是涉及身家性命、生死攸关的大事。必然要亲自控制企业，很难想象在无限责任的企业制度下会产生专家治理结构。我国的国有企业改革也是一样，如果不从根本上解决有限责任问题，包括企业自主经营、破产机制以及专家治理结构在内的一系列的公司运行机制，都难以形成。

## 三 承认企业法人财产权同维护国家的最终所有权是一致的

十四届三中全会决定中提出了"出资者所有权与法人财产权分离"，这比所有权与经营权分离的提法更为准确。然而财产权也是一个比较笼统的概念，必须赋予相应的具体内容，才能确切地理解它到底指的是财产的什么权。由于现代企业的产权关系已经发生了巨大的变化，我认为若想确立企业法人产权制度，必须把本来意义上的完整的所有权，分解为出资者的最终所有权和企业法人所有权。出资者对已经投入企业的财产拥有最终所有权，但既不能任意抽回，也不能占用和进行其他处分。出资者的财产一旦投入企业，就成为企业的法人财产，企业也就对它拥有了法人所有权。这种法人所有权不仅享有占用和不改变最终所有权的处分权，而且还有受益权并可以用来偿还债务和承担盈亏责任。然而，企业法人的所有权必须随法人组织的成立和终止而存在和消失，一旦企业法人组织终止，清算后的剩余财产全部归出资人所有，因此企业法人的所有权并不是最终所有权。至于所有权和经营权的关系，我认为也不宜于一般地讲两权分离，而应该是企业经营权同出资者的最终所有权相分离，同企业法人所有权相统一。

说企业拥有法人所有权，并非虚构而是有实际内容的。企业的全部财产是由两部分资金形成的，一是他人资本，一是自有资本；自有资本又包括三个部分：（1）资本金；（2）准备金；（3）剩余金。

第一，关于他人资本。对企业来说，这是债权、债务的关系，出资人拥有债权，这部分资金及用它形成的资产当然不能再归债权人所有，理应归企业法人所有。

第二，关于自有资本中的第（1）项资本金。它是股东出资部分，其数额和已售出的股票面额相对应，是量化到每个股东的股权。这部分资金和用它形成的资产，在公司运营过程中也归企业法人所有，只是在企业法人结束时才还原为股东的最终所有。

第三，关于自有资本中的后两项：准备金和剩余金。它们是经营收入中的各种提存，其中有相当大的一部分是股票溢价发行时得到的资本收益，还有相当大的一部分是未分配利润。根据对日本规范化的股份公司的调查，在自有资本总额中，第（1）项量化到每个股东的资本金，只占30%左右，而准备金和剩余金占的比重高达70%。虽然在理论上可以认为后两项也和资本金一样，归股东所有，但这也只是最终所有权，实际上准备金和剩余金是经营者可以活用的资金，只是对企业扩大经营有利，事实上并未直接变成股东的股权，企业自有资本中明确属于股东个人所有的只集中体现在上述资本金一项上。从以上分析中可以看出，自有资本中确确实实有一大部分资产既没有量化到股东，也没有量化到每个职工，而是属于企业法人所有，直到企业法人组织结束时才还原为出资人的最终所有。

上述三点是企业法人所有权的具体内容，实际上这是企业的全部财产，特别其中的第三点更为直观，它既未量化为债权也未量化为股权。因此，把企业法人财产权理解为在出资者拥有最终所有权的同时，企业拥有法人所有权，这无论在理论上或在实践上，都是有根据的，而且这样理解的法人所有权，同出资者拥有最终所有权是不矛盾的，不会成为目前造成国有资产流失的理论上的原因。

（原载《中国社会科学院研究生院学报》1995年第5期）

# 现代企业制度与企业法人财产权*

## 一　关于现代企业制度最本质的特征

对什么是现代企业制度，目前存在着许许多多的说法。比如，有的把我国对企业改革十几年来一直在做的事情通通归结为现代企业制度的内容和特征。这就使人难以搞清，建立现代企业制度的新的含义、新的任务到底是什么。还有一种比较流行的说法，就是把现代企业制度等同于公司制度或法人企业制度。这就难免使人产生疑问：我国的国有企业，哪家不是法人企业，而且很多企业已经变成了公司，岂不已经成为现代企业制度了？对那些尚未改为公司的企业来说，是否差距仅在于名称？似乎搞个翻牌公司也就可以变成现代企业制度了。显然，这种把现代企业制度等同于公司法人制度的观点是不确切的。

相对于自然人的个人或合伙经济而言，公司法人制度当然更具先进性，但是，并非一切公司法人制度都可以称为现代企业制度。这是因为公司是多种多样的，法人也是依据各国法律确立的，各国的法律不同，企业的法律形态分类也必然是各式各样的。因此我们研究现代企业制度，只抽象地讲公司法人制度就远远不够了，必须明确我们要建立的是一种什么样的公司法人制度。

从根本上说，我们要建立的现代企业制度，是能够适应现代市场经济发展要求的公司法人制度。在市场经济条件下，企业必须在瞬息万变的竞争环境中生存和发展，只有能够集中社会资金、分散经营风险的企业制度，才能适应市场经济环境的要求。这是衡量现代企业制度的基本标准。

---

＊　在"现代企业制度的理论与实践"研讨会上的发言。

自然人的个人或合伙经济，由于业主对企业经营要承担无限连带责任，这就决定了它的经营风险大，难以广泛吸收他人资本，这样的企业当然不是现代企业制度。至于公司法人企业，事实上也分为承担无限责任和承担有限责任的两大类公司法人。目前在一些国家，例如日本，就存在着无限责任公司和两合公司，它们都是公司而且受日本公司的基本法——商法的规制，具有法人地位；但这样的公司法人以承担无限连带责任为特征，历史已充分证明，由于风险大、集资困难，这样的企业无论在发展规模上或者在市场竞争力上都有明显的局限性，不能适应现代市场经济发展的客观要求，所以说这种承担无限责任的公司法人，也不能视为现代企业制度。

由此可见，现代企业制度最本质的特征应当是有限责任，即公司以其拥有的法人财产承担有限责任。只有这样的公司法人，才能分散风险、广泛集资，适应现代市场经济发展的要求。

## 二 关于两种不同的产权观

在产权问题上，历来就存在着不同的观点。

确实有一些观点我们是不能同意的。例如，常常听到这样一种说法：国有企业的财产归国家所有，破产也是破国家之产，因此，国有企业不可能真正做到自负盈亏；要想真正自负盈亏，就必须改变所有制关系，把产权"量化"到个人，否则自负盈亏只能是一句空话。这种观点是从个人产权的角度理解明晰企业产权和解决企业自负盈亏问题的产权观。我认为，这是一种"小业主式的自负盈亏观"，按照这样的路子走下去，就会造成国有资产的流失，甚至会走到私有化的路子上去。

我们坚持在社会主义公有制基础上深化国有企业的改革，但这并不等于不需要解决产权问题。不能认为一讲产权就必然导致私有化。问题在于如何树立正确的产权观。我认为，正确的产权观，不是从"量化"个人产权出发，而是从现代企业制度的本质特征的要求出发来考虑问题的产权观。如前所述，现代企业制度的本质特征是有限责任，而要实现有限责任，就必须界定产权。这是正确产权观的立足点。

所谓有限责任，实际上就是指出资人（无论是国家、个人或是企业法人）以其实出资本金、企业以其全部法人财产承担有限责任；这也就是说，企业经营责任以企业的法人财产为限，不累及出资人实出资本金以外的其他财产。因此，要实现有限责任，就必须把企业法人财产的边界搞清楚，从而把企业的法人财产同出资人的其他财产界定清楚，我们所说的明晰产权的实质正是在这里。绝不能认为，一讲产权明晰就要"量化"到个人，就会走向私有化。

我们的国有企业，实际上是政府承担无限责任的企业法人，它们同现代企业制度在本质上的差别并不在公司的名义和法人的地位，而在有限责任。国有企业的财产归国家所有，从这个意义上讲，产权是明晰的；国有企业的财产同出资人——国家的其他财产没有划分开，从有限责任的意义上讲，产权又是不明晰的。我们建立现代企业制度的目的和要解决的根本问题，就是要把由国家承担无限责任的国有企业转变为以公司法人财产承担有限责任的法人企业。这就要求把企业法人财产同出资人——国家的其他财产界定清楚，只有这样，才能建立起有限责任的现代企业制度。为此目的，现代企业制度的试点工作就不宜于泛泛地进行，而应该集中主要力量解决清产核资、资产评估、清理债权债务等界定产权方面的问题，通过试点总结经验逐步推广。

# 三 关于企业法人财产权

中央提出"出资者所有权与法人财产权分离"以来，关于如何确立法人财产权的议论甚多，但企业法人财产权的确切含义是什么，以及应如何界定出资者最终所有权和企业法人财产权，则说法各异。由于现代企业的产权关系已经发生了巨大变化，我以为，确立企业法人产权制度，必须把本来意义上的所有权，分解为出资者的最终所有权和企业法人所有权。所谓企业法人财产权，应该理解为在出资者拥有最终所有权的同时，企业拥有法人所有权。出资者对于已经投入企业的财产拥有最终所有权，但既不能任意抽回，又不能占用或进行其他处分。出资者的财产一旦投入企业，就成为企业的法人财产，企业也就对它拥有了法人所有权。这是确立有限责任制度和实现企业自主经营、自负盈亏的物质基础。然而这种法人所有权必须随法人组织的成立和终止而存在和消失，一旦企业法人组织终止，法人财产权即消失，清算后的剩余财产全部要归出资人所有，因此企业法人的所有权并不是最终所有权。至于所有权和经营权的关系，我以为也不宜于一般来讲两权分离，而应该是企业经营权同出资者的最终所有权相分离，同企业法人所有权相统一。

说企业拥有法人所有权，并非虚构而是有实际内容的。企业的全部财产是由他人资本和自有资本两部分资金形成的。自有资本又包括资本金、准备金、剩余金三个部分。

首先，关于他人资本。对企业来说，这是债权、债务关系。出资人拥有债权，这部分资金及用它形成的资产当然不能再归债权人所有，理应归企业法人所有。

其次，关于自有资本中的资本金。它是股东出资部分，其数额和已售出的股票面额相对应。这部分资金和用它形成的资产，在公司运营过程中也归企业法人所有，只是在企业法人结束时才还原为股东最终所有。

最后，关于自有资本中的后两项：准备金和剩余金。它们是经营收入中的各种提存，其中有相当大的一部分是股票溢价发行时得到的资本利益，还有相当大的一部分是未分配利润。根据对日本规范化的股份公司的调查，在自有资本总额中，资本金量化到每个股东的资本金，只占30%左右，而准备金和剩余金占的比重高达70%。虽然在理论上可以认为后两项也和资本金一样，归股东所有，但这也只是最终所有权，实际上它是经营者可以活用的资金，只是对企业扩大经营有利，事实上并未直接变成股东的股权，企业自有资本中明确属于股东个人所有的集中体现在上述资本金一项上。

从以上分析中可以看出，自有资本中确确实实有一大部分资产既没有量化到股东，又没有量化到每个职工，而是属于企业法人所有，直到企业法人组织结束时才还原为出资人的最终所有。

上述三点是企业法人所有权的具体内容，实际上这是企业的全部财产，特别是其中的第三点更为直观，它既未量化为债权也未量化为股权。因此，把企业法人财产权理解为在出资者拥有最终所有权的同时，企业拥有法人所有权，这无论在理论上或在实践上，都是有根据的，而且这样理解的法人所有权，同出资者拥有最终所有权是不矛盾的，不会成为目前造成国有资产流失的理论上的原因。

## 四　关于建立现代企业制度同整个企业制度改革的关系

我们所进行的企业制度改革，相对于建立现代企业制度的任务来说，其内容要广泛得多。

企业制度的内涵极为广泛。它既是基本经济制度的一个重要方面，即在一定历史条件下形成的企业经济关系；它还包括企业经济运行和发展中的一些重要规定、规程和行动准则这些属于经济方面的一般制度（它们所反映的也是经济关系）。所有这些内容概括起来属于两类：一是企业形态；二是企业管理制度。

企业形态是世界各国用得比较广泛的概念。我们研究的是企业制度，这里所讲的企业形态，是指企业所有制关系和反映这种经济内容的法律表现。前者属于经济基础，后者属于上层建筑。具体地说，它包括：（1）企业的经济形态。它是以出资的主体来划分的，其核心是产权问题，实际上也就是通常我们所说的所有制形式。（2）企业的经营形态，也就是通常所说的经营方式。（3）企业的法律形态，即依法确立的企业形态，如股份公司、有限公司，等等。企业制度的内容，除上述企业形态之外，还包括企业管理制度，主要是指企业内部的组织结构、领导体制和经营管理制度。从以上的分析中可以看出，建立现代企业制度只是整个企业制度改革的一个重要组成部分而不是它的全部内容。

我国原有的企业制度是在旧体制下形成的，其主要特点是所有制形式单一、经营方式单一、法律形态不健全和内部管理混乱。企业制度改革的基本任务，就是要解决上述两个单一、一个不健全和一个混乱的问题。也就是说，企业制度的改革，在没有提出建立现代企业制度的任务之前，我们就一直在做，它的任务远不只是解决如何实行公司制的问题，而是全面着眼于转换企业的经营机制。

经济体制改革以来，我国的企业制度已经发生了很大变化，如发展了多种经济成分，实行了多种经营方式，加强了法制建设，改善了企业管理等，这些都是企业制度改革的成果。从当前的情况看，个体、集体、"三资"企业的发展方兴未艾，并且这些企业都实行了比较灵活的经营方式，其管理也是按照市场经济的要求进行的，总的来看，都具有比较新的经营机制，较有生气和活力。与其相对照，国有企业就不那么具有生气和活力，控制严、负担重、效益差的问题仍然相当突出。这就足以说明，国有企业的经营机制还没有真正转换，在制度上还不适应市场经济的客观要求。因此，进行企业制度的改革，问题的焦点仍然集中在对国有企业的改造上。

对国有企业进行公司化改造，如果只是改造成为国家独资或者占绝大多数股权的公司，就仍然难以完全摆脱行政机关的控制，难以实现自主经营。尤其是国家授权投资的机构自身的公司化改造不彻底的情况下，更是如此。少数行业特定的企业可以搞国有独资公司，多数竞争性行业的企业不应这样做，而应当大力发展法人相互交叉持股，使股权多元化、分散化，而且要大幅度降低国家直接持股的比例。这样才能转换机制、实现自主经营。这样进行股份制改造，带有企业改组的性质，可以更加大胆放手地加速试点。也许有人会担心，对国有企业实行这种股份制改造，大幅度降低国家直接持股的比例，公有制的性质岂不就动摇了吗？其实不然。我们发展股份制企业，势必要吸收个人资本，这和公有制为主并不矛盾，而且从我国的实际情况来看，由于国有资产存量规模巨大，光用发展个人股的办法来使国家直接持股比例大幅度降低是根本不可能的；我们主张的是用大力发展企业法人相互持股的办法来降低国家直接持股的比例，这就不但是可能的而且还不会从根本上改变原来的所有制关系。例如，企业一方面吸收其他企业的投资者来增加资本金；另一方面又以自有资金去持其他企业的股，这样交叉进行，就可以在资金总量不变的条件下，使相互持股的每一个国有企业的资本金同时都会增加，从而使国家直接投入该企业的原有资金在资本金中所占份额相对下降。尽管这会使企业资本金虚增，但只要不是用行政办法而是按照企业间的生产联系和经济需要，本着自愿的原则来形成法人相互持股关系，伴随的就会是资金的合理流动和产业组织结构的合理调整。采用这种办法，由于企业间的资金是可以相互抵消的，所以并不会过多增加企业的负担。当然，这不可能一蹴而就，需要有一个逐渐磨合的过程。

　　由于股权高度分散的法人相互交叉持股，具有一种"架空机制"，按照前述设想，通过法人相互持股使股权多元化、分散化之后，股东企业的法人代表——经营者的作用就会突出起来，从而可以削弱最终所有者的控制，形成经营者集团控制企业的格局，真正实现企业自主经营。现代企业制度的试点企业，可以按照上述办法进行公司化改造；对于非试点企业来说，改革的任务也依然存在，应当按照企业制度全面改革的要求，认真贯彻实施转机条例，努力转换企业经营机制，提高企业管理水平。

（原载《经济研究》1996 年第 2 期）

# 第六篇

# 论健全和完善公司治理结构

# 关于企业领导制度改革
# 问题的理论探讨<sup>*</sup>

中央党校经济管理教研室的同志叫我来讲讲企业领导制度改革的问题。我对这个问题研究得不够，有些想法，但不一定对，希望同志们批评、指正。

我想分成四个问题来谈：一是企业领导制度改革是城市改革的一项重要内容；二是健全和完善企业领导制度的客观标准；三是实行厂长负责制的理论根据；四是怎样健全和完善我国社会主义企业领导制度。

## 一　企业领导制度改革是城市改革的一项重要内容

企业领导制度的改革，不是一个孤立的现象，不是偶然提出来的一个问题。这个问题已经酝酿了很久，是和整个经济改革的总体设想密切联系在一起的，是城市改革不可分割的一部分。这样认识这个问题，我们就能够更深入地理解它的重要性。

为了说明这个问题，我想从两个方面进行分析。

**（一）从城市改革已经取得的进展，看企业领导制度改革的重要性和紧迫性**

党的十一届三中全会以后，我们在整个经济改革中，取得了非常大的进展。首先是从农村的改革开始突破，取得了极大的成功。城市的改革，相对来说，难度就更大一些。但是，近几年在进行农村改革的同时，城市

---

＊　1985 年 1 月 5 日在中央党校经济管理师资进修班作的报告。

改革方面的工作一点也没有放松。城市经济是很复杂的，怎样改革，必须采取既积极又稳妥的方针，一步一个脚印地往前摸着走。摸索了几年，回过头来看，在几个问题上取得了比较大的进展。这几个问题同企业的领导制度都是密切相关的。

第一个问题是扩大企业自主权问题。党的十一届三中全会以来，企业自主权一步一步地扩大，看准了一件做一件，最后形成了一个成果，就是今年5月份中央发的一个文件，即扩权的十条。下一个阶段，我们还要进一步具体地贯彻这十条。这是近几年实际经验的总结，是改革中形成的一个大的方面的成果。随着企业自主权的扩大，企业的决策问题的重要性就更加突出了。过去企业是按照上面怎样规定就怎样去做，自己没有主动权；现在企业的权逐渐在扩大，怎样用好这个权，怎样才能把企业经营好，这就对企业内部决策提出了越来越高的要求。企业必须准确、有效地进行决策。要达到这个要求，企业的领导制度是否健全和完善，决策的方式是否科学和有效，就变成十分重要的问题了。这是企业领导制度改革的一个方面的背景。

第二个问题是利改税的问题。利改税已经全面铺开，1984年第四季度开始全面推行了利改税的第二步。这是几年来城市改革的又一个重大成果。这也是经过摸索一步一步形成的一个结果。开始的时候是由原来的统收统支改为利润留成；后来又实行多种形式的经济责任制；逐步又提出第一步利改税，即以税代利、税利并存；最后进入利改税的第二步，即实行全面的以税代利。实行利改税，企业要能够承担这样的纳税义务，经营管理就必须更加灵活，这对企业的决策方式、决策效率也就提出了更高的要求。这也是企业领导制度改革的一个背景。

扩权和利改税，这两项重大措施，围绕的一个中心，就是要把企业搞活。城市改革的中心课题就是打破两个"大锅饭"，这样才能把企业搞活，增强企业的活力。这样，对企业的要求也就越来越高。要把企业搞活，使企业能够适应经济改革的需要、适应市场的需要，企业内部领导制度的作用也就越来越重要。从这里也就可以清楚地看出，企业领导制度的改革在以城市为重点的整个经济体制改革中是不可分割的一部分。如果企业和国家的关系调整好了，利改税的方向也明确了，权力该放的也放给企业了，但是，企业内部的决策方式很落后，决策效率很低，不能及时、准确地做出反应和判断，那么，这个企业在经营上就容易丧失时机，不能提高经济效益，同整个的改革也就会不相适应。

**（二）从城市改革今后要解决的重要问题，看企业领导制度改革的重要性和紧迫性**

近几年的城市改革，已经进行了许多试验和探索，采取了一些重大措施，取得了显著成效和重要经验，使经济生活开始出现了多年未有的活跃局面。但是，城市改革还只是初步的，今后需要努力解决的问题还很多。例如：

第一，下一步城市改革首先碰到的就是计划体制改革的问题。我们在公有制的基础上实行计划经济，即有计划的商品经济。实行计划经济不等于指令性计划为主，指令性计划和指导性计划都是计划经济的具体形式。今后改革的方向是要有步骤地适当缩小指令性计划的范围，适当扩大指导性计划的范围。我们的国民经济计划就总体来说，只能是粗线条的和有弹性的，只能是通过计划的综合平衡和经济手段的调节，做到大的方面管住管好、小的方面放开放活，保证重大比例关系比较适当，国民经济大体按比例地协调发展。这样的计划体制，企业本身发挥主动性的余地就大了，不是国家给你规定这个生产多少、那个生产多少，而是要靠企业自己判断。这就要求企业能够按照市场的情况来做出自己的经营决策。显然，这对企业领导制度的科学性、有效性又提出了更高的要求。

第二，同计划体制改革相联系的，必然碰到改革价格体系的问题。我们说在计划上放开，扩大指导性计划的范围，这并不是撒手不管。要靠经济杠杆去指导，引导企业按照国家计划的要求去发展。这些经济杠杆当中，核心的问题是价格问题。必须用合理的价格来引导企业，使企业按照国家计划方面总的设想去进行它的生产经营活动。这是实行指导性计划必须解决的一个要害问题。如果价格不合理，就会造成很多错觉，就会使企业在判断上、在经营决策上失误，甚至走到邪路上去。比如说，要利用价格这个重要的经济杠杆，就应该掌握供求规律，使价格反映供求关系的要求。对短线的产品就应该刺激企业增产，促进用户节约，因此，价格就不应该过低。东西贵了就在使用上容易引起节约，否则就容易造成浪费。但是，如果价格体系不合理，价格既不能反映商品本身的价值，又不能反映供求关系的要求，这样的价格体系就是一种畸形的、不合理的价格体系，就容易把企业引到斜路上去。按指令性计划生产，价格不合理似乎还过得去，企业该生产什么、生产多少，都给你规定死了，价格虽低硬着头皮也得干，反正是个"大锅饭"，亏或赚同企业无关。企业扩权以后、指令性计划减少以后，企业就要自己去判断。企业根据什么判断呢？首先就是价格。如果产品价格该高的不高，该低的不低，企业就无法做出正确的判断。煤炭就是很明显的例子。我国能源紧张，是短线产品，供不应求，需要大量地增产和节约。可是煤炭价格偏低，重点煤矿产煤还要赔钱，这怎么能促进增产和节约呢？现在允许企业超产部分自销，价格可以向上浮动，结果增产节约的效果就很显著，我国南方各地缺煤告急的情况明显减少。这也就是通过价格来指导企业。实行指导性计划，有这样的措施相配套，指导性计划才不会是空的。这就说明，计划体制的改革和价格体系的改革是紧密相关的。就整个宏观经济来说，要进行价格体系的改革，用价格来调节、来引导企业的生产，这对企业来说要求也就更高了。企业必须提高判断能力，提高决策水平。今后价格要放活，国家统一定价的范围要逐步缩小，一定幅度的浮动价格和自由价格的范围要适当扩大，这样才能比较灵敏地反映社会劳动生产率和市场供求关系的变化。那么，企业怎样运用这样的机会，怎样去经营，怎样去掌握产品的价格，这又取决于企业内部的决策水平。决策水平能不能提高，这就和决策方式、领导制度直接相关。显然这又落到企业领导制度改革的问题上了。

　　第三，国家政权、政府机构怎样去管理企业的问题。在社会主义条件下，领导和组织经济建设成为国家机构的一项基本职能。过去我们这样做了，也取得了很大成就。但是，政府部门究竟怎样才能更好地领导和组织经济建设以适应国民经济和社会发展的要求，还是一个需要认真加以解决的问题。过去由于长期政企职责不分，企业实际上成了行政机构的附属物，政府包揽了许多本来不应由它管的事，加上条块分割，互相扯皮，使企业工作更加困难。这种状况不改变，就不可能发挥企业的积极性。因此，按照政企职责分开、简政放权的原则进行改革，是搞活企业和整个国民经济的迫切需要。今后各级政府部门原则上不再直接经营管理企业，主要是抓大政方针，不直接参与企业的经营。原由中央各部管的企业要逐步下放，从地方来说，省里主管部门也要简政放权，企业最后基本上落到中心城市。要以城市为中心建立工业网络来组织生产。如果是这样一种管理方式，我们的城市在管理方法上就不能再按照中央部门或省主管局的那套行政办法去管。如果还是用过去那套办法去管，那就会从原来的条块分割变成新的条块分割，这种下放和改革也就没有太大的意义了。同简政放权相联系的，就要求管理方式来一个大的改变，通过经济组织，通过真正企业性的公司，通过行业的协会进行指导。因此，过去那种由主管机关把着手干、捆着手干的局面就会打破，放开的部分就会扩大。这样，企业的生产经营的责任也就硬碰硬地逐渐地落到了企业身上。这种管理方式之下，企业的回旋余地也就大了，企业就要认真考虑怎样决策才更有效。因而也就对企业的决策方式、企业的领导制度提出了更高的要求。

总之，从过去改革形成的两个大的方面的成果，从下一步改革要解决的几个大的问题来看，整个城市改革问题都要涉及企业，所以，增强企业活力成为以城市为重点的整个经济体制改革的中心环节。搞活企业，目的是把企业的潜力发挥出来，把每一个人的积极性调动起来。这就要求必须有一个有效的、科学的、健全的领导制度和决策体制。这样来看，我们就可以更深刻地理解企业领导制度改革的重要性。中央领导同志这么重视这个问题，据我理解，很重要的一个原因正是在这里。这不是一个孤立的问题，是和整个经济改革相联系的一个重要问题。这个问题解决不好，企业就难搞活，其他许多方面的改革措施就不能很好地贯彻，不能有效地发挥作用。国家用经济杠杆对企业进行引导，如果企业决策缓慢，不能迅速、准确地判断方向，没有应有的敏锐性，对指导性计划、对各种经济杠杆的引导无动于衷，那么整个经济还是不能搞活，经济效益也难以提高。所以说，经济改革的全局，国家和企业关系的处理，同企业内部的问题特别是和企业内部的领导制度、决策方式是密切联系的。

## 二 健全和完善企业领导制度的客观标准

我们进行企业领导制度的改革，不是拍脑袋讲哪个制度不好，要破；

哪个制度好,要立。好与不好总有一个客观标准,研究和探索这个客观标准是个很重要的问题。能找到这样的标准,就有了尺度,就能判断什么样的领导制度是健全的,什么样的领导制度是不健全的,就能够判断我们的企业领导制度该不该改和应当改成什么样子。这样,对于检验改革到底成不成功,也就有了客观的依据。

健全和完善的企业领导制度,我想至少应当符合以下四条标准:

第一,必须能够体现党的领导。领导我们事业的核心力量是中国共产党。四项基本原则最根本的一条就是坚持党的领导。这一点,在改革中必须放在应有的位置,无论采取什么样的领导制度,党的领导必须保证,必须通过领导制度体现出来。这是不可动摇的,但问题的关键是,什么是党的领导,怎样正确理解什么是加强、什么是削弱党的领导。关于这个问题我们将在后面进行分析。

第二,必须能够体现职工的民主权利。工人群众的主人翁地位,在社会主义企业领导制度中必须能够体现出来,否则就不能说是完善的领导制度。六届人大政府工作报告中特别强调这是社会主义企业的一个重要特征。

第三,必须能够贯彻执行严格的责任制度。现代化的企业,必须有统一指挥,必须服从统一的意志,否则就不可能运转好一个现代化企业。列宁曾经指出:任何大机器工业——即社会主义的物质的、生产的源泉和基础——都要求无条件的和最严格的统一意志,以指挥几百人、几千人以至几万人的共同工作①。这就要求必须有严格的责任制度。过去我们管理工作的毛病就发生在这些地方,就是没有严格的责任制度。所以,企业领导制度的改革必须坚持达到这个标准。

第四,必须能够实现专家、内行管理。领导现代化企业,外行是不行的。过去我们总讲"外行领导内行"。实践证明,必须是专家、内行进行管理,才能搞好现代化企业。列宁讲过:要管理就要内行,要有专长,没有专长,没有充分的知识,没有管理的科学知识,你们又怎么能够管理呢?②所以,企业领导制度的改革还必须坚持达到这项标准。

上述四项内容,如果在企业领导制度中都能兼顾到了,这个领导制度

---

① 《列宁全集》第 27 卷,人民出版社 1959 年版,第 246 页。
② 《列宁全集》第 36 卷,人民出版社 1959 年版,第 544 页。

就可以说是健全的、完善的。

那么，用这四项标准来衡量我们过去的企业领导制度，是怎么个状况呢？我认为，我们的企业领导制度没有全面达到上述四项标准，因此是不够健全、不够完善的。

过去我们企业的基本领导制度是什么呢？有三项：一是党委领导下的厂长负责制；二是党委领导下的职工代表大会制；三是"两参"、"一改"、"三结合"制度。

这三项基本制度，在1961年的《工业七十条》里，就已经把它概括起来了，是我们企业的基本领导制度、基本管理制度。

从这套基本制度看，它中心解决的是什么问题？集中解决的是党的领导和群众路线问题。看看这三个制度的内容就可以看出来，这两条是抓得很紧的，想尽办法，怎样加强党的领导，怎么搞群众运动，在这个制度里体现得比较清楚。另外两个问题，在这个制度里就体现不出，责任制实际上是偏废了，专家内行管理问题也偏废了。所以，过去的领导制度用这四条来衡量，是不够完善的。

为什么要改革企业领导制度？改革总有个必要性、有个道理。用全面的衡量标准来衡量，它不符合这个标准，它有不完善的地方，所以我们要改革。过去的企业领导制度，顾了一头、丢了一头，甚至把这两头对立起来。强调了党的领导，强调了群众路线，把专家和群众对立起来，把责任制度和党的领导对立起来。片面性就在这个地方。

我们过去的领导制度有一个着眼点，就是强调党的领导。那么，党的领导问题解决了没有呢？也没有很理想地解决。虽说有一定的经验，积累了一定的成功的东西，但严格地说，并没解决得很好。党政不分，党委陷到日常行政事务中去了，要抓生产，还要抓行政事务，必然有很多精力牵扯到这个上边，党不管党的现象就必然产生，党的自身建设、群众的思想政治工作、党的方针政策的贯彻，这些方面，精力就不容易顾到。想要解决党的领导问题，结果并没解决得很好。党政不分反而削弱了党的领导。

原来那套制度，还有一个着眼点，是解决群众路线问题。那么，解决好了没有呢？也没完全解决好。过去在"左"的错误影响之下，有很多形式主义的东西。大搞群众运动，不也是这么搞起来的吗？形式主义的东西很多，真正的群众路线，群众当家做主问题，群众的根本利益问题，也没完全解决。

过去的企业领导制度确实存在上述缺陷。但是，更重要的还在后两方面，即责任制问题和专家管理问题。在党委领导下的厂长负责制这种制度之下，可以说这两个问题是注定解决不了的。不改变党委领导下的厂长负责制这个制度，要解决责任制问题，要解决专家管理问题，我觉得是不可能的。这就是制度本身的弊病。

为什么这样说呢？这是因为：

第一，责与权相脱节，难以形成严格的责任制度。这个制度本身就是决策权和经营责任相脱节的，党委集体决定重大问题，又要厂长个人去负责，这个责与权是脱节的，这在理论上、逻辑上是不通的。你要他负责，但又不给他相应的权力。集体决策，个人承担责任，这本身在逻辑上就有矛盾。这个制度不变，这个矛盾就解决不了，责任制要想严格加强，也是不可能的。这就是制度本身的弊病。

第二，内行、外行混杂，难以实现专家、内行管理。列宁在推行一长制时，曾经指出集体制的一个弊病，就是内行、外行混杂，不能适应管理大机器工业的要求。在我们这里也存在这个问题，在党委领导下的厂长负责制这个条件之下，这个问题也是不可能完全解决的。这也是制度本身决定的。

为什么说是制度本身的问题呢？这里涉及一个理论问题，就是党委的性质问题。基层党委，它是政党的基层组织，它有其自身的组织原则，不是随便组成的。它有它特定的政治原则、政治标准。不可能把党委组成一个专家、业务班子。如果把党委组成一个专家业务班子，那党委基层组织的性质就被模糊了。我们组成党委，必须有政治工作的专家，还必须有组织工作的专家，不然，你这个党委就不符合党的基层组织性质的要求。要求党委委员都必须是工程师，这怎么能行呢？党委的组织原则本身就带有政治性。党委还必须有搞群众工作的专家。工会的一些领导人，他可以是专家，因为群众工作也是一门学问，是专家。搞政治工作的，可以是政治工作的专家；搞组织工作的，可以是组织工作的专家；搞宣传工作的，可以是宣传工作的专家。但是，你组成这样的班子，用它去解决生产经营方面的问题，他们就变得不是专家了。所谓专家，他就得有他的一个专门的方面。从生产经营的角度来说，这个班子必然要出现一个问题，就是内行和外行混杂。这是制度本身注定的，你不可能对党委的组成提出一条原则，说党委的组成必须都是生产经营业务专家。那不行，必须有一个政治标准。那么就必然出现上述问题，决策班子必然就是内行、外行混杂一起。这个"内行"、"外行"是从生产经营的角度来说的。若从别的角度来说，如从组织工作的角度来说，他是内行，但从生产经营的角度，他就不是内行。党委的班子，必然是这么一种状况。这个问题，在列宁的理论里碰到过没有？碰到过。列宁在实行一长制的时候，他就指出，集体制有一个弊病就是内行和外行混杂，他说："如果我们把内行人和外行人集合在一个委员会里，那就会造成意见纷纭和完全不协调的现象"。这讲的是苏联的情况，内行和外行混杂，就不能适应管理现代工业的需要，不能适应大生产的需要。从生产经营的角度，必须有生产经营的专家。不能内行、外行混到一块，这样的话，讨论问题时也没有共同语言，决定问题也不能集思广益。所以，列宁说必须实行一长制。一长制就是这么来的。我们现在也碰到这个问题，制度本身决定了这个班子就不可能是生产经营的专家班子。要解决这个问题就必须改变党委领导下的厂长负责制。中央现在提出要"改变"，我理解，这是因为存在这些问题，不改变解决不了，责任制加强不了，专家管理问题解决不了。这些问题又是健全和完善企业领导制度的一个重要标准，不解决这个问题，生产经营就搞不好。所以必须改变党委领导下的厂长负责制。

取消、改变党委领导下的厂长负责制，用什么来代替？这个问题也经过了反复的研究。在1979年和1980年，国家经委、中央组织部和全国总工会就在北京组织过很多次座谈会，进行过多次的讨论。在那个时候，比较多的人主张把党委领导下的厂长负责制改为职工代表大会领导下的厂长负责制。职工代表大会休会期间，变成它的常设机构领导下的厂长负责制，就是工厂管理委员会或者工会领导下的厂长负责制。当时持这种意见的比较多。那个时候也有人提出过，要"不戴帽的厂长负责制"，就是现在说的厂长负责制。不戴"党委领导下"的帽，也不戴"职代会领导下"的帽。

为什么讨论来讨论去最后决定实行"不戴帽"的厂长负责制了呢？这

是反复比较得出的结论。因为实行工会或职代会领导下的厂长负责制，按上述四个标准来衡量，还是不能全面达到。前面说的那两个问题还是解决不了。很明显，如果职工代表大会集体决策，或者是它的常设机构集体决策，又让厂长个人负责，这仍然是矛盾的。跟党委领导下的厂长负责制一样，没有解决这个矛盾，所以不行。那么，职工代表大会领导下的厂长负责能不能解决"内行、专家"管理问题呢？也解决不了。因为职工代表大会也不能变成工程师班子，否则就不能代表广大群众，光代表工程师了。职工代表大会必须代表各个方面的群众，要有老工人，要有青工，还要有女工，等等。职工代表必须分布在各个岗位上，处在不同的角落里，这样的职工代表大会才能有广泛的代表性，这样才能成为联系群众的纽带，才能反映各方面群众的疾苦、听到各个方面的呼声。这是职代会本身的性质决定的。如果把职代会变成工程师、会计师、经济师的经营班子，那就不全面、不广泛了。这就像不能把党的委员会变成工程师委员会一样。职代会的性质决定了，它必然是"各界"的代表。既然是"各界"的代表就不可能都是生产经营的专家。这样就必然是内行外行混杂，不能实行专家、内行管理。经过比较就可以知道，职代会领导下的厂长负责制同样解决不了责任制问题，解决不了专家管理问题。

按四项标准衡量，只有实行厂长负责制，才能解决这个问题。这就清楚地看出了改革的必要性和为什么必须实行厂长负责制。

# 三 实行厂长负责制的理论根据

说实行厂长负责制能够实现上述四个标准，在理论上有没有根据？这要涉及一些理论问题，特别是要涉及"一长制"问题。这里可以作为学术问题，跟大家研究、讨论一下。

厂长负责制实际上也是一种个人负责制，虽然不叫"一长制"，但必然涉及一长制的理论。不把这个问题突破，改革起来就会有很多顾虑，总怕和一长制划不清界限。因此，这个问题不能回避，干脆就把它讨论清楚，弄清一长制到底是怎么回事？

我不想从我们20世纪50年代的一长制讲起，因为那时在执行中有很多问题。确实，过去批判过的一些问题并不是完全不存在。我也不想从苏联执行的情况来说，苏联在执行中也有很多问题。有的领导者对被领导者很粗暴，也有打人的现象。但是，列宁的一长制并没规定领导者可以打被领导者，这是执行中的问题。而且不是普遍现象，更不是制度本身注定要发生的问题。执行中的问题我们应当另外研究解决，这里首先要从理论上研究它的原理。执行当中，什么制度都可能出现粗暴、独断专行等问题。我们应当回到列宁的基本理论上来研究。

列宁的一长制原理，可以说是比较健全和完善的。为什么说它是健全、完善的？因为它符合前述四项标准，上述四个方面的问题，在一长制的理论中基本上解决了。

### （一）　先说责任制问题

列宁实行一长制的着眼点，就是要加强责任制，克服无人负责现象，克服混乱。一长制是对集体制的否定，核心问题是建立个人专责制。所以，一长制的实行本身就意味着责任制问题的解决，这是不言而喻的。这一点是硬碰硬的，就是使企业从无人负责的集体制、从相互"扯皮"的状态下解脱出来，让一个人负总责，这样责任制就加强了。这是推行一长制所要解决的中心问题。

这里涉及一个管理理论问题。在理论上，管理现代化的企业，到底应该是"集体制"还是"个人制"？这是个理论问题。列宁的一长制实行的是"个人制"。这在理论上对不对？这涉及马克思主义的一些原理。根据马克思阐述的原理，我们去研究，到底现代化的一些工厂应该实行"集体制"还是"个人制"？我们查了许多书，得出一个看法。马克思和恩格斯讲管理时，他们侧重解决管理的必要性，他们讲，管理的必要性是由共同劳动决定。凡有许多人相互配合、共同劳动，就必须有管理。管理就像乐队必须有指挥一样。集体生产必须有统一的意志，没有统一的意志，大生产就不能进行。他们强调权威，强调统一的意志，阐明管理必要性的原理，等等。这在马克思的《资本论》里，在其他许多著作中讲过很多。至于统一的意志应当怎么来体现呢？是用集体的委员会来体现，还是由个人负责制来体现呢？在马克思的理论里边，没有直接回答这个问题。恩格斯在《论权威》

中讲了这个问题，指出，现代化大生产的组织管理必须有统一的意志和权威，那么这个统一的意志是由谁来体现呢？恩格斯说："不论体现这个意志的是一个代表，还是一个负责执行有关大多数人的决议的委员会，都是一样。"显然，在恩格斯看来，这个统一意志是由一个人来体现还是由一个委员会的集体来体现，都是可以的。也就是说，这两种体现的方式都可以。集体制也行，个人制也行。他认为，这是体现统一意志的形式，不是本质问题，本质问题是要有统一意志。大生产没有统一的意志就乱套了。这个统一意志可以由一个集体来体现，也可以由一个个人来体现。两者"都是一样"的。经过这样的分析，我们就可以有个大体的概念了，马克思和恩格斯并没有说，管理现代化企业必须是集体制。更没有说体现社会主义企业工人当家做主，在管理上就必须是集体制。

那么，这两种办法，最后怎么经过比较变成一长制的呢？这是列宁通过实践总结出来的。

列宁开始实行的，并不是一长制。研究一下苏联的历史，就可以看得出，列宁开始用的不是一长制，是集体制。这个集体制是怎么来的呢？并不是事先想好了的，是随着形势的发展而形成的。我们知道，俄国十月革命以后，列宁有个设想，就是通过国家资本主义来进行社会主义的改造，不是马上全面实行国有化。资本家的企业保留，前提是接受苏维埃的全面监督。另外，在企业内部实行工人监督。当时成立了工厂委员会，进行监督，通过工人监督，通过国家资本主义，慢慢地实现社会主义。这是列宁的设想。这个设想实践了没多长时间，资本家反抗，不接受和平改造，消极怠工，破坏生产，在这种情况之下，列宁下决心加速了国有化进程，很快实现了国有化。国有化中必然碰到的一个问题就是工厂怎么管？原来资本家及其代理人经理在那里起作用时，工人委员会是起监督作用的，那么，把资本家的经理去掉，工厂要运转，工厂的监督机构——工厂委员会就变成了决策机构，成为企业的实际管理者。有过这样一个历史过程，列宁把监督机构变成了领导机构、决策机构，实行了工厂委员会的集体管理制。

这个集体管理制实行了一段时间以后，列宁就进行了总结，他发现这里问题很多，在《列宁全集》里有很多这方面的论述。他说：集体管理制在最好的场合下也要浪费大量人力，不能保证集中的大工业环境所要求的工作速度和工作的精确程度。你们研究一下主张集体管理制的人，就会在他们的决议中看到一种极其抽象的说法，什么每一个委员必须独自负责完成任务。这种道理我们当然是知道的。但是，你们当中每一个有实际经验的人都知道，一百回里只有一回才是真正这样做的。在绝大多数的场合下，这不过是一句空话①。所以，列宁讲集体制无论如何不行。必须实行个人负责制。在这样的情况下，他才提出实行一长制。就是这么一个历史背景。

这说明什么问题呢？说明一长制就是责任制，说明列宁用一长制加强责任制，是在社会主义建设实践中的创造，而且在理论上并没有违反马克思的原理。也就是说，一长制在理论上是站得住脚的，是马克思、列宁主义的。

### （二）再说专家管理问题

一长制既然是责任制，责任制有一个前提，就是必须有足够的能挑得起这个担子的专家，这样才能实行这个责任制。不然，一长制就不可能推行。斯大林有一句话：只要在我们布尔什维克党内还没有足够的专家，没有足够的懂得技术、财务、经济的专家，我们就不可能有真正的一长制。斯大林讲的这话，也可以这样来领会，就是要有真正的一长制，就必须有大批的无产阶级的专家，这是个前提。所以，一长制和专家管理是联系在一起的。没有足够的专家，你想实行一长制，他挑不起这副担子来。反过来，实行了一长制，有了责任制，就可以造就大批的专家。所以，列宁的一长制是造就干部的制度。有效地解决了专家、内行管理问题。为什么说一长制是造就干部的制度？就是因为实践出真知，硬碰硬地把担子压在干部身上，常常这样压着，长年累月知识就积累起来了，每天碰到问题，他要做出决断，他就不能找张三商量商量，找李四商量商量，最后谁也不拿主意，对、错也不知道，最后谁也不负责任。如果这样就可以混日子，经验也没法总结。如果把硬碰硬的严格的责任制加在这个负责人身上，那么，在长期的实践当中，就能增长才干，就能造就干部。为什么苏联的管理干部问题解决得那么快，是和实行一长制有直接关系的。这是个成功的经验。

---

① 《列宁全集》第3卷，人民出版社1959年版，第279页。

旧俄国，管理也是落后的，文化水平也是不高的。俄国在资本主义国家中，相对来说是落后的。列宁就讲过："同先进民族比较起来，俄国人是比较差的工作者。在沙皇制度统治下和农奴制残余存在的时候，情况不可能不是这样的。"[1] 那么，列宁怎么解决这个问题的呢？很重要的一条，就是靠这个制度。一种制度，是造就干部，还是耽误干部，这是个重要问题。无人负责的情况下不能成长人才，责任制严格的情况下就能锻炼人才，这是很清楚的。我们这几十年，如果沿着50年代的责任制度一直走下来，现在干部状况就大不一样了。苏联为什么干部问题解决得快呢？他原来也是撂下枪杆子就搞管理，很快就成长起来了。责任制度起了重要的作用。所以，责任制和专家问题是连接在一块的。一长制基本上解决了这两个问题。

列宁研究企业领导制度的侧重点就是解决这两个问题。我们过去研究企业领导制度的侧重点是解决党的领导和群众路线问题，把责任制和专家问题扔在一边。列宁解决领导制度问题，抓责任制，抓专家管理。这两条是适应现代化大生产的需要，抓到点子上了，干部就成长起来了。他是这么抓的。

用四项标准来衡量，另外的两项怎样？一般容易引起一些疑问。我们过去在这个问题上也闹不清楚。另外两项到底是怎么解决的？如果列宁的一长制光解决了责任制问题，光解决了专家问题，把党的领导扔了，把群众路线扔了，那这一长制也是不健全的，那么这两项扔了没扔？我们可以作些分析。

### (三) 党的领导问题

1979—1980年研究企业的领导制度改革问题时，我们接受了一项任务，研究列宁的一长制是怎么解决党的领导问题的。我们仔细研究了列宁的有关著作，觉得这里有个最根本的问题，这就是：过去总说一长制是和党的领导对立的，反对党的领导。不说50年代在执行当中有过的削弱党的领导的问题，就说这个原理。列宁是无产阶级政党的缔造者，苏联是第一个社会主义国家。列宁缔造了一个无产阶级政党。在搞社会主义建设时，他又

---

[1] 《列宁选集》第三卷，人民出版社1972年版，第511页。

创立了一长制。他用他的一长制来反对他所缔造的党的领导，这在逻辑上讲不通。为什么会这样呢？他自己是无产阶级政党的领袖，他为什么用一长制反对党的领导呢？这不可能。要是一般地推论说不可能，这比较容易。但是，为什么不可能？要从理论上进行透彻的说明，就不那么简单。对于列宁的一长制体现党的领导到底体现在哪儿？事实怎么样？需要进行一些研究。研究结果，我们形成了几个观点。

总的来说，列宁认为党的领导，并不是基层党组织包办一切。这个观点和我们过去的想法不一样，好像非得基层党组织什么都包办才叫党的领导，否则就不是党的领导了。这个观点过去影响非常大。列宁有很多话直接讲到这个问题。他十分强调要明确地划分党和行政机构的职权，认为只有这样才能提高苏维埃工作人员和苏维埃机关的责任心和主动性。他对于党组对行政管理工作过于频繁的、对细节的干涉十分不满，他说：党的任务是对所有国家机关的工作进行总的领导，而不是像目前那样进行过分频繁的、不正常的、往往是对细节的干涉①。我们的共产党员直到现在还不很善于领会自己在管理方面的真正任务：不是要"亲手"、"包办"一切，这样会顾此失彼，一事无成，而是要去检查几个几百个助手的工作，对他们的工作组织自下而上的检查，即真正群众性的检查②。也就是说，基层党组织不能直接干预企业的生产经营。列宁认为党的领导不是体现在这儿。那么体现在哪儿呢？据我理解，体现在以下几条：

第一，列宁认为，"党是有组织的整体"，因此，党的领导是一个总体的概念，必须从全局上来体现。斯大林在《列宁主义基础》中指出，关于党是有组织的整体这个思想，是列宁提出来的。他说：按照列宁指示的原则，党是"党的各级组织的总和"，是"这些组织的统一的体系。是这些组织正式结成的统一的整体。"这个统一的整体，是按照个人服从组织、全党服从中央的原则组织起来的。"如果不实行这些原则，那么作为一个整体的党的有计划的工作和对工人阶级斗争的领导就会是不可能的。"因此，不能说任何一个基层党组织或者党员个人就代表了党的领导。这种整体性，决定了党的领导是由党中央及其制定的统一的路线、方针、政策和组织纪律

① 《列宁全集》第33卷，人民出版社1959年版，第221页。
② 《列宁全集》第32卷，人民出版社1959年版，第355页。

来体现的。实现党的领导，最根本的是要切实地贯彻执行党的路线、方针、政策。任何一个基层党组织，都是在这个意义上构成党的领导的一个有机的组成部分。

这就涉及怎样看党的领导、什么是党的领导的问题了。从根本上说，党的路线、方针、政策的正确贯彻执行，这是党的领导的最根本的体现。靠什么去贯彻呢？靠党的组织系统。从中央政治局，中央委员会的正确决策，从上贯彻下来，到基层的党组织，到党委，这一个组织系统。党的领导是靠这一组织系统保证的。这是党的领导的完整的、总体上的体现。那么，一个基层党组织能不能代表党的领导，要害就看它是否能够正确贯彻执行党的路线、方针、政策。只有在这个意义上，它才成为体现党的领导的一个重要环节。要是离开了党的路线、方针、政策，这个班子就不能说我代表党的领导。一个基层党委，十几个委员，就能代表党的领导？我怎么决定问题都代表党的领导？那就不一定。基层党组织决定问题必须从实际出发，符合党的路线、方针、政策的要求。所以，首先党的组织就要抓党的路线、方针、政策，抓调查研究。党委首先要集中精力去学习研究党的路线、方针、政策。如果把精力都放在生产行政事务工作里，就顾不上学习、研究党的路线、方针、政策，自己就掌握不了方向，党的领导组织保证的这条线就要削弱。为什么说党委包办行政事务是削弱党的领导呢？道理就在这儿。行政事务缠身以后，就顾不上政策精神。党的十一届三中全会以来，政策到底是怎么个精神？如果不认真花时间去研究，就很难抓住要害，那么，在把握企业方向时就不容易看得准。比如，开放、改革、知识、人才问题，中央的方针政策都很清楚，为什么有时候思想跟不上呢？没有认真研究或者来不及仔细研究是一个很重要的原因。中央文件下来了，中央的精神来了，真正把它吃透，要下工夫。不下工夫，念一遍文件就完了，那哪能吃得透？在基层里谁去研究这些问题呢？首先是党的基层组织。这样才能把党的方针政策从总体上体现下来。所以，基层党组织能够代表党的领导就在于能够正确体现党的路线、方针、政策。离开了这个，就代表不了党的领导。谁也不能拍脑袋说我代表党的领导，没人能承认。群众不能承认，党也不会承认。

总之，要从总体上看党的领导，这是个核心问题。

第二，列宁认为，"党的全部工作都是通过苏维埃来进行的"，因此，无产阶级国家政权对经济工作的领导，也是体现党的领导的一个渠道。按照列宁的原则，党通过自己的组织系统进行工作，是实现党的领导的组织保证；同样，通过苏维埃国家政权来管理经济，也是实现党的领导的组织保证。这是另一种意义上的保证作用。因为我们党是一个执政的党，党的代表大会所通过的决议，对于整个共和国都是必须遵守的①。"我们共和国的任何国家机关未经党中央指示，都不得解决任何重大政治问题或组织问题。"② 这就说明，苏维埃国家政权是无产阶级所掌握的强有力的工具。我们的政权来之不易，是经过无数先烈流血牺牲才夺到手的。政权是要害。列宁说：苏维埃不分职业而包括一切劳动群众③。它可以通过颁布法律、法令、条例、规章制度，用政权手段去贯彻无产阶级的意志和维护无产阶级的阶级利益。这和党的领导是一致的，不是对立的。决不能忽视苏维埃政权在管理经济方面的作用。

党的路线、方针、政策通过政府系统贯彻实施，企业的厂长由政府任命，厂长按政府的政策、法令和上级机关的部署进行工作，本身就应当说是党的领导作用的体现形式。所以，在列宁主持的俄共九大决议里说："一长制不会妨碍和限制阶级的权力。也不会妨碍和限制工会的'权力'，因为阶级可以通过任何形式来统治，这种形式是以技术上是否适宜为转移的，在任何情况下，领导人员和行政工作人员都是由整个统治阶级'任命'的。在这种条件下，即使由'专家'执行管理，一长制归根结底还是无产阶级专政的表现，因为无产阶级专政不仅能够强制工作按照一定的方向进行，而且还可以通过工人委员来实行监督。"因此，国家政权组织系统进行的经济方面的组织和管理活动，正是党的领导的贯彻和体现。政府系统的组织领导，也是党的领导的一小组织保证。过去，我们往往认为党的组织系统才是党的领导的组织保证，政府的组织系统就不是党的领导的组织保证。这种看法显然是不对的。我们绝不能把党通过政府行政系统进行的领导同党的领导分隔开，更不能把两者对立起来，因而也就不能把一长制和党的

---

① 《列宁全集》第 32 卷，人民出版社 1959 年版，第 207 页。
② 《列宁选集》第四卷，人民出版社 1972 年版，第 203 页。
③ 《列宁全集》第 31 卷，人民出版社 1959 年版，第 30 页。

领导对立起来。

第三，列宁认为，党的领导还体现在党的基层组织的战斗堡垒作用上。强调从总体上理解党的领导，并不是把基层党组织架空，光是路线、方针、政策，基层组织就可以削弱。不是这个意思。一长制是解决生产行政、经营管理问题，列宁说，这是"有关能力的事，有关技巧的事"。党的领导并不是要基层党组织直接去干涉这些事。在列宁看来，党的领导、党的基层组织的领导作用同一长制并不矛盾，而是完全一致的。联共中央关于一长制的决议中，这两方面的问题经常同时提起，是相提并论的。例如，"作为党的基础的党支部，特别是企业中的党支部，应做好自己的工作来实现对企业的社会政治生活和经济生活的领导，以保证工会和经济机关能执行党的主要指示，但不得干涉工厂委员会和厂长的具体工作，特别是不得干涉行政的业务命令，党支部应该积极促进实现整个生产管理系统中的一长制原则"。"党支部不能陷于企业的琐碎事务中，因为只有这样它才有更大的可能来实现对群众和群众组织的政治领导，培养他们的阶级警觉性和维护社会主义企业利益的自觉精神等重要任务，从而更便于和工业及运输业中的危害行为作斗争，并促进生产财务计划的完成"。

按照列宁主义的原理，基层党组织要发挥战斗堡垒作用，这样才能有效地实现政治领导。这种战斗堡垒作用表现在哪里呢？一是表现在党的自身建设上，而不是表现在包办行政事务上。如果整天忙于行政事务和日常业务，党不管党，党的建设就不能加强，基层党组织的战斗堡垒作用也就不能发挥。二是表现在保证监督党的方针政策的贯彻上，而不是表现在对生产经营的指挥上。保证监督作用听起来很轻，甚至有人觉得这无关紧要。其实不然。保证监督的中心问题是使党的路线、方针、政策不走样地得到认真的贯彻执行。这是根本，是要害问题。三是表现在群众思想政治工作的加强上，而不是表现在直接对生产经营发号施令上。只有真正实行党政分工，党委摆脱了行政事务，才能加强思想政治工作，发挥战斗堡垒作用。

总之，不能把党的战斗堡垒作用理解为直接指挥生产。如果那样就成了生产指挥系统了。过去我们往往搞不清这个道理，好像行政事务工作一放松，战斗堡垒作用就没有了。实际上，党的战斗堡垒作用并不表现在这里。把党的自身建设搞好，把群众的思想政治工作搞好，把党的路线、方针、政策吃透，把它贯彻好，这样，战斗堡垒作用就能发挥，政治领导就加强了。这是实现党的领导的第三条渠道。

第四，列宁认为，党的领导最终还要体现在党员的模范带头作用上。按照列宁的看法，党应该通过自己的党员积极参加各种行政管理机关的选举和工作，"使这些机构以俄国共产党的精神进行工作"，因此，党的领导又是通过党员的模范带头作用来实现的。

列宁和斯大林都十分强调，贯彻党的路线、方针、政策，必须有得力的干部，否则"一切命令和决议只不过是些肮脏的废纸而已。"他们把培养精通技术、经济和财务的高度熟练的经济工作干部，看做是建立和巩固一长制的条件，把党员为人民利益而献身的共产主义精神，把党员的模范带头作用看是实现党的领导的重要保证。列宁说：在人民群众中，我们到底是沧海一粟，只有当我们正确地表现人民所意识到的东西时，我们才能管理。否则共产党就不能引导无产阶级，而无产阶级就不能引导群众，整个机器就要毁坏①。

在企业中，党员都分布在各个岗位。发展党员时也要研究党员的分布。例如，知识分子里少了，要增加；青年工人里少了，要发展；女工里少了，也要注意，等等。为什么要这样做？就是为了各个方面都要有党员在那里发挥作用，通过党员的模范带头作用来体现党对各个方面的领导。离开了党员的模范作用，光靠发文件是不行的。

那么，党员的模范作用从哪里来呢？从党的自身建设上来。通过党的教育和一系列的经常性的工作，党员的政治觉悟才能不断提高，才能更好地学习、领会党的路线、方针、政策，大家都用党的路线、方针、政策来统一思想，并在实际工作中认真贯彻执行，党员的模范作用才能发挥，党的领导才能加强。

总之，列宁的布尔什维克党对经济工作、对工业企业的领导，是通过多种途径来保证的。体现无产阶级和劳动人民根本利益的党的路线、方针、政策是体现党的领导的最基本的因素，它不仅要通过党员的模范作用和党的组织系统来贯彻执行，而且也要通过苏维埃政权的组织系统来贯彻执行。

---

① 《列宁全集》第33卷，人民出版社1959年版，第269—270页。

而企业的厂长是由苏维埃机关挑选和任命的，他要对国家负责，这同时也就是对党负责。所以说，一长制和党的领导不仅不是对立的，而且一长制本身就是党的领导的一种组织保证。

上述四条，我们把它完整地联系起来看，就可领会到列宁的理论是很严密的。前述四方面的问题真正解决好了，党的领导就应该说是体现了。虽然党的基层组织没有指挥生产，但是党的领导问题解决了。这和我们过去的理解不一样。问题在于对党的领导怎么理解，什么叫党的领导？是一个集体、一个班子十来个人代表党的领导还是党中央制定的路线、方针、政策代表党的领导？这个集体的班子要能代表党的领导，它的精力应该放在研究什么问题上？如果班子的精力都放在研究生产上了，那么党的方针、政策反而没精力去研究了，这样党的路线、方针、政策反而不容易贯彻，党的领导反而被削弱。这是第三点。

### （四）群众路线问题

群众问题，列宁讲得比较多。当时，在苏联实行一长制的时候，中央委员会里有很大争论。从文件里，从《列宁全集》里都看得出来。争论的焦点就在民主问题，不在党的领导问题。反对一长制的人，没人提出列宁的一长制是反对党的领导，好像没有发生这个问题。问题就在民主上。为什么呢？因为列宁否定的是集体制，这个集体制不是党委的集体制，而是工厂委员会的集体制。否定了工厂委员会的集体管理制，自然就有人提出民主问题来了。工厂委员会是群众代表啊，你把它否定，民主不是没有了吗？所以引起很多争论，很多人说一长制和民主是矛盾的。列宁就针对这些问题讲了很多话，说一长制和民主是不矛盾的，是一致的。讲了很多道理，这个问题理论上是解决了。

解决民主问题有一个前提，就是工人群众当家做主的民主权利不是表现在直接对企业的生产经营进行决策。就像党委似的，不是表现在包办生产行政工作。为什么？列宁说，管理是有关能力的事，有关技巧的事。这样的事情必须有人专门地去做。必须有个专家班子。不是要工人代表代替这个专家班子对生产经营进行决策。这是分工问题，不是民主权利问题。工人每人都有个生产岗位，不然他就不是个工人。车工、钳工或其他工人也好，每天八小时要干本职工作。他要研究这个、钻研这个，提高技术水平，生产才能上去。要求每个工人对企业生产经营的全局都要掌握，他没这个条件，是不可能的。所以，把各方面的工人代表集合起来去决策企业的生产经营工作，这本身就不可能。列宁不要求这个。而且列宁还明确提出过："工会对企业管理进行任何直接干预，都必须认为是绝对有害的。但是，把这无可争辩的原理了解成拒绝工会参加社会主义的工业组织和国营工业的管理，那就完全错了。"工人的当家做主不表现在这儿。表现在哪儿呢？也是四个方面。

第一，体现阶级意志，保证实现工人阶级的整体利益，是实现群众民主权利的根本。工人群众当家做主的民主权利，最根本的是表现在阶级意志的贯彻，体现阶级的统治。列宁认为，民主原则意味着使每一个群众代表、每一个公民都能参加国家法律的讨论，都能选举自己的代表和执行国家的法律[1]。工人阶级的统治地位表现在宪法中，表现在所有制中，并且还表现在正是我们推动事物前进这一点上面……[2]这是阶级意志、阶级利益的体现，工人群众的民主权利，从根本上说是表现在这里。这是工人的民主权利的根本所在。那么，怎么贯彻阶级的意志？列宁也讲过很多。并不是让生产工人离开自己的岗位，去搞生产经营决策。如果那样做就能贯彻了吗？不一定。列宁深刻地分析了资产阶级的统治和管理，指出：资产阶级是怎样管理的？当它还是统治者的时候，它是作为一个阶级来管理的……他们善于作为一个阶级进行统治，善于通过随便什么人进行管理，由单独一个人完全对自己负责……但是全部政权掌握在他们手里，而谁懂得业务，谁就有职权[3]。这个做法丝毫不影响资产阶级的统治。所以，他说，资产阶级先生们的阶级意识是很强的，而我们往往就缺乏这个意识，往往不能理解到这一点。列宁尖锐地批评了一种观点，这种观点认为：好像集体管理制才是工人管理制，而一长制就不是工人管理制。列宁指出这种意见是错误的。他说：单是这个问题的提法、这种论据就说明，我们还没有足够明确的阶级意识，而且不仅没有足够明确的阶级意识，甚至我们的阶级意识

---

① 《列宁全集》第27卷，人民出版社1959年版，第194页。
② 《列宁全集》第36卷，人民出版社1959年版，第544页。
③ 《列宁全集》第36卷，人民出版社1959年版，第544页。

还没有资产阶级先生们的明确①。因此，列宁强调：必须实行一长制，必须承认由一个人从实现苏维埃思想的观点出发来全权负责工作②。这同无产阶级的民主制，完全是一致的。这是第一点。群众的民主权利首先表现在阶级利益、阶级意志的体现上。

第二，群众有权为自己选择负责的领导者，有权撤换他们，这是群众能够实现自己的民主权利的重要保证。列宁认为，无论从技术上、经济上或历史上看来，任何大机器工业都要求无条件的和最严格的统一意志。而要想保证意志有最严格的统一，就只有使成百成千人的意志服从于一个人的意志。工人群众需要通过一长制的权力，把自己联结起来，组织起来。这样才能更好地实现自己的目标。这个一长、这个领导人，是由苏维埃委派的，他的权力由苏维埃赋予，也是由苏维埃撤销的。咱们现在也是这样，搞民意测验，选举厂长、最后由政府部门任命，也就是列宁讲的由苏维埃任命的，由苏维埃撤销的。群众的意见和要求都可以通过这个渠道反映进去，群众可以挑选领导者。但是，一旦承认了这个人的领导，赋予了他以权力，他就应当成为有权威的领导人，人们就必须服从由领导者来体现的这种统一意志。这和民主一点也不矛盾的。实行一长制，一长的产生，有群众选举的意见在里头，有上级的任命，苏维埃给他们权力，那他就要有权威，不然就软弱无力，就成为无政府状态了。官僚主义的集中制和民主集中制不同，民主集中制是在民主基础上的集中，就是通过民主，大家的意见可以反映进来，最后要集中，大家的意愿由他来体现。列宁说，在这种情况之下，如果我们有良好的纪律，有良好的习惯"这种服从就很象随着音乐指挥者的柔和指挥一样。"并不会感到是非常难受、非常受压抑的环境。弄得好，可以像乐队演奏随指挥，非常和谐、非常舒服，这么一种气氛。同时，列宁也讲过，如果没有很好的自觉性和纪律性，这种服从可以通过严厉的独裁形式来实现③。这是大机器工业的客观要求，并不是民主原则的取消，实际上这也就是民主集中制。

第三，群众有权对领导者实行多种形式的监督，这也是群众实现民主

---

① 《列宁全集》第30卷，人民出版社1959年版，第393页。
② 同上书，第468页。
③ 《列宁全集》第27卷，人民出版社1959年版，第247页。

权利的一种保证。企业领导者必须具有领导和指挥的权威，但这并不是不受任何制约的权威。企业的领导者必须接受群众的监督，"群众应当有权了解和检查他们活动的每一个细小的步骤。"列宁说：我们愈坚决主张有极为强硬的政权，愈坚决主张在某种工作过程中，在某种纯粹执行职能方面实行个人独裁，我们就应该有更多种多样的和自下而上的监督形式和方法，来杜绝毒害苏维埃政权的一切可能性，反复不倦地铲除官僚主义的莠草①。在列宁的理论中，这两方面他是兼顾到了。在实践中他也采取了很多办法。按照列宁的一长制原则，一是企业的厂长经过民意测验，上级任命，车间行政、技术人员的任命，要让车间独立自主去解决；厂长在任命下级领导人的时候，要征求车间意见，这就带有群众性；另外，厂长在决定工作人员时，要征求党委的意见和工会的意见。二是一长制和批评与自我批评是分不开的，这在列宁的文章里反复强调过。一长制的贯彻和批评自我批评是联系在一起的，离开了批评和自我批评一长制就没法贯彻。这就是一种群众监督。三是实行一长制，还必须严肃认真地对待群众的合理化建议。合理化建议就是群众的意见，这里边也体现着群众的监督。一长制要求企业领导要善于最大限度地关心工人的需要，注意他们所指出的技术与管理方面的缺点。所以说，多种渠道的群众监督，可以体现群众的民主权利。

第四，群众通过多种方式参加管理，也是实现民主权利的一种重要形式。一长制并不排斥吸收广大群众参加管理工作。俄共九大决议说："应当采取一系列措施来解决日益广泛地吸收工人阶级参加经济管理工作这个极重要的问题。"在一长制的条件下，职工群众通过工厂委员会、生产会议、车间会议和全厂代表会议等多种方式参加管理，而且还可以结合岗位工作直接参加生产管理。企业生产技术财务计划，要在各种会议上仔细进行讨论，发动群众尽量挖掘企业的潜力。计划制订后，工会还要领导和组织群众，发挥群众的创造热情，保证计划的完成。因此，一长制和群众参加管理并不矛盾，而且在一长制下吸引群众参加管理，正是群众实现民主权利的经常的、有效的方式。

所以，我认为，列宁的一长制从理论上说，按前述四个标准衡量，是

---

① 《列宁全集》第27卷，人民出版社1959年版，第253页。

基本符合的。当然执行当中有执行的问题，这里边有执行人的因素。我们50年代执行当中也有问题，说现在就是简单地恢复50年代的一长制，那当然不行。那里边有很多问题。但是，这并不妨碍我们研究一长制的理论。我们相信，上述四个标准通过厂长负责制能够实现。因为一长制理论是完善的，既然列宁的一长制能解决这些问题，我们实行厂长负责制当然也能解决这些问题。说明我们改革的方向是符合马列主义原理的，是有理论根据的。

# 四　怎样健全和完善我国社会主义企业领导制度

在企业领导制度改革中，怎样才能体现前述四项标准呢？在实际工作中我们应该注意哪些问题呢？

我国社会主义企业领导制度的改革，需要认真吸取过去的经验教训。既不能强调了党的领导和群众路线，放松了责任制度和专家管理；也不能反过来，注意了责任制度和专家管理，又放松了党的领导和群众路线。这两种倾向过去都发生过，这次改革不应再重复出现这些问题。为此，有两个方面的问题需要处理好。

一方面，要明确我们这次改革的侧重点，也就是要将企业领导制度改革要解决的中心问题把握住。

企业领导制度的改革，不是为改革而改革，它总有个目的，总是要解决主要矛盾，总有个核心问题。因此，要抓住侧重点。侧重点抓准了，横下一条心坚持到底，即使出现一些枝节问题，可以暂且不论。因为任何大的改革都会出现一些枝节问题，但只要抓住主要矛盾，就能下决心，就能解放思想，就不会被一些次要问题干扰视线。

侧重点是什么呢？我认为，企业领导制度的改革必须从加强责任制度和实现专家内行管理的要求出发。这个侧重点，是由长期以来我国企业领导制度存在的问题决定的。要改变无人负责的混乱局面，提高企业的管理水平，就必须解决责任制和专家管理问题。把握住这个侧重点，指导思想搞明确，才能顺利进行企业领导制度的改革，才能真正解放思想，怎样有利于加强责任制度、有利于实现专家管理，就怎样做，坚决采取措施，使厂长的责与权一致起来。在我们的企业里，既然要求厂长对经营成果负责，当然就必须给厂长以经营决策权。应当看到，无论是责或是权，对厂长来说都是一副很重的担子。厂长要更好地履行自己的职责，就必须谨慎行使自己的职权，就必须认真研究企业生产经营活动的规律性；如果厂长乱用职权去瞎指挥，就不可能有效地履行自己的职责。因此，这副担子实实在在地压到了厂长的肩上，就会改变那种大家都负责而又都不负责的局面，从而使厂长能够在实践中发挥才干、增长才干。这样就会出现责任制度促进干部成长，干部水平提高又促进责任制度不断完善的良性循环的局面，有效地解决加强责任制度和实行专家管理的问题。

这是一个方面。这方面的问题只要方针确定了，指导思想明确了，侧重点抓住了，上下一致去贯彻执行，问题就会比较容易解决。

另一方面，也是解决起来比较困难的方面在于：实行厂长负责制，加强了厂长的责与权之后，如何保障职工群众的民主权利，如何改善和加强党的领导，真正把加强责任制度、实现专家管理同加强党的领导、贯彻群众路线正确地结合起来。目前人们对实行厂长负责制存在的一些疑虑以及实际工作中难于处理的一些问题也往往发生在这些地方。如果不解决好这些问题，改革就不能顺利前进，或者从一个片面走到另一个片面，不能全面实现健全和完善企业领导制的标准。为了有效地解决这些问题，需要注意以下几点：

第一，切实实行党政分工。实行党政分工，才能改善和加强党的领导。目前一个很迫切需要解决的问题，就是要改变一个传统的观念：党政不分、党委包揽一切才能体现党的领导，否则就失去了党的领导。这种认识是不对的。应当看到，在党政不分的条件下，把党的领导地位变成了党代替一切、包办一切，这就必然使企业党委陷入日常生产技术和行政事务中去，既妨碍了厂长行使职权、发挥积极性和主动性，又削弱了党的工作，出现党不管党的怪现象，不利于党的自身建设，不利于实现党的政治领导，不利于加强思想政治工作。因此，实行党政分工决不意味着削弱党的领导作用；相反，正是为了使党委摆脱生产行政事务，集中力量抓大事，保证和监督党的路线、方针、政策的正确贯彻和执行。邓小平同志在谈到企业领导制度和改善党的领导问题指出："共产党实现领导应该通过什么手段？是用这种组织形式，还是用别的办法，比如共产党员的模范作用，包括努力学习专业知识，成为各种专业的内行，并且吃苦在前，享受在后，比一般人负担更多的工作。一个工厂的党委，总必须保证在产品的数量、质量和成本方面完成计划；保证技术先进、管理先进、管理民主；保证所有管理人员有职有权，能够有效率、有纪律地工作；保证全体职工享受民主权利和合理的劳动条件、生活条件、学习条件，保证能够培养、选拔和选举优秀人才，不管是党员非党员，凡是能干的人就要使他们能充分发挥作用。如果能够保证这些，就是党的领导有效，党的领导得力。这比东一件事情、西一件事情到处干预好得多，党的威信自然就会提高。"只有切实实行党政分工，党委摆脱日常生产行政事务，才能避免"东一件事情、西一件事情到处干预"，有效地进行保证监督，使党的领导更加有效、更加得力。

第二，建立专家业务班子，协助厂长进行生产经营决策。厂长负责制实际上是一种个人专责制。但一个人的知识、经验、能力毕竟是有限的。随着生产的发展、经济联系广泛性和技术复杂程度的提高，对现代企业的管理，只靠一个人往往难以胜任。目前各国大公司的管理，出现由专家个人向专家集体管理演变的趋势。但这种管理集体，既不是内行、外行混杂的委员会，也不是由不同利益、不同权利的代表组成的"类似议会"的组织，而是按照首长负责制原则建立起来的工作班子。这个集体对厂长起助手作用。因此，它和列宁所反对的那种集体管理制是不一样的，和个人专责制是不矛盾的。我国有些生产指挥系统比较健全的企业，一般设有厂务委员会或厂务会议。厂务会议并不是权力机关，而是在厂长领导之下的业务班子，一般由副厂长和总工程师、总经济师、总会计师以及各技术业务部门负责人参加，集思广益，协助厂长进行决策。实行厂长负责制后，应该更好地发挥厂务委员会的作用。有了这样的业务班子，就可以防止厂长一个人的片面性，弥补一个人在组织、经验、能力方面的不足，在使用干部、经营决策等方面更好地发挥集体智慧。

第三，加强多种形式的群众监督。在厂长负责制的条件下，需要有多种渠道、多种形式的群众监督，这样才能真正体现职工群众民主管理的原则。制度本身就应当保证职工有权按一定的程序选举和罢免企业的领导人，对他们的工作进行批评和监督。

职工代表大会是群众性的监督机构，它对厂长的决策以及厂长的作风起监督作用。特别是对那些同职工切身利益直接相关的问题，职工代表大会更应反映群众的呼声，维护他们的正当权益。应当从这些方面强化职代会的作用，而不应要求职代会直接干预和领导经营决策。这当然不是说职工群众对企业的经营管理就不闻不问了。厂长要定期向职代会报告工作，群众对厂长的工作报告要认真进行讨论和审查，这就要求职工群众通过自己的代表或者直接对厂长、对企业的经营管理充分发表意见，献计献策、开展自下而上的批评。

群众参加管理，是职工群众主人翁地位的体现，也是群众主人翁责任感的表现。群众参加管理的形式很多，通过职工代表大会进行全厂性的管理和监督是一种重要的形式，同样，组织群众参加班组管理也是一种重要的而且经常的形式。过去我们在这方面积累了许多好的经验，通过班组管理把全体职工都发动和组织起来，承担力所能及的管理工作，对改善和加强企业管理，调动职工群众的积极性，起了很好的作用。今后应当发扬优点，使群众参加管理的活动更经常、深入、持久地开展下去。

第四，建立厂长素质标准，纳入企业领导制度。制度是由人制定、由人执行的。再好的企业领导制度，也代替不了执行者的个人素质。因此，要健全和完善企业的领导制度，必须把干部素质问题纳入制度中来，在厂长负责制中不但要规定厂长的责与权，而且要围绕厂长怎样才能更好地履行职责，怎样才能正确行使职权来规定干部素质标准并把它制度化。对干部素质问题决不能看做是制度以外的事情。它是和企业领导制度密不可分的。不同的企业领导制度对干部的素质有不同的要求。实行厂长负责制对厂长素质的必不可少的要求、需要厂长必备的素质标准，正是制度本身应当包括的内容。我们在企业领导制度的改革中，为了避免重复出现过去推行一长制时发生过的缺点，需要更进一步研究厂长负责制中的厂长素质标准，把它搞得更加完整、更加全面。例如，在厂长负责制中不但要对厂长的年龄、学历、文化技术业务水平、思想政治水平等方面的素质有具体的规定，而且作为一个厂长，必须具有能够打开局面的开拓精神，事业心要强，要勇于创新，要有毅力，处理问题要果断，要能够团结同志一道工作，善于联系群众和关心群众，善于集思广益，等等，所有这些都应当纳入厂长素质标准，做出具体规定。这样做有什么好处呢？我觉得好处很多。上级任命厂长，可以按这个标准来衡量，不光看经营情况，要看全面标准。如果不具备应有的素质，比如有的人虽有一定的业务水平，但总是把个人放到不适当的位置，在工作中独断专行，不能团结和带领群众前进，这就可以说是没有达到厂长素质标准，对这样的同志就可以不任命他做厂长。群众在选举领导的时候，也按素质标准来衡量，谁符合这个全面标准，就选谁。在监督考核的时候，也按这个标准。厂长在职，你违反这个标准，就给你提意见，如果总也不改，群众就可以根据素质标准提出罢免。有了标准，让大家掌握，使它深入人心，大家都按它去衡量、去要求。这是一种很有效的监督形式。如果没有这个尺度，靠什么监督呢？最后只能看生产。生产搞好了，再粗暴，再压制群众，也拿他没办法。生产是个硬指标，一白遮百丑，你说什么他也照旧不改。一个企业，生产上去了，但群众精神上受到压抑，这就说明潜力很大，如果能够更好地团结群众，如果能够把群众的情绪理顺了，心情搞舒畅了，就更能调动群众的积极性，生产就能搞得更好。因此，不能满足于生产上去了，不能一白遮百丑，要有全面的素质标准，并且把它交给大家去掌握、去监督。

最近，我在北京接待了日本一个代表团，得到一些启发。有一个计算机软件公司经理说，他在选择计算机软件人才的时候，要考察那么几条，包括作风、为人，等等。其中有一条，他要求敏锐，思想反应要快。这看起来和软件没关系，其实关系很大，考核敏锐、反应快怎么考核呢？他说，我招一批人的时候，我组织他们下围棋，从下围棋中选拔。围棋和计算机有什么关系呢？他说，围棋可以看一个人的头脑是否灵活，搞软件需要这么一个素质。当然，不是说选厂长要下围棋。我们可以从各个角度规定，这么一个现代化企业，厂长负责制这么重的一小担子，要能体现党的领导，要能体现群众路线，他必须在作风上、在个人的素质上，在各方面应该有个要求。这就要求把它系统化，弄出制度化的一个标准，作为企业领导制度本身的内在的东西。这样的制度就比较完善。你经营搞得再好、再内行，但待人粗暴，独断专行，这和标准就不符合。素质标准要深入人心，群众心中都有这个标准，厂长的缺点如果不改的话，下次选举作为一条，大家就不让了。没这个标准就不一样了，批评批评，提提意见，不改也就算了。

这样一些制约的东西，如何制度化，这也是改革中需要研究的一个问题。

总之，厂长素质标准应当制度化，也能够做到制度化。群众选择厂长、上级任命厂长都应当用厂长素质标准来衡量。考核厂长既要用经营成果来考核，同时也要用厂长素质标准来考核。有了素质标准，群众对厂长的监督也就有了更加具体的依据。因此，建立厂长素质标准并把它制度化，是在厂长负责制的条件下，加强党的领导，坚持群众路线的重要保证。

（原载《理论动态》1985 年 4 月第 561 期）

# 完善公司治理结构与企业制度创新

完善公司治理结构，是世界各国企业普遍面临的重要课题，在我国，这个问题则更具有特殊的重要性，因此备受我国理论界、经济界的关注。很多学者认为，外国企业搞得好，是因为有健全完善的公司治理结构，而我们没有。因此他们认为，建立现代企业制度首要的任务，就是要设法建立起健全完善的公司治理结构。

公司治理结构重要，这是没有疑义的，但是，我们需要冷静地思考一下，我国国有企业，按照建立现代企业制度的要求，多数已经完成了公司制改造，有的已经成为上市公司，虽然大家都觉得最最重要的公司治理结构，但迟迟建立不起来，原因何在？根源何在？我认为，关键在于企业制度本身还有些问题没有解决。

## 一 公司治理结构的特征，是由企业制度的特征决定的

公司治理与公司治理结构，是既相联系又有区别的两个不同的概念。所谓公司治理，是指对公司的支配、控制、管理和运营，即有效地掌握和运用公司的资源，以实现公司的目标；其有效性，是靠一系列的组织机构和制度安排来保证的。而公司治理结构，则是进行公司治理的各种组织的构造，对现代公司来说，它主要由股东会、董事会、监事会和经理部门组成，通过这些组织和相关的制度安排，实现对公司的治理。

各国的企业，都在进行着公司治理，都有公司治理结构，但各国企业的公司治理和治理结构，却存在着很大差异。例如，美国公司治理的基本目标，是维护和实现股东的利益，而日本企业的治理，则更多地考虑命运共同体全员的利益；美国公司的董事，由股东委派，是股东的代表，而日本公司的董事则是由企业内部逐级选拔出来的，实际上是命运共同体的代

表；美国公司的股东大会，相对比较认真，每次股东大会一般要开半天到一天，对企业的运营过问较细，而日本公司的股东大会，则基本流于形式，一般都是半小时解决问题，实际上是经营者报告工作，与会者举手捧场；美国公司的经营者，受所有者的制约很严，自主性较小，而日本公司的经营者很少受到所有者的约束，自主性很强。所有这些，都体现着美日公司治理结构的巨大差异，其他一些国家的公司治理结构，有的接近于美国，有的接近于日本，但是总的来说，都存在着各自的特点，都存在着差异。

为什么各国公司的治理结构存在着这么大的差异？这是由企业制度的差异，特别是企业产权制度的差异决定的。

美国的企业以垄断性的大企业为主导，这些大企业虽然也存在着股权多元化、分散化的趋势，但家族资本"一股独大"的企业，在大企业中也还占有比较大的比重。另外，近些年来，美国大企业在多元的股东中，机构投资者的持股量不断上升，地位越来越突出，这些机构投资者是代表个人所有者运作资金的，重视资本所得，所以所持股份属于"利润证券"的性质，它的运行机制类似私人所有者。这就决定了个人或家族所有者对企业的控制比较严，对经营者的约束和干预比较多，前述美国公司治理结构的一些特点，都是由此而产生的。

日本的企业就有所不同。日本的大企业，基本上不存在"一股独大"的问题，而是股权高度分散化的。以松下电器公司为例，一般容易把它理解为松下家族的私人企业，其实不然。松下电器在创业之初，主要是家族资本，随着经济的发展和企业规模的扩大，其股权比重直线下降，1950 年松下家族持有本公司股票的比重已降到一半以下，为 43.25%，到 1955 年更降到了 20% 左右，到 1975 年又猛降为 3.5%，进入 90 年代后，降到了 3% 以下。其第一大股东是三井住友银行，但也只占 4.6%，第二大股东是日本信托，占 4.0%，第三大股东是日本生命保险，占 3.9%，其股东总数为 145697 名[①]，股权高度分散化了。不仅松下电器是这样，其他一些大企业也同样如此。

---

① 引自日本东洋经济新闻社出版《会社四季报》2002 年第 1 辑。

从上面列举的资料还可以看出，大企业的前几位大股东多为银行和企业法人，这里值得注意的是，日本的银行持股和美国的银行信托部持股性质是不同的。美国银行信托部是受个人或机构之托运营资金的，其所持股票属于"利润证券"的性质；而日本的银行，是运用自身掌握的资金、从银行自身的需要（如为了控制信贷关系）出发持股的，其所持股票属于"控制证券"的性质，同一般企业法人持股的性质是相同的。因此，日本企业的股权又有了一个法人化的特征。

日本大企业产权制度方面的股权多元化、分散化、法人化的特征，决定了日本企业法人治理结构的突出特点，这就是：最终所有者的控制被削弱，形成经营者集团控制企业的局面，从而实现了企业自主经营。

为什么在日本会形成经营者集团控制企业的局面呢？原因就在于，股权多元化、分散化条件下的法人相互持股具有一种"架空机制"，在企业的经营上，个人所有者被架空。以前表为例，日本大企业的大股东多为法人，股东数量多但单个股东的持股率低，因此没有哪一家能够独家说了算，而需要十几家乃至几十家大股东联合起来才能控制企业。这些法人大股东由于相互持股的缘故，他们互相参与，作为股东的干预力是相互抵消的，在股东大会上实际成为支持企业经营者的一股强大的力量；而个人股东人数众多、人均股权极少，他们只顾炒股票，谁也不去出席股东大会，所以它们也是自动架空的，对企业经营基本不起作用。这就决定了企业经营者的自由度很大，来自所有者方面的约束甚少，自主经营的权力极大。当然，如果企业经营出了大毛病，法人大股东也会从维护自身利益出发进行干预，干预的方式是联合起来更换经营者。这里有一个非常关键的问题：法人大股东的这种干预权力由谁来行使？并非最终所有者——个人大股东，而是大股东企业的法人代表——经营者（这和美国的大企业截然不同）。因此，实际上是由各个法人股东企业的代表——经营者形成的集团，发挥着对企业的控制、监督和处置作用。也就是说，在相互持股的条件下，在一定意义上可以说，作为最终所有者的股东被架空了，在企业经营上起决定作用的，归根到底是经营者而非个人股东。

日本 8 家知名大企业前 10 位大股东持股比例

| 企业名称 | 股东总数（万） | 第一大股东占股权（%） | 第二大股东占股权（%） | 第三大股东占股权（%） | 第四大股东占股权（%） | 第五大股东占股权（%） | 第六大股东占股权（%） | 第七大股东占股权（%） | 第八大股东占股权（%） | 第九大股东占股权（%） | 第十大股东占股权（%） | 十位合计占股权（%） |
|---|---|---|---|---|---|---|---|---|---|---|---|---|
| 松下 | 14.56 | 三井住友银行 4.6 | 日本信托 4.0 | 日本生命保险 3.9 | 住友生命保险 3.6 | 莫库斯利 2.9 | 松下产 2.6 | 三菱信托 2.2 | 朝日银行 2.0 | 住友海上火险 1.7 | 东洋信托银行 1.6 | 29.1 |
| 日立 | 29.53 | 日本信托 5.8 | 切斯（伦敦）3.9 | 日本生命保险 3.9 | 思合脱·斯托利银行 3.4 | 那茨·库目克 3.4 | 中央三井信托银行 2.9 | 第一生命保险 2.9 | 三菱信托 2.7 | 东洋信托银行 2.5 | 职工持股会 2.4 | 33.8 |
| 东芝 | 40.83 | 三井住友银行 3.8 | 第一生命保险 3.7 | 日本生命保险 3.3 | 日本信托 2.9 | 思合脱·斯托利银行 2.5 | 中央三井信托银行 2.9 | 第一生命保险 2.9 | 三菱信托 2.7 | 东洋信托银行 2.5 | 职工持股会 2.4 | 33.8 |
| 索尼 | 68.74 | 莫库斯利 6.6 | 日本信托 4.1 | 思合脱·斯托利银行 3.2 | 切斯（伦敦）2.8 | 思合脱·斯托利银行 2.5 | 职工持股会 1.6 | 三菱信托 1.6 | 切斯（伦敦）1.6 | 日本兴亚损害保险 1.5 | 新生银行 1.5 | 24.0 |
| 三洋 | 14.53 | 日本信托 5.8 | 三井住友银行 4.6 | 朝日银行 3.6 | 住友生命保险 3.2 | 日本生命保险 3.1 | 切斯（伦敦）SI2.0 | 三井住友 1.8 | 东洋信托银行 1.7 | 莱凯公司 1.5 | 东京三菱银行 1.3 | 27.2 |
| 丰田 | 21.38 | 丰田自动织机 5.3 | 三井住友银行 5.0 | 东洋信托银行 4.2 | 日本生命保险 4.2 | 中央三井信托银行 4.0 | 第一生命保险 2.5 | 职工持股会 2.5 | 三菱信托 2.4 | 住友信托 2.1 | 东洋信托银行 1.9 | 31.7 |
| NEC | 10.79 | 日本信托 4.7 | 日本信托 4.0 | 三菱信托 3.9 | 日本生命保险 3.3 | 三井住友 2.5 | 三和银行 3.9 | 日本信托 3.9 | 东海银行 3.1 | 东京三菱 3.0 | 瑞穗信托 2.7 | 39.3 |
| 新日铁 | 45.86 | 中央三井信托银行 5.6 | 日本信托 4.7 | 三菱信托 3.9 | 思合脱·斯托利银行 3.1 | 思合脱·斯托利银行 3.1 | 三菱信托 2.5 | 切斯（伦敦）SI2.5 | 住友海上火险 2.4 | 东洋信托 2.1 | 思合脱·斯托利银行 2.1 | 29.8 |

注：本表是作者根据日本东洋经济新闻社出版的《会社四季报》2002 年第 1 集整理。

从以上分析中可以看出，日本公司的治理结构同美国的公司大不相同；这种差异不是凭空产生的，而是由企业制度、特别是企业产权制度决定的。产权结构是基础，治理结构是其上层建筑。因此，脱离企业产权制度而空谈治理结构，是不可取的。

## 二  完善公司治理结构，需要从企业制度创新上下工夫

诚然，对日本大企业的产权制度和治理结构，无论日本国内或其他国家的学术界，都有各式各样的议论。如，有人认为，现代股份公司确立的股东主权、资本多数议决原则是天经地义的、不可改变的，而日本股份公司变成了企业人的企业，按照传统的观念去看日本的股份公司，就会觉得它是对股份公司本身的否定，是与传统的做法大相径庭、背道而驰的，甚至有人认为，能否将其叫做股份公司也是值得商榷的，如此等等。这里且不说美、日的公司治理结构孰优孰劣，这可以另做研究，但至少应当承认，各国有各国的情况，股权结构不同，必然产生不同的治理结构，日本的股份公司是客观存在，其治理结构同产权结构是相对应的，其经营效果也是人所共知的，因此对日本的企业制度、治理机制不宜按固定的尺度和模式去衡量，而应从实际出发对其做出科学的说明。我认为，股份制是现代企业的一种资本组织形式，是依法发行股票广泛筹集社会资本、有效运用社会资本的一种企业形态，至于资本的所有权属于谁，是家族、个人、法人或是政府，股权是集中的或是分散的，并不存在一成不变的固定模式；在这个问题上，重要的是如何按照法律更多地筹集资金、如何依法运用好这些资金。我认为，这才是评价企业制度、产权结构、治理结构的主要标准。

至于我国的企业，正处在制度转换的过程之中，情况更为复杂，更需要从实际出发进行制度创新。决不能离开企业制度特别是企业产权制度，孤立地考虑公司治理和治理结构问题。我觉得，目前在我国公司治理结构的研究中，按照传统的观念照搬美国模式的倾向比较严重。这样做是否合适，需要在分析我国企业产权制度改革方向的基础上，才能做出判断。

按照传统模式的要求，完善公司治理结构的基本目标，应当是保护所有者利益。因此，所有者必须到位，否则就不能产生实现上述目标的机制。

我国的公司制企业包括上市公司，存在的主要问题恰恰是国有股控制权的归属不明确，谁是国有资产所有者的代表、谁来作为上市公司国有股的代表行使权力也不明确，造成了国有股权虚设，所有者不到位。为了解决这个问题，就需要设法使国有控股集团公司或授权投资机构行使出资人的权力。然而，控股公司也好、授权投资机构也好，它们可以成为出资人的代表来行使权力，但它们本身并不是真正的所有者，并不能像真正的家族或个人股东那样从切身利益上去关心公司的治理，于是国有股权虚设的状况依然如故。这个问题已经成为我国国有股"一股独大"的公司制企业难以解决的问题。

这里，国际的经验是值得借鉴的。从前述各国大企业的股权结构来看，美国的企业制度，家族资本、个人资本的股权是明确的，维护所有者利益的动力机制是存在的；而日本的企业制度，企业法人财产权是明确的，但从个人产权的角度来看，是相对比较模糊的，法人相互持股的结果，使得企业到底是属于谁的，一时难以说清。显然，这两种不同类型产权结构的企业，其治理机制是截然不同的。我们要健全和完善公司治理结构，就不能不首先考虑我们的企业在产权制度的改革上应当走什么样的路子。

现在人们普遍认为，我国的企业国有股"一股独大"的状况必须改变，否则难以解决政府干预过多、政企不分的问题。怎样改？能改成美国大企业那样家族或个人资本"一股独大"吗？能通过私有化的办法把国有股量化到个人，使个人产权明晰化吗？显然不能。既然如此，我们在所有者难以到位的情况下，孤立地强调维护所有者的利益，是否带有一些盲目性呢？我这样说，并不是反对维护所有者的利益，而是要研究怎样才能真正维护所有者的利益。我认为，在现代企业，所有者的利益不是孤立的，而是寓于合理的利益结构之中的。因此，就所有者利益谈所有者利益，是不可取的。我们应当根据企业产权结构的状况和发展趋势，研究各利益主体的关系，处理好所有者、经营者、企业职工的利益关系，通过建立与产权结构相适应的合理的利益结构，来维护所有者的利益。

从近百年企业发展的历史可以看出，企业中各个利益主体之间一直在进行着较量，利益关系结构处于不断变化之中，所有权的地位和作用，事实上在不断降低。这种变化同风险的变化直接相关。现代企业多为股份公司和有限责任公司，它们都是股东在出资范围内承担有限责任的企业制度。这种企业同过去的小业主式的经营以及同无限责任公司，在风险和利益机制上有很大区别。无限责任的企业形态，风险和利益都集中在所有者身上，利益焦点比较集中，由于所有者要承担无限连带责任，企业如何经营就成为涉及身家性命、生死攸关的大事，因此，他必须亲掌企业经营大权，不可能大权旁落。这时不存在真正意义上的两权分离，因此也就没有经营者集团成长壮大，没有分享企业经营利益的势力，收益基本上归所有者独享。只有在有限责任的企业形态发展起来之后，风险被分散了、限定了，股东出资额以外的个人其他财产不再受企业经营的牵连，所有者才有可能把企业的经营权交给专门的经营者去掌管，所有权才有可能和经营权真正分离；也只有在这时，才会形成能与所有者相抗衡、具有独立利益的经营者集团。这种局面出现之后，必然引起利益结构的变化，原来由所有者独享的企业经营利益，不得不切一块给经营者，而且随着经营者的地位和作用的提高，这一部分逐步扩大。近几十年来，许多国家的企业实行职工分享制，职工也分享了一部分企业经营利益，利益结构关系又发生了新的变化。日本的大企业在这方面表现得最为明显。他们实行的年功序列工资制，实际上由职工对企业的经营与发展承担了一部分风险，年轻人进入企业，工资的起点比较低，随工龄的增加而逐步提高，起初工资低于贡献，逐步达到平衡，最后工资超过贡献，在这种情况下，只有企业不断生存和发展，职工的年功"储备"才能兑现。这不能不说是一种风险。这就使日本企业的职工凝聚力很强，在企业中的地位和作用比较突出，使企业变成了职工的命运共同体，企业成了职工的企业。显然，在这里利益结构又会有新的变化。因此，不能孤立地讲所有者的利益，必须把它放在合理的利益结构中来考察。企业利益结构合理，就能够把企业经营者和全体职工的积极性、创造性充分地调动起来，从而使企业充满生机和活力，所有者的利益也就寓于其中了。如果利益结构不合理，比如，所有者"竭泽而渔"，留给企业经营者和职工的利益过少；或者利益结构向经营者过于倾斜，出资者和职工群众利益遭忽视；或者过于看重职工眼前的、局部的利益，"分光吃净"，挫伤企业的后劲，等等，都不能把企业的活力调动起来，无论是所有者、经营者或者是职工，各方利益都会受损。

在如何调整利益结构关系方面，我们的经验教训是很多的。我们的企业在分配制度上，给企业经营者的待遇同国际标准相比，是比较低的，这样做好像是对所有者有利。其实不然。这对于政治觉悟高的企业家，不会有很大的负面影响，他们依然奋力搞好企业，这样的典型事例很多；但也有些经营者，他们内心感到不平衡，不努力搞好企业，其结果还是使所有者利益受损；更有甚者，有些经营者利用职权损公肥私，不但企业搞不好，而且造成国有资产大量流失，所谓"五九现象"也与此不无关系。因此，我认为应该调整思路，在考虑企业制度创新和完善公司治理结构的时候，不要就所有者利益谈所有者利益，而应该全面研究利益关系结构，建立科学有效的激励约束机制，例如，经营者认股权计划、职工持股制度等，都应尽快地完善起来，从而促进企业经营效益不断提高，使所有者的利益真正得到维护和保障。

## 三 我国企业制度创新，亟待解决的两个问题

改革开放以来，在企业制度创新方面，我们做了大量的工作，企业制度特别是企业产权制度，发生了巨大的变化。企业已经拥有了法人财产权，这是质的飞跃。但是，企业制度创新方面的任务并未完成，如果不进一步深化企业制度改革，公司治理结构也很难健全和完善起来。我以为，在企业制度创新方面，目前亟待解决的，有两个问题。

第一，落实有限责任。有限责任是现代企业制度最本质的特征，是现代企业一系列制度特征的总根子，分析一下党的十四届三中全会提出的现代企业制度标准的四句话，就可以看出有限责任是根本。

关于产权清晰。只有在有限责任的前提下，才能对产权清晰做出正确的理解。为什么在一段时间里曾有人把产权清晰同私有化混同起来呢？原因就是把产权明晰理解为个人产权，而没有从有限责任这个现代企业制度的本质特征出发来理解。过去常听到有人说，国有企业归国家所有，产权怎么不清晰，难道必须量化到个人才算清晰吗？其实这是误解，企业产权清晰是有限责任的要求，同私有化无关。在无限责任的公司制度下，企业

的最终归属是很清楚的，但企业的财产没有边界，同出资者个人的其他财产切不开，在这个意义上又是不清楚的。我国的国有企业正是如此。国有企业归国家所有，从这个意义上说，产权当然是清楚的，但从有限责任的角度来说，又是不清楚的。有限责任要求企业以其拥有的法人财产承担有限责任，但企业的法人财产没有边界，同财政部连在一起切不开，那又怎样承担有限责任呢？我们讲现代企业制度要产权清晰，主要含义就在于此，并不是把国有企业的财产量化到每一个人才叫产权清晰。因此，只有从有限责任的要求出发，才能够正确理解产权清晰。

关于政企分开、责权明确、管理科学。如前所述，有限责任把所有者的责任限定了，企业经营不再累及出资者的其他财产，更不会累及其身家性命，这时所有者才有可能超脱出来，把经营大权交由他人掌管，所有权和经营权才能真正分离；出现了这种局面之后，专门的经营者阶层才有可能形成、发展、壮大，专家管理、提高企业管理水平才有可能实现。显然，有限责任是关键。试想，如果国有企业的一切经营后果都由政府承担，没有明确的有限边界，成了无底洞，政府怎能不去直接经营呢？政企怎能分得开呢？总之，没有有限责任，我们通常讲的公司治理结构等现代企业的一系列制度特征，也就无从产生。所以我们说，有限责任是总根子。

按照有限责任的要求，我们的企业现在是什么状况呢？

在旧体制下，我国国有企业是无限责任制的企业。国际上所说的无限责任，集中表现在债权债务关系上，但我国国有企业的无限责任却是双重的，既表现在债权债务关系上，同时还表现在无限的社会责任上。这种状况在提出建立现代企业制度的任务后，已有所改变，企业有了法人财产权，明确了以企业的法人财产承担有限责任，这就在债权债务关系上确立了有限责任制度。但是，企业无限的社会责任还远远没有解脱，"三个人的事五个人做"仍然是很普遍的现象。为了社会的稳定，企业不得不背着本应由政府承担的社会责任，这种无限责任是我国企业特有的，至今尚未解决但却往往被人们所忽视。

企业无限的社会责任不解除，反过来又会影响到债权债务关系的明确性，使已经解决的债权债务关系又变成了一种软约束。这是因为，企业的债权人多为以政府为背景的银行和企业，而企业背的债又同承担应由政府承担的社会责任有关，这就变成了一笔糊涂账责任难以分清。在这种情况下，企业成了"养人单位"而不是用人单位；经营者成了"父母官"而不是企业家；企业体制成了"凑合体制"而不是规范的公司体制。这样，企业经营好坏就难以分清，激励与约束机制就无法建立。不仅如此，其结果还会走向反面：企业的无限责任反倒变成了无责任，经营者反而变成了可以不负责任。政府为了搞好企业，就不能不把希望寄予政治觉悟高、责任心强的、好的领导班子特别是一把手，于是政府就不得不把注意力放在领导班子的选拔和监管上。这又进一步固化了政企不分。因此，必须尽快解决企业人浮于事的问题，把企业由养人单位变成用人单位，真正落实有限责任，在此基础上才能建立起现代企业制度和健全、完善的公司治理结构。

第二，进一步推进股权多元化、分散化、法人化。在前几年现代企业制度百家试点中，80%以上搞成了国有独资公司，对此各方面的议论颇多，在此后的企业改制过程中，大家对这个问题的认识越来越清楚，比较快地推进了股权多元化的进程。但至今股权多元化尚未完成，分散化更是进展甚微，国有股"一股独大"依然普遍存在。为了健全、完善公司治理结构，今后必须在分散化上取得重大突破。

怎样使股权分散化？我认为，国有资产规模过于庞大，靠扩大个人股权实现分散化是不现实的，可行的办法是通过企业法人相互持股，推进股权分散化。

在我国推行企业法人相互持股，和前面介绍的日本的企业有所不同。我国是在原有的国有和国有控股企业的基础上推行法人相互持股的，这个背景日本是没有的。但是企业法人相互持股的作用和机制却又是相通的。

国有或国有控股企业之间相互持股，也和日本的企业一样，可以形成稳定的协作关系。例如，企业为了保证原材料等生产物资的供应，可以选择合适的供货伙伴进行投资，掌握对象企业一定的股份，从而影响其经营以确保稳定的供货关系；同样，供货企业为了保证产品的稳定销路，也可以选择合适的购货伙伴进行投资，控制其一定的股权。经过一个时期的选择、组合，我国的企业就会向股权多元化、分散化发展。

国有或国有控股企业之间相互持股，还可以强化企业之间的横向制约、淡化行政主管部门的直接干预、充分发挥经营者的作用。虽然相互持股的企业最终所有权仍由国家掌握,但相互持股以后,企业就会由只有一个"行政婆婆"变成多元的"法人婆婆",股东企业的法人代表——经营者就可以形成一个经营者集团,这些企业的经营者就会带着各自的、独立的经济利益相互参与、相互制约、相互促进。这样就可以强化经营者集团的作用,淡化行政主管部门的作用,促进政企分开。

总之,在研究解决公司治理结构问题时,不能脱离开企业产权制度。因此就需要研究分析企业制度的状况、问题和前景,在此基础上才能建立起与其相适应的公司治理结构。我国的企业,在落实了有限责任、改变了国有股一股独大和实现了股权多元化、分散化、法人化之后,就会形成既不同于美国企业又不同于日本企业的利益关系结构和公司治理结构。

(原载《中国工业经济》2002 年第 1 期)

# 公司治理结构研究中三种
# 值得注意的倾向

　　如何健全和完善公司治理结构，是我国企业普遍面临的重要问题，因此受到理论界、经济界的普遍关注。

　　公司治理与公司治理结构是相互联系又相互区别的两个不同的概念。所谓公司治理，是指对公司的支配、控制、管理、运营的活动，其实质是如何有效地掌握和运用企业的资源，实现企业的目标；而公司治理的有效性，是靠一系列的组织机构和制度安排来保证的，这些组织与制度安排，就是我们所说的公司治理结构。它的具体内容，主要包括股东会、董事会、经营者集团的组织与制度安排。由于公司的支配、控制、管理、运营的各项活动主要集中在董事会，公司治理的核心在董事会，因此，狭义的公司治理结构也主要是指董事会及其与股东、与高层经营管理部门的关系；在实践中，一般也是把建立和完善公司治理结构的工作重点，集中在董事会的建设上。

　　对于我国公司治理结构的建设，近几年来，人们在理论上进行了广泛、深入的研究，取得了很大的进展；在实践中，也形成了许多规范性的意见。例如，对于如何保护股东的利益、如何健全股东大会的议事规则和决策程序、如何完善董事会的构成和建立独立董事制度、如何建立健全董事会议事规则和决策程序、如何强化董事的诚信勤勉义务与责任、如何发挥监事会的监督职能，以及如何建立市场化的高级管理人员选聘机制和激励与约束机制，等等，有关领导机关都提出了指导意见。但是，无论在理论上还是在实践上，至今都还有许多问题没有解决。我认为，目前在公司治理结构的研究上，有三种倾向很值得注意。

# 一　脱离开企业产权制度，空谈治理结构的倾向

　　我国的企业改革发展到现在，着力点已经集中到两个关键问题上，一是产权制度，二是治理结构。这两个问题都很重要，而且它们又是相互联系、密不可分的，产权制度是经济关系，是基础，而治理结构是上层建筑，它必须与产权制度相适应。但是，在我们的研究工作中，对两者的内在联系注意不够，往往把它们割裂开来，分别进行研究。我觉得这是十分有害的。

　　各国的企业，都在进行着治理，都有公司治理结构，但各国企业的治理和治理结构，却存在着很大差异。分析一下这些差异，我们就可以看出，治理结构的差异并不是凭空产生的，而是由产权制度的差异决定的，因此，必须把两者联系起来考察。

　　以美国和日本为例，我们先来看一看各国公司治理结构的差异：一是美国公司治理的基本目标，是维护和实现股东的利益，而日本企业的治理，则更多地考虑命运共同体全员的利益。二是美国公司的董事，由股东委派，是股东的代表，而日本公司的董事并不是由股东委派，而是由企业内部逐级选拔出来的，实际上是命运共同体的代表。三是美国的公司设有外部的独立董事，而日本的企业多数没有外部独立董事，都是内部董事，而且是企业内各个部门的负责人。四是美国公司的股东大会，相对比较认真，对企业的运营过问较细，而日本公司的股东大会，则基本流于形式，一般都是半小时解决问题，实际上是经营者报告工作，与会者举手捧场。五是美国公司的经营者，受所有者的制约很严，自主性较小，而日本公司的经营者很少受到所有者的约束，自主性很强。所有这些都体现着美日两国公司治理结构的巨大差异，其他一些国家的公司治理结构，有的接近于美国，有的接近于日本，但总的来说，都存在着各自的特点，都存在着差异。

　　为什么各国公司的治理结构存在着这么大的差异呢？这是由企业制度的差异，特别是企业产权制度的差异决定的。

　　美国的企业以垄断性的大企业为主导，这些大企业虽然也存在着股权多元化、分散化的趋势，但个人或家族资本仍占据统治地位，其总的特点

是个人或家族资本的产权明确，所有者到位。这就决定了个人或家族所有者对企业的控制比较严，对经营者的约束和干预比较多，前述美国公司治理结构的一些特点，都是由此而产生的。

日本的企业就有所不同。日本的大企业，基本上不存在"一股独大"的问题，而是高度分散的，其总的特点是股权多元化、分散化、法人化，其结果使得个人产权反而变得模糊了。这与美国的企业截然不同。前几年笔者在日本报纸上看到以"日本的企业是谁的"为题展开的大讨论，初看起来，这似乎是很可笑的，日本企业不是资本家的吗？还有什么好讨论的。其实并非那么简单。以松下电器公司为例，一般容易把它理解为松下家族的私人企业，其实不然。松下电器在创业之初，主要是家族资本，随着经济的发展和企业规模的扩大，其股权比重直线下降，1950 年松下家族持有该公司股票的比重已降到一半以下，为 43.25%，到 1955 年更降到了 20% 左右，到 1975 年又猛降为 3.5%，进入 90 年代后，降到了 3% 以下。其第一大股东是三井住友银行，但也只占 4.6%，第二大股东是日本信托，占 4.0%，第三大股东是日本生命保险，占 3.9%，前 10 位大股东都是法人股东，合计占 29%，其股东总数为 145697 名[①]，股权可以说是高度多元化、分散化了。这样一种股权结构，还能说松下电器公司是松下家族的吗？显然不能。不仅松下电器是这样，其他一些大企业也同样如此。例如，东芝第一大股东是三井住友银行，占 3.8%，前 10 位大股东合计 24%；日立第一大股东是日本信托银行，占 5.8%，前 10 位大股东合计 33.8%；三洋第一大股东是日本信托银行，占 5.8%，前 10 位大股东合计 31.7%；丰田第一大股东是丰田自动织机，占 5.3%，前 10 位大股东合计 39.3%；新日铁第一大股东是中央三井信托银行，占 4.7%，前 10 位大股东合计 33.1%；NEC 第一大股东是日本信托银行，占 4.7%，前 10 位大股东合计 29.8%。

上述日本大企业产权制度方面的股权多元化、分散化、法人化的特征，决定了日本企业法人治理结构的突出特点，这就是：最终所有者的控制被削弱，形成经营者集团控制企业的局面，从而实现了企业自主经营。

从以上分析中可以清楚地看出，日本公司的治理结构同美国的公司大

---

① 引自日本东洋经济新闻社出版《会社四季报》2002 年第 1 辑。

不相同；而这种差异恰恰是由企业制度，特别是企业产权制度决定的。因此，脱离开企业产权制度而空谈治理结构，是不可取的。

但目前在公司治理结构研究中，我们比较多地照搬外国特别是美国企业的治理结构的经验，而对于我国企业的产权结构的发展趋势考虑得却很少。现在人们普遍认为，我国企业国有股一股独大的状况必须改变，否则难以解决政府干预过多、政企不分的问题。怎样改？能改成美国企业那样由个人或家族资本居统治地位吗？能通过私有化的办法把国有企业特别是大企业的国有股权统统量化到个人让个人所有者到位吗？显然不能。既然如此，照搬美国公司的治理结构，能行得通吗？我认为，我国企业产权改革的发展趋势，既不同于美国也不同于日本，我们只能从我国的实际出发，充分考虑我国国有企业特别是大企业多年累积形成的现实的产权状况，提倡和推进国有企业之间以及国有企业与非国有企业之间相互持股，在此基础上实现股权多元化、分散化、法人化。这样，我们就可以建立起同这种产权结构相适应的、既不同于美国也不同于日本的、适合我国情况的公司治理结构。

## 二 脱离开合理的利益结构，孤立地强调维护所有者利益的倾向

美国企业强调维护所有者利益，这当然是符合公司制企业的初衷的。但是也应当看到，所有者的利益并不是孤立的，而是寓于合理的利益结构之中的。必须有一个合理的利益结构，才能真正维护所有者的利益。美国企业强调维护所有者的利益，它能行得通，一是因为所有者到位，所有者对企业的经营具有强大的约束力；二是因为美国企业同时还强调对经营者的激励。这里有一个利益分配的问题，也就是说，要有一个合理的利益结构。如果单纯地强调所有者的利益而不去研究、建立合理的利益结构，不去正确处理各个利益主体的关系，所有者的利益也不可能得到维护。实际上，这个合理的利益结构并不是一成不变的，而是各个利益主体在长期较量过程中不断形成的结果。

在经济学研究中，我们历来对生产资料所有制的重要性都很重视。这

当然是对的，因为生产资料所有制是生产关系的基础，是经济利益关系的决定因素。事实也正是这样，地主拥有了土地所有权，他就几乎拥有了一切，农民难以维持温饱，劳动成果均被地主占有；在旧式企业，资本家拥有了企业的所有权，也就几乎拥有了一切，对工人极尽盘剥之能事，最大限度地榨取工人的剩余劳动，列宁说，泰罗制是一项"压榨血汗的科学制度"，深刻地揭示了当时的分配关系的实质。确实所有权在当时的利益关系的结构中居于核心或主体地位，因此我们说，所有制是绝对重要的。然而，近百年来，现代企业产权关系发生了巨大的变化，企业内部的利益结构多元化、复杂化了，个人产权在利益关系结构中的地位已不像过去那样绝对，从而生产资料所有制也已不像以前那么重要了。

我们说生产资料所有制重要，是因为利益关系重要。当生产资料所有权在人们的利益关系结构中占绝对优势的时候，所有制就是绝对重要的。随着科技的进步和企业制度的发展，随着经营者阶层的出现及其作用和势力的增强，企业职工特别是经营者，分享着企业的剩余，利益关系结构逐步变化，所有权所占份额自然也就相对缩小，其重要性也就相对缩小。

在近代，企业产权制度方面的最大变化，就是有限责任制度的广泛发展。企业形态由无限责任到有限责任，是公司发展史上的一次质的飞跃。有限责任的企业形态，同过去小业主式的经营以及同无限责任公司在产权关系和利益关系上存在着本质的区别。无限责任的企业形态，风险和利益都集中在所有者身上，利益关系结构的焦点非常集中。对一个无限责任公司的所有者来说，由于他必须承担无限连带责任，企业如何经营就成了涉及身家性命、生死攸关的大事，必然要亲掌企业经营大权，大权不可能旁落，在这种情况下，所有权和经营权是不可能分离的。而在有限责任的企业形态下，股东以实出资本额为限承担有限责任，出资额以外的个人其他财产不受企业经营的牵连，风险被分散了，它不再是无底洞，而是有限度的。这时所有者才有可能把经营大权交给他人去掌管，所有权和经营权才有可能真正分离。也只有在这时，才有可能形成能与所有者相抗衡的、具有独立利益的经营者集团。这种局面出现以后，必然会引起利益结构的变化，利益结构关系的焦点发生转移，经营者在企业利益关系结构中的地位越来越突出，所有者所占份额相对缩小。随着技术的进步，职工在企业生产过程中的地位和作用也发生着变化，收入水平也在逐步提高，这也在一定程度上改变着利益关系的结构。

我们可以用日本企业经营者的收入状况为例，来看一看利益关系结构的变化。日本大公司的董事，普遍持有本公司的股份，但一般持有量并不大。他们任职期间不能出售本公司股票，企业经营好坏给他们造成的股权上的利益得失并不居主导地位；相反，给他们带来的与股权无关的利益得失，却更加重要得多。

关于这个问题，笔者在1992年发表的《论企业自负盈亏》一文（见本书第二部分）中已经详细分析过。在股票分红率很低的情况下，日本企业经营者持有股票的收益是不多的，他们更主要的利益来源于以下几个方面：

第一，高工资。优秀企业职工的工资普遍高于一般企业，而董事的工资相对于本企业的平均水平，又要高出好多倍。董事的工资是按年计算的，因公司规模不同、效益不同，董事的工资水平也不相同，有很多大企业董事的年薪高达两三千万日元。

第二，高奖金。董事和监事的奖金，是在公司净利润分配中单独列项公开处理的，同一般职工的奖金分开计算。以某石油公司为例，先从职工奖金情况来看，1990年月平均工资为36万日元，效益好的企业职工奖金一般按六个月工资额发放，约为220万日元。再从股东分红情况来看，1990年该公司股票分红总额为36.75亿日元，发行股票总数122526万股，平均每股3日元，股东总数133440名，平均每名股东不到1万股，而1万股的红利只不过3万日元，只相当于其全年奖金的1.3%。董事和监事的奖金更高，总额达1.64亿日元，人数为19人，平均每人870万日元，同股东的分红相比更是相差悬殊。而且董事的奖金并非平分，有的企业，总经理一人按规定可得30%（按上例计算应为5000万日元）。由此可见，经营者特别是高级经营者的奖金收入较其股票所有权的收益要高得多。

第三，高交际费。交际费不是经营者的个人收入，但他们有权使用。交际费数量非常之大，据日本国税厅1990年《法人企业实态》公布的数字，日本企业一年支出的交际费总额为5兆日元，而相同口径的企业股票分红总额约为4兆日元。交际费总额大于股东分红总额，这是一个很值得注意的社会经济现象。这笔钱的使用对市场的刺激作用很大，特别是推动了服务行业价格的上涨。因为使用交际费时比个人消费更易于接受高价服务。

交际费的使用权不仅限于董事，范围要广得多。凡业务上有需要，各级业务人员都可以开支一定数量的交际费，但这笔钱的使用从政府的税务部门到每个企业都有章法可依，因此，在日本虽对企业交际费的开支褒贬不一，但多数人还是赞同的。

第四，高退休金。企业一般职工到退休年龄后，接工龄计算，每年一个月的工资一次支给，而董事的退休金，按年收入的30%计算，这比一般职工就高得多了。若按年收入3000万日元（这种收入水平的董事是相当多的）计算，退休金每年近千万日元，董事在任时间最长的可达10年以上，退休金一项就可高达上亿日元。

第五，高社会地位。大企业的经营者社会地位高，同样，优秀企业职工的社会地位也较一般企业高，职业稳定、收入高，受人尊重。一位大企业的经营者曾对笔者说，他的企业的牌子，对每位职工来说都是一笔无形资产，扛着这块牌子就是一笔财富。

以上几点构成企业利益结构的主体部分。所有这些都同企业经营状况紧紧地联系在一起。企业兴旺，这些就能保持和提高，如果经营不善就会减少，若是企业倒闭，一切都会失去。所有这些都表明，日本企业经营者之所得在企业收益中所占的比重，呈不断扩大的趋势，利益关系结构发生了明显的变化。

美国企业近几十年来，利益关系结构也发生了巨大的变化。20世纪30年代中期，美国一些企业就开始实施了"收益分享计划"，实际上就是企业业绩的改善所得的收益，按照一定的分配比例由企业与职工分享，而不是全部由所有者拥有。

20世纪70年代以后，美国企业又广泛地实施了股票期权制度，也就是一般所说的"认股权计划"。"认股权计划"是对企业管理者和员工实行的一种长期激励，它要求授予公司管理者和员工一定数量的认股权，即在某一期限内，以一个固定的执行价，购买一定数量本公司股票的权利。获得认股权的雇员可以按认股权确定的买入价（执行价）购买本公司股票，而后在高价位抛出以获得收益。这也是协调所有者与管理者利益，激励管理者与员工的举措。据统计，1997 年《财富》杂志排名前 1000 家美国公司中，90% 实行了认股权计划，1997 年变现认股权的收入比 1996 年上升了35% ，认股权收入在管理人员的收入结构中所占的比重高达 28% 。

总之，利益结构关系的变化在不同国家虽有不同的表现，但利益关系在不断调整，结构在不断变化，却是共同的趋势。通过这种调整，使职工的收入随企业效益的提高而增加，从而调动员工的积极性，为企业创造更大的效益，最终使所有者的利益能够得到更好的维护。

企业利益结构合理，就能够把企业经营者和全体职工的积极性、创造性充分调动起来，从而使企业充满生机与活力。如果利益结构不合理，比如，所有者"竭泽而渔"，给企业经营者和职工的利益过少；或者利益结构向经营者过于倾斜，所有者或职工群众利益遭到忽视；或者过于看重职工眼前的、局部的利益，"分光吃净"，挫伤企业的后劲，等等，都不能把企业活力调动起来。

我们现在的情况是，所有者既不到位，又单纯强调要维护所有者的利益，而不去研究合理的利益结构建立对经营者与职工的激励机制，结果企业搞不好，所有者的利益也得不到维护。

## 三 笼统地反对内部人控制,忽视败家子控制的倾向

企业不能没有控制，不是所有者直接控制就是经营者控制，如果经营者的控制损害了所有者的利益，就变成了大家所批评的内部人控制；如果所有者不能到位，又不去认真建立合理的利益结构，不能形成在合理利益结构框架内的、既有激励又有约束的经营者控制，这就会变成毫无章法、毫无约束的败家子控制。后者比所谓的内部人控制更糟。

内部人控制不一定搞不好企业，它主要是权力和利益分配的问题，是所有者和经营者之间较量的问题；败家子控制是"富了方丈穷了庙"，企业搞不好经营者却可以挥霍和侵占国有资产。因此，不能笼统地反对内部人控制，如果所有者注定不能到位，那就应当研究如何建立合理的利益结构框架内的、既有激励又有约束的经营者控制机制。

日本企业内部人控制的问题比较突出，常常听到对日本企业经营者控

制企业、忽视所有者利益的批评意见。但也不可否认，日本企业并不是毫无约束的败家子控制体制，而是一种比较有效的经营者集团控制的模式。

为什么日本的企业会形成经营者集团控制的局面呢？原因就在于，股权多元化、分散化条件下的法人相互持股，具有一种"架空机制"，在企业的经营管理上，个人所有者被架空。如前所述，日本大企业的大股东多为法人，股东数量多但单个股东的持股率低，因此没有哪一家能够独家说了算，而需要十几家乃至几十家大股东联合起来才能控制企业。股东大会通常是前几十位大股东的代表出席，个人股东人数众多、人均持股极少，他们只顾炒股票，谁也不去出席股东大会，在企业经营管理上他们是自动架空的。为了研究股东大会，笔者曾经请一位购有上市公司股票的中国留学生出席股东大会进行实地考察，据他说，会议开得确实很简单，总经理报告工作，与会者举手通过，用不了半小时即可解决问题，纯属形式。就此笔者请教过多位日本经营学家，他们承认，这不是个别现象，股东大会通常都是这么简单。这就发生了一个问题，所有者的利益是不是就没有人来维护了呢？事实并非如此。实际上，如果企业经营出了大毛病，法人大股东也会从维护自身利益出发进行干预，但干预的方式并不是在股东大会上具体地讨论企业的经营工作，而是在会前进行沟通采取应对措施。股东大会前两周，企业要向每位股东发送营业报告书，包括经营状况说明、资产负债表、损益计算书、利润支配表，法人大股东据此可以对企业经营做出评价，如果符合要求，股东代表就举手通过，如果状况不佳，会前就相互通气，必要时就联合起来通过股东大会更换经营者。这里有一个非常关键的问题：法人大股东的这种干预权力由谁来行使？并非最终所有者——个人或家族大股东，而是大股东企业的法人代表——经营者（这和美国的大企业截然不同）。因此，实际上是由各个法人股东企业的代表——经营者形成的集团，发挥着对企业经营者的控制、监督和处置作用。也就是说，在相互持股的条件下，在一定意义上可以说，作为最终所有者的股东被架空了，在企业经营上起决定作用的，归根结底是经营者而非个人或家族股东。

一方面有法人大股东代表组成的经营者集团的控制，另一方面又有合理利益结构的保证，这就能够促使企业经营者兢兢业业为搞好企业而努力工作。由于利益结构比较合理，日本的企业有很强的凝聚力，职工把企业视为命运共同体，企业兴我兴、企业衰我衰的利益关系表现得十分明显，特别是在企业经营中起关键作用的经营者，更是一心扑在工作上。一个职业经营者，如果把企业搞坏，不仅前述的各种利益将会失去，而且还会面临被罢免的处境，这是涉及经营者一生前途、生死攸关的事情，谁也不会掉以轻心。因此，在日本企业经营者中间常常发生由于拼命地工作而"过劳死"的事件，成为引人注目的一种社会问题。由此也可以看出，日本企业的主流是有控制、有约束的经营者集团控制的治理机制，而不是败家子控制。

我们的国有企业的情况又是怎样呢？

许多人认为，国有股产权归属不明确，谁是国有资产产权的代表不明确，所有者不到位，国有股产权虚设等是根本问题，因此想方设法解决所有者到位问题。怎样解决呢？无非是探讨由谁来代表所有者行使权力，于是就产生了由国有控股集团公司或政府授权的投资机构行使出资人权力的举措。然而，控股公司也好、授权投资机构也好，它们可以成为出资人的代表来行使权力，但它们本身并不是真正的所有者，并不能像真正的家族或个人所有者那样从切身经济利益上去关心企业的治理，于是国有股产权虚设的状况依然如故。我认为，所有者到不到位并不是主要问题，国有企业或国有股一股独大的控股企业，所有者不能真正到位是注定的、不可避免的。但这并不是说国有企业和国有控股企业就注定搞不好。事实上，我们有很多国有或国有控股企业搞得很好，如果按照美国企业所有者到位的标准来衡量，我们的这些企业所有者也是不到位的。这些企业搞得好，关键是有一个好的领导班子，特别是一把手，企业并不归他们所有，但他们有高度的觉悟、责任心和敬业精神。这种好的领导班子是靠行政力量来考核与选拔的。对于为数不多的特大型企业来说，这种用集中控制人事权的办法来体现所有者的意志，是必要的也是有效的，但对于成千上万的、众多的国有或国有控股企业来说，如果一律用这种办法，不但难以保证选拔的准确，而且还会固化政企不分的弊端，通过各种关系跑官甚至买官的腐败现象就难以避免，很多败家子控制企业的现象，往往从这个空隙中滋生出来。应当看到，这是比所谓的内部人控制更需要我们重视的问题。

对于绝大多数国有或国有控股企业来说，我认为主要的问题不是所有者到位或不到位的问题，而是如何真正落实有限责任与实现股权多元化、分散化的问题。过去我国的国有企业是无限责任制企业，而且是债权债务和社会负担双重的无限责任，一切经营后果由政府承担；经过二十多年的改革，目前我国国有企业在债权债务方面的有限责任制度已经确立，但无限的社会责任还没有解除（详见本部分《深化企业改革要在有限责任制上下工夫》一文）。只有彻底解决了这个问题，才能真正实现两权分离、政企分开，形成有效的企业经营机制。在此基础上引导企业相互持股，实现股权多元化、分散化、法人化，进而形成既有控制与约束，又有合理利益结构的、规范的经营者集团控制企业的局面。

（原载《当代财经》2003 年第 1 期）

# 第七篇

# 厘清国有企业民营化与私有化的异同

# 对公有制多种有效实现形式的再认识

十五届四中全会是一次深入贯彻十五大精神的重要会议。全会集中讨论了国有企业改革和发展的若干重大问题，并作出《决定》。《决定》以邓小平理论为指导，全面阐明了国有企业改革和发展的主要目标和指导方针，提出了实现这些目标的政策措施和工作部署。这些都充分体现了十五大精神，保持了中央关于搞好国有企业改革和发展一系列方针政策的连续性。特别是《决定》反复强调了以公有制为主体，多种所有制经济共同发展的方针，强调了必须积极探索公有制的多种有效实现形式，这对于进一步深化国有企业改革具有重要意义。

要探索公有制的实现形式，就必须搞清所有制及其实现形式之间的关系，否则就容易产生一些误解，例如，有人常常把改变实现方式看作是改变所有制关系，或者把国有企业民营化等同于私有化，甚至担心会造成国有资产流失，会威胁到公有制的主体地位，会削弱国有经济的主导作用，等等。其实这些都是误解。为什么在这个问题上容易产生误解，怎样才能消除这些误解呢？我觉得，需要从企业形态说起。

企业形态是国际上用得比较广泛的概念。任何一个国家，为了研究分析企业、组织管理企业，都需要从各种不同的角度对企业进行形态分类。在我们研究公有制的实现形式问题的时候，我以为，至少要涉及三个方面企业形态的划分，一是企业的经济形态；二是企业的经营形态；三是企业的法律形态。

第一，关于企业的经济形态。这是按出资主体来划分的，实际上就是我们通常所说的所有制形式。

第二，关于企业的经营形态。这是按经营主体来划分的，实际上就是我们通常所说的经营方式。

第三，关于企业的法律形态。这是按法人主体来划分的，实际上就是我们通常所说的法人类别。

上述三种企业形态，是从三个不同的侧面对企业进行的类别划分。它们之间既有联系又有区别，在研究不同问题的时候，可以使用不同的企业形态分类，一般不能混淆。从这里我们可以得出以下几点认识：

## 一　国有企业民营化，主要是经营形态方面的问题，是国有经济实现方式的改变，不等于私有化

在我们把前述的三种企业形态区分开以后，就可以非常清楚地看出，国有企业民营化和私有化，一个是属于经营形态方面的问题，另一个是属于经济形态方面的问题，两者并不是一回事情。对"国有国营"的企业来说，所有权和经营权是不分的，但所有权是属于经济形态范畴的问题，而经营权则是属于经营形态范畴的问题，两者是有区别的；在两权分离的情况下，更是如此，经营权如何运用，又可以有许多不同的做法，可以是授权的，可以是委托的，也可以是承包的或者是租赁的，但无论采取怎样的形式，都是属于经营形态范畴的问题，它并不一定要改变所有制关系，与经济形态更是不能混为一谈。

从国际经验看，国有企业民营化的形式也是多种多样的，有的可以伴随着所有权的改变，但多数情况下和所有制的变化是无关的。

70年代初期的石油危机，影响到了西方发达国家经济的发展，当时各国政府为了减轻财政负担，减少财政赤字，纷纷实施了国有企业民营化的措施。由于各国的情况不同，原有国有企业的基础差异也比较大，在民营化的过程中各国的做法不同，侧重解决的问题也不同，所以，对什么是民营化，在国际上也存在着多种多样的理解。

进入80年代以后，西方各国为了总结和交流民营化的经验，举行了多次国际会议，从学术的角度，对民营化的含义进行了讨论。在1985年的一次会议上，有的国家的代表，如德国的学者认为，国有企业的全部或者一部财产卖给私人，即所有权转移，才是民营化；而法国的学者则认为，企业目标和机制的转换，即国有企业像私有企业那样，追求盈利，转变为以营利为目的，就是民营化。与会者多数认为，法国学者的贡献就在于，他

们强调了民营化并不是所有权转移，而是企业目标的转移，即向盈利行为转移的问题（这次会后，在研究报告中，对民营化的概念概括出了十五种说法，我在《国有企业的民营化和民营企业的发展》一文做了详细介绍，详见《中国工业经济》1999 年第 4 期）。

80 年代，日本加速了国有企业民营化的进程。在日本，国有企业民营化主要包括以下两个方面的内容：一是局部改变所有制，即政府所有的资本，部分地向民间出售，转为民间企业。二是规制缓和，即解除各有关行业领域的特别法的制约，逐步向民间开放。

对照各国对民营化的理解和改革的实践，我觉得，我国国有企业的改革，早已进入了民营化的进程。虽然在抓大放小的过程中也伴随着一些所有权的转移，但这是比较小的一个局部，就总体来说，主要不是所有制的改变。因此，对国有企业民营化问题，主要可以理解为国有经济实现方式的改变，因为这主要是经营形态而不是经济形态方面的问题，同私有化并无必然的联系。

## 二 对国有企业进行股份制改造，主要是企业法律形态方面的问题，是改变国有经济实现方式的一种重要形式，不存在"姓资"还是"姓社"的问题

过去在股份公司问题上，总有人解不开它到底是"姓资"还是"姓社"，其实这是把企业的经济形态同企业的法律形态搞混了。历史的经验告诉我们，股份制是现代企业的一种资本组织形式，是依法发行股票广泛筹集社会资本，有效运用社会资本的一种企业形态，至于资本的所有权属于谁，或者说资金的来源是个人，法人、外资或者是政府，并不重要，重要的是如何按照法律更多地筹集资金、如何依法运用好这些资金。所以我们说，股份制是企业法律形态问题面不是企业所有制方面的问题，因此，不能笼统地说股份制是公有还是私有，不存在"姓资"还是"姓社"的问题，其道理也正是在这里。

对国有企业进行股份制改造，是使国有经济通过发展混合经济的形式来实现，国有经济并没有削弱，国有资本并没有流失；相反，国有资本通

过股份制可以吸引更多的社会资本，放大国有资本的功能，提高国有经济的控制力、影响力和带动力。

因此，国有大中型企业尤其是优势企业，宜于实行股份制的，要通过规范上市、中外合资和企业相互参股等形式，改为股份制企业，发展混合所有制经济。除重要企业由国家控股之外，一般来说，应当大力推进股权多元化、分散化、法人化，尽量不要独家或少数几家大股东控股，这样有助于实现政企分开，使企业由一批法人大股东联合控制，从而实现自主经营。以松下电器公司为例，它的第一大股东是住友银行，只占 4.6% 的股权，而松下家族只占 3% 左右的股权，松下公司并不是哪一家大股东说了算，而是由十几家乃至几十家大股东联合控制，而且大股东企业的法人代表本身就是经营者，这样就形成了经营者集团控制企业的局面。这种机制如果能够用于我国国有企业的股份制改造，推进国有企业之间相互持股，使股权多元化、分散化、法人化，每个股份制企业，都由一批法人大股东的代表联合控制，而不是哪一家说了算，这样就会使包括经营者产生机制在内的人事权问题自然而然地得到解决，我想一定会有助于政企分开，形成专家管理企业的治理结构。相反，如果都搞成国有独资公司，或者都搞成国家控股的公司，对于转换企业经营机制是十分不利的。

## 三　现代企业制度的本质特征是有限责任，应多从企业的法律形态考虑问题，在有限责任上下工夫

建立现代企业制度需要进一步解决的问题很多，我觉得最重要的问题是有限责任问题，这是因为，有限责任是现代企业制度最本质的特征。

有限责任和无限责任，是属于企业法律形态范畴的问题。各国企业的法律形态分类不尽相同。在美国，个人企业、合伙企业不是法人，美国的法人企业都是有限责任的公司法人，因此，在美国不存在无限责任的公司法人。有人以此为据，认为公司法人和有限责任是同义语，公司法人必定是有限责任的，当今世界已经不存在无限责任的公司法人。其实并非如此。在美国是这样，但是其他的国家，就不都是如此。例如前面已经提到过，日本就存在着有限责任和无限责任两大类公司法人。

企业形态由无限责任到有限责任，是企业发展史上的一次质的飞跃。在历史上，无限责任公司制度的出现，早于有限责任公司。无限责任公司，由于风险太大，难以吸收他人出资，不能适应市场竞争的需要，企业的发展受到很大的局限。对一个无限责任公司的所有者来说，由于他必须承担无限连带责任，企业如何经营就成了涉及身家性命、生死攸关的大事，必然要亲掌企业经营大权。因此，在无限责任公司体制下，经营大权不可能旁落，所有权和经营权是不可能分离的，这就决定了现代公司的所谓"治理结构"，也是不可能在这里产生的。

而有限责任企业形态的出现，就使企业同过去小业主式的经营以及同无限责任公司，在产权关系和债权，债务关系上，发生了本质的变化。在有限责任的企业形态下，股东以实出资本额为限承担有限责任，出资额以外的个人其他财产，不受企业经营的牵连，风险被限定了、分散了，对出资者来说，它不再是无底洞，而是有限度的。这时，才有可能吸引他人参与，广泛集中社会资本，实现资本的社会化；也只有在这时，所有者才有可能超脱出来，把经营大权交给他人去掌管，所有权和经营权才有可能真正分开；出现了这种局面之后，专门的经营者阶层才有可能形成、发展和壮大，专家管理、不断提高企业管理水平才有了现实可能，现代企业的一系列制度特征才能够产生。因此可以说，有限责任是现代企业一系列制度特征的总根子。

我国的国有企业，在旧体制下实际上是无限责任制的企业。在市场经济国家，企业的无限责任，集中地表现在企业的债权、债务关系上，但我国国有企业的无限责任，却有所不同，它不仅仅表现在债权、债务关系上，同时还表现在无限的社会责任上。我国的国有企业，并非单纯的经济组织，它全面地承担着基层政权组织的社会责任，不是按照企业的需要来招募职工，而是按照社会的需要来安排就业，职工的生老病死、子孙后代，全部由企业包下来，责任是无限的。这是中国国有企业特有的无限责任。这种状况在提出建立现代企业制度的任务以后虽然有所改变，但至今还没有从根本上解决问题。在这样的基础上进行企业改革、建立现代企业制度，如何从原来的无限责任的企业制度，真正地而不是名义上地转变为有限责任的企业制度，它的意义和它的难度都是非同寻常的。这就要求我们重视有限责任问题，认真地研究和解决有限责任的问题。改革开放后，特别是近几年来，这种状况有所改变，但是，企业的社会责任远远没有解脱，企业冗员问题仍然没有解决，企业还不得不背着应由政府承担的社会责任，这反过来又影响着企业债权，债务关系的明确性，使企业不能真正成为承担有限责任的经济组织。

国有企业承担的本应由政府承担的社会责任不解除，它的债权、债务关系也就必然是一种软约束。这是因为，它的债权人多为以政府为背景的银行和企业，而企业背的债务又是为承担同政府有关的社会责任而背上的，这就变成了一笔糊涂账，责任难以扯清。正因为责任扯不清，企业的无限责任反倒变成了无责任，企业家反而变成了可以不负责任。企业的无限责任，实际上还是由政府承担着。为了使企业经营者能够认真负责地搞好企业，就不能不把希望寄予好的领导班子特别是一把手，政府就不得不把注意力放在领导班子的选拔上，这又进一步固化了政企不分。

要解决这个问题，根本出路还在于有限责任。因此，要建立现代企业制度，就必须进一步解决有限责任问题。要切实保障企业法人财产权不受侵犯；要推进股权多元化、分散化，法人化；要加速社会保障体系的建设。企业的社会责任应当直接由政府的社会保障部门来承担，企业应当由这种无所不包的社会责任中解脱出来。这样企业的责任就明确了，企业经营者的责任也就明确了。只有这样，企业才能真正转变经营机制，使企业按照规范的有限责任的体制来运营，从而为企业分散风险，广泛集资，实现两权分离、形成经营者阶层和法人治理结构等现代企业的一系列制度特征创造根本前提。

（原载《社会科学辑刊》2000 年第 1 期）

# 国有企业的民营化和民营企业的发展<sup>*</sup>

关于什么是民营经济，人们在认识上存在着很多差异。有人常常把民营经济和私人经济混同起来，因此，常常把国有企业民营化等同于私有化，甚至担心会造成国有资产流失，会威胁到公有制的主体地位，会削弱国有经济的主导作用，等等。其实，这是一种误解。为什么在这个问题上容易产生误解，怎样才能消除这些误解呢？我觉得，需要从企业形态说起。

## 一　企业形态分类

企业形态是国际上用得比较广泛的概念。任何一个国家，为了研究分析企业、组织管理企业，都需要从各种不同的角度对企业进行形态分类。例如，从企业所在的行业、地域以及企业的规模、技术特征、经济性质、组织形式等不同的侧面，都可以对企业进行类别划分。这种类别划分，有时可以用得很宽，有时也可以用得很窄。在我们研究民营经济问题的时候，我以为，至少要涉及三个方面企业形态的划分：一是企业的经济形态；二是企业的经营形态；三是企业的法律形态。

第一，关于企业的经济形态。这是按出资主体来划分的，实际上就是我们通常所说的所有制形式。在我国，过去由于"左"的指导思想起主导作用，盲目追求"一大二公"，使所有制形态单一化，限制了生产力的发展。党的十一届三中全会以后，确定了以公有制经济为主体、多种所有制经济共同发展的方针，而且逐步明确了这是我国社会主义初级阶段的基本经济制度，而非一时权宜之计。

公有制经济，不仅包括国有经济和集体经济，而且还包括混合经济中

---

＊ 1999 年 1 月 30 日提交"民营经济发展研讨会"论文。

的国有经济成分和集体经济成分。目前在城乡大量出现的股份合作制经济，基本上是以劳动者的劳动联合和劳动者的资本联合为主的形式，这是改革中的新事物，是一种新型的集体经济。至于非公有制经济，也应当说是社会主义市场经济的重要组成部分。这些就是我国社会主义初级阶段所有制结构的基本格局。我们所讲的企业经济形态，就是属于上述范畴的问题。

第二，关于企业的经营形态。这是按经营主体来划分的，实际上就是我们通常所说的经营方式。对一个企业来说，出资主体同经营主体可以是统一的，也可以是不统一的。例如，国有国营、业主私人所有私人经营，就是出资主体同经营主体统一的。但是，从现代企业发展的现状和趋势来看，所有者是委托给职业经营者来经营的，这时，出资主体同经营主体就是不统一的，这也就是我们通常所说的两权分离。实际上，每一种所有制的企业都可以实行多种不同的经营方式，国有企业也可以民营，这只是企业经营形态的问题，并不涉及企业经济形态改变的问题。

第三，关于企业的法律形态。这是按法人主体来划分的，实际上就是我们通常所说的法人类别。企业作为法人、作为独立承担民事责任的主体，都是依法确立的，从它的设立、运营直到终止、清算，都有明确的法律规制。由于各国的法律不同，企业的法律形态分类也就有所不同。以日本为例，其公司的基本法是1899年制定的《商法》，在这个法中分别确立了股份有限公司、无限责任公司和两合公司三种类型的公司法人，1938年又制定了《有限责任公司法》，专门确立了有限责任的公司法人。到目前为止，日本仍然存在着上述四种不同的公司法人，所依据的就是上述两个法律。我国的企业法律形态分类则有所不同，在《公司法》中确立了股份有限公司和有限责任公司两类公司，在有限责任公司中又单独列出了国有独资公司，实际上是确立了三种公司法人。无论各国的法人类别的划分怎样不同，但都属于企业法律形态范畴的问题。

上述三种企业形态，是从三个不同侧面对企业进行的类别划分。它们之间既有联系又有区别，在研究不同问题时，可以使用不同的企业形态分类，一般不能混淆。例如，对"国有国营"的企业来说，所有权和经营权是不分的，但所有权是属于经济形态范畴的问题，而经营权则是属于经营形态范畴的问题，两者仍然是有区别的；在两权分离的情况下，更是如此，经营权如何运用，又可以有许多不同的做法，可以是授权的，可以是委托的，也可以是承包的或者是租赁的，但无论采取怎样的形式，都是属于经营形态范畴的问题，与经济形态更是不能混为一谈。

过去在股份公司问题上，总有人解不开它到底是"姓资"还是"姓社"，其实，他们是把企业的经济形态同企业的法律形态搞混了，历史的经验告诉我们，股份制是现代企业的一种资本组织形式，是依法发行股票广泛筹集社会资本的一种企业形态，至于资本的所有权属于谁，或者说资金的来源是个人、法人、外资或者是政府，并不重要，重要的是如何按照法律更多地筹集资金、如何依法运用好这些资金。所以我们说，股份制是企业法律形态问题而不是企业所有制方面的问题，因此，不能笼统地说股份制是公有还是私有，不存在"姓资"还是"姓社"的问题，其道理也正是在这里。

## 二　国有企业的民营化

在我们把前述三种企业形态区分开来之后，就可以非常清楚地看出，国有企业民营化和私有化并不是一回事情，从国际经验看，国有企业民营化的形式也是多种多样的，有的可以伴随着所有权的改变，但多数情况下和所有制的变化是无关的。

我们都还记得，20世纪70年代初期的石油危机，影响到了西方发达国家经济的发展，当时各国政府为了减轻财政负担，减少财政赤字，纷纷实施了国有企业民营化的措施，由于各国的情况不同，原有国有企业的基础差异也比较大，在民营化的过程中各国的做法不同、侧重解决的问题也不同，所以，对什么是民营化，在国际上也存在着多种多样的理解。

进入20世纪80年代以后，西方各国为了总结和交流民营化的经验，举行了多次国际会议，从学术的角度，对民营化的含义进行了讨论。在1985年的一次会议上，有的国家的代表，如德国的学者认为，国有企业的全部或者一部财产卖给私人，即所有权转移，才是民营化；而法国的学者则认为，企业目标和机制的转换，即国有企业像私有企业那样，追求盈利，转变为以营利为目的，就是民营化。与会者多数认为，法国学者的贡献就在于，他们强调了民营化并不是所有权转移，而是企业经营目标的转移，即向盈利行为转移的问题。这次会后，在研究报告中，对民营化的概念概括出了 15 种说法。① 这些说法，有的大同小异，有的相互交叉或者重复。尽管这 15 种说法显得杂乱无章，但它们毕竟是比较完整地反映了当代各国学者对民营化的认识，因此，对于我们研究国有企业民营化问题，还是有参考价值的。

1. 改变所有制，即把国有企业或企业的一部分财产向私人出售。这种做法是和经济形态的转变同时进行的。

2. 改变企业法律形态，即向依据民法设立的法人企业形态转变，使政企完全分离，但不需要把所有权向私人转移。

3. 改变公共事业的供给责任，或者称为"职能的民营化"，即把一部分公益事业的供给责任由国家控制向民间转移。

4. 转变经营方针，即导入民间企业的追求盈利的机制。

5. 扩大企业自主权，即向经营者转移权力。

6. 非官僚主义化，即从法律的和行政的过多限制中解脱出来，创造能发挥企业家精神的环境。

7. 实行非集中化，即从地理意义上，或者更重要的是从决策、计划实施权力委让的意义上实行非集中化。

8. 条件均等化，即国有企业要具有与民间企业相同的经营活动条件。

9. 促进竞争，即把过去一直由国有企业控制的领域向民间开放，利用市场，形成竞争机制。

10. 打破垄断，即传统的"自然垄断"领域内国有垄断企业的解体。

11. 职工"待遇民营化"，即工资、劳动、雇用条件，比照民间企业进行调整。

12. 公共服务范围的削减。

13. 公共资源的民营化，即准许民间企业免费或部分免费享用公共部门的生产资料、服务或公共部门开发的专有技术。

14. 公共收入的民营化，即鼓励私人向公共事业投资，公共投资的收益

---

① 详见《民营化的世界潮流》（日文版），御茶水书房出版。

向民间转移，如在公私混合出资的公益事业领域，在收益分配上对民间出资者实行优惠政策，等等。

15. 非国有化，包括国有企业进入国际资本市场，也包括外国投资者对本国国有企业的股份和资产处置权的取得。

从上述 15 种说法来看，对民营化含义的理解是非常广泛的，并非民营化就是私有化。如果把民营化和私有化等同起来，显然就过于简单化了。

20 世纪 80 年代，日本加速了国有企业民营化进程。在日本，国有企业民营化主要包括以下两个方面的内容：一是局部改变所有制，即政府所有的资本，部分地向民间出售，转为民间企业。二是规制缓和，即解除各有关行业领域的特别法的制约，逐步向民间开放。

对照各国对民营化的理解和改革的实践，我觉得，我国国有企业的改革，实际上早已进入了民营化的进程。建立现代企业制度，对国有企业进行公司化改造，实际上也是民营化的一种重要形式。虽然在抓大放小的过程中也伴随着一些所有权的转移，但这是比较小的一个局部，就总体来说，这主要是经营形态方面的问题，向私有化问题并无必然的联系。因此，对民营化问题不能回避，而应当因势利导，积极推进。

# 三 民营企业应向股权多元化、分散化方向发展

目前我国的民营企业，大体是从两个方面发展而来的，一是国有企业改制而来，二是由个人或集体创办起来的。从发展趋势来看，我认为，这两类企业都应向股权多元化、分散化的方向发展。这是因为，民营企业基本的经营特征应当是自主经营、自负盈亏、成为有竞争力的经济实体。而只有股权多元化、分散化，才有助于实现上述目标。

对国有企业进行公司化改造，如果只是改造为国家独资或者占绝大多数股权的公司，就仍然难以摆脱行政机关的控制，难以实现自主经营。少数行业的企业可以这样做，多数竞争性行业的企业则不应这样做，而应当使股权多元化并且要大幅度降低国家直接持股的比例。这样，才能转换机制，实现自主经营。

大幅度降低国家直接持股的比例，公有制的主体地位岂不就动摇了吗？

其实不然。我们发展股份制企业，当然要吸收个人资金，但从我国的实际情况来看，光用发展个人股的办法来使国家直接持股比例大幅度降低，是根本不可能的。如果我们主要用大力发展企业法人相互持股的办法来降低国家直接持股的比例，就不但是可能的而且还不会因此而从根本上改变原来所有制关系的格局，例如，企业既要吸收其他企业的投资来增加资本金，又要以自有资金去持其他企业的股。这样交叉进行，就可以在资金总量不变的条件下，使相互持股的每一个国有企业的资本金同时都会增加，从而使国家直接投入各个企业的原有资金在资本金中所占份额相对下降。尽管这会使企业资本金虚增，但只要不是用行政办法而是按照企业间的生产联系和经济需要，本着自愿的原则来形成法人相互持股关系，伴随的就会是资金在产业间的合理流动和产权组织结构的合理调整。采用这种办法，由于企业间的资金是可以相互抵消的，所以并不会过多增加企业的负担。当然，这不可能一蹴而就，需要有一个逐渐磨合的过程。

按照上述设想，通过法人相互持股使股权多元化、分散化之后，就可以削弱最终所有者的控制，形成经营者集团控制企业的格局，真正实现企业自主经营。为什么会有这样的效果呢？这是因为，在股权多元化、分散化的前提下，法人相互持股具有一种"架空机制"。以日本的大企业为例，企业的大股东多为法人，法人股东数量多但单个股东的持股率低，因此，需要几十家大股东联合起来才能控制企业（如松下电器公司拥有 17 万股东，最大的股东是住友银行，持股率只占 4.3%，前 10 位大股东持股合计也只占 26.5%），这些法人大股东由于相互持股的缘故，它们互相参与，作为股东的干预力是相互抵消的，在股东大会上实际成为支持企业经营者的一种强大力量；而个人股东，人数众多、人均股权极少，每人都持有不止一家公司的股权，各大公司的股东大会又都在同一天召开，谁也无法分身去参加股东大会，所以，他们也基本不起作用，是自动架空的。这就决定了公司经营者具有很大的自由度，在具体经营上，来自所有者方面的干预甚少，自主经营的权力极大。当然，如果企业经营出了大的毛病，法人大股东也会从维护自身利益出发进行干预，干预的方式是联合起来更换经营者，但是，这里有一个非常关键的问题，就是法人大股东的这种干预权力由谁来行使？并非最终所有者——个人大股东，而是股东企业的法人代表——

经营者。因此，实际上是由各个法人股东企业的代表——经营者形成的集团，发挥着对企业的控制、监督和处置作用。也就是说，在相互持股的条件下，在一定意义上可以说，作为最终所有者的股东被架空了，在企业经营上起决定作用的，归根结底是经营者而非个人股东。

当然，日本企业的所有制关系同我国企业是根本不同的，但法人相互持股使法人股东的代表转化成经营者集团，最终所有者被架空，这种作用和机制是相通的；无论最终所有者是个人股东还是国家行政主管机关，被架空的可能性是同等的。我们在国有企业的公司化改造过程中，正确运用法人相互持股的"架空机制"，把一元的"行政婆婆"改组成多元的"法人婆婆"，就可以转换企业经营机制，使企业之间能够相互影响、相互制约、相互促进，从而淡化行政主管部门的直接干预，突出经营者集团的作用，使企业经营机制得到转换，促进实现企业自主经营。

上述道理，我觉得对于个人或者集体创建和发展起来的民营企业来说，也是适用的。这样的企业在它发展壮大的过程中，需要大量的资金，光靠企业自身的积累是远远不够的，必须面向社会广泛筹集资金，实现资本的社会化。这是现代企业发展的必然趋势。以松下电器公司为例，松下幸之助在80多年前创业的时候是100%的独资，随着企业规模的扩大，松下家族的资本在松下电器公司中所占的比重不断下降，1950年降到43%，1955年降到20%，1975年更猛降到5%以下，为3.5%，1990年又降到2.9%。松下幸之助从他创业直到他逝世，始终是松下电器公司的象征，掌握着松下电器公司的命运，但是，我们应当注意到，他的身份实际上发生了很大的变化。最初是以他的资本即以资本家的身份控制着企业，后来则是以他的知识，以他的经营理念、经营韬略和经营才干即以经营者的身份控制着企业。我们每一位民营企业家都应当有这样的观念和胆识，敢于和善于广泛集资，实现资本社会化，这样才能突破个人和家族的局限性，广招各路英才，壮大经营者队伍；而且只有自身不断增长知识、增强才干，才能掌握住企业，使企业和个人的事业兴旺发达、长盛不衰。

（原载《中国工业经济》1999年第4期）

# 促进非公有制经济健康发展<sup>*</sup>

《中华人民共和国宪法修正案》强调："我国将长期处于社会主义初级阶段。""国家在社会主义初级阶段，坚持以公有制为主体、多种所有制经济共同发展的基本经济制度。""在法律规定范围内的个体经济、私营经济等非公有制经济，是社会主义市场经济的重要组成部分。"这是党的十五大精神的贯彻和落实。

个体经济、私营经济，是在改革开放的新形势下迅速发展起来的。它们和传统的计划经济体制没有直接的联系，是由民间自己发起成立，在市场竞争中生存和发展起来的。从它们产生那天起，就离不开市场，本身就是和市场联系在一起的。我们要长期坚持搞社会主义市场经济，当然就不能不发展非公有制经济。改革的实践也已证明，非公有制经济已经成为我国经济增长的重要力量；随着它的发展，正在成为国家财政收入的重要来源；这部分经济的发展在开辟就业门路、缓解社会就业压力方面起到了重要作用；对于地方经济的发展也起着越来越重要的作用。

宪法修正案已经公布实施，它肯定了非公有制经济在我国社会主义市场经济中的地位和作用，使党的十五大的精神用根本大法的条文固定下来；这将更加有利于鼓励和引导个体经济、私营经济等非公有制经济健康发展。

促进非公有制经济健康发展，从企业外部环境来说，需要按照十五大精神进一步消除"左"的思想影响，纠正对个体经济、私营经济的种种偏见。现在，对非公有制经济的歧视性政策正在逐步消除，但在实际工作中、在政策的掌握上，在一些地方还没有做到对不同经济成分一视同仁，存在着对非公有制经济的不公平待遇。为了促进非公有制经济健康发展，我们需要努力学习和宣传宪法，创造一视同仁、平等竞争的环境。

---

※ 为《经济管理》1999 年第 4 期写的"卷前时评"。

　　促进非公有制经济健康发展，从非公有制经济特别是私营公司制企业自身来说，迫切需要解决按照现代企业制度的要求加以规范的问题。必须突破个人或家族式管理的局限性，广泛集资实现资本社会化，建立科学的公司治理结构，制定切实可行的企业发展战略，避免不规范的竞争行为、经营行为。要真正做到把企业利益同国家的利益、消费者的利益结合好，特别要注意切实维护好劳动者的合法权益。

　　促进非公有制经济健康发展，关键还在于政府职能的根本转变。只有加速这种转变，才能更好地坚持社会主义初级阶段的基本经济制度，形成以公有制为主体、多种所有制经济共同发展的生机勃勃的新局面。

（原载《经济管理》1999 年第 4 期）

# 民营化与私有企业的发展*

张泉灵（以下简称"张"）：我们以前经常谈到怎样把国有企业的经营机制搞活，有许多经济专家提到这样一种方式，就是把国有企业民营化。那么就有人担心，这会不会改变企业公有制的性质，会不会削弱国有经济的主导作用，会不会造成国有资产的流失，等等。那么，您对这个问题怎么看？

吴家骏（以下简称"吴"）：在这个问题上，实际上误解是很多的。

张：您觉得这是一种误解？

吴：对，我认为这是一种误解。这里涉及企业形态问题。企业形态在国际上是一个通用的概念，任何一个国家，它要从宏观上管理企业或者要研究、分析企业问题，都需要从各个不同的侧面对企业进行类别划分。企业类别的划分可以有很多种划法，比如，我们在研究企业的民营化问题的时候，我自己觉得至少有三个方面企业形态的类别需要把它们区分开：一个是企业的经济形态问题，另一个是企业的经营形态问题，还有一个是法律形态问题。必须把它们区分开来。

所谓企业的经济形态，就是按企业的出资人来划分的企业形态，这就涉及所有制关系问题了。是国有、是集体所有，还是私有，等等，这是所有制问题。那么，经营形态就和这个不一样了，它是怎么经营的问题，是属于经营方式方面的问题，是按经营主体来划分的，而不是按出资主体来划分的。这么一说就区别开了。你国有也可以民营嘛！而且民营也可以有各式各样的方式方法。承包、租赁，这些都可以说是民营化的方式。

张：也就是说，早期我们搞的比如个人承包国有企业，也已经是一种民营化的方式了。

---

* 1999 年 3 月中央电视台"中国报道"主持人张泉灵在演播室进行的采访。

吴：是的，我是这样看的。

除了上面说的两种以外，企业还有法律形态。我们知道，每个企业都是一个独立的法人。所谓独立的企业法人，就是依法设立的经济组织。从它的设立到它的运营一直到它的最后终结、清算，都有法律规定。每一类企业，它的法律规定又是不一样的。股份有限公司有它的法律规定，而有限责任公司就不能用股份公司的法律来规制。国际上还有一种无限责任公司，又是由另外的法律来规制的。也就是说，各种各样的法人，都有不同的法律分类，比如我国《公司法》规定有两类公司：一类是股份有限责任公司，另一类是有限责任公司。在有限责任公司里边，又单独列出了一个国有独资公司。实际上我国的法律确立的，是上述三类公司法人。别的国家就有所不同，比如日本，正好在一百年以前，也就是在 1899 年，他公布了一个《商法》，这个法里规定了三种公司法人形态：一种是股份有限责任公司，另一种是无限责任公司，还有一种叫两合公司。这个法律一直到现在还在沿用，只不过每年都有小的修订，但大的分类一直没变。到了 1938 年日本又另外公布了一个法律，叫做《有限责任公司法》，这个法专门规定了有限责任公司从成立到终结的整个的法律问题。这就可以看出，有限责任公司也好，一百年以前规定的股份公司、无限公司也好，这些都是属于企业法律形态方面的问题。

前述企业形态的三种不同的分类，我们在研究不同问题的时候，可以分别从不同的侧面去运用，但是不能把它们混淆。一混淆就会产生前面说的那种误解。你看，国有民营，国有讲的是所有制，是经济形态问题；而民营是属于经营形态方面的问题，它还可以是国有嘛！当然，国有民营也可以是将一部分资产出售，那就是所有制的部分改变了，但国有民营并不完全是这样。所以说，很多误解是因为这三种形态没有区分开造成的。

张：国有企业的民营化，不等于国有企业的私有化。所有制和经营形态是两个不同的概念。

吴：是的。

张：除了我们前面提到的承包这个民营化的方式之外，还有没有其他的民营化的方式？

吴：我们现在搞的现代企业制度，国家正在搞的试点，正在搞的国有企业公司化改造，大家都不觉得这是民营化，我个人认为，这就是民营化。我的观点就是这样。

张：为什么这么说？

吴：国有企业民营化，不是从我们现在开始的。这里有个如何认识国际经验的问题。从国际上看，有些国家从20世纪70年代就搞这件事情，西方国家在80年代初就开始讨论这个问题，开了多次国际学术讨论会，各国的专家学者对民营化的看法也不完全一样。例如，1985年有过一次学术会议，会上德国学者认为，要民营化就必须把国有企业卖给私人，或者把企业的一部分资产卖给私人。他们的观点是认为民营化就是所有制的变化。法国学者的观点就有所不同，他们认为民营化不一定是所有制的改变，民营化是经营机制的改变，国有企业能够真正按照民营企业那套办法去经营、去赚钱、去追求利润，按照这样的要求，把机制给它变过来，把一系列的管理办法、管理方式变过来，这就是民营化。其他许多国家的代表赞成法国学者的观点，认为法国学者的贡献就在于区分开了这两种关系，即民营化不一定是所有制的改变。在1985年这个会议之后，他们搞了一个研究报告，把各国学者的意见归拢起来，概括出了15种民营化的方式，其中真正涉及所有制改变的只有一种，其他都不涉及所有制问题。比如说，各国国有企业的分配方式同民营企业都不完全一样，把国有企业职工包括高级职员的待遇，仿照民间企业的制度来制定和运作，这也是民营化的一种方式。另外，我们扩大企业自主权，这种做法在国外也是有的，这也叫民营化。还有一些产业是政府控制得比较紧的，民间企业是不能进入的，这样的行业各国都有。缓解对这些行业的规制，让民间企业能够进来，这也是一种民营化的方式，如此等等。他们归纳出15种民营化的方式，按照这15种做法来对照，我认为，我国的企业改革实际上早已经进入了国有企业民营化的过程。但这个民营化的过程并不是私有化的过程。

张：刚才您也已经谈到了扩大企业自主权的问题，这是近几年来我国国有企业改革当中的一个非常重要的问题。那么，我们现在当然有了一些很好的法律、法规，也有了一些很好的或者说是更加完善的市场的运作方式，来保证企业不受到一些不必要的行政干预。但在这方面需要解决的问题仍然很多，您觉得民营化过程是否能够对扩大企业自主权提供一些帮助。

吴：我觉得你提的这个问题是很重要的，而且也是很难解决的。我们在民营化的过程中，比如说我们搞的现代企业制度试点，80％搞成了国有独资公司，当然这也是有法律依据的，《公司法》里确实有独资公司的规定。但我觉得，要想通过改革真正解决扩大企业自主权的问题，国有独资不是很好的办法，它仍然是一个上级主管单位，不可能摆脱行政干预。所以我就说，要想实现企业自主经营，就必须走股权多元化、分散化的路子。就是一个企业它不是只有一个婆婆，不是只有一个出资的上级主管单位，它可以有很多的其他的出资人。我认为，国有企业之间只要双方都有需要又有可能，都可以互相持股，同时也可以向职工、向公众出售，这样逐渐地把它变成不是只有一个婆婆，企业的自主经营就能比较容易实现。

张：在中国，要让企业不是只有一个婆婆有一定的难度，就是中国没有一个完善的资本市场的存在。那么，应该向谁去分散这些股权呢？

吴：一个是职工持股。当然，这不可能有很大的资金量，不可能占有很大的比重。

张：特别是对国有大企业来说，更是这样。

吴：对，它解决不了这个根本问题。我觉得还是要靠国有企业之间相互持股，这是一个好办法。国有企业之间实际上它也有这种需要。我们现在行业之间，产业结构需要调整，有的行业资金存量很大，生产能力过剩，资金不一定要往那里投放；有的行业呢，它还是缺少资金的，如果通过我们有领导、有组织地把一些长线行业企业的资金向短线行业的企业转移，这对长线企业来说也体现出一种利益，它的资金流向短线行业去，比在长线企业获利肯定要高。这也是一种动力。当然，还是得加以行政指引。

张：据我所知，日本也曾经有过这样的现象。但日本企业之间相互持有股权，跟您说的形态又不完全一样，比如，它是银行持有工业企业的，工业企业持有商社的，商社又持有银行的，这样一种循环的关系。它主要是为了加强财团之间相互的关联性。那么，您说的这种方式，在我们这里应用，投资的动力又是什么呢？比如说作为一个国有企业，我为什么要买你的股票，你又为什么要来持有我的股权，这种投资的动机何在呢？

吴：要知道，我们过去企业之间生产的衔接是靠计划来保证的，上游的产品供应下一个厂家，它是通过计划的调拨来实现的。到了市场经济条件下，企业之间也应当有一种稳定的协作关系，不然就保证不了生产的顺利进行。这是社会化大生产的分工所决定的。日本企业相互持股也有这个背景，企业持股以后就可以保证它所需要的上游企业生产的零部件源源不断的供应。通过相互持股要解决的正是我们通过计划要解决的生产衔接的问题。我们从原来的计划体制向社会主义市场经济体制过渡，我觉得企业之间生产衔接的问题也是必须解决的。那么，没有了计划安排的衔接，企业相互持股就可以成为解决生产内在联系的一种重要手段，如果我们能够很清楚地意识到这一点，有意识地加以引导，我想企业之间是会有这样一种意向的。

张：刚才我们就国有企业民营化问题采访了吴家骏先生（下面播报相关新闻，然后请继续收看中国报道。

欢迎继续收看中国报道。就像刚才在新闻里看到的，我们的记者发现，在很多私营企业发展到一定程度之后，它们都纷纷感到有一种困惑，就是在私营企业发展壮大之后，下一步棋该怎样走呢?）有关这个问题，我们将继续采访吴家骏研究员。

我们都知道，在民营企业当中，的确有一部分私营经济的存在，那么我们发现，从十三大开始我们国家对私有经济的评价发生了一些变化。从有益的补充，到十五大的评价是我国社会主义市场经济的重要组成部分。那么，您觉得这样一种转变体现了一种什么样的思路？

吴：在这个问题上，我们的认识也有一个逐步深化的过程。改革开放以后，我国重新出现私人经济，是在 80 年代初。在当时，对于这种经济现象应该怎么办，没有一个明确的说法，当时的态度是看看再说。先进行调查研究，不禁止、不宣传，调查研究以后再说。这是一个比较稳健的办法。到了 1987 年就逐渐有了一点说法，比如，明确了"允许存在，加强管理，兴利抑弊，逐步引导"的十六字方针，等等，逐渐地合法性就被肯定下来了。到 1988 年修改宪法时，就是你刚才说的十三大精神了，说这是社会主义公有制经济的补充。这个时候实际上是政策上的一个彻底的大转变，也就是从消灭它回过头来到法律上承认它，这是很大的转折。

刚才你提的这个问题，实际上又是一个新的飞跃。那就是说，它的地位和作用又得到了进一步肯定。1997 年十五大关于社会主义市场经济的重要组成部分的这个评价，它的背景我觉得有三个：第一个是我们对社会主义初级阶段的长期性，认识上进一步加深了。我们现在不是一般地说我们的国家正处在社会主义初级阶段，而是强调我们的国家将长期处于社会主义初级阶段。这是非常重要的一个估计。那么，社会主义初级阶段的基本经济制度是什么呢？那就是以公有制为主体，多种所有制经济共同发展。也就是说，在很长的时期里应该是这样的一种格局。这样的一个背景一看就清楚了，私有经济在这里边，它的作用和地位的评价，显然比过去的评价要高。第二个是我觉得私营经济本身的特性也决定了要有这样一种变化。私营经济的产生，就是私人发起设立的，它在市场竞争中求生存、求发展，同过去计划体制那一套制度没有直接联系，所以说，私人经济天生就是属于市场经济的，两者必然是联系在一起的。我们在社会主义初级阶段，要长期发展社会主义市场经济，放在这个背景下一看，私人经济的地位和作用显然应该得到充分肯定。这是第二个背景。第三个就是从这几年的实践看，私人经济的作用也表现得非常突出。原来对它的存在和发展还有人担心，现在看来得到了大家的理解和认可。比如说，它是一个经济增长点，这大家看得都很清楚了，它的增长速度，不要说比国有的快，就是比集体的也快。这是一个作用。第二它能创造就业机会，这也是很明显的。我们国有企业有很多下岗职工，由私人企业给他们当中的许多人安排了就业，这对社会的稳定起了很重要的作用。第三私人经济的发展对地方经济的发展起了重要的促进作用，比如东南沿海许多小城市的发展，现在回过头来看，私人经济在这里起的作用不能不承认。另外，比如增加国家财政收入，比如它生产的多种多样的商品从很多方面满足了人民日常生活的需要，等等。所有这些都说明，我们社会主义市场经济确实需要有这样一种经济形式共同发展。

张：前面我们在新闻当中也谈到了，有许多民营企业逐步地壮大起来，它发生了一些困难，继续发展下去有许多困惑。比如说，它本来有一个家族式的经营方式，现在怎样把这种家族式的经营方式变成股份式的经营方式，这是它们在摸索的问题。您觉得它们继续发展下去，应该如何解决这些问题？

吴：你说的这个问题，我觉得是更带有根本性、带有长远性的问题。确实，私人经济要健康发展，要往大里做的话，都面临今后怎么走的问题。

小的还好办，大了以后怎么办？我觉得我刚才讲的国有企业股权多元化、分散化，也适用于私人经济。这是资本社会化的问题。这样才能超越个人和家族的局限，真正走向社会。作为私人企业家，要有这样的观念，要有这样的胆识。这样才能上大的台阶，否则老是小打小闹，搞不出名堂来。

这种事情不能只看一年两年，要往长远看，要作为一个长的历史阶段来看。现在私人经济在我们这里的地位得到了肯定，使它今后的发展有了稳定的基础和环境，这时就应该考虑得更长远，要考虑今后到底该怎么搞法。咱们大家都很熟悉日本的松下电器公司，松下幸之助创办这个企业是在80多年前，那时完全是小作坊式的家族企业，是100%独资的。后来，企业要发展壮大，光靠自己每年赚的钱不断地滚，满足不了企业大发展的需要，必须吸收社会资本的参与，这样资本就逐渐多元化了。到1950年松下家族资本在松下电器公司中所占的比重就降到了一半以下，为43.25%。到了1955年，又大幅降到了20.43%。这不是绝对量的下降，而是随着企业的发展，社会资本进来了，这是企业发展壮大的一个标志，到了1975年更降到了3.8%，比重就很小了。进入90年代后，又降到了3%以下。也就是说，他经过了80年的时间，实现了这样一个股权多元化、分散化的变化，那么我们的私人企业要往远里走，看看能不能加快这个变化过程。这对私人企业家来说，就是一个非常要害的问题了，就是有没有这样的胆识。不要怕企业失控，松下幸之助从创业到逝世，始终是松下电器公司的灵魂、象征，他所占的资本份额早就降得很小了，但他始终掌握着这个公司。这是因为，在这几十年间，松下幸之助在松下电器公司的身份实际上发生了变化。我们看表面好像没有变化，实际上已经发生了变化。前期他作为出资者控制着企业，到了后期，他凭着什么在那里站得住呢？不是资本。靠的是他的经营的胆识、经营的韬略、经营的理念、还有他的才干。要看到这些东西。历史是这样发展过来的。一个私营企业家，不能光看到眼前的一些东西，要重视自己素质的提高，自己的胆识，自己的经营韬略怎么样，等等。有了这些，就可以掌握和控制企业。这里确实给我们提出了很多新的、值得思索的问题。

（原载《中国工业经济》1999年第4期）

# 日本公企业的民营化

日本一般不使用与我国"国有企业改革"相对应的概念，日本国有企业的改革涵盖在"公企业民营化"之中。

"公企业"是日本广泛使用的一个概念，我们在研究国有企业改革问题时，很容易把"公企业"同公有企业、国有企业混同起来。其实，日本的公企业并非所有制概念，它既包括政府全额出资的国有企业，也包括政府部分出资的混合所有制企业，还包括政府完全不出资的、私有私营的"认可法人"企业；不仅如此，日本公企业中还包括我们通常所说的"事业单位"。因此，它是一个很独特也很宽泛的概念。

公企业在日本法律中并没有严格的定义，在学术界也是众说纷纭。有人从政府规制的角度来定义公企业，有人从公益性、公共性的角度来定义公企业，也有人从所有制的角度来定义公企业。对于这些不同的定义，我们可以存而不论，现在需要的是从它的实际内容来把握"公企业"的内涵。

## 一　日本公企业的分类

日本的公企业一般是指由中央政府或地方政府全部出资或部分出资兴办的企业。中央政府出资的称为"国有企业"、地方政府出资的称为"地方公有企业"、中央政府或地方政府部分出资的称为"公私混合企业"。

从所有权、经营权的角度来分析，日本的公企业可以分为以下几种类型（见下表）：

**公企业的分类**

| 类 别 | | 所有与经营权的主要特征 |
|---|---|---|
| 现 业 | | 国有国营，分为两种：<br>1. 中央政府现业：中央政府所有、中央政府直接经营<br>2. 地方政府现业：地方政府所有、地方政府直接经营 |
| 特殊法人 | 公共法人 | 所有权和经营权分离，分为两种：<br>1. 中央政府所有，委托企业经营者经营<br>2. 地方政府所有，委托企业经营者经营 |
| | 公司混合企业 | 公私共有，采取股份公司或有限公司的形态，分为两种：<br>1. 中央政府部分出资的混合企业<br>2. 地方政府部分出资的混合企业 |
| 认可法人 | | 民有民营。实非公有企业但设在政府必须控制的行业，是非经政府认可不能随意设立的企业，近似于私有公益企业，是居于公企业与民间企业中间的企业 |

### （一）现业

现业是由中央或地方政府直接经营的企业，直属于中央政府的省、厅或地方政府的局。

中央政府的现业有 18 个，主要有大藏省的造币局、印刷局（印刷事业大部分由民间经营，政府现业只限于印制银行券、纸币、邮票等），以及邮政省负责的邮政事业、农林水产省负责的国有林管理事业，等等。地方政府的现业据 1986 年年末的统计，共有 3650 个。

中央政府的现业，由主管省、厅直接经营，而且大政方针由国会制定，如：预算、决算、价格、事业计划、资金筹措、利益分配，等等，国会都有议决权；在具体实施中，上述各个方面的活动，又分别受大藏省、经济企画厅、会计检查院以及总务厅行政监察局的检查和控制。也就是说，既有行业主管省、厅的纵向管理，又有专业管理部门的横向控制。

地方政府的现业，也是类似的体制，由地方议会、地方政府的行业主管局和有关专业局进行管理和控制。

### （二）特殊法人

特殊法人不同于民间法人企业。一般的民间企业，是依据公司的基本法——商法设立的企业法人。而特殊法人则是依据商法以外的特别法设立的。例如，国家在实施某项公益事业计划时，其业务性质如果宜于企业化经营，即可制定特定的法律，依法设独立法人，这样的法人就是特殊法人。像特殊法人"日本国有铁路"，就是 1948 年按照《日本国有铁路法》成立的公社；特殊法人"电源开发股份公司"，就是按照 1952 年制定的《电源开发促进法》成立的特殊会社；特殊法人"日本铁道建设公团"，就是 1964 年根据《日本铁道建设公团法》成立的公团。总之，每个特殊法人的设立和运行，都有一项专门的特定法律作为依据，政府对每个特殊法人的限制，都在特别法中具体规定。特殊法人必须遵守特别法的规定，只有特别法中没有规定的事项，才适用商法作为补充。

从所有制关系上看，如前表所列，特殊法人包括公共法人和公私混合法人；从具体名称上看，又可以分成公社、公团、事业团以及特殊会社等多种类型（见下表）。

### 特殊法人一览表

（1983 年总共 99 个）

| 名称 | 事业内容 | 听属省厅 |
|---|---|---|
| 公社（3 个） | | |
| 日本专卖公社 | 烟、盐事业 | 大藏省 |
| 日本国有铁道 | 铁道事业 | 运输省 |
| 日本电信电话公社 | 电信电话事业 | 邮政省 |
| 公团（13 个） | | |
| 水资源开发公团 | 水坝等的建设管理 | 国土厅、建设省、卫生福利省、农水省、通产省 |
| 地域振兴整顿公团 | 宅地等的建造 | 国土厅、建设省、通产省、资源能源厅 |
| 森林开发公团 | 水源林、林道造成 | 林野厅 |
| 农用地开发公团 | 农用地造成等 | 农水省 |
| 石油公团 | 金融、储备 | 资源能源厅 |
| 船舶整顿公团 | 船舶共有等 | 运输省 |
| 日本铁道建设公团 | 铁道建设 | 运输省 |
| 新东京国际空港公团 | 空港建设管理 | 运输省 |

| 名称 | 事业内容 | 听属省厅 |
|---|---|---|
| 住宅、都市整顿公团 | 住宅、宅地供给 | 建设省 |
| 日本道路公团 | 道路建设管理 | 建设省 |
| 首都高速道路公团 | | |
| 阪神高速道路公团 | | |
| 本州四国连络桥公团 | | |
| 事业团（16 个） | | |
| 新技术开发事业团 | 新技术委托开发 | 科学技术厅 |
| 日本原子能船研究开发事业团 | 研究开发 | 科学技术厅 |
| 动力炉、核燃料开发事业团 | 研究开发 | 科学技术厅 |
| 宇宙开发事业团 | 研究开发 | 科学技术厅 |
| 公害防止事业团 | 融资、设施的代理建设 | 环境厅 |
| 国际协力事业团 | 国际协力 | 外务省、农水省、通产省 |
| 年金福利事业团 | 融资、设施运营 | 卫生福利省 |
| 商产振兴事业团 | 稳定价格 | 农水省 |
| 蚕丝、砂糖类价格稳定事业团 | | |
| 金属矿业事业团 | 融资、调查 | 资源能源厅 |
| 煤矿灾害事业团 | 矿山灾害救助 | 资源能源厅 |
| 中小企业振兴事业团 | 融资、指导 | 中小企业厅 |
| 简易保险邮政年金福利事业团 | 设施运营 | 邮政省 |
| 劳动福利事业团 | 融资、设施运营 | 劳动省 |
| 中小企业退职金互助事业团 | 互助、设施运营 | 劳动省 |
| 雇用促进事业团 | 技能训练、设施运营 | 劳动省 |
| 公库（10 个） | | |
| 北海道东北开发公库 | 融资 | 北海道开发厅 |
| 冲绳振兴开发金融公库 | 融资 | 冲绳开发厅 |
| 国民金融公库 | 融资 | 大藏省 |
| 医疗金融公库 | 融资 | 卫生福利省、大藏省 |
| 环境卫生金融公库 | 融资 | 卫生福利省、大藏省 |
| 农林渔业金融公库 | 融资 | 农水省、大藏省 |
| 中小企业金融公库 | 融资 | 中小企业厅、大藏省 |

续表

| 名称 | 事业内容 | 听属省厅 |
|------|----------|----------|
| 中小企业信用保险公库 | 保险 | 中小企业厅、大藏省 |
| 住宅金融公库 | 融资 | 建设省、大藏省 |
| 公营企业金融公库 | 融资 | 自治省、大藏省 |
| 金库、特殊银行（4个） | | |
| 日本开发银行 | 融资 | 大藏省 |
| 日本输入银行 | 融资 | 大藏省 |
| 农林中央金库 | 融资 | 农水省、大藏省 |
| 商工组合中央金库 | 融资 | 中小企业厅、大藏省 |
| 营团（1个） | | |
| 帝都高速交通营团 | 铁道事业 | 运输省、建设省 |
| 特殊会社（9个） | | |
| 东北开发股份公司 | 事业经营投资 | 国土厅 |
| 电源开发股份公司 | 发送电事业 | 资源能源厅 |
| 东京中小企业投资育成股份公司 | 中小企业投资 | 中小企业厅 |
| 名古屋中小企业投资育成股份公司 | 中小企业投资 | 中小企业厅 |
| 大阪中小企业投资育成股份公司 | 中小企业投资 | 中小企业厅 |
| 冲绳电力股份公司 | 电气事业 | 资源能源厅 |
| 日本航空股份公司 | 航空事业 | 运输省 |
| 日本汽车车场股份公司 | 车场建设 | 运输省 |
| 国际电信电话股份公司 | 国际电信电话事业 | 邮政省 |
| 其他（43个） | | |
| 北方领土问题对策协会 | 启蒙活动 | 总理府 |
| 海外经济协力基金 | 国际协力 | 经济企划厅 |
| 国民生活中心 | 调查研究、情报提供 | 经济企划厅 |
| 日本原子能研究所 | 研究开发 | 科学技术厅 |
| 日本科学技术情报中心 | 情报提供 | 科学技术厅 |
| 理化学研究所 | 研究开发 | 科学技术厅 |
| 公害健康被害补偿协会 | 费用收取、支付 | 环境厅、通产省 |
| 奄美群岛振兴开发基金 | 融资 | 国土厅、大藏省 |
| 国际交流基金 | 国际文化交流 | 外务省 |
| 日本育英会 | 融资 | 文部省 |

续表

| 名称 | 事业内容 | 听属省厅 |
|---|---|---|
| 私立学校教职员互助组合 | 互助、设施运营 | 文部省 |
| 国立竞技场 | 设施运营 | 文部省 |
| 日本学校健康会 | 食品物资供给安全 | 文部省 |
| 国立教育会馆 | 设施运营 | 文部省 |
| 国立剧场 | 设施运营、古典艺能 | 文部省 |
| 日本学术振兴会 | 研究助成 | 文部省 |
| 日本私学振兴财团 | 补助金管理、融资 | 文部省 |
| 广播大学学园 | 广播教育 | 邮政省、文部省 |
| 社会医疗保险支付基金 | 费用支付、普查 | 卫生福利省 |
| 社会福利事业振兴会 | 融资 | 卫生福利省 |
| 社会保障研究所 | 研究开发 | 卫生福利省 |
| 身心障碍者福利协会 | 会馆运营 | 卫生福利省 |
| 日本中央赛马会 | 赛马 | 农水省 |
| 农林渔业团体职员互助组合 | 互助、设施运营 | 农水省 |
| 地方赛马全国协会 | 公营竞技振兴 | 农水省 |
| 农业机械化研究所 | 试验研究 | 农水省 |
| 林业信用基金 | 信用保证、融资 | 林野省 |
| 农业者年金基金 | 年金支付 | 卫生福利省、农水省 |
| 日本自行车振兴会 | 公营竞技振兴 | 通产省 |
| 日本贸易振兴会 | 贸易振兴活动 | 通产省 |
| 亚洲经济研究所 | 调查研究 | 通产省 |
| 日本小型汽车振兴会 | 公营竞技振兴 | 通产省 |
| 高压燃气保安协会 | 检查、查定 | 通产省 |
| 日本电气计器检定所 | 检查、查定 | 资源能源厅 |
| 新能源综合开发机构 | 开发、融资 | 通产省、资源能源厅 |
| 国际观光振兴会 | 宣传、情报提供 | 运输省 |
| 日本船舶振兴会 | 公营竞技振兴 | 运输省 |
| 日本广播协会 | 广播事业 | 邮政省 |
| 日本劳动协会 | 研究、出版 | 劳动省 |
| 建设业、清酒制造业、林业退职金互助组合 | 互助、设施运营 | 劳动省 |

| 名称 | 事业内容 | 听属省厅 |
|---|---|---|
| 日本劳动者住宅协会 | 住宅、宅地供给 | 建设省 |
| 消防队员等公务灾害补偿互助基金 | 灾害补偿互助 | 消防厅 |
| 日本消防检定协会 | 检查、检定 | 消防厅 |

对于特殊法人一览表需要说明的有以下几个问题：

第一，在日本，谈到公企业的时候，一般都笼统地把特殊法人全部包括在内。但特殊法人并非都是企业，其中相当多的是我们通常所说的事业单位或群众团体，尤其是"其他特殊法人"项下列出的 43 个单位，基本上都是这样的。

第二，特殊法人不是政府直接经营的企业，同现业相比，具有较大的经营自主性。但特殊法人也是多种多样的，所以它们受政府制约的程度也是不同的。例如，"三公社"（日本专卖公社、日本国有铁道、日本电信电话公社）这样的大企业，受政府行政制约程度同现业大体上是一样的，而其他像公团、事业团这样的小企业，受政府制约的程度就轻一些。

第三，特殊法人中受政府行政制约最少的是"特殊会社"。这种特殊法人采取的是同民间股份公司相同的企业形态，一般都有民间股份，属于公私混合型企业，在经营上近似民间企业；但它又在一定程度上受政府的行政规制，其设立和运行都有单独的特别立法，是一种不同于一般股份公司的特殊的股份公司，所以称为"特殊会社"。它同一般股份公司最根本的差别，在于其设立和运行所依据的特定法律中，对必须接受的行政规制都有具体规定。它首先要按照特定法律的规定去实行，只有特别法中没有规定的事项，才可以按照商法去执行。也就是说，特殊会社比一般的特殊法人在经营方式上更灵活、更接近于民间的股份公司，但比民间的股份公司，又多一重特别法的限制。

### （三）认可法人

认可法人实际上并非公企业，但由于它们不同于一般民间企业，其所在事业领域要受有关事业法的规制，而且公企业的民营化涉及"认可法人化"的问题（见下面的第二节），所以必须对认可法人的基本情况加以说明。

认可法人是各个政府部门为了各种政策的实施而允许设立的企业，1985 年年初共有 60 个。这些企业原则上属于民间法人，从政策实施的角度，政府机构又拥有与企业决策有关的权力。也就是说，认可法人是非公有的但又受政府制约的企业。它和"私有公益企业"近似，但它不能由出资者任意设置，必须经政府认可，在这点上又同"私有公益企业"有所不同。

认可法人也是按照特别法律成立的，但它不称为特殊法人。按照特别法律设立的法人有两种：一种是由国家指定设立，称为特殊法人；另一种是由民间发起成立的，因需国家批准后才能成立，所以称为认可法人。

## 二　日本公企业民营化的三种类型

### （一）民营化的含义

70 年代初期的石油危机，影响到西方发达国家经济的发展，各国政府为了减轻财政负担，缩小财政赤字，纷纷实施了公企业民营化的措施。由于各国情况不同，原有公企业的基础差异也比较大，在民营化的过程中各国的做法不同、侧重解决的问题不同，所以对什么是民营化，存在着多种多样的理解。

进入 80 年代以后，西方各国为了总结和交流民营化的经验，多次举行了"公共协同经济会议"，从学术角度，对民营化的含义进行了讨论。会后在研究报告中，对民营化的概念概括了 15 种说法（详见《民营化的世界潮流》《日文版》，御茶水书房出版）。这些说法，有的大同小异，有的相互交叉或者重复，但它们毕竟是比较完整地反映了当代各国学者对民营化的认识，因此扼要介绍如下：

（1）改变所有制，即把公有企业或企业的一部分财产向民间出售。

（2）改变企业形态，即向依据民法设立的法人企业形态转变，使政企完全分离，但不需要把所有权向民间转移。

（3）职能的民营化，即把一部分公益事业的供给责任向民间转移。

（4）转变经营方针，即导入民间企业的追求营利的机制。

（5）扩大经营者的权力。

（6）非官僚主义化，即从法律的和行政的限制中解脱出来，创造能发挥企业家精神的环境。

（7）实行非集中化，即从地理意义上，或者更重要的是从决策、计划实施权委让的意义上实行非集中化。

（8）条件均一化，即公企业要具有与民间企业相同的经营活动条件。

（9）促进竞争，即把过去一直由公企业供给的领域向民间开放，利用市场，形成竞争机制。

（10）打破垄断，即传统的"自然垄断"领域内国有垄断企业的解体。

（11）职工"待遇民营化"，即工资、劳动、雇用条件，比照民间企业进行调整。

（12）公共服务范围的削减。

（13）公共资源的民营化，即准许民间企业免费或部分免费享用公共部门的生产资料、服务或公共部门开发的专有技术。

（14）公共收入的民营化，即公共投资的收益向民间转移，如在公私混合出资的公益事业领域，在收益分配上对民间出资者实行优惠政策，等等。

（15）非国有化，包括公企业进入国外市场，也包括外国投资者对股份和资产处置权的取得。

从上述15种说法来看，对民营化含义的理解是非常广泛的，并非民营化就是私有化。如果把民营化和私有化等同起来，就过于简单化了。

**（二）日本公企业民营化的三种类型**

在日本，公企业民营化主要包括两个方面的内容：一是局部改变所有制，即政府所有的资本，部分地向民间出售，转为民间企业；二是规制缓和，即解除各有关公企业法的制约。在具体实施过程中，到目前为止，已经民营化的企业，可以分为三种类型。

第一，特殊会社化。公社形态的公共法人向股份公司形态的公企业转变。这部分公共法人原来全部是政府出资，在转变过程中，要逐步把一部分股份卖给民间。这种转变并不是变成一般的股份公司，而是变成前边所说的特殊的股份公司，所以称为"特殊会社化"。

实行这种转变的有三家，转变情况如下：

| 改变前的企业名称 | 改变后的企业名称 | 改变的时间 |
|---|---|---|
| 1. 日本电信电话公社 | 日本电信电话股份公司 | 1985 年 4 月 1 日 |
| 2. 日本专卖公社 | 日本烟业股份公司 | 1985 年 4 月 1 日 |
| 3. 日本国有铁道 | 北海道旅客铁道股份公司<br>东日本旅客铁道股份公司<br>东海旅客铁道股份公司<br>西日本旅客铁道股份公司<br>四国旅客铁道股份公司<br>九州旅客铁道股份公司<br>日本货物铁道股份公司<br>日本国有铁道清算事业团<br>新干线铁道保有机构 | 1987 年 4 月 1 日 |

上述三公社的转变过程中，电信电话股份公司的股票已经开始向民间出售，但它和专卖公社只改变了企业形态而没有进行企业分割；而国有铁道，股份尚未向民间出售，但进行了企业分割，即分成七个特殊会社（股份公司）和两个公共法人（日本国有铁道清算事业团和新干线铁道保有机构）。

第二，认可法人化。即把原有的一部分特殊会社和一部分其他特殊法人改变成民间所有的认可法人。

实行这种转变的有九家，转变情况如下：

| 改变前的企业名称 | 改变后的企业名称 | 改变的时间 |
|---|---|---|
| 1. 农林中央金库 | 农林中央金库 | 1986 年 4 月 1 日 |
| 2. 东京中小企业投资育成会社 | | |
| 3. 名古屋中小企业投资育成会社 | 小企业投资育成会社 | 1986 年 4 月 1 日 |
| 4. 大阪中小企业投资育成会社 | | |
| 5. 高压煤气保安协会 | 高压煤气保安协会 | 1986 年 4 月 1 日 |
| 6. 日本电气计器检定所 | 日本电气计器检定所 | 1986 年 4 月 1 日 |
| 7. 日本消防检定协会 | 日本消防检定协会 | 1986 年 4 月 1 日 |
| 8. 林业信用基金 | 农林渔业信用基金 | 1986 年 10 月 1 日 |
| 9. 农业机械化研究所 | 生物系特定产业技术研究推进机构 | |

第三，完全民营化。即把原有的一部分特殊会社，改变成民间企业。实行这种转变的有四家，转变情况如下：

| 改变前的企业名称 | 改变后的企业名称 | 改变的时间 |
|---|---|---|
| 1. 日本汽车车场股份公司 | 日本汽车车场股份公司 | 1985 年 4 月 23 日 |
| 2. 东北开发股份公司 | 东北开发股份公司 | 1985 年 10 月 6 日 |
| 3. 日本航空股份公司 | 日本航空股份公司 | 1987 年 11 月 18 日 |
| 4. 冲绳电力股份公司 | 冲绳电力股份公司 | 1988 年 |

# 三 日本实施公企业民营化的实例——电信电话公社的民营化

电信电话公社民营化过程中既有部分所有权的变化，也有政府对电信电话行业限制的缓和以及对电信电话企业限制的缓和。将来还可能伴随着企业的分隔，它涉及的方面是比较广泛的。因此，笔者重点对电信电话公社的民营化进行了考察。

## （一）日本电信电话事业经营体制的变迁

日本电信电话事业创办于 1869 年，到 1952 年为止，在长达 80 多年的时间里，一直都是政府机构的一部分，没有实行企业化经营。1952 年根据特别法《日本电信电话公社法》成立了特殊法人日本电信电话公社。1985 年实行民营化，根据特别法律《日本电信电话股份公司法》转变为特殊会社日本电信电话股份公司。

这种变化，是从政府机构向企业化经营、再向股份公司形态转化的过程；同时，也是从行业垄断到行业竞争的转化过程。在民营化以前，日本国内电信电话事业是由电信电话公社独家经营的，法律规定不允许民间企业进入这个事业领域，所以一直是垄断事业。1985 年的民营化，包括两个方面的内容：一是缓和对电信电话事业的限制，允许民间企业进入，出现了近千家民间企业，改变了独家垄断的局面，形成了竞争机制；二是电信电话企业本身的民营化。

### (二) 日本电信电话公社简况

电信电话公社是 1952 年从政府机构中分离出来的特殊法人，是 100% 由政府出资的国营企业。当时转为公社的目的在于实行企业化经营，采用企业性财务会计制度，实行独立核算，在经营上使它有一定的自主性和灵活性。

电信电话公社是盈利企业，而且经过多年努力，在全国范围内解决了装机积滞问题，做到了只要提出申请可以立即安装电话，而且实现了技术进步，在全国范围内实现了电话直拨自动化。既然如此，为什么还要加速民营化呢？

电信电话公社的民营化，有以下背景：

第一，电信电话公社的效率不高，潜力没有发挥。首先表现为企业规模过大，人员过多，职工人数高达 33 万人，在日本企业中居首位，但其中有大约 1/3 是多余的，受公社雇用制度的限制，多余人员无法精简；其次表现为成本意识差，不但工资性开支多，而且物资采购中的随意性也大，电信电话公社每年购进材料和设备 3 兆日元，这是非常巨大的采购量，但缺乏精打细算的机制，往往高价购进，加大了成本。电信电话公社虽是盈利企业，但占收入 90% 的电话部分，盈余明显下降，如果不采取改革措施，也很快会变成赤字企业。

第二，电信电话公社的民营化，和新技术革命、信息技术的发展有直接关系。随着新兴的信息技术的发展，电信电话事业继续维持垄断是十分不利的，必须放松限制，引入竞争机制。

第三，电信电话公社内部具有强烈的改革愿望和要求。电信电话公社虽是企业化经营，但政府对它的限制还是很多的，例如，公社从事的事业范围和投资方向受到限制；总经理和副总经理由内阁任命；每年预算由国会决定；职工的工资受政府控制，公社无权自主决定，等等。企业为了扩大自主权，也强烈要求民营化。

### （三）电信电话股份公司（NTT）民营化的实施

#### 1. 电气通信事业的自由化

过去，电信电话事业依据的法律是《公众电气通信法》，这个法只是以电信电话公社和国际电信电话公社两个企业为对象的法律。此法规定，日本国内的电信电话事业，由电信电话公社独家经营；国际间的电信电话事业，由国际电信电话公社独家经营。这是非自由化的垄断事业。

1985 年实行民营化，首先以《电气通信事业法》代替了《公众电气通信法》。新法规定允许民间企业进入，不仅以原有的两个企业为对象，同时以新进入的企业为对象。实际是向民间全面开放、实行电气通信自由化和引入竞争机制的法律。

《电气通信事业法》的主要内容是：

第一，保护通信的秘密，确保基本通信任务，例如，必须确保发生自然灾害等特殊情况时的正常通信。

第二，允许新的电气通信企业进入，这些企业分为两种类型：第一类企业有自备通信线路和设备并提供通信服务，这类企业的设立、事业内容、收费制度要由邮政省批准，并为其开出执照；第二类企业没有自己的线路，而是租借第一类企业的线路提供通信服务，其设立又分为一般和特别两种，一般第二类企业采用申报制，特别第二类企业采用登记制。

第三，电气通信设备由政府制定技术批准，用户可以自由选择符合标准的终端设备。

《电气通信事业法》实施以后，新进入企业逐年增加。1990 年第一类企业新进入数已有 66 家，其中 2 家是和国际电信电话公司（KDD）对应的，其余 64 家都是和电信电话股份公司（NTT）对应的。

2. NTT 民营化的措施

NTT 民营化的法律依据，是特别法《日本电信电话股份公司法》（以下称 NTT 法）。

NTT 的民营化采取的是"特殊会社化"方式，即由公社形态的公企业，向股份公司形态的公企业转变。转变的目标，是变成"特殊会社"。它同一般的股份公司存在着重大的区别，这种区别集中体现在 NTT 法之中。NTT 法对它的运行规定了种种限制，这是必须遵守的，只有在 NTT 法中没有具体规定的事项，才适用商法中的公司法。

NTT 法对 NTT 公司所做的限制，主要内容有：

第一，NTT 公司的基本业务规定为"国内电气通信"事业，同时可以经营附带业务，但必须向邮政省申报，此外还可以经营为达到 NTT 事业目的所需要经营的其他业务，但必须得到邮政省的认可方可实施。

第二，NTT 的事业计划必须获得邮政省的认可。

第三，NTT 有义务在全国范围内提供公平合理的通讯服务，有义务促进电信技术的研究开发和推广普及研究成果。也就是说，它必须承担公益性的任务并且必须负担巨额的研究开发的经费。

第四，NTT 可以向民间出售股份，但政府必须控制全部股份的1/3。NTT 的股票自 1987 年 1 月上市以来，共投放过三次，售出全部股份的 1/3，政府目前掌握 2/3，今后还要继续投放。

第五，NTT 董事会成员的任命和解任，均需获得邮政省的认可。

上述种种规定，都可以反映出 NTT 作为"特殊会社"同一般股份公司的区别。但是，如果我们用 NTT 法同过去的《电信电话公社法》相比较，就可以看出，民营化后，政府对 NTT 的规制已经大大地缓和。表现在：

首先，企业的目的，已经有所变化。由过去规定的"增进公共福利"改为"以经营国内电气通信事业为目的"。

其次，事业范围扩大了。现在对 NTT 的事业范围虽然仍有限制，但较前已大幅度放开。过去规定只限于与公众电气通信业务有特别密切关系的事业，现在扩大为"主体业务"、"附带业务"、"目的达成业务"三类。特别是"目的达成业务",指的是为实现企业任务而需要开展的业务,这里的自由度就大得多了,投资方向自主选择的余地也就随之扩大了。企业不但可以自主确定投资方向,而且可以设立子公司。

再次,改变了经营方式。过去的电信电话公社虽然不是政府的现业,但在受政府控制的程度上,是同现业几乎相同的国营企业。民营化之后,其股票要在证券交易所上市,要召开股东大会,要设立董事会,等等,这些方面同一般的股份公司已经看不出什么区别。也就是说,其经营方式明显向股份公司接近,随之相应的,是经营权更多地向企业转移。

最后,企业有了自主决定工资的权力。从企业经营者的角度来看,这是很重要的变化。过去受国家限制,工资比一般大企业低,现在可以根据经营状况自行调整工资。目前已经达到一般大企业的水平,这对调动职工的积极性,很有促进作用。

3. NTT 民营化后的变化

NTT 的民营化,目前还在实施过程中,有些设想尚未实行,对民营化的成效,尚难做出全面评价,但从这几年的情况来看,发生的变化也是很明显的。

第一,形成了竞争的局面。民营化后新进入电气通信事业领域的有近千家新企业,NTT 有义务扶持这些企业成长。其中有的企业发展非常快,特别是三家从事远程通信事业的公司,财务收入状况非常好,反过来对NTT 形成压力。NTT 目前面临如何从培育新进入企业、促进竞争,转入调整竞争对策,以及如何开展平等竞争的重要课题。

第二,企业人员大大减少。民营化前,电信电话公社职工人数最高时曾达328700 人,民营化开始时的1985 年年初为313600 人,到1990 年,人数减少到258000 人(最终目标要减到23 万人),比1985 年年初减少55600人,比最高年分减少70700 人。

民营化减人的办法,主要是成立子公司消化一部分(约1.4 万人),自然减员一部分(4 万多人)。所谓自然减员是每年多退、少进,大体是每年退休1 万人,招收3000 人。这是一项难度很大的工作。这么大幅度地减员,必然涉及企业内部组织结构和工作岗位设置的大调整,相应地就要有人员的大流动。民营化以后,在内部调动工作的达10 万人之多。其结果是精简了机构、提高了效率。电话用户每年增加 200 万户，6 年共增加 1200 万户，1989 年达到 5200 万户，而人员却减少了 5.5 万人，平均每人拥有电话户数大幅度提高。

第三，用户费用降低。民营化 6 年，总共降低高达 6490 亿日元，用户得到实惠。

第四，财政上得到很大一笔收入。NTT 的股票，1987 年 1 月第一次投放，每股面额 5 万日元，时价 119.7 万日元；同年 3 月，时价涨到 328 万日元。同年 11 月又按每股 255 万日元的价格第二次投放。1988 年 10 月，每股 190 万日元第三次投放。原计划 1989 年春季第四次投放，但因股价下跌过猛中止了投放。至此，共投放三次，售出股票占总额的 37.5%，收入高达 10 兆 2 千亿日元。

（摘自《中日企业比较研究》，原载国务院发展研究中心主办《经济工作者学习资料》1992 年第 3—4 期）

# 后　记

今年适逢我从事工业经济和企业管理研究 50 周年，中国社会科学院学部主席团主持编辑学部委员专题文集，使我有了一个回顾几十年来学术研究历程的机会。

我走上中国企业问题研究道路的引路人，是石础玉和李占祥。1960 年我从人大工经系毕业后留校做助教，随即由系副主任石础玉老师、企管教研室主任李占祥老师带领到中国科学院经济研究所，参加马洪（时任国家经济委员会政策研究室负责人）领导的起草《工业七十条》企业调研和《中国社会主义国营工业企业管理》一书的写作。在写作过程中，于 1962 年 11 月我又被正式调入经济研究所。从此开始了我的经济学术研究生涯，至今整整 50 个年头。在专题文集《管理与改革：中国企业问题研究》出版之际，我首先要感谢的是我研究企业问题的引路人石础玉和李占祥老师。

对我学术生涯影响最大的前辈，是孙冶方和马洪。尤其是跟随马洪工作有近半个世纪，言传身教，受益匪浅。我从孙冶方和马洪身上感受最深的，是他们具有的一个共同特点：理论联系实际、深入实际调查研究。孙冶方领导下的经济研究所，特别注重理论联系实际，不但在马克思主义经济学理论研究上有很多建树，对实际经济建设工作也起到了很重要的作用。孙冶方本人，无论走到哪里总是深入第一线进行调研。在经济研究所工作期间，我有幸跟随孙冶方到大庆油田、长春第一汽车厂、富拉尔基重机厂、吉林化工厂、丰满水电站以及大兴安岭林区等很多企业调研，这些调查研究的体验，使我受用一生。我在直接接触孙冶方的同时，也直接接触了马洪。马洪的治学经验很多，而他自己最看重、也是下工夫最多的，是深入实际调查研究。每当历史转折时期或者重大事件到来之际，马洪总是非常自觉、非常自然地从调查研究入手，这已成为他的一种习惯。为起草《工业七十条》，马洪于1960年冬到1961年夏，全面组织了对北京第一机床厂、石景山发电厂、京西煤矿等十家企业的典型调研。他亲自带队，花了半年时间到北京第一机床厂深入班组蹲点调研，主编了《北京第一机床厂调查》一书。这次大调查，我被派到京西矿务局城子煤矿蹲点调研，按照马洪的统一部署，在长达半年的时间里，跟一线工人一起下井劳动，广泛地和企业干部、工人座谈，系统地掌握了企业生产和管理的第一手资料。通过这次实践活动，我亲身感受到马洪对调查研究的重视，也在实践中经受了锻炼，学到了调查研究的本领。孙冶方和马洪的教诲与熏陶，使我感悟到：深入实际调查研究，是经济学研究的必由之路。这对我的学术研究产生了决定性的影响，对此，我永志不忘。

在研究我国企业管理与企业改革问题过程中，我曾多次对日本进行学术访问，认真研究了日本企业的组织结构和动力机制。我参观了很多日本企业，拜访了许多位企业家、经营学家、经济学家，在本文集中有许多篇文章涉及日本企业的经验，也介绍了许多日本企业的第一手资料，这些都同他们的帮助分不开；我对我国国有企业改革提出的一些建议和观点，也与借鉴日本企业的经验、借鉴日本学者的成果有关。在本文集出版之际，谨向为我提供帮助的日本友人表示由衷的感谢。

吴家骏

2012年夏